Lutherische Kirche in der Welt

Jahrbuch des Martin-Luther-Bundes 2020

Begründet von Christian Stoll
Herausgegeben von Carsten Rentzing

Lutherische Kirche in der Welt

Jahrbuch des Martin-Luther-Bundes
Folge 67 • 2020

MARTIN-LUTHER-VERLAG • ERLANGEN

2020

Bibliografische Information
der Deutschen Nationalbibliothek
Die Deutsche Nationalbibliothek verzeichnet diese Publikation in der Deutschen Nationalbibliografie; detaillierte bibliografische Daten sind im Internet über <http://dnb.d-nb.de> abrufbar.

ISBN 978-3-87513-197-0

Herausgegeben im Auftrag des
Martin-Luther-Bundes
von Carsten Rentzing
Redaktion: Rainer Stahl, Erlangen
Gestaltung: Frank Thiel, Erlangen
Druck: Augustana-Druckerei, Bielsko-Biała (Polen)

Inhalt

Carsten Rentzing

Zum Geleit

Liebe Leserin, lieber Leser,

Kennzeichen und Qualitätsmerkmal der Reformation lutherischer Prägung war und ist ihre Wertschätzung guter Bildung, des fortgesetzten Studiums nicht nur der Theologie, sondern aller geeigneter Wissenschaften. Zur Zeit der Reformation standen da die Sprachen ganz hoch im Kurs. Die Nähe zur Bewegung des Humanismus war hier nicht nur prägend, sondern auch gewollt. Das Wirken Philipp Melanchthons legt davon sein ganzes Leben lang Zeugnis ab. Und Martin Luther schreibt in seiner Einleitung zum Großen Katechismus (1529): „Darum bitte ich nochmals alle Christen, die Pfarrherrn und Prediger, sie möchten sich nicht verfrüht für Doktoren halten und sich einbilden, alles zu wissen (Dummheit und Stolz wachsen auf einem Holz), sondern sich täglich eifrig darin üben und sich immerzu damit beschäftigen, sich außerdem mit aller Sorgfalt und allem Fleiß hüten vor der vergiftenden Wirkung solcher Überheblichkeit oder der Einbildung eigener Meisterschaft, dazu beständig fortfahren mit Lesen, Lehren, Lernen, Bedenken und Nachsinnen und nicht aufhören, bis sie erfahren und gewiss werden, dass sie den Teufel totgelehrt haben und gelehrter geworden sind als Gott selbst und alle seine Heiligen. Wenn sie diesen Fleiß aufbringen, so will ich ihnen zusagen, und sie werden es auch merken, welche Frucht sie erlangen werden und wie gebildete Leute Gott aus ihnen machen wird, …“[1]

Auch in der Diaspora lutherischer Kirchen zeigen sich diese Merkmale deutlich. In Russland zum Beispiel gilt die lutherische Kirche unter der jetzt nachwachsenden russischsprachigen Generation als ausgesprochen denkfreudig und wissensdurstig, wobei – gut lutherisch verstanden – klar bleibt, dass alle Erkenntnis Gottes, die Furcht vor ihm als auch das Vertrauen zu ihm

1 Zitiert nach: Unser Glaube. Die Bekenntnisschriften der evangelisch-lutherischen Kirche. Ausgabe für die Gemeinde, ^{6}2013, 510.

nicht durch welche Bildung auch immer erreicht werden können, sondern als Evangelium von Jesus Christus geschenkt, entdeckt werden. Aber diese Gnade macht nicht faul, sondern dankbar und freudig zum Denken, zum Helfen und zum Gebet.

In der Gemeinschaft der lutherischen Kirchen in der Diaspora pflegt und unterstützt der Martin-Luther-Bund insbesondere auch theologische Arbeit, Bildung und Fortbildung, dazu auch geistliches Leben in ökumenischer Weite. Diese Arbeit greift nicht nur Themen aus der Diaspora auf, sondern gibt auch Raum, die Erfahrungen aus der Diaspora selbst zur Sprache kommen zu lassen.

Unter diesem Blickwinkel darf ich Ihnen die Beiträge des 67. Bandes des Jahrbuches „Lutherische Kirche in der Welt“ vorstellen und empfehlen.

Am Anfang stehen drei Predigten. Alexander Scheiermann legt in „Dein Königreich ist dir genommen“ Daniel 4 für die angefochtene und leidende Gemeinde in der Ukraine aus. Tomáš Tyrlík zeigt mit „Gott kann beides … entweder beruhigt er den Sturm, oder er lässt den Sturm toben und beruhigt die, die ihm vertrauen“, wie mit Luthers klarem Verständnis des Evangeliums die Sturmstillung Jesu gepredigt werden kann. Und Norbert Denecke verweist mit der Auslegung von Bachs „In der Musik ist Gottes Gnade gegenwärtig“ auf die hohe Bedeutung geistlicher Auslegung kultureller Angebote für eine lutherische Gemeinde in der großstädtischen Diaspora Londons. Letzteres würde übrigens genauso für Moskau gelten.

Mit großer Freude kann der Martin-Luther-Bund in diesem Band den Festakt zum neunzigsten Geburtstag von Landesbischof Prof. Dr. Gerhard Müller D. D. dokumentieren, der im Sommer 2019 von der Akademie der Wissenschaften und der Literatur in Mainz ausgerichtet wurde. Irene Dingel hielt die Laudatio und Johannes Schilling hielt den Festvortrag über „so ein hauffen gesetze mit so mechtigen worten … furnemen“, die Homberger Kirchenordnung von 1526, eine frühe Kirchenordnung der Reformation, die Martin Luther wegen ihres sehr regulatorischen Rigorismus aber eher kritisch sah.

Dieser Band dokumentiert dann die Beiträge der „Theologischen Tage“ des Martin-Luther Bundes vom Februar 2019 in Hofgeismar zum Thema „Schriftgebrauch“. Mit dem grundlegenden Beitrag von Rudolf Keller „Verkannt, umstritten, vergessen“ fällt hier der Blick besonders auf Matthias Flacius Illyricus, dessen umsichtig und kunstvoll angelegte Auslegung der Heiligen Schrift lutherisches Schriftverständnis zu erschließen vermag – abseits der diesem Theologen der Reformation sonst anhängenden Schroffheit. Mit aktuellem Blick aus der Diaspora von West nach Ost ergänzen und vertiefen dieses Thema dann André Birmelé mit Schlaglichtern aus der französisch und lateinisch geprägten Sprachwelt und Anton Tikhomirov mit Beobachtungen aus Russland.

Zwei Beträge außerhalb der Tagung zeigen mögliche Anwendungen bei einem gut überlegten Schriftgebrauch. Tibor Missura aus Ungarn weist in „Vier irreführende Übersetzungen in der Bibel“ am Beispiel von Apostelgeschichte 3,13.26 und 4,27.30 auf die Verständnisprobleme mit „Kind“, „Knecht“ oder „Sohn Gottes“ hin. Rainer Stahl erschließt am Beispiel einer Fortbildung in der Diasporaarbeit den biblischen Befund für das Thema „Religion und Politik“.

Zwei weitere Beiträge tragen eher systematischen Charakter. Sven Grosses Beitrag „Lutherische Theologie und Wissenschaftstheorie“ wurde in Tallinn gehalten und zeigt, wie sich Auslegung der Heiligen Schrift und Wissenschaft nach lutherischem Verständnis nicht ausschließen und gut zusammenfinden. Gerhard Müller führt in „Gottes Vielfalt. Gottesvorstellungen und Gottesverstellungen“ ein und berührt dabei auch die sehr persönlichen Aspekte des Glaubens an Gott.

Am Ende des Jahrbuchs stehen zwei Beiträge zur Geschichte der Diaspora: zum einen aus der Feder von Carsten Linden ein Beitrag über den lutherischen Pastor jüdischer Abstammung Paul Leo: „Of course Vati was a real Lutheran pastor“, dessen Lebensweg von der Landeskirche Hannovers nach Amerika führte.

Zum anderen wird als Dokumentation fortgesetzt, was Georg Kretschmar zu seinem langen Dienst in der Sowjetunion, dann in Russland und vielen weiteren benachbarten Ländern noch niedergeschrieben und diktiert hat: „Die Neusammlung der Evangelisch-Lutherischen Kirche in Russland. Erinnerungen an die Zeit von 1989 bis 2005.“

Rainer Stahl ist erneut Dank zu sagen für die Durchsicht der Beiträge im Rahmen eines Lektorats des Jahrbuches, eine Aufgabe, die er in seinem Ruhestand weiter ehrenamtlich wahrnimmt.

Allen, die diesen neuen Band „Lutherische Kirche in der Welt“ in die Hand nehmen, viel Freude beim Lesen, beim „Lesen, Lehren, Lernen, Bedenken und Nachsinnen“.

Zu Epiphanias 2020

Dr. Carsten Rentzing
Landesbischof a. D.
Präsident des
Martin-Luther-Bundes

Alexander
Scheiermann

Dein Königreich ist dir genommen

Predigt über Daniel 4[1]

„Die Gnade unseres Herrn Jesus Christus, die Liebe Gottes des Vaters, und die Gemeinschaft des Heiligen Geistes sei mit euch allen!“ Amen.

Liebe Schwestern und Brüder, liebe Freunde, geehrte Gäste!

Im Namen des Rates der Bischöfe und des ganzen Kirchenbundes der GUS-Länder begrüße ich euch alle mit den Worten von Jesus Christus „Friede sei mit euch“.

Die DELKU macht gerade schwere Zeiten durch. Noch vor kurzem war die DELKU ein Vorbild für alle lutherischen Kirchen der GUS-Länder. Die DELKU war sehr gut organisiert und aktiv tätig in allen Richtungen. Es wurden eine gute Infrastruktur, eine gute finanzielle Basis, ein gut organisierter missionarischer und diakonischer Dienst geschaffen, und sie hatte zuverlässige Partner. Es schien, als ob alle sich wohlfühlten.

Was geschah? Wen trifft die Schuld? Was tun? fragen manche Leute. Ich schlage vor, das 4. Kapitel aus dem Buch des Propheten Daniel zu bedenken.

In diesem Kapitel sieht der König Nebukadnezar in seinem Traum einen sehr hohen Baum. Es gibt sehr hohe Bäume, die den kleinen Bäumen die Sonne und die Erde für das Wurzelsystem nehmen.

Dieser Baum ist der ehrgeizige Nebukadnezar.

---

1 Gehalten zur Einführung des Bischöflichen Visitators der Deutschen Evangelisch-Lutherischen Kirche in der Ukraine (DELKU), Pavlo Shvarts, am 1. Dezember 2018 in St. Katharinen in Kiew.

Und Gott sieht das alles.

Ja, Gott segnet Regen und lässt die Sonne scheinen über solchen hohen Bäumen, damit sie wachsen können.

„Auch Ungerechtigkeit auf unserer Erde wächst durch die Gnade Gottes", schreibt Pastor Luti. Gottes Geduld mit den riesigen Bäumen dieser Welt ist größer als unsere Geduld. Und wenn Gottes Liebe länger warten kann als unsere, heißt das nicht, dass Gott schläft und nichts bemerkt. Gottes Gerechtigkeit ist immer noch da – obwohl wir sie vielleicht überhaupt nicht bemerken.

Wir sehen aber nicht alles und wissen nicht alles. Von außen scheint es uns, dass König Nebukadnezar einen festen Schlaf hat. Er hat ein Hydromassagebad, einen guten Masseur und nach allen diesen Behandlungen muss er einen festen Schlaf haben.

„... ein heiliger Wächter fuhr vom Himmel herab" (10). Dieser heilige Wächter steht auf seinem Posten. Fürchtet euch nicht, dass daneben ein riesiger Baum steht. Der heilige Wächter lebt und lässt Nebukadnezar nicht in Ruhe.

Lasst euch nicht entmutigen, kleine Bäume, es kommt der Tag der Abrechnung auch für den hohen Baum. Der heilige Wächter garantiert es uns.

Der Ruhm von Nebukadnezar dauert noch lange, obwohl Gott schon das Gericht vollgezogen hat. Der Herr wartet noch zwölf Monate. Das Gericht vollzieht sich mit Blitzesschnelle. Damit hat Nebukadnezar nicht gerechnet. Nebukadnezar war sich sicher – er war doch klug und kräftig genug. Er hat sich alle Herrlichkeit angemaßt.

„Nach zwölf Monaten, als der König auf dem Dach des königlichen Palastes in Babel sich erging, hob er an und sprach: Das ist das große Babel, das ich erbaut habe zur Königsstadt durch meine große Macht zu Ehren meiner Herrlichkeit" (26.27).

Aber seine Überlegungen konnte der König nicht mehr fortsetzen.

„Ehe noch der König diese Worte ausgeredet hatte, kam eine Stimme vom Himmel: Dir, König Nebukadnezar, wird gesagt: Dein Königreich ist dir genommen" (28).

Der Ruhm von Nebukadnezar dauerte lange. Aber auch die Langmut Gottes dauerte lange. Blitzschnell kam aber Gottes Gericht.

Ein ungarisches Sprichwort sagt: „Bäume wachsen nicht in den Himmel." Heute sind diese Worte vielleicht nicht mehr aktuell. Unser Text zeigt es aber sehr anschaulich. In dieser Welt waren viele große Menschen, aber wenn sie sich viel erlaubten und allen Ruhm nur sich zuschrieben, nicht Gott – dann vollzog sich das Gericht Gottes und vollzieht sich bis heute.

Der heilige Wächter steht auf dem Posten und bewacht Gottes Ruhm.

Im Neuen Testament lesen wir über Johannes den Täufer, dass er öffentlich anprangert, dass König Herodes die Frau seines eigenen Bruders geehelicht hat: „Es ist nicht recht, dass du sie hast“ (Mt 14,4).

Und wir lesen, dass an dem König Herodes Gott sein Gericht vollzog.

Viele große Menschen vergessen, dass über uns noch Gott steht.

Schauen wir uns doch einmal den Traum von Nebukadnezar näher an. Vielleich gilt dieses Gericht nicht nur für hohe Bäume, Könige, Minister, Diktatoren, sondern auch für uns – kleine Bäume. Hier liegt eine große Belehrung.

Nebukadnezar beschreibt mit den Worten: „Sein Laub war dicht und seine Frucht reichlich, und er gab Nahrung für alle. Die Tiere des Feldes fanden Schatten unter ihm, und die Vögel des Himmels saßen auf seinen Ästen, und alles Fleisch nährte sich von ihm“ (9). Wie schön wäre es, wenn alle Mächtigen dieser Welt solche Träume sehen könnten. Man möchte aber, dass sie nicht nur davon träumen, sondern es in die Tat umsetzen: „… und alles Fleisch nährte sich von ihm“.

Über ein Land mit solchen Einwohnern und einem solchem König kann man sich nur freuen und sich so ein Land wünschen. Wir alle wünschen uns, in einem reichen und kräftigen Land zu wohnen. Alle Staaten nehmen Rücksicht auf ein solches Land, das mehr und mehr Territorien erobert und allen diktiert, in welcher Richtung zu gehen und wie zu denken ist. Wir möchten in einem solchen Land wohnen: „Und der Baum wurde groß und mächtig, und seine Höhe reichte bis an den Himmel, und er war zu sehen bis ans Ende der ganzen Erde“. Wir möchten solchen Verwandten oder Freund haben, damit wir in seinen Ästen versorgt sein können.

Viele junge Frauen möchten gerne solch einen mächtigen und wohlhabenden Mann heiraten und das ganze Leben sich unter diesem mächtigen Baum erquicken. Diesem Nebukadnezar würde unsere Generation gerne in die Arme fliegen.

Diesen Traum sieht nicht nur Nebukadnezar, wir sehen solche Träume auch gerne. Der Traum von Nebukadnezar ist auch unser Traum. Es ist auch der Traum unseres Herzens. In diesem Traum taucht unser Unbewusstes an die Oberfläche auf.

Wir träumen davon: „Und er wurde groß und mächtig, und seine Höhe reichte bis an den Himmel, und er war zu sehen bis ans Ende der ganzen Erde“ (8).

Denkt ihr, dass Poroschenko oder irgendwelche kirchliche Beamte davon nicht träumen? Diesen Traum sahen Engels und Marx. Sie wollten einen mächtigen Staat bauen, damit die ganze Welt sich begeistern und orientieren könne. Aber auch Westeuropa und alle reichen Ländern sehen diesen Traum und möchten ihn in die Tat umsetzen. Wir sehen menschliches Streben nach Größerem, um mächtiger und ruhmreicher zu sein.

Unser Kapitel beginnt mit den Worten: „Ich, Nebukadnezar, hatte Ruhe in meinem Hause und lebte zufrieden in meinem Palast“ (1).

Der Traum kam aus der Ruhe. Nebukadnezar träumt, als er sich in seinem Palast ausruht. Alle wünschen sich ein Haus, einen Palast, in dem Ruhe und Friede herrschen. Wir möchten ein gemächliches Leben führen. Wir möchten gerne, wenn nicht einen Königspalast, dann mindestens eine Hütte, wo du dich geborgen und geschützt fühlst. Wir alle möchten ein solches kleines Paradies haben. Da bin ich selbst Hausherr und Meister. Niemand darf mich stören, belehren, selbst Gott darf mir keine Sorgen machen. Dieser menschliche Wunsch ist doch normal – und zwar zu allen Zeiten.

„Ihr werdet sein wie Gott“, wurde den ersten Menschen auf der Erde von der Schlange gesagt. Es ist unser Traum und unser Wunsch. Die Ausgrabungen in Babylon weisen darauf hin, dass die Ziegel das Siegel Nebukadnezars trugen. Sogar nach dem Tod soll man wissen, wer diese großen Gebäude aufgebaut hat.

„Das ist das große Babel, das ich erbaut habe zur Königsstadt durch meine große Macht zu Ehren meiner Herrlichkeit“, träumt Nebukadnezar (27).

Ziegel sollen von Herrlichkeit und Ruhm des Nebukadnezar zeugen. Mein Ruhm soll nicht sterben, so dachte und wollte es Nebukadnezar. Aber der heilige Wächter steht auf seinem Posten. Er sorgt dafür, dass menschliche Ambitionen die Grenzen Gottes nicht überschreiten.

Das erste Gebot besagt: Du sollst nicht andere Götter haben neben mir. Du sollst dir kein Bildnis noch irgendein Gleichnis machen, weder von dem, was oben im Himmel, noch von dem, was unten auf Erden, noch von dem, was im Wasser unter der Erde ist: Bete sie nicht an und diene ihnen nicht! Du sollst den Namen des HERRN, deines Gottes, nicht missbrauchen; denn der HERR wird den nicht ungestraft lassen, der seinen Namen missbraucht (Ex 20,7).

Der heilige Wächter lässt nicht zu, dass Nebukadnezar seine Macht benutzt, um sich zu rühmen und zu verherrlichen. Und als Nebukadnezar die erlaubte Grenze überschritten hat, lesen wir weiter: „Der heilige Wächter rief laut und sprach: Haut den Baum um und schlagt ihm die Äste weg, streift ihm das Laub ab und zerstreut seine Frucht“ (11); „damit die Lebenden erkennen, dass der Höchste Gewalt hat über die Königreiche der Menschen und sie geben kann, wem er will, und selbst den niedrigsten der Menschen über sie setzen kann“ (14).

Es ist wohl der Schwerpunkt, damit der Mensch heute versteht, dass der heilige Wächter den Ruhm Gottes bewahrt – der nicht schläft und immer wacht.

Er „streift ihm das Laub ab und zerstreut seine Frucht".

Der heilige Wächter macht es nicht nur mit den großen Bäumen, sondern auch mit den kleinen. Wir sehen die Strafe Gottes. Gott haut die Wälder um, d. h. die Menschen.

Über Nebukadnezar lesen wir, dass er seinen komfortablen Palast verlassen musste und „vom Tau des Himmels soll er nass werden und soll sein Teil haben mit den Tieren an den Kräutern der Erde". Er wurde in Ketten geschmiedet.

Gott nahm ihm sein menschliches Herz. Da verwandelte er sich weit weg von Kultur und Zivilisation, „bis sein Haar wuchs so groß wie Adlerfedern und seine Nägel wie Vogelklauen wurden" (30).

Wie wortwörtlich dieses prophetische Wort heutzutage zu verstehen ist, wissen wir nicht. Wir können nur feststellen, dass wir auch an diesem Gerichtsprozess teilnehmen. Vielleicht sind wir nur am Anfang des Gerichtes? Sollen vielleicht auch sieben Zeiten hingehen?

Ein Mensch, der eigene Grenzen überschreitet und Gott missachtet – der bekommt ein Herz des Tieres und wird wie ein Tier sein. Beachtet, Nebukadnezar wurde wie ein Tier. Es ist die gottlose Menschheit und die Kultur nimmt die Gestalt eines wilden Tieres an.

Wie kann Nebukadnezar einen Ausweg finden? Wie können wir, die im 21. Jahrhundert leben, einen Ausweg finden? Wie kann die DELKU einen Ausweg finden?

Daniel gibt einen seelsorglichen Rat: „Darum, mein König, lass dir meinen Rat gefallen und mache dich los und ledig von deinen Sünden durch Gerechtigkeit und von deiner Missetat durch Wohltat an den Armen, so wird es dir lange wohlergehen" (24).

Daniel muss so sagen, denn der Herr möchte Nebukadnezar heilen.

Nebukadnezar hat einen Ausweg – „mache dich los und ledig von deinen Sünden durch Gerechtigkeit". Nebukadnezar hat das schlechte Gewissen des Sünders. Und jetzt liegt er in Ketten.

Er lebt auf dem Felde. Aber damit kann er nicht Vergebung und Erlösung der Sünden bekommen. Dein Ruhm wird dich, Nebukadnezar, auch nicht retten.

Worauf hoffen wir? Was ist der Ausweg? Unser Text erzählt einerseits über die gesamte menschliche Tragödie und die menschliche Natur. Andererseits zeigt er uns die große Geduld und Liebe Gottes. Jesus sagt: „Kommet her zu mir alle, die ihr mühselig und beladen seid; ich will euch erquicken."

Bei Christus sind wir immer willkommene Gäste.

Bei (mit) Christus gibt es immer einen neuen Anfang.

Bei (mit) Christus gibt es eine Zukunft.

Liebe Brüder und Schwestern, vertraut auf Christus und folgt nur ihm nach und Er wird euch zum Ziel führen.

Der Herr segne euch und sei euch gnädig. Amen.

Tomáš
Tyrlík

Gott kann beides …

… entweder beruhigt er den Sturm, oder er lässt den Sturm toben und beruhigt die, die ihm vertrauen[1]

Die Gnade unseres Herrn Jesus Christus und die Liebe Gottes und die Gemeinschaft des Heiligen Geistes sei mit euch allen! Amen.

Und am Abend desselben Tages sprach er zu ihnen: Lasst uns ans andre Ufer fahren.

Und sie ließen das Volk gehen und nahmen ihn mit, wie er im Boot war, und es waren noch andere Boote bei ihm.

Und es erhob sich ein großer Windwirbel, und die Wellen schlugen in das Boot, sodass das Boot schon voll wurde.

Und er war hinten im Boot und schlief auf einem Kissen. Und sie weckten ihn auf und sprachen zu ihm: Meister, fragst du nichts danach, dass wir umkommen?

Und er stand auf und bedrohte den Wind und sprach zu dem Meer: Schweig! Verstumme! Und der Wind legte sich und es ward eine große Stille.

Und er sprach zu ihnen: Was seid ihr so furchtsam? Habt ihr noch keinen Glauben?

Und sie fürchteten sich sehr und sprachen untereinander: Wer ist der, dass ihm Wind und Meer gehorsam sind!

Markus 4,35–41

---

1 Diese Predigt wurde im Sakramentsgottesdienst am 12. Februar 2019 während der Theologischen Tage des Martin-Luther-Bundes in Hofgeismar gehalten.

Liebe Schwestern, liebe Brüder,

es war ein Abend nach einem Tag wie viele andere vorher. Ein Tag mit vielen Menschen. Jetzt ist endlich der Feierabend gekommen. Die Menschen werden verabschiedet und nach Hause geschickt. Jesus selbst ist so erschöpft, dass er gleich im Boot von der Müdigkeit übermannt wird.

Es sollte eine ganz normale Bootsfahrt sein. Die Jünger waren geübte Fischersleute am See Genezareth. „Lasst uns ans andre Ufer fahren", hatte Jesus zu ihnen gesagt.

Die Fahrt auf dem See war Routine für Männer wie sie, Fischer, die den See kennen wie kein anderer. Plötzlich gab es einen großen Sturm auf See. Hohe Wellen schlagen ins Boot. Die Wellen werden immer höher, das Boot schaukelt hin und her. Das Boot läuft voll Wasser und droht zu sinken.

Dieser Sturm lässt auch diesen geübten Fischern den Atem gefrieren. Sie werden von der Angst gepackt. Erfahrene Fischer haben mehrmals einen Sturm auf See erlebt. Sie vertrauten auf ihre eigene Stärke, wollten mit ihrer eigenen Kraft dem Sturm trotzen.

Und was diese geübten Fischer wahrscheinlich alles versuchten? Gegen den Sturm zu rudern, mit dem Sturm zu rudern, Wasser zu schöpfen, das Gewicht richtig zu verteilen! Alles Menschenmögliche unternahmen sie, um das Boot und ihre Haut da heil herauszubekommen. Aber diesmal: Nichts funktioniert!

Und Jesus schläft! Das kennen wir doch auch, oder? Das ist doch manchmal unsere Situation. Manchmal tobt der Sturm um uns herum. Und wir versuchen alles, um unsere Haut zu retten und nicht unterzugehen.

Der Sturm, der unser Leben bedroht, hat viele Gesichter. Der Sturm ist ein Bild für die Unruhe unseres Lebens – Sorgen, Stress, Krankheit, äußere und innere Einflüsse auf unser Leben.

Solche Stürme können mit großer Welle in die Familie, in das persönliche Leben, beim Beruf hereinbrechen.

Kümmert's dich nicht, dass wir untergehen?, fragen die Jünger Jesus im Boot, das voll Wasser läuft. Schläft Gott?

Kümmert's dich nicht, wenn sich im Nahen Osten augenblicklich ein militärischer Flächenbrand aufbaut?

Kümmert's dich nicht, wenn ein Diktator aus der Kim-Dynastie in Nordkorea mit Atomwaffen spielt?

Kümmert's dich nicht?, fragen die Christen in Syrien, wenn am Himmel die Hubschrauber knattern.

Kümmert's dich nicht, dass ich untergehe?, fragt die Frau, nachdem ihr der Arzt die Diagnose eines langsamen Sterbens eröffnet hat.

Kümmert's dich nicht, dass wir untergehen?, fragen jeden Tag viele.

Viele von diesen ähnlichen Geschichten werden zur Realität im Leben vieler Menschen. Auch wir finden manchmal keinen Ausweg, keine Antworten.

Das kann im persönlichen Bereich geschehen, wenn uns eine Situation völlig außer Kontrolle gerät. Panikattacken überfallen uns, wir wissen nicht mehr aus noch ein. Wir kämpfen um unser Leben oder finden keinen Ausweg, und wir sind völlig verzweifelt.

Haben wir nicht auch manchmal das Gefühl: Gott schläft? Er kümmert sich nicht um uns, er ist irgendwo weit weg. Sollte er nicht viel näher bei uns sein und Angst und Sorge aus dem Weg räumen? Muss Gott nicht dafür sorgen, dass alles immer windstill ist? Darf es in einem Leben mit Gott überhaupt Stürme geben?

Immer stellt sich in solchen Situationen die Frage: Wo ist Gott? Schläft er? Eine mögliche Antwort ist: Ja, Gott schläft. So wie Jesus in der Geschichte.

Ein Beispiel: Vor einigen Jahren starb eine gute Freundin unserer Familie an Krebs. Ihre jugendlichen Kinder setzten auf die Todesanzeige ihrer Mutter ein Bild – einen schlafenden Engel. Sie sagten: Mamas Engel hat geschlafen und nicht auf sie aufgepasst. Schläft also Gott, so wie Jesus in der Geschichte? Schlafen die Engel, die eigentlich aufpassen sollen?

Ja, es ist schwer zu vertrauen, wenn schreckliche Dinge geschehen oder wenn es in unserer Seele finster ist. Es gibt doch diese große Kraft, die uns hilft. Es gibt Rettung, es gibt doch seine Hilfe.

Die Zwölf lassen Jesus nicht schlafen. Sie riefen mit ihrer Angst zu Jesus: „Herr, wir gehen unter! Merkst du das nicht?“ Und was tut er? Jesus befahl dem Sturm, sich zu beruhigen. Jesus rettete sie. Jesus zeigte seinen Jüngern, dass er der Herr ist, der Herr über die Naturgewalten.

Jesus ist auch der Herr über die Stürme unseres Lebens. Gott wird uns nicht vor dem Sturm bewahren. Aber vor dem Untergehen. Wir haben sein Wort, sein Versprechen.

Die im Dritten Reich ermordete jüdische Philosophin Edith Stein hat das so ausgedrückt: „Ich weiß, dass ich jemanden in meiner Nähe habe, dem ich rückhaltlos vertrauen kann, und das ist etwas, was Ruhe und Kraft gibt.“

Das ist vielleicht das Schwerste am Glauben – auf Gottes Hilfe warten zu müssen. Wie können wir glauben, wenn nichts geschieht? Wie können wir vertrauen, wenn Gott offensichtlich schweigt?

Schon in den Psalmen heißt es: „Herr, steh auf, wieso schläfst du?“ (Psalm 44,24).

Ist dieser verborgene Gott, von dem Martin Luther schreibt, der Welt nicht zugewandt, sondern fern von ihr? Wie rätselhaft erscheint uns Gott in einer Welt der Widersprüche und Ungerechtigkeiten!

Jesus sitzt mit im Boot – trotzdem fühlen sich die Jünger von Gott und der Welt verlassen. Ihnen fehlt das Vertrauen, das Martin Luther in einer Predigt markant beschrieben hat: „Christus ist mit im Schiff – also kann ich höchstens mit ihm zusammen ersaufen".

Mit Jesus unterwegs zu sein, bewahrt nicht vor allen Schrecken und Stürmen des Lebens. Es gibt auch Lebensstürme mit Jesus im Boot.

Stürme im Leben sind nicht immer eine Folge von Ungehorsam. Sie sind auch nicht ein Hinweis darauf, dass Gott uns verlassen hat. Er wird die nicht verlassen, die sich auf ihn verlassen.

Es gibt keinen Sturm in unserem Leben, den Gott nicht stillen könnte. Auch wenn die Wellen über uns zusammenschlagen – Gott ist größer als alle Mächte und Gewalten.

Gott kann beides – entweder beruhigt er den Sturm, oder er lässt den Sturm toben und beruhigt die, die ihm vertrauen und auf seine Hilfe warten. Eine solche Erfahrung hat immer etwas Wunderbares. Sie verändert uns.

Die Erzählung von der Stillung des Sturms ist eine Epiphanie-/Erscheinungs-Geschichte. Eine Geschichte, in welcher die Herrlichkeit Christi aufleuchtet.

Die Jünger spüren seine Macht und die Verbundenheit mit dem Schöpfergott. Hier leuchtet das Licht der Welt auf, wie er, wie es sich seinen Jüngern offenbarte. Am Ende stehen die Jünger staunend da. Sie können nicht fassen, was passiert ist. Sie haben wieder etwas Neues von Jesus gelernt.

Solche Aha-Momente kann es auch in unserem Leben geben, dass wir erkennen: Ich hätte das nie gedacht, aber Gott hat mich ganz wunderbar geführt.

Deswegen können wir „ans andere Ufer hinüberfahren" ohne Angst und mit einem großen Vertrauen. Wir können uns immer wieder hinauswagen auf das Meer, in das Leben, in Neues hinein, das noch unbekannt vor uns liegt.

Gott wandelt unsere Angst in Vertrauen, unsere Ohnmacht in neuen Mut und unsere Not in lebendige Hoffnung. Gott hält uns in seiner Hand. Darum: Seid getrost!

Amen.

Und der Friede Gottes, der höher ist als alle Vernunft, bewahre eure Herzen und Sinne in Christus Jesus. Amen.

Norbert
Denecke

„In der Musik ist Gottes Gnade gegenwärtig."[1]

Diesen Leitspruch, liebe Schwestern und Brüder, schrieb sich Johann Sebastian Bach an den Rand seiner Bibel: „In der Musik ist Gottes Gnade gegenwärtig." Mit dieser theologischen Aussage deutet Johann Sebastian Bach bereits an, wie tief er in der Theologie Martin Luthers verwurzelt ist.

Als Organist, Kapellmeister und Kantor hat Johann Sebastian Bach die geografischen Grenzen seiner Heimat in Mitteldeutschland kaum verlassen. Und so mögen Sie sich trösten, wenn Sie mich mit meinem deutschen Akzent nicht besonders gut verstehen. Johann Sebastian Bach hätte zusätzlich eine sächsische Färbung in seiner Aussprache – das wäre für Sie noch fürchterlicher …

Martin Luther hielt die Musik für die zweitgrößte Kunst – gleich nach der Theologie. Er hat die Musik selbst vielfach in Dienst genommen. So kann man Luthers wesentliches Streben darin sehen, in allen Bereichen des Lebens – auch in der Musik – ein vom Himmel lebendig verstehbares Zeugnis zu geben. Immerhin nannte er die Musik eine „himmlische Kunst"! Und wenn hier von himmlischen Dingen gesprochen wurde, so waren damit sehr konkret solche Dinge gemeint, die einen Bezug zum Himmel bzw. ihren Ursprung im Himmel hatten – und das heißt nichts anderes als bei Gott und in Gott.

In gleicher Weise kann man auch das Streben von Johann Sebastian Bach gerade darin sehen, in seiner Musik vom Himmlischen Zeugnis zu geben, und zwar derart, wie es ihm in seiner Luther-Bibel als Gottes Wort begegnete, ihn erfüllte und prägte.

---

1 Ansprache, gehalten im Vespergottesdienst der Kirchengemeinde St. Anne's in London, Lutherische Kirche in Großbritannien, am Abend des Sonntags Quasimodogeniti, 1. Sonntag nach Ostern (28. April 2019), in dem die Kantate „Am Abend aber desselbigen Sabbats" (BWV 42) zur Aufführung kam.

Es ist dieses Geheimnis der Inkarnation, der Menschwerdung Gottes in Christus, die Luther wie Bach elementar bewegte. Gleichzeitig eröffnet es auch die Möglichkeit, sich beim Thema Himmel und Musik nicht nur vom Klang der Pauken und Trompeten, Chöre und Orchester überirdisch und ozeanisch wegschwemmen zu lassen, sondern sich hierzu ganz bescheiden und eindringlich zu Wort zu melden.

Musik als Ausdruck der Verkündigung

Die Nachordnung der Musik nach der Theologie – und zwar direkt nach der Theologie – ist kennzeichnend für die Auffassung Luthers. Er konnte auf diese Weise Musik auch schlicht als Ausdruck der Verkündigung ansehen. Aber dem damaligen Verständnis nach bedeutete das nicht eine Austrocknung der Musik durch langweilige Vorträge, sondern eine ergreifende und umwälzende Anbindung menschlichen Fragens und Suchens an das Himmlische. Musik als Ausdruck von Verkündigung kann darum für Luther niemals als eine Engführung seiner Gesamtwahrnehmung verstanden werden, sondern als eine Einbindung von Klang und Harmonie in das Verkündigungsgeschehen.

Nun wissen wir alle, dass Luthers Leben durch seinen Eintritt in das Augustinerkloster eine Veränderung erfuhr. So vertiefte sie seinen Zugang zur Musik und zum Himmlischen – allein durch seine aktive Mitwirkung beim priesterlichen Altargesang. Man wird wohl sagen können, dass Luther, als er dann als Hochschullehrer nach Wittenberg kam, auch ein praktisch und theoretisch gebildeter Musiker war, der es an Kenntnissen mit den Fachleuten seiner Zeit aufnehmen konnte.

Insofern war die Paarung von Musik und Sprache eine zentrale Erfahrung Luthers. Er setzte seine musikalischen Fähigkeiten in der Folge bewusst ein, um den Gottesdienst und das Bildungswesen reformatorisch neu zu ordnen – aber nicht, um mit eigenen Ideen aufzutrumpfen oder neue Schnörkel einzufügen, sondern um das Himmlische besser durchleuchten, durchklingen und begreifen zu lassen. So ging es ihm bei dem Entwurf einer Deutschen Messe nicht nur darum, dass jeder sie richtig verstehen kann, sondern dass sich jeder Christenmensch auch einbezogen, erfüllt und betroffen fühlt, was aus dem richtigen Verständnis notwendigerweise folgen sollte.

Die Teilhabe der Gemeinde an der Verkündigung durch Musik

Der Gemeindegesang wurde für Luther in der Deutschen Messe ein wichtiges Mittel, um alle Beteiligten durch die himmlische Botschaft anzurühren und zu erfüllen. Da es zu seiner Zeit nicht genügend Kirchenlieder gab, dichtete und komponierte Luther und wurde so der „Vater des Protestantischen Chorals". Tatsächlich wurden die von ihm gedichteten Lieder mit großer Begeisterung gesungen und waren bereits seit 1523 durch Liederblätter außerordentlich zügig und in großem Ausmaß gedruckt und verbreitet worden.

Für Luther ist das Himmlische eben nicht unvermittelt dem Verstand und der Erkenntnis zugänglich. Luther bezieht sich auf den Apostel Paulus, der im Brief an die Römer von dem „unsichtbaren Wesen" Gottes spricht (Römer 1,20), das aber in seinen Werken sichtbar wird, wenn man sie denn wahrnimmt. Nach Luther ist nur der ein Theologe, der Gottes sichtbares und den Menschen zugewandtes Wesen durch Leiden und Kreuz erblickt und erkennt.

Johann Sebastian Bach – Martin Luthers musikalischer Prophet?

Diese Überzeugung hat auch Johann Sebastian Bach getragen. Und so wird er in der Forschung immer wieder als „durch und durch lutherisch" bezeichnet. Es kann sogar gefragt werden, ob Johann Sebastian Bach Luthers musikalischer Prophet ist. In vieler Hinsicht spricht manches dafür. So kann man die Kantaten von Johann Sebastian Bach als Predigtmusiken verstehen, bei denen die Verkündung des Himmlischen nicht durch den Pfarrer, aber eben durch den Kantor vollzogen wird.

Dieser starke Einfluss ergab sich zunächst allein daraus, dass Bach in einer lutherisch geprägten Umwelt wirkte. Bachs große Werke, seine Passionen, Kantaten und Orgelchoräle sind ohne Luthers reformatorisches Werk, sein Bibelwort und seine Leistungen auf dem Gebiet des protestantischen Chorals nicht denkbar.

Man hat versucht, aufgrund der Bücher, die Bach gesammelt hatte, Beweise für die Geisteshaltung ihres Besitzers zu bestimmen. Aber noch wichtiger war sicherlich die Wiederentdeckung der Bibel, die Johann Sebastian Bach benutzt und mit vielen schriftlichen Anmerkungen versehen hat. Hier ist zu erkennen, dass Bach außer der Musik offenbar keiner Größe derart zugewandt gewesen ist wie der lutherischen Theologie. In ihr hat er gelebt. Er dachte und glaubte wie Luther. Auch für ihn ist die Theologie nicht als irgendeine Wissenschaft zu sehen, sondern als reflektierter Verweis auf das

Himmlische, wie es in der Heiligen Schrift überliefert ist. Bachs lutherische Prägung lässt sich daher an keinem Punkt eindeutiger bestimmen als in seinem Verhältnis zur Heiligen Schrift.

In der Matthäus-Passion hebt Bach die einzigartige Bedeutung der Worte des Evangeliums dadurch hervor, dass er sie die ganze Partitur hindurch – und zwar als einzigen Textbestandteil – vom Beginn bis zum Ende mit roter Tinte schreibt. Auf diese Weise muss einfach jeder Leser eindringlich die Bedeutung dieser göttlichen Worte vor Augen haben. Solcher Eindringlichkeit der Texte und ihrer Auslegung sah sich Bach offenbar im Sinne Luthers verpflichtet.

In ganz eigener Weise bezieht Bach in der Matthäus-Passion – aber nicht nur da – in der Tradition Luthers die Gemeinde in die Musik ein. Denn für Luther war die Beteiligung der Gemeinde ein entscheidendes Kriterium seiner Gottesdienstreform gewesen. Er verstand den Gottesdienst als Dialog zwischen Gott und Mensch, zwischen dem Himmlischen und seinen irdischen Kindern. Und dieser Dialog war in seinem Inhalt nach gleichbedeutend mit dem Rechtfertigungsgeschehen, in das der glaubende Mensch mit dem Lobpreis Gottes eintritt.

Quasimodogeniti – Vertrauen in Gott wie die neugeborenen Kindlein

Die Kantate „Am Abend aber desselbigen Sabbatas" wurde von Johann Sebastian Bach für den Sonntag mit dem Namen Quasimodogeniti komponiert. In unseren Gemeinden in Deutschland wird dieser Sonntag mit den speziellen biblischen Lesungen, die wir auch heute in der Vesper gehört haben, weiterhin gefeiert.[2] Es ist der erste Sonntag nach dem Osterfest. Die Namen der Sonntage nach dem Osterfest leiten sich vom Beginn des Introitus des jeweiligen Sonntags ab. Im Fall des Sonntags Quasimodogeniti handelt es sich um Vers 2 a aus dem 1. Petrusbrief, Kapitel 2: („und seid begierig nach der vernünftigen lauteren Milch") „wie die neugeborenen Kindlein". In lateinischer Sprache heißt das dann: „Quasi modo geniti infantes".

Am 1. Sonntag nach dem Osterfest wird uns davon berichtet, wie Jesus Zweiflern und Skeptikern begegnet, wie er sich von diesen berühren lässt und mit ihnen isst. Später glauben sie, was sie nicht sehen können: die gelebte Gemeinschaft mit Christus. Bereits jetzt haben sie als Christen Anteil

2 Jesaja 40,26–31; 1 Petrus 1,3–9 und Johannes 20,19–29.

an seinem neuen Leben. Kannst Du das glauben? „Selig sind, die nicht sehen und doch glauben!“, sagt Jesus. „Selig sind, die nicht sehen und doch glauben!“: Der „ungläubige Thomas“ konfrontiert uns mit dem Wunsch und der Sehnsucht, den Grund des Glaubens zu erfassen und zu verstehen. Doch der Glaube an den auferstandenen Herrn beruht nicht auf nachweisbaren Fakten, sondern ist und bleibt ein Akt des Vertrauens auf Gottes gnädiges Handeln.

Johann Sebastian Bach nimmt diese Motive in seiner Kantate auf und führt sie zum großen Choral Luthers „Verleih uns Frieden gnädiglich“, der seinerseits auf das klösterliche Stunden- und damit Psalmgebet zurückgeht (Psalm 122). Wieder stoßen wir auf die theologische und auch musikalische Verbundenheit von Johann Sebastian Bach mit Martin Luther und dessen engen Bezug zur Heiligen Schrift.

In diesem Sinne wird Johann Sebastian Bach auch immer wieder als der „fünfte Evangelist“ bezeichnet. Meines Erachtens geschieht dies aus gutem Grund. Denn Johann Sebastian Bach nutzt die Musik als Medium, um den Glauben zu stärken. Er vermittelt auf seine Weise die Botschaft der Heiligen Schrift von dem liebenden und den Menschen zugewandten Gott.

Aus diesem Grund ende ich nun auch mit meinen abstrakten Erläuterungen, um dem „fünften Evangelisten“ wieder Raum zu geben. Möge er uns weiterhin das Himmlische erschließen, damit wir in den Lobpreis unseres gnädigen Gottes einstimmen.

Amen.

Festakt für Landesbischof i. R. Prof. Dr. Gerhard Müller D. D.

Am 29. Juni 2019 fand im Plenarsaal der Akademie der Wissenschaften und der Literatur in Mainz eine Festveranstaltung statt, zu der die Akademie eingeladen hatte, um ihr langjähriges Mitglied Landesbischof i. R. Professor Dr. Gerhard Müller D.D. anlässlich seines 90. Geburtstages zu ehren. Unter den Versammelten fanden sich neben Mitgliedern der Familie und Freunden zahlreiche Mitglieder der Mainzer und anderer Akademien, Kollegen aus den Universitäten, Geistliche beider Konfessionen sowie lutherische Bischöfe und Hochschullehrer aus Litauen, Tschechien, der Slowakei und Ungarn. Der Vizepräsident der Akademie und ehemalige Direktor der Abteilung für Universalgeschichte des Instituts für Europäische Geschichte in Mainz, Prof. Dr. Dr. h. c. Heinz Duchhardt, begrüßte den Jubilar, den Referenten und die Versammlung. Prof. Dr. Irene Dingel, Mitglied der Akademie und Direktorin der Abteilung Abendländische Religionsgeschichte des Instituts für Europäische Geschichte, Mainz, brachte die Laudatio auf den Jubilar aus, hier direkt im Anschluss abgedruckt. Prof. Dr. Dr. Dr. h. c. Johannes Schilling, Kiel, Mitglied der Akademie der Wissenschaften in Hamburg und Erster Präsident der Luther-Gesellschaft, hielt den Festvortrag, in diesem Band zu lesen ab Seite 35. Im Anschluss lud das Institut für Europäische Geschichte zu einem Empfang in den Räumen der Akademie ein.

Johannes Schilling

Irene
Dingel

Laudatio auf Gerhard Müller

Hohe Festversammlung,
sehr geehrte Familie von Gerhard Müller,
verehrter Jubilar, lieber Gerhard,

dass wir heute im Plenarsaal der Akademie der Wissenschaften und der Literatur in Mainz Deinen 90. Geburtstag mit einer akademischen Ehrung begehen, hat einen guten Grund. Professor Dr. Heinz Duchhardt hat dies in seiner Begrüßungsansprache schon anklingen lassen. Ich habe es zwar nicht im Einzelnen nachgeprüft, aber wahrscheinlich bist Du das sozusagen „dienstälteste" Mitglied unserer Akademie: Über vierzig Jahre schon gehörst Du der Akademie der Wissenschaften und der Literatur, Mainz, an – seit 1977 zunächst als korrespondierendes Mitglied, seit der Plenarwahl am 16. 2. 1979 aber dann als Ordentliches Mitglied in der Nachfolge von Ernst Benz, wenn mich nicht alles täuscht. Damals warst Du noch keine 50 Jahre alt – also ein Jungspunt, wenn man in den Altersdimensionen rechnet und denkt, die für Akademien gelten. Nun, Deine Mitgliedschaft, lieber Gerhard, ist nicht nur für unsere Akademie eine Ehre, für deren wissenschaftliche Projekte Du Dich in verschiedenen Kommissionen immer wieder eingesetzt hast und immer noch engagierst, sondern es ist auch für uns, Deine Akademiekollegen, von denen diejenigen unter uns sind, die sich Dir besonders verbunden fühlen, eine große Bereicherung und Freude, Dich als Gesprächspartner, als Berater und vor allem als Freund zu haben. Das gilt natürlich auch für Deine Weggefährten aus Universität, aus Kirche und Gemeinde im deutschen und europäischen Raum, die heute ebenfalls anwesend sind, und selbstverständlich in besonderen Dimensionen für Deine Familie.

Nach der Begrüßung durch Heinz Duchhardt ist also jetzt der Zeitpunkt gekommen, mit dem zu beginnen, was auf unserem Programm als „Laudatio" angekündigt ist. Das ist nun nicht nur ein schwieriges Genre, sondern auch eine echte Herausforderung, denn im allgemeinen erwartet man von einer Laudatio *erstens*, dass sie die akademischen Lebensstationen des Jubilars abschreitet, die er und viele Anwesende aber ohnehin sehr viel besser kennen als der Laudator bzw. in diesem Fall die Laudatorin; *zweitens* wird erwartet, dass die Laudatio das wissenschaftliche Lebenswerk des zu Feiernden würdigt und *drittens*, dass sie bei all dem nicht zu lang ausfällt und obendrein möglichst kurzweilige Anteile aufweist. Also zu bewerkstelligen ist – wie man so schön sagt – die Quadratur des Kreises.

Ich erlaube mir deshalb, die Jahre des Theologiestudiums von Gerhard Müller in Marburg, Tübingen und Göttingen zu überspringen, ebenso die Promotion mit einer Arbeit über „Franz Lambert von Avignon und die Reformation in Hessen" (Marburg 1958) und die Habilitation im Jahre 1960 an der Universität Marburg, dann die zweijährige Gastdozentur am Deutschen Historischen Institut in Rom mit der Publikation der wichtigen und gewichtigen Nuntiaturberichte aus Deutschland, hervorgegangen aus der Legation Lorenzo Campeggios und der Nuntiatur Girolamo Aleandros in den dreißiger Jahren des 16. Jahrhunderts. Auch auf die Annahme des ehrenvollen Rufs auf eine Professur für Kirchengeschichte an der Universität Erlangen und die beiden abgelehnten Berufungen nach München und Münster gehe ich nicht weiter ein. Vielmehr möchte ich bei dem einsetzen, was Gerhard Müller als Wissenschaftler und Theologen ein bis heute besonderes Profil verleiht:

Schon früh hat es Gerhard Müller vermocht, die an den evangelisch-theologischen Fakultäten verankerte Disziplin der Kirchen- und Theologiegeschichte bzw. der Historischen Theologie auf europäische Fragestellungen hin zu öffnen, konfessionelle Vorbehalte und Sichtweisen in ökumenischer Zusammenarbeit mit katholischen Kollegen zu überwinden und Forschungsperspektiven interdisziplinär zu entgrenzen. Die bis heute in der theologischen Forschung angemahnte ökumenische Offenheit, die in historisch arbeitenden Fächern eingeforderte Europäizität und die heute generell beschworene Interdisziplinarität haben durch die Forschungen und Veröffentlichungen Gerhard Müllers wichtige Impulse erhalten, und zwar zu einem Zeitpunkt, an dem die genannten Schlagworte heutiger Wissenschaftskommunikation – Europäizität und Interdisziplinarität, man ergänzt auch gern die Transdisziplinarität – noch nahezu unbekannt waren. Dazu haben seine Recherchen in italienischen Archiven und überhaupt seine Quellenstudien zur Reformationsgeschichte in Italien und Spanien entscheidend beigetragen, ebenso wie seine bereits erwähnte Gastdozentur am renommierten Deutschen Historischen Institut in Rom. Sie ermöglichte es damals, nach der Öffnung des Archivs Pius' IX. auch quellenkritische Forschungen zu den spannungsgeladenen Beziehungen zwischen Kirche und Staat im 19. Jahrhundert zu betreiben. Aber ein echter „Neuzeitler“, geschweige denn ein „Zeitgeschichtler“ bist Du, lieber Gerhard, im Grunde nie wirklich geworden, auch wenn Du in nicht wenigen Beiträgen auch die nationalsozialistische Vergangenheit der Theologie und ihrer Protagonisten zur Debatte gestellt hast. Kurzum: Gerhard Müller ist und bleibt in erster Linie Reformationshistoriker. Seine Arbeiten auf diesem unvermindert aktuellen Feld der historischen und theologischen Forschung sind von zentraler Bedeutung. Denn in ihnen gewinnt die Verbindung von problemorientierter Quellenanalyse, entdeckerfreudiger Detailforschung und exemplarischer Auswertung in besonderer Weise Gestalt. Der klare, philologisch abgesicherte, quellenkritische Zugang zur Forschung hat Generationen von jungen historisch und theologisch arbeitenden Wissenschaftlerinnen und Wissenschaftlern den Weg zu einer der spannendsten Phasen der europäischen Geschichte im allgemeinen und der Kirchengeschichte im Besonderen gewiesen. Mit der kritischen Edition der Werke des Nürnberger Reformators Andreas Osiander, mit dem Dich eine reflektiert lutherische, durchaus bekenntnisbewusste Haltung verbindet, hast Du, lieber Gerhard, bleibende editionsphilologische Maßstäbe gesetzt. Impulsgebend und zugleich interdisziplinär integrativ hast Du als Hauptherausgeber der Theologischen Realenzyklopädie gewirkt, die mit Recht als ein Jahrhundertwerk bezeichnet werden kann. In zahlreichen wissenschaftlichen Beiträgen hast Du die Geschichte der Kirche sowohl im regionalen als auch im europäischen Kontext seit Spätmittelalter und Früher Neuzeit bis in die Gegenwart hinein abgeschritten. Der zum 60. Geburtstag erschienene Sammelband von wissenschaftlichen Beiträgen unter dem Titel „Causa Reformationis“ – damals noch von Gottfried Maron und Gottfried Seebaß zusammengestellt – bietet einen wunderbaren Extrakt der Forschungen zum Zusammenspiel von Religion und Politik im Reformationszeitalter. Und der gerade neu erschienene, von Rudolf Keller zu Deinen Ehren herausgegebene Sammelband unter dem Titel „Argument und Einsicht“ macht einen vom 16. bis ins 20. Jahrhundert reichenden, auf die bayerische Kirchengeschichte fokussierten Querschnitt zugänglich. Dieses reiche Œuvre ruht auf einer grundlegenden Einsicht, die um die Bedeutung historisch-theologischen Forschens für die Gegenwart einerseits und die Anerkennungsproblematik der Historischen Theologie in der „universitas litterarum“ andererseits weiß und dies zugleich als Movens für das eigene wissenschaftliche Arbeiten begreift. Ich zitiere Gerhard Müller aus seiner Antrittsrede an dieser Akademie:

„Wenn schon die Geschichtswissenschaft generell um ihren Anspruch als Wissenschaft ringen muß, was soll dann der Beitrag eines Theologen erbringen, der eine Disziplin im orbis academicus vertritt, die nicht weniger umstritten ist? Genau dieser Verbindung von Geschichte und Theologie fühle ich mich aber verpflichtet, und ich halte diese auch für angemessen und sinnvoll. Denn die Deutung des Vergangenen bedarf der Kategorien. Sich hier nicht vorschnell von Ideologien verleiten zu lassen, ist leichter gesagt als getan, wie die Geschichte der Geschichtswissenschaft zeigt. Sein eigenes Vorverständnis zu klären, sich um neue und angemessene Kategorien zu bemühen, dazu vermag die Theologie einen Beitrag zu leisten, in deren Tradition sich eine Fülle von Anregungen für ein vertieftes Verständnis der Geschichte findet. Ich verstehe meine Aufgabe als Kirchenhistoriker also nicht so, daß ich einen Teil der Historie zu erforschen habe, der in den Jahrhunderten unterschiedlich gewichtig ist, sondern daß ich mich als Theologe um die Geschichte zu mühen habe."

Ein solches methodisch-problembewusstes Denken ist von bleibender Relevanz und kann als Inhalt und Ziel auch heutiger universitärer Lehre nicht eindringlich genug eingeschärft werden. Nicht von ungefähr haben sich deshalb auch wissenschaftsorganisatorische Institutionen und Gremien um Gerhard Müller bemüht und ihn für sich gewonnen: Er war Fachgutachter bei der Deutschen Forschungsgemeinschaft (1972–1976), Vorsitzender des Fakultätentages der Evangelisch-Theologischen Fakultäten, Mitglied des Theologischen Ausschusses der Vereinigten Evangelisch-Lutherischen Kirche Deutschlands (VELKD), Präsident der Luther-Gesellschaft, stellvertretender Vorsitzender des Vereins für Reformationsgeschichte, Vorsitzender der historischen Kommission des Deutschen Nationalkomitees des Lutherischen Weltbundes (DNK/LWB) und Mitglied des Wissenschaftlichen Beirats des Instituts für Europäische Geschichte in Mainz. Ich bin mir nicht sicher, ob ich alle Engagements in Wissenschaftsorganisation und Wissenschaftsmanagement erfasst, richtig sortiert und in der zutreffenden Reihenfolge angeordnet haben. Jedenfalls, wenn Du, lieber Gerhard, nicht schon einmal in unserem Institutsbeirat mitgewirkt hättest, dann hätten Heinz Duchhardt und ich Dich für eine solche Verpflichtung definitiv „eingefangen". Die hohe Anerkennung all dieser Leistungen und dieses Engagements spiegelt sich übrigens aufs Feinste in der bereits 1980 erfolgten Verleihung der Würde eines „Doctor of Divinity" durch die Universität St. Andrews in Schottland und die Berufung zum Mitglied der Königlich Niederländischen Akademie der Wissenschaften in Amsterdam.

Es ist übrigens eine gute Tradition, dass in unseren Kirchen auch Wissenschaftler in kirchenleitende Verantwortung berufen werden und dass dadurch die Kommunikation zwischen theologischer Wissenschaft und christlicher Kirche gestärkt wird. Dazu hat auch die Wahl Gerhard Müllers im Jahr 1981 zum Landesbischof der Evangelisch-Lutherischen Landeskirche in Braunschweig– mit Sitz in Wolfenbüttel – beigetragen. Dort in Wolfenbüttel sind wir uns auch – wenn ich das hier einflechten darf – zum ersten Mal begegnet, als ich mich als Stipendiatin der Herzog-August-Bibliothek (HAB) in Wolfenbüttel bei dem im selben Ort ansässigen Landesbischof – damals auch Beiratsmitglied der HAB – vorstellte. Aber das Amt des Landesbischofs war nicht alles. Wenige Jahre später (1990) erfolgte die Wahl zum Leitenden Bischof der VELKD. Wissenschaftlich-theologisches Problembewusstsein, Kritik und Klarheit in der Wahrnahme kirchlicher Verantwortung und Bereitschaft zu verständnisvollem Zuhören und einfühlsamer, unaufdringlicher Seelsorge – diese Kompetenzen in die Gesellschaft hinein zu vermitteln und jenen zugutekommen zu lassen, die sie brauchen, das hat sich Gerhard Müller zum Anliegen und zur Aufgabe in seinem Bischofsamt gemacht, nicht zuletzt um so zur Glaubwürdigkeit des Christentums beizutragen und an seiner bleibenden kulturellen und religiösen Aufgabe mitzuwirken. Und all dies sind Qualitäten, die Dich, lieber Gerhard, bis heute auszeichnen. Aus all dem ergibt sich ein unverwechselbares persönliches Profil, an dessen Konturen sich sicherlich manche auch gerieben haben oder reiben werden, aber das für viele andere unterstützend, wegweisend und ermutigend wirkt.

Das nun ist die Außenperspektive oder die „Fremdwahrnehmung“ – wie man in den historisch arbeitenden Wissenschaften zu sagen pflegt – Deines wissenschaftlichen und kirchlichen Schaffens, lieber Gerhard. Ob sie mit Deiner Selbstwahrnehmung übereinstimmt? Ich hoffe es sehr. Was man in der Fremdperspektive einer Laudatio allerdings niemals recht erfassen kann, ist die Frage, wie der Jubilar wohl die mit wissenschaftlichen und kirchlichen Anforderungen, mit Ehrungen und mit privaten Verpflichtungen und Freuden ausgefüllte und im Endeffekt viel zu schnell vorüberziehende Zeit selbst wahrgenommen hat und wahrnimmt. Deshalb wage ich mich auch nicht mit Spekulationen auf dieses schwierige Terrain vor, sondern leihe mir dazu lieber Worte von Wilhelm Busch, um am Ende meiner Würdigung nicht nur den Anspruch der Kurzweil einzulösen, sondern auch weil Wilhelm Buschs allgemein gültige Weisheiten einfach nicht zu „toppen“ sind:

> „Das große Glück, noch klein zu sein,
> sieht mancher Mensch als Kind nicht ein
> und möchte, dass er ungefähr
> so 16 oder 17 wär'.
>
> Doch schon mit 18 denkt er: ‚Halt!
> Wer über 20 ist, ist alt.‘
> Warum? Die 20 sind vergnüglich –
> auch sind die 30 noch vorzüglich.

Zwar in den 40 – welche Wende –
da gilt die 50 fast als Ende.
Doch in den 50, peu à peu,
schraubt man das Ende in die Höh'!

Die 60 scheinen noch passabel
und erst die 70 miserabel.
Mit 70 aber hofft man still:
‚Ich schaff' die 80, so Gott will.'

Wer dann die 80 biblisch überlebt,
zielsicher auf die 90 strebt.
Dort angelangt, sucht er geschwind
nach Freunden, die noch älter sind.

Doch hat die Mitte 90 man erreicht
– die Jahre, wo einen nichts mehr wundert –,
denkt man mitunter: ‚Na – vielleicht
schaffst du mit Gottes Hilfe auch die 100!'"

Dies wünschen wir Dir alle. Ad multos annos!

Johannes
Schilling

„so ein hauffen gesetze mit so mechtigen worten … furnemen“

Die Homberger Kirchenordnung von 1526[1]

I

Hochansehnliche Festversammlung, verehrte Kolleginnen und Kollegen, meine sehr verehrten Damen und Herren, liebe Irene Dingel, vor allem aber, hochverehrter, lieber Herr Müller,

der 90. Geburtstag Ihres Akademiemitglieds Gerhard Müller hat uns hier zu dieser festlichen Veranstaltung zusammengeführt, und dass *mir* die Ehre widerfahren ist, den Festvortrag zu halten, freut mich von Herzen. Ich bedanke mich also nicht nur artig, wie es sich gehört, sondern ausdrücklich herzlich für diese Einladung – es ist eine Freude, von einer geschätzten Kollegin eingeladen zu werden, und es ist eine Freude, für einen geschätzten Kollegen der eigenen Lehrergeneration sich Gedanken zu machen, zu arbeiten und ihm ein donum reverentiae et gratitudinis zu schenken.

Wenn die Jahre vorrücken, merkt man, wenn man nicht verstockt ist, was einem im Leben an Gutem widerfahren ist, an Gutem, das man seinerzeit gar nicht recht hat einschätzen können und das vielleicht auch gar nicht groß gewesen sein muss. Aber es hat möglicherweise Wirkungen entfaltet, die später dazu beigetragen haben, das Eigene zu finden, und das ist doch unser Geschäft als professores, andere, in der Regel Jüngere, ihr Eigenes finden zu

1 Festvortrag zur Feier des 90. Geburtstages von Landesbischof i. R. Prof. Dr. Gerhard Müller D.D. am 29. Juni 2019 in der Akademie der Wissenschaften und der Literatur in Mainz. S. zum Festakt auch oben Seite 27. – Der veröffentlichte Text entspricht wörtlich dem gehaltenen Vortrag. – Die Nachweise und Anmerkungen sind ergänzt.

lassen, sie auf den Weg zu bringen, zu begleiten, wo es ihnen nützt, und sie dann zu entlassen auf ihre Wege.

Gerhard Müller hat mich einmal eingeladen zu einem Gespräch über Editionsprobleme der Frühen Neuzeit, einem Arbeitsgespräch, das eine große Zahl erfahrener und hochrangiger Mitglieder versammelte. Ich selbst hatte eben an der Göttinger Arbeitsstelle der Weimarer Lutherausgabe als Wissenschaftlicher Mitarbeiter angefangen, Editionsprobleme waren mein tägliches Geschäft, und ich war gewiss der jüngste unter den illustren Herren und wenigen Damen der Runde, die, wenn ich mich recht entsinne, in Würzburg tagte. Dieser Arbeitskreis „Editionsprobleme der Frühen Neuzeit" verabschiedete nach mehreren Sitzungen „Empfehlungen zur Edition frühneuzeitlicher Texte", die seinerzeit in mehreren wissenschaftlichen Zeitschriften veröffentlicht wurden, unter anderen auch im Archiv für Reformationsgeschichte.[2] Da fand sich der eben in die Tätigkeit an der Weimarana eingetretene Nachwuchswissenschaftler dann auch unter den Mitgliedern des Kreises – der Vorsitzende war eben Gerhard Müller.

Dass er überdies aus Kurhessen-Waldeck stammt, wie auch ich, freilich, gegenüber meiner – reformationsgeschichtlich gesehen minderen – Heimatstadt Melsungen aus Marburg, einem Hauptort der Reformationsgeschichte überhaupt, mag das Gefälle zeigen, das zwischen ihm und mir herrscht, und die Jahre, die zwischen uns liegen, habe ich ja auch nicht etwa durch eigene Beschleunigung einholen können. Das wäre auch schwierig gewesen, hält man sich nur vor Augen, was Gerhard Müller in einem langen Leben als Wissenschaftler und Kirchenmann auf den Weg und zu Stand und Wesen gebracht hat. Ein Festvortrag am heutigen Tage ist also ein kleiner Dank für ein großes Werk, ein persönlicher, aber, so verstehe ich die Einladung, vor allem ein Dank der Akademie und der Zunft.

II

Nun sind wir hier heute keine Versammlung von Theologen oder Reformationshistorikern, sondern eine gelehrte Gesellschaft, die sich zu Ehren eines langjährigen und verdienten Mitglieds dieser Akademie versammelt. Mein Thema hat mit der Arbeit des Jubilars unmittelbar zu tun, es führt in seine wissenschaftlichen Anfänge in Marburg zu Beginn der 1950er Jahre und,

2 Archiv für Reformationsgeschichte (ARG) 72, 1981, 299–315.

das kann man nach mehr als einem halben Jahrhundert intensiver Forschung sagen, darüber hinaus. Ich möchte Ihnen heute eine Kirchenordnung vorstellen und sie dem Jubilar in Erinnerung rufen, die als solche niemals Gesetzescharakter erhalten hat. Ja, es erscheint beinahe als ein Wunder, dass sie überhaupt auf uns gekommen ist – irgendein antiquarisches Interesse früherer Jahrhunderte muss der Grund dafür gewesen sein.
„Colligite fragmenta, ne pereant“ ist immer ein nötiger Aufruf; „Samlet die vbrigen Brocken / Auff das nichts vmbkome“, heißt es in den Ausgaben von Luthers Tischreden[3] aus den Jahren nach 1566. Oder, wenn wir Johannes 6, Vers 12, nach der heutigen Lutherbibel zitieren – denn um diesen Vers handelt es sich –: „Sammelt die übrigen Brocken, damit nichts umkommt.“ – Das könnte auch ein Wahlspruch für eine Akademie sein.

Ich will also über eine Ordnung sprechen, einen Gesetzesentwurf, der keinen Gesetzescharakter erhalten hat, über seine Entstehung und Überlieferung und über den Grund für seine Verwerfung. Es wird darum gehen, in welche Situation er traf, und es soll um die Protagonisten gehen, die ihn verfasst, gefördert und verhindert haben. Eine Perspektive auf die Gegenwart hat der Kirchenhistoriker dabei auch im Sinn. Denn er meint, dass ein Blick in die Geschichte auch hilfreich sein könnte für Überlegungen und Entscheidungen, die gegenwärtig in den Kirchen in Deutschland anstehen. Und das sind keinesfalls nur kirchliche Angelegenheiten, „innere Angelegenheiten“ der Kirche sozusagen, die die gesellschaftliche Öffentlichkeit nicht beträfen. Nein, es handelt sich um Entwicklungen, deren Auswirkungen die Gesellschaft spüren wird, und zwar, je nach Standpunkt, empfindlich. Das Kirchenwesen wird zurückgehen, die Mitglieder werden ja schon seit Jahren weniger, die Versorgung mit Pfarrern wird im gewohnten Umfang nicht aufrecht zu erhalten sein, und mit dem Schwinden der Kirchen und der Kirche schwindet auch die Kultur – wo das Wort an erster Stelle steht, hat das auch Wirkungen auf den Umgang mit dem Wort extra muros, und von Bildern und der Musik müssen wir gar nicht reden. Sie alle, Wort, Bild und Musik haben seit Jahrhunderten zur Humanisierung der christlich geprägten Gesellschaften beigetragen, wenn auch, wie uns das vergangene Jahrhundert gelehrt hat, mit weniger Erfolg, als wir dachten. Kirchen und Gesellschaft aber und alle, die Verantwortung tragen, werden darauf zu achten haben, dass mit dem Schwinden der christianitas nicht auch die humanitas Schaden nimmt.

3 Tischreden Oder COLLOQVIA DOCT. Mart. Luthers ... Eisleben 1566 (VD 16 L 6748), Titelblatt; online.

Auch in den Umbruchsjahren der Entstehungszeit der hessischen Reformationsordnung gab es Entwicklungen und Entscheidungen, deren Auswirkungen die Gesellschaft spürte, und auch diese waren empfindlich, ja, mehr noch, sie stellten ein Kirchenwesen und damit eine Grundlage der christlichen Gesellschaft in Frage, die nach der Reformation erneuert wurden, freilich nicht von heute auf morgen, sondern im Lauf von Jahrzehnten. Für alle Fachfremden sei also noch einmal gesagt, was Sie zu erwarten haben: Eine kurze Darstellung der hessischen Reformationsgeschichte unter dem Landgrafen Philipp, eine Vorstellung der Reformatio Ecclesiarum Hassiae, eine Darlegung ihrer Bestreitung und Verhinderung, und das alles nicht sub specie aeternitatis necnon temporis acti, sed praesentis et futuri temporis.

Und dann kommt mir immer wieder ein Wort in den Sinn, das ich in meinem Gedächtnis auf Friedrich Ohly zurückführe, den großen Philologen, den ich als junger Mann ebenfalls im Zusammenhang der Weimarer Lutherausgabe kennenlernte (er war Mitglied der Kommission zur Herausgabe der Werke Martin Luthers) – „Gedächtnis macht bescheiden und getrost“. Ich habe den Satz, wie ich mich selbst vergewissert habe, richtig in Erinnerung behalten: „Gedächtnis macht bescheiden und getrost“. Ohly fährt fort: „[Gedächtnis] ist eine Bedingung von Kultur, der Einsicht in das Wandel Überdauernde, der Möglichkeit des Gegenwärtighabens von Gewesenem, das prägend lebt.“[4] Verlust des Gedächtnisses bedeutet, so wird man folgern müssen, Verlust der Kultur oder zumindest an Kultur, Beraubung der Möglichkeit der Einsicht in das den Wandel Überdauernde, Unmöglichkeit des Gegenwärtighabens bzw. der Vergegenwärtigung von Gewesenem, das prägend leben könnte. Die barbarischen Zerstörungen der Kulturdenkmale durch Terroristen in den letzten Jahren zeigen, dass die Zerstörung der Vergangenheit auf die Zerstörung des Lebens in Gegenwart und Zukunft zielt. Wer an Orten der Zerstörung von Vergangenheit lebt, wird wissen, was das für das eigene Lebensgefühl bedeutet; umgekehrt nimmt man in einer Stadt wie Mainz lebendig wahr, was es bedeutet, mit Geschichte und aus der Geschichte zu leben.

4 Friedrich Ohly, Der Verfluchte und der Erwählte. Vom Leben mit der Schuld. Opladen 1976 (Rheinisch-Westfälische Akademie der Wissenschaften. Geisteswissenschaften Vorträge G 107), 136.

III

Im Herbst 1958 – das Vorwort datiert aus Rom vom Juli des Jahres – erschien bei N. G. – lies: Noa Gottfried – Elwert in Marburg, im Gewand der Veröffentlichungen der Historischen Kommission für Hessen und Waldeck, die sie damals noch war und als deren Band 24,4, ein schmales Buch mit dem Titel „Franz Lambert von Avignon und die Reformation in Hessen“. Der Textteil umfasst 125 Druckseiten, der Quellenanhang 52 Seiten, ein Register gibt es auch (4 Seiten), ein Literaturverzeichnis nicht, nur eine Seite mit „Häufiger zitierte(r) Literatur“, die zwölf Titel umfasst, schließlich ein Verzeichnis der Historischen Kommission für Hessen und Waldeck mit Stiftern, Patronen, Vorstand und Veröffentlichungen. Voraus geht die Titelei – insgesamt genau 200 Seiten.[5] – Selige Zeiten, in denen man eine so kurze Dissertation schreiben und veröffentlichen konnte, ohne den Ballast von Literaturkatenen und Rechtfertigungen in den Anmerkungen, die für die Erkenntnis des Gegenstandes vielleicht nicht einmal besonders viel oder auch gar nichts austragen. Vielleicht sollten wir um der Sache willen zurückkehren zu solch substantiellen Studien – denn an Dichte der Darstellung, geschweige denn an Qualität fehlt es Gerhard Müllers Doktorarbeit, die aus einer Preisarbeit der Theologischen Fakultät der Philipps-Universität hervorgegangen ist, nicht.

Mit meinem Vortrag schließe ich also an Ihre wissenschaftlichen Anfänge an, lieber Herr Müller; immerhin war ich schon in der zweiten Klasse einer hessischen Volksschule, als Ihre Arbeit im Druck erschien, konnte also schon lesen und schreiben. Aber dass ich einmal einen Festvortrag zu Ihren Ehren würde halten dürfen, hätte ich mir damals und auch später nicht träumen lassen.

IV

Hessen und Mainz – Mainz und Hessen standen im Jahrhundert vor der Reformation in einem spannungsreichen Verhältnis. Die Landgrafschaft gehörte kirchlich fast vollständig zum Erzbistum Mainz, nur am nördlichen

5 Gerhard Müller, Franz Lambert von Avignon und die Reformation in Hessen. Marburg 1958 (Veröffentlichungen der Historischen Kommission für Hessen und Waldeck 24,4). – Das Buch ist über die Historische Kommission für Hessen zum Preis von € 16,80 noch immer lieferbar. Bei Bezügen auf diese Arbeit werden in Klammern die Seiten angegeben.

Rand berührte das Bistum Paderborn die Landgrafschaft, und im Südosten das Bistum Würzburg.[6]

Seit Jahrzehnten hatten die hessischen Landgrafen, wie andere Stadt- und Territorialherren auch, versucht, sich von bestimmten kirchlichen Zuständigkeiten zu befreien. Was als das „landesherrliche Kirchenregiment" bezeichnet wird, also die erstrebte oder tatsächlich innegehabte Herrschaft über das Kirchenwesen, ist keine Erfindung oder Setzung der Reformation – es hat eine lange Vorgeschichte, die bis in die Zeiten des großen abendländischen Schismas reicht und im 15. Jahrhundert besonderen Auftrieb erhielt. Einerseits ging es dabei um die geistliche Gerichtsbarkeit, also den Anspruch der geistlichen Fürsten, insbesondere die Kleriker der ordentlichen weltlichen Gerichtsbarkeit zu entziehen, andererseits um Fragen der Besteuerung. Zudem machten sich die Landesherren anheischig, in den zahlreichen Reformen der geistlichen Institute ein Wort mitzureden – die Reformen der Orden und Klöster im Jahrhundert vor der Reformation wurden nicht selten mit Unterstützung der städtischen Obrigkeiten und der Landesherren gegen beharrende Kräfte aus dem Klerus und der kirchlichen Hierarchie durchgesetzt. Wenn es schon Klöster geben sollte – und dass man sie für ein funktionierendes Gemeinwesen brauche, war seit dem Hohen Mittelalter eine Grundüberzeugung –, dann sollten sie streng sein, um der Gemeinschaft, die sie unterstützte, von der sie für ihre religiösen Dienstleistungen unterhalten wurden, auch überzeugend und mit nachhaltiger Wirkung dienen zu können.

V

Aus einem dieser strengen Klöster, freilich keinem hessischen, ging der Mann hervor, der zu einer Schlüsselfigur der hessischen Reformationsgeschichte werden sollte, wenn auch nur für relativ begrenzte Zeit. Es war ein Südfranzose, ein Franziskaner, der sich schon seit einigen Jahren in Deutschland aufhielt: Franz Lambert von Avignon.[7]

---

6 Zu den folgenden Ausführungen vgl. Johannes Schilling, Klöster und Mönche in der hessischen Reformation, Gütersloh 1997 (Quellen und Forschungen zur Reformationsgeschichte 67).

7 Seit Müllers Arbeit grundlegend: Pour retrouver François Lambert. Bio-bibliographie et études éd. par Pierre Fraenkel ..., Baden-Baden 1987 (Bibliotheca bibliographica Aureliana 108); Schilling, Klöster und Mönche (wie Anm. 6). – Eine weitgehend vollständige Bibliographie sowie zahlreiche Digitalisate seiner Schriften im VD 16.

Geboren ist er wohl 1487 in Avignon, der päpstlichen Stadt, der Vater war „secretarius papalis et palatii apostolici“, stand also im Dienst der Kurie. Im Alter von fünfzehn Jahren trat Franz Lambert in das Franziskaner-Observantenkloster in seiner Geburtsstadt ein, ein Jahr später legte er die Profess ab, 1517 wurde er zum praedicator apostolicus ernannt – er war also ein prominenter Prediger innerhalb seines Ordens und wusste die Selbständigkeit, die mit diesem Amt verbunden war, auch zu nutzen. Irgendwann muss der gut Dreißigjährige sich für die Ideen der Reformation begeistert und zum Austritt aus seinem Orden entschieden haben, über Zürich und Basel kam er 1522 nach Wittenberg. Dort hielt er Vorlesungen, Luther nahm ihn zur Kenntnis, setzte sich auch bei dem kurfürstlichen Sekretär Georg Spalatin für seinen Unterhalt ein, aber eine dauernde Bleibe gab es für den Franzosen in Wittenberg nicht. 1524 ging er mit seiner Frau nach Metz, später nach Straßburg, den religiös buntesten Ort der frühen Reformationszeit, wo es ihm wechselnd erging – er lebte auch dort in eher prekären Verhältnissen. Die Idee, zum Reformator Frankreichs zu werden, dürfte sich freilich bald erledigt haben – zwischen seinem Selbstbewusstsein und der ihn umgebenden Realität bestand bei Lambert wohl zeitlebens eine Differenz.

VI

Im Jahre 1526 ist Franz Lambert erstmals nach Hessen gekommen, wahrscheinlich nur wenige Wochen vor *dem* Ereignis, das die Reformation in Hessen auf den Weg bringen sollte, der „Synode“ in Homberg an der Efze.

Über den Charakter dieser Versammlung kann man streiten. Eine „Synode“, also eine kirchliche Versammlung, einberufen von einer kirchlichen Obrigkeit, war dieses Treffen nicht. Das war auch der Grund für den Vertreter der bestehenden Kirche, den Marburger Franziskanerguardian Nikolaus Ferber, die Legitimation und Legitimität der Versammlung zu bestreiten. Eher kann man, wie schon seinerzeit Gerhard Müller, von einer „Landesversammlung“ (34) sprechen. Sie war von der weltlichen Obrigkeit einberufen, und das heißt von dem Landgrafen Philipp, als ein „freundlich und Christlich Gespräch“ – der Charakter zwischen Synode und Landtag blieb also schon in der Einladung bewusst unbestimmt. Und in der Tat markiert diese Versammlung durch Einberufung, Durchführung und Ergebnis den Übergang von einem durch die kirchliche Hierarchie bestimmten Kirchenwesen zu einer durch einen Landesherrn als weltlicher Obrigkeit geprägten und bestimmten Landeskirche.

VII

Damit muss nun auch von diesem Landesherren die Rede sein, von Landgraf Philipp von Hessen, dem „Großmütigen", als den ihn spätere Generationen bezeichneten, also dem Hochgemuten, der viel wagte, viel gewann und viel verlor.[8]

Seine erste Begegnung mit der „Reformation", wenn man so will, begab sich auf dem Wormser Reichstag, wo der sechzehnjährige Landesfürst den um mehr als zwanzig Jahre älteren Luther kennenlernte – und offenbar von dem Mann und seinem Werk spontan begeistert war. Zwar hielten ihn politisches Kalkül und vor allem seine fromme Mutter noch eine Zeit davon ab, der Sache der Reformation offen beizutreten, aber die Anfänge waren gelegt, und es war in diesem Fall eine Frage der Zeit, wann der junge Landgraf die Reformation in seinem Territorium zum Zuge kommen lassen oder selbst fördern würde. Eine Begegnung mit Melanchthon trug das Ihre zu dieser Entwicklung bei – in einer kleinen Schrift „Epitome renovatae ecclesiasticae doctrinae ad illustrissimum principem Hessorum"[9], in deutscher Fassung „Eyne Summa der Christlichen leer / die Gott ytzundt widderumb der welt geben hat / An den Landtgrauen von Hessen"[10], gab Melanchthon wenig später eine kurze Darstellung des christlichen Glaubens nach neuem, evangelischem Verständnis; es ist, wie die Überschrift des Textes lautet, „Eyn kurtzer begriff der lere so itzundt also were sie new / wird angesehen"[11]. „Ich wunsche E. F. G.", schreibt Melanchthon am Ende des Traktats, „das sie Christus wolt erleuchten / vnd eyn hertze geben / yhr selbst vnd denn

8 Eine dem Landgrafen angemessene Biographie fehlt nach wie vor. – Ärgerlich ist das Erscheinen von Jean-Yves Mariotte, Philipp der Großmütige von Hessen (1504–1567). Fürstlicher Reformator und Landgraf, Marburg 2018 (Veröffentlichungen der Historischen Kommission für Hessen 24,10) – ein überflüssiges Buch, das inhaltlich und sprachlich nicht nur Philipp, sondern auch der Forschung und einer gegenwärtigen Leserschaft nichts zu bieten hat. – Die Rezension der französischen Ausgabe durch Sina Westphal (Sina Westphal, Rezension von: Jean-Yves Mariotte: Philippe de Hesse [1504–1567]. Le premier prince protestant, Paris: Editions Honoré Champion 2009, in: sehepunkte 12 [2012], Nr. 7/8 [15. 7. 2012], URL: http://www.sehepunkte.de/2012/07/16588.html) fällt trotz der gravierenden Mängel des Buches ziemlich freundlich aus.

9 Helmut Claus, Melanchthon-Bibliographie 1510–1560, Gütersloh 2014 (Quellen und Forschungen zur Reformationsgeschichte 87/1–4), 183 f, Nr. 1524.40. – Vgl. meine Anzeige dieses großen und großartigen Werks im Lutherjahrbuch 83, 2016, 301–305.

10 Claus, Melanchthon-Bibliographie (wie Anm. 9), 177, Nr. 1524.28, und 195, Nr. 1524.63.

11 VD 16 M 3235, Bl. A^{v}; online.

yhren wol zu ratten vnd furzustehen / das sie nicht das Euangelium hyndere / auch nicht Tyrannisch handel mit dehn / die aus nott / vnd anliegen yhrer gewissen dringt etwas anzugreyffen / das der Bapst ynn seynem gesetz verbotten hat.“[12]

Das war eine klare Botschaft – das Evangelium nicht zu behindern und in der Verteidigung der päpstlichen Rechte nicht tyrannisch zu handeln. Das sollte die künftige Aufgabe eines christlichen Fürsten sein. Philipp hat sie entschieden und beherzt wahrgenommen.

VIII

Das entscheidende Datum für die Durchsetzung des „Evangeliums“ war die Versammlung in Homberg, die vom 21. bis zum 23. Oktober 1526 stattfand und zu einem Ereignis werden sollte, hinter das es kein Zurück mehr geben würde.[13] Haupt der Versammlung war der Landgraf selbst, der seine Untertanen „geistlichs und weltlichs stands“ nach Homberg einberufen hatte. Gehandelt werden sollte „von den Christlichen Sachen und Zweyspalten“[14], das heißt über Fragen der christlichen Religion, von denen der Reichstag, der wenige Wochen zuvor, vom 25. Juni bis zum 27. August, in Speyer entschieden hatte, man solle sich in Fragen der Religion so verhalten, wie man es gegenüber Gott und kaiserlicher Majestät hoffe und wisse zu verantworten.[15]

Philipp interpretierte den Reichstagsbeschluss in dem Sinne, eine „Reformation“ in umfassendem Sinne in seinem Territorium durchzuführen. In Homberg traten sich zu einer Disputation der kirchen- und ordenstreue Franziskaner Nikolaus Ferber aus Herborn, Guardian, also Oberer des Franziskanerklosters Marburg, und der apostatische Franziskaner Franz Lambert von Avignon gegenüber. Das christliche und freundliche Gespräch geriet zu einer Disputation, in der der Sieger von vornherein feststand, weil das dem landesherrlichen Willen entsprach. Ferbers Bestreitung der Rechtmäßigkeit

12 VD 16 M 3235, Bl. C 4r; online.

13 Vgl. dazu ausführlich Schilling, Klöster und Mönche (wie Anm. 6), 181–204.

14 Wilhelm Schmitt, Die Synode zu Homberg und ihre Vorgeschichte, Homberg 1926, 48.

15 Armin Kohnle, Reichstag und Reformation. Kaiserliche und ständische Religionspolitik von den Anfängen der Causa Lutheri bis zum Nürnberger Religionsfrieden, Gütersloh 2001 (Quellen und Forschungen zur Reformationsgeschichte 72), 269–271.

dieses Territorialkonzils lief ins Leere; Lamberts Position, die Heilige Schrift sei alleinige Norm für die Beurteilung aller Lehre, setzte das (so noch nicht formulierte) reformatorische Prinzip sola scriptura macht- und wirkungsvoll in Kraft. Philipp und Lambert, der Fürst und sein „Cheftheologe", wussten sich gegenüber den Landständen und den Vertretern der alten Kirche mit Argumenten, aber auch mit der Macht des Landesherrn durchzusetzen, und damit waren die Grundlagen für die Einrichtung eines neuen Kirchenwesens in der Landgrafschaft Hessen gelegt.

IX

Wir sind damit bei der „Reformatio Ecclesiarum Hassiae" angelangt. Sie ist zwar wohl nicht von Lambert allein verfasst, sondern von einem auf der Synode bestellten Ausschuss, aber sie ist von Lamberts Geist inspiriert. Ich beginne mit denjenigen Kapiteln der Ordnung, die nach ihrer Abfassung in Kraft getreten sind, jenen Abschnitten, die nach Gerhard Müllers Ansicht kaum auf Lambert zurückgehen dürften, weil er die örtlichen Verhältnisse in der Landgrafschaft nicht kannte. Vielleicht stehen sie innerhalb des Textes deswegen auch am Ende.

Nach dem Kapitel [28] „De peregrinis et exulibus fratribus", also über die Glaubensflüchtlinge und Exulanten, folgen solche „De universali studio Marpurgensi", also über die Errichtung einer Universität in Marburg – die tatsächlich 1527 erfolgte –, „De scholis puerorum" und „De scholis puellarum", über Schulen für Jungen und für Mädchen – hier macht sich Luthers Schrift „An die Ratsherren aller Städte deutsches Landes, dass sie christliche Schulen halten und aufrichten sollen" von 1524 bemerkbar, „Pro studiosis pauperibus", über die Errichtung einer Studienhauses in Marburg – das in Gestalt der Hessischen Stipendiatenanstalt bis heute besteht und das Muster abgegeben hat für das ungleich berühmter und bedeutender gewordene Tübinger Stift – und seine Stipendiaten, die zu Studium und Frömmigkeit angehalten werden; schließlich, und dieses Kapitel hängt mit Lamberts Vita wieder eng zusammen, „De claustris et monachis", über Klöster und Mönche. Das Mönchtum, so heißt es einleitend, widerspreche diametral dem Satz des Paulus: Ihr seid teuer erkauft; werdet nicht der Menschen Knechte [1. Korinther 7,23]. Niemand dürfe mehr Mönch oder Nonne werden, alle Klosterpersonen müssten die Klöster verlassen und würden finanziell abgefunden werden, damit sie eine Lebensgrundlage hätten. – Auch dieser – gut dokumentierte – Prozess vollzog sich überwiegend im Jahr 1527, zahlreiche ehemalige Klosterpersonen wurden nun Pfarrer, unter ihnen einige leitende Geistliche in der Landgrafschaft. Sie stammten aus verschiedenen Orden; Bettelmönche waren unter ihnen zahlreicher als die Angehörigen der Benediktiner und Zisterzienser. Neue Sektenbildungen – als „sectae“ wurden die Ordensgemeinschaften nunmehr angesehen, weil sie sich von den Gemeinden getrennt hatten – dürften in keinem Falle geduldet werden.

Das Hauptkorpus des Textes handelt von der Ordnung der Kirche, von Gottesdienst und Kirchenleitung – und das alles unter der Voraussetzung der wahren Gottesverehrung. Der Begriff hört sich ein wenig aufklärerisch an, aber Kapitel 1 trägt die Überschrift „De cultu dei vero“ – Von der richtigen Art und Weise, Gott zu ehren. Die besteht darin, ihn allein rein nach dem Wort – dem Wort der Heiligen Schrift – zu ehren – „iuxta idem verbum purissimum“ – die Confessio Augustana wird sich, vier Jahre später, mit dem Positiv begnügen: Kirche sei da, wo das Wort Gottes „pure docetur“, also rein gelehrt werde. Superlative sind, darauf wäre in historischen Quellen und gegenwärtigen Reden zu achten, verdächtig und im Zweifelsfall zu prüfen.

Auch die Leitung der Kirche, das Kirchenregiment, soll nach dem Wort Gottes geschehen. Wer ein anderes Wort – und das etwa als heilsnotwendig – lehre, solle seines Amtes entsetzt und aus der Abendmahlsgemeinschaft ausgeschlossen werden.

Selbstverständlich wird die römische Transsubstantiationslehre abgelehnt, also das neue Dogma der mittelalterlichen Kirche aus dem Jahr 1215, das lehrt, in der Messe werde Brot und Wein in den Leib und das Blut Christi substantiell verwandelt, und zwar aus göttlicher Macht, potestate divina. Überdies soll der Gottesdienst auf Deutsch gehalten werden, nur ein paar griechische und hebräische Worte dürfen bleiben: Kyrieeleison, Hallelujah, Hosiannah, Sabaoth und Amen – die haben wir auch heute noch. Und extra usum soll man auch die Hostien nicht aufbewahren, denn sie sind außerhalb der gottesdienstlichen Feier eben nicht Leib Christi.

Von Morgen- und Abendgottesdiensten ist ebenso die Rede wie von Beichte und Fasten – die Zwangsbeichte wird abgelehnt, einen Fastentag aber könne die Obrigkeit anordnen, und dann sei er auch von allen, die dazu in der Lage seien, einzuhalten.

Von gravierenden gesellschaftlichen Folgen war die neue Regelung der Feiertage. Wie stark sich die Produktivität zwischen evangelischen und katholischen Regionen im Verlauf des 16. Jahrhunderts unterschied, lässt sich leicht mit der Regelung der Feiertage erklären – Katholiken hatten – und haben – mehr Feiertage als Protestanten, und die Streichung des Buß- und Bettages durch Bundeskanzler Helmut Kohl im Jahre 1995 folgte ja ebenfalls einer Logik der Steigerung der Produktivität, in diesem Fall zugunsten der Pflegeversicherung.[16]

Die Homberger Ordnung sah neben den Sonntagen nur noch Christusfeste vor: Weihnachten, Beschneidung (Neujahr), Epiphanias, Darstellung im Tempel (2. Februar), Verkündigung der Geburt (25. März), Karfreitag, Ostersonntag, Himmelfahrt, Pfingstsonntag und Mariae Heimsuchung (2. Juli). Außerdem sollte der Johannistag begangen werden, dazu der Stephanstag, das ist der 26. Dezember, aber ausdrücklich keine anderen Heiligentage. Bilder seien gemäß Gottes Gebot aus den Kirchen zu verbannen, Segnungen von Brot und Wein, Wasser und Salz oder irgend anderer Sachen sollten nicht weiter vorgenommen werden. – Wie halten wir es gegenwärtig mit der Eröffnung einer Autobahn? Oder, wenn es eines Tages so weit sein sollte, des Berliner Flughafens BER? Sollen da Geistliche anwesend sein oder gar mitwirken? Und steckt denn nicht auch in den Protestanten doch noch eine Ahnung davon, eine Segnung könnte mindestens nicht verkehrt sein?! Wieviel Religion haben wir, Luther, dem Protestantismus, der Aufklärung und der Dialektischen Theologie zum Trotz, noch immer in uns?!

Weitere Kapitel der Homberger Ordnung behandeln Taufe, den Besuch von Kranken, Bestattung und Eheschließung, also die kirchlichen Kasualien. Da soll es nun eben nicht mehr wie bisher, sondern evangelisch zugehen, das heißt, vor allem: in der Volkssprache und ohne die superstitiösen Gebräuche der alten Zeiten.

Für den Neubau des Kirchenwesens waren vor allem wöchentliche Konvente vorgesehen. An ihnen sollten nur ordentliche Gemeindeglieder teilnehmen dürfen, um nach der Gemeinderegel in Matthäus 18 alle nötigen Dinge miteinander auszutragen. Frauen durften an den Versammlungen teilnehmen, aber, nach 1. Korinther 14,34 und 1. Timotheus 2,12 ohne Rederecht. Die Geschäftsordnung für diese Konvente wird umständlich beschrieben, auch das Verfahren des Ausschlusses aus der Gemeinde, also der Exkommunikation, und das der Wiederaufnahme der zur Besinnung Gekommenen. – Ich bin sicher, dass sich Luther insbesondere an diesen Kapitel gestoßen hat – Kirchenzucht nach solchen Verfahren ist kein Kernanliegen der frühen Wittenberger Reformation.

Was für die einzelnen Gemeinden verfügt wurde, sollte in anderer Form auch für das Territorium gelten: Jährlich sollte eine Landessynode zusammentreten, und zwar in Marburg, und am dritten Sonntag nach Ostern, be-

16 Vgl. dazu: Politische Bußtagsworte, hg. v. Klaus Fitschen und Reinhart Staats, Kiel 1995.

ginnend am vorausgehenden Samstag. Anwesend sein sollten – neben dem Landesherrn – alle leitenden Geistlichen (episcopi) sowie Vertreter der Gemeinden. Innerhalb dreier Tage sollten alle Geschäfte erledigt werden, deshalb solle man morgens um fünf mit den Sitzungen beginnen.

Eine allererste Ordnung! – verehrte Damen und Herren – kein Wunder, wenn jemand diese Ordnung als einen „hauffen gesetze“ bezeichnen sollte. Von der Wahl, Ordination, Absetzung und Versorgung der leitenden Geistlichen (episcopi) und der Pfarrer (ministri ecclesiae) wird ebenso detailliert gehandelt wie von den Visitatoren und ihren Aufgaben, von Diakonen und von der Armenversorgung – man hätte, bei strengem Regiment, eine junge Kirche so zu ihren Aufgaben, oder soll man besser sagen: zur Raison bringen können. Allerdings bin ich sehr unsicher, wie viele Pfarrer und Gemeindeglieder die geplante rigide Praxis von Deposition und Exkommunikation im Amt bzw. in der Gemeinschaft der Gemeinden überstanden hätten.

In Wittenberg stellte man jedenfalls derlei Überlegungen nicht an. In den ersten Wochen desselben Jahres 1526 erschien dort Luthers Deutsche Messe, eine neue Gottesdienstordnung, die er, zusammen mit dem Musiker Johann Walter, erarbeitet hatte. In einer ausführlichen Vorrede beschäftigt er sich unter anderem mit der Frage nach einer Kerngemeinde: „die ienigen, so mit ernst Christen wollen seyn und das Euangelion mit hand und munde bekennen, musten mit namen sich eyn zeichen und etwo yn eym hause alleyne sich versamlen zum gebet, zu lesen, zu teuffen, das sacrament zu empfahen und andere Christliche werck zu uben. Jnn dieser ordnunge kund man die, so sich nicht Christlich hielten, kennen, straffen, bessern, ausstossen odder ynn den bann thun nach der regel Christi Matth. xviij. [...] Aber ich kan und mag noch nicht eyne solche gemeyne odder versamlunge orden odder anrichten. Denn ich habe noch nicht leute und personen dazu; so sehe ich auch nicht viel, die dazu dringen. Kompts aber, das ichs thun mus und dazu gedrungen werde, das ichs aus gutem gewissen nicht lassen kann, so wil ich das meyne gerne dazu thun und das beste, so ich vermag, helffen.“[17]

X

Im Unterschied zu dem Entwurf der Ordnung, der Luther zugesandt worden war und den er, wie die Masse seiner Korrespondenzen, nicht aufgeho-

17 WA 19, 75,5–10.18–23.

ben hat, ist sein Antwortbrief an den Landgrafen im Original noch vorhanden – fürstliche Kanzleien verwahrten, anders als der Wittenberger Reformator, die bei ihnen eingehenden Briefe sorgfältig. Das wohlerhaltene Original befindet sich im Politischen Archiv des Landgrafen Philipp im Hessischen Staatsarchiv Marburg.[18]

Luthers Brief datiert vom 7. Januar, „Montag nach Epiphaniae",1527. Er antwortet auf ein nicht erhaltenes Schreiben des Landgrafen, mit dem dieser ihm eine „ordnunge" zugesandt hatte, also einen Entwurf der „Reformatio". Luther entschuldigt sich zunächst, er antworte nur ungern, „weil vns zu Wittemberg viel schuld geben, als wollten wir niemand on [außer] vns lassen etwas gellten, so wir doch, das weis Gott, wol wundschen, das yderman on vns das aller beste thett." Aber angesichts des Petenten und – vor allem – der Möglichkeit, die Ordnung könne etwa mit der Bemerkung ausgehen, er, Luther, habe sie gebilligt, antwortet er doch: „das E.[uer] f.[uerstlichen] g.[naden] nicht gestatte, noch zur Zeit diese ordnunge auszulassen durch den druck, Denn ich bin bisher vnd kan auch noch nicht so kune [kühn] sein, so ein hauffen gesetze mit so mechtigen worten bey vns furzunemen."

Da haben wir nun die Quelle unseres Titels – cuius toni, videtur in fine. Luther nennt die „Reformatio" einen Haufen Gesetze. Die Regulierung bzw. von ihm als solche wahrgenommene Überregulierung ist nicht in seinem Sinne, und eine gewisse verbositas ist der „Reformatio" in der Tat eigen.

Zu schnell, zu verbos, zu rigide – so könnte man Luthers Meinung knapp zusammenfassen. Seine Haltung war, beinahe zehn Jahre nach dem Anfang des lutherischen Lärmens 1517, wie er später sagen sollte, noch immer, die Dinge wachsen zu lassen, Rücksicht zu nehmen auf die Schwachen. Unevangelisches freilich hatte auch in seinen Augen und nach seinem Urteil keinen Platz mehr in der Kirche und war nach und nach aus den Wittenberger Kirchen verschwunden.

Als Alternative schlägt er vor, wie Mose zu verfahren: „Das were eine meinung, wie Moses mit seinen gesetzen gethan hat, wilchs er fast das mehrer teil als schon ym brauch ganghafftig vnter dem volck von altem herkomen hat genomen, auffgeschrieben vnd geordenet". Und ebenso solle auch der Landgraf verfahren: Zuerst gute Pfarrer und Lehrer bestellen, sie mit kurzen Anweisungen versehen; danach sollten sich die Pfarrer untereinander beraten und nach und nach Übereinkommen erstreben und erzielen – „als denn kundt mans ynn ein klein buchlin fassen". Er habe es selber erlebt, dass unzeitig ge-

18 Hessisches Staatsarchiv Marburg (HStAM), Best. 3 Nr. 2687, fol. 31^{r-v}; online. – Druck: WA, Briefwechsel 4, 157 f.

machte Gesetze meistens missrieten. „Die leute sind nicht darnach geschickt, wie die meinen, so da sitzen bey sich selbs vnd malens mit worten vnd gedancken ab, wie es gehen solle.“ Eine solche Ordnung, die im Eifer, ja, vielleicht im Feuereifer der „Reformation“ am grünen Tisch gemacht sei, habe keine Aussicht auf dauerhafte Verwirklichung. „Furschreiben vnd nachthun“, erklärt Luther, „Furschreiben vnd nachthun ist weyt voneinander.“ Man möge die Verhältnisse sich entwickeln und setzen lassen und sie dann später kodifizieren. Denn: „Es ist fur war gesetz machen ein gros, ferlich, weitleufftig ding, vnd on Gottes geist wird nichts gutts draus.“ – Ob er den bei Lambert vermisste oder doch skeptisch war, ob er bei ihm sei? – „Darumb ist mit furcht vnd demut fur gott hie zu faren [verfahren], Vnd diese mas zu halten: kurtz vnd gut, Wenig vnd wol, Sachte vnd ymer an“, anders, wolfenbüttelsch gesprochen, mit den Worten Herzog Augusts: „Alles mit Bedacht“.

XI

Einen aktuellen Beitrag zur gegenwärtigen Situation kann und möchte ich noch liefern. Er soll eine historische Erinnerung sein, keine Legitimation aus der Geschichte oder gar eine politische Handlungsanweisung. Aber was die Deutschen seit 2015 beschäftigt und unser Gemeinwesen durcheinanderbringt, war offenbar auch für Lambert ein Problem, vielleicht handelt es sich bei den folgenden Sätzen aber auch nur um ein Plädoyer in eigener Sache. In dem Kapitel über die Glaubensflüchtlinge und Exulanten heißt es am Schluss: Weil das Christentum nicht in Herkunft oder Nationalität, Geschlecht oder irgendeiner äußeren Sache besteht, untersagen wir, dass jemand einen pilgernden Bruder um seiner Herkunft bzw. Nationalität willen schmäht. Wir sind doch alle Brüder – „quia Christianismus non est in natione, sexu aut quavis re externa, interdicimus, ne quis aliquem peregrinum fratrem nationis causa contumelia adficiat. Fratres enim sumus“.

XII

„Erfreulicherweise kann ich von der Wiederentdeckung einer frühen Reformationsschrift berichten“ – mit diesem Satz beginnt Gerhard Müllers Vorwort zu seiner Dissertation. – Erfreulicherweise kann ich von der Wiederentdeckung einer frühen Reformationsschrift berichten, das kann auch ich sagen. Denn zu Beginn meiner Arbeiten an der Neuedition der „Reformatio Ecclesiarum Hassiae“ für den Band evangelischer Konzilien in der Reihe „Conciliorum Oecumenicorum Decreta“ (COeD) wandte ich mich an das Staatsarchiv Darmstadt mit der Bitte um ein Digitalisat der dort befindlichen Handschrift zur Vorbereitung der Ausgabe. – Die Handschrift sei gegenwärtig nicht auffindbar, wurde mir mitgeteilt. Wie aber soll man eine Edition machen, ohne den wichtigsten Überlieferungsträger autoptisch oder doch wenigstens in Kopie zur Kenntnis genommen zu haben? – Meine nächste Anfrage richtete sich daher an die letzte Herausgeberin des Textes, die ihn in den späten 1950er Jahren für Emil Sehlings Standardwerk „Die evangelischen Kirchenordnungen des XVI. Jahrhunderts“ bearbeitet hatte und dort, nota bene als Bearbeiterin eines monumentalen Bandes, im Vorwort mit einem knappen Dank der Herausgeber bedacht worden war,[19] die im Ruhestand lebende Göttinger Professorin Dr. Hannelore Erhart – leider auch in diesem Fall ohne Ergebnis. Ich hatte bei ihr einen Mikrofilm oder vielleicht Photographien der Quelle vermutet. Jahre später wurde dann in Darmstadt der alte Film wiedergefunden und ins Internet gestellt, in erbärmlicher Qualität, die uns viel zu schaffen gemacht hat. Und dann kam, als wir die Edition beendet hatten, im Frühjahr dieses Jahres die Nachricht, die Handschrift sei wieder aufgetaucht. Da war es für unsere Arbeit zu spät; für künftige Benutzer aber ist die Handschrift wieder zugänglich.

Erfreulicherweise, lieber Herr Müller, verehrtes Auditorium, kann also auch ich von der Wiederentdeckung einer frühen Reformationsschrift berichten. Man muss nur lange genug warten können. Aber manchmal reicht die Zeit dafür auch nicht aus. Wir werden nicht alle neunzig, und wenn, dann zumeist nicht in so guter Verfassung wie Sie, unser verehrter Jubilar.

Nun werde ich selbstverständlich nach Darmstadt fahren und das Original dort in Augenschein nehmen. Denn es wird eine Fortsetzung des heute Vorgetragenen geben: Zusammen mit meinem Freund und Kollegen Fidel Rädle aus Göttingen werde ich, im Auftrag der beiden hessischen Kirchen, für das Jubiläumsjahr 2026 eine zweisprachige kommentierte Ausgabe der Homberger Kirchenordnung vorbereiten. Es ist ja noch genug Zeit, sie rechtzeitig vor den Feierlichkeiten fertigzustellen.

Sie, lieber Herr Müller, wären, wenn Sie diese Jubiläumsfeier erleben sollten, 97 Jahre alt. Wären Sie im Jubiläumsjahr 1926 geboren, wäre die

19 Die evangelischen Kirchenordnungen des XVI. Jahrhunderts hg. v. Emil Sehling, Band VIII/1 Hessen: Die gemeinsamen Ordnungen. Tübingen 1965, IX.

Wahrscheinlichkeit, Sie heute hier zu ehren, sehr gering gewesen; Sie hätten Ihr junges Leben, wie die meisten Ihrer Jahrgänge, an der Front gelassen, und uns fehlte nicht nur manche Arbeit zur Reformationsgeschichte, sondern uns fehlten Sie selbst.

Wir freuen uns also nicht nur über die Wiederentdeckung von frühen Reformationsschriften, sondern über Sie und Ihre Beständigkeit und wünschen Ihnen, wie lange immer Ihr Leben noch währen möge, Gesundheit, Glück und Segen.

*

Meine Recherchen haben übrigens ergeben, dass es in Marburg, zwar nicht in der Hofstatt, aber in der Weidenhäuser Straße 36, eine Inschrift gab (und vielleicht noch immer gibt), die dort in den 1980er Jahren in einer Art Alkoven entdeckt wurde.[20] Sie stammt nicht, wie wir es uns wünschten, aus dem 16., wohl aber doch aus dem 17. Jahrhundert. Gleich, ob sie noch zu sehen ist oder nicht, ob sie erhalten ist oder nicht mehr – der Spruch, der dort stand, hat, unabhängig von seiner physischen Überlieferung, Bestand und möge Ihnen für kommende Jahre als Weisung und Ermutigung dienen:

„An Gottes Segen ist alles gelegen.“

20 Freundlicher Hinweis von Herrn Ulrich Klein, Freies Institut für Bauforschung und Dokumentation e.V., Marburg, auf Vermittlung von Frau Prof. Dr. Ursula Braasch-Schwersmann, Marburg.

Rudolf
Keller

Verkannt, umstritten, vergessen: Matthias Flacius Illyricus entwickelt die Kunst der Auslegung[1]

Das Zeitalter der Konfessionalisierung hat in der neueren kirchengeschichtlichen Forschung viel Interesse auf sich gezogen. Lange Zeit hatte man diese Epoche ganz beiseitegelegt als einen Zeitraum, über den zu arbeiten nicht lohne. Diese Epoche habe nur Streitliteratur hervorgebracht und sei deswegen nicht beachtenswert. Mit dem Begriff der Konfessionalisierung ist ein Schlagwort vorgegeben, das auf inhaltliche Schwerpunkte der theologischen Arbeit in der Epoche nach dem Augsburger Religionsfrieden hinweist. Die Verfestigung der Konfessionen in allen Lebensbereichen wird damit ins Visier genommen. Dieser Prozess wird heute nicht nur unter dogmengeschichtlichem Aspekt untersucht, sondern auch im Hinblick auf die sozialgeschichtlichen, mentalitätsgeschichtlichen und sogar musikgeschichtlichen Implikationen analysiert, wobei dem Leben im Alltag große Bedeutung beigemessen wird. Die rein dogmengeschichtliche Fragestellung, die der Entwicklung des Lehrbegriffs nachspürt, wie sie in der Vergangenheit praktiziert wurde, wird von den Vertretern jener Nomenklatur und jenes Forschungsansatzes als theologische Engführung gebrandmarkt.[2] Ob das immer zur Intensivierung der Kenntnis beiträgt, sei dahingestellt.

Mir scheint der rein zeitlich bestimmte Epochenbegriff „Spätreformation" besser geeignet, wenn ich über den Zeitraum zwischen Luthers Tod und der Konkordienformel oder – offener formuliert – über die zweite Hälfte des 16. Jahrhunderts spreche. Es ist nicht zielführend, diesen Zeitraum schon

1 Dieser Vortrag wurde bei den Theologischen Tagen des Martin-Luther-Bundes vom 11.–13. Februar 2019 in Hofgeismar gehalten.

2 Vgl. Thomas Kaufmann, Die Konfessionalisierung von Kirche und Gesellschaft. Sammelbericht über eine Forschungsdebatte (Teil 1), in: Theologische Literaturzeitung 121, 1996, Nr. 11, Sp. 1008–1025, (Teil 2), Nr. 12, Sp. 1112–1121.

ganz der Epoche der altprotestantischen Orthodoxie zuzurechnen, wie das in der Vergangenheit oft geschehen ist.[3] Das Eigengewicht der Epoche, in der die Schüler Luthers und Melanchthons ihre Theologie im kritischen Diskurs untereinander und mit ihren Gegnern entwickelt haben, würde dadurch verlorengehen. Diese Epoche ist noch deutlich zu trennen vom Zeitalter der großen dogmatischen Lehrsysteme, die mit den Loci von Leonhard Hutter und Johann Gerhard ihren Anfang nahmen.[4] Matthias Flacius ist insofern ein ganz besonderer Fall, als er in der Konkordienformel hinsichtlich seines Verständnisses von der Erbsünde eine Absage erteilt bekommen hat. Für manche Vertreter eines liberalen Protestantismus galt er als undiskutierbar wegen seiner Haltung zur Verbalinspiration – darauf werden wir ja noch genauer eingehen – und überhaupt, weil er es gewagt hat, mit dem allseits beliebten Praezeptor Germaniae Philipp Melanchthon, seinem anfangs geschätzten Lehrer, den radikalen Bruch zu vollziehen. Lukas Cranach d. J. gab auf seinem Dessauer Abendmahlsbild, wo alle wichtigen Reformatoren um Jesus versammelt sind, dem Judas die Gesichtszüge von Flacius. Das zeigt, wie stark die Ablehnung damals gepflegt und tradiert wurde. Man kann in dieser Hinsicht auch an das Epitaph für Paul Eber in der Wittenberger Stadtkirche denken. Gegenüber den Weingärtnern, die gute Arbeit leisten, gehört Flacius zu denen, die das Unkraut säen. Seine Haltung in Sachen Widerstandsrecht der Protestanten gegen den Kaiser in casu confessionis hingegen fand großes Interesse.[5]

Zur Biographie von Matthias Flacius

Ich will aus diesem Zeitraum heute diesen Matthias Flacius Illyricus im Hinblick auf seinen besonderen Beitrag zur Entwicklung der Kunst der Bibelauslegung in der Phase nach der Reformation vor Ihnen skizzieren. Fla-

---

3 Vgl. etwa noch den Artikel „Orthodoxie I", in: TRE 25, 1995, 464–485 von Markus Matthias, der den Zeitraum von 1555–1600 als Frühorthodoxie bezeichnet.

4 Vgl. meinen Artikel „Orthodoxie, altprotestantische", in: Evangelisches Lexikon für Theologie und Gemeinde, Bd. 3, 1994, 1492–1494. Vgl. dazu auch die Einführung von Thomas Kaufmann zu: Robert Kolb, Die Konkordienformel. Eine Einführung in ihre Geschichte und Theologie, Göttingen 2011, 10 f.

5 Vgl. Martin Schloemann, Der besondere Bekenntnisfall. Begriffsgeschichtliche und systematische Beobachtungen zum casus confessionis vor, in und nach Daressalam 1977, in: Politik als Glaubenssache? Hg. im Auftrag der Studienabteilung des Lutherischen Weltbundes von Eckehart Lorenz, Erlangen 1983, 48–98.

cius ist von einer sich „historisch-kritisch“ nennenden Theologie besonders oft angegriffen und getadelt worden.[6] Besonders ihm wird der Ausbau der Lehre von der Verbalinspiration, der wörtlichen Einhauchung der Bibel durch Gott, zur Last gelegt, die der modernen Bibelwissenschaft in ihrer freien Entfaltung im Wege zu stehen scheint. Unter den Philosophen, die nach der Geschichte der Hermeneutik fragten, hat er hingegen wiederholt die ihm historisch zustehende Beachtung gefunden.[7] Die theologische Wissenschaft beginnt neuerdings, sich deutlicher für ihn zu interessieren.[8]

Flacius wurde am 3. März 1520 in Albona (kroatisch: Labin) in Illyrien geboren.[9] (Sie merken, wir nähern uns dem 500. Geburtstag!) Heute liegt das Gebiet, aus dem er kommt, in der Republik Kroatien. Albona lag damals in der venezianischen Provinz Illyrien. Dadurch ist sein Beiname Illyricus begründet. Dass er dort geboren wurde, ist der Grund dafür, dass die heutige Evangelische Kirche A. B. in Kroatien ihre Fakultät in Zagreb nach ihm benannt hat. Matthias Flacius verwaiste früh. So kam er zu einem Onkel mütterlicherseits, Baldo Lupetina, einem Franziskanerprovinzial in Venedig. Lupetina, ein frommer und gelehrter Mann, wurde später als Lutheraner in Venedig eingekerkert und 1562 ertränkt. Lupetina hinderte den mit humanistischer Bildung beschäftigten Matthias am Eintritt ins Kloster und sandte ihn nach Deutschland zu Luther. Mit 19 Jahren kam er zunächst nach Augsburg, von wo aus er weiter nach Basel empfohlen wurde. Über Tübingen und Regensburg gelangte er 1541 – einundzwanzigjährig – nach Wittenberg.[10]

6 Vgl. stellvertretend für andere: Otto Kaiser, Einleitung in das Alte Testament, Gütersloh 1969, 18 mit Anm. 21.

7 Vgl. Klaus Weimar, Historische Einleitung zur literaturwissenschaftlichen Hermeneutik, Tübingen 1975; Ivan Kordić, Matthias Flacius Illyricus und sein Beitrag zur Entwicklung der Hermeneutik als des verstehenden Zugangs zur Wirklichkeit und zu ihrem Niederschlag im Text (phil. Diss.), Freiburg 1987, Maus-Offsetdruck Konstanz.

8 Vgl. Luka Ilić, Theologian of Sin and Grace. The Process of Radicalization in the Theology of Matthias Flacius Illyricus, Göttingen 2014 (= VIEG 225).

9 Vgl. Oliver K. Olson, Flacius Illyricus, Matthias, in: TRE 11, 1983, 206–214; Ders., Matthias Flacius and the survival of Luther's reform (= Wolfenbütteler Abhandlungen zur Renaissanceforschung 20), Wiesbaden 2002; Matija Vlačić Ilirik [III]. Zbornik radova s Trećeg međunarodnog znanstvenog skupa „Matija Vlačić Ilirik“, Labin, 22–24. Travnja 2010. Beiträge der dritten internationalen Konferenz zu Matthias Flacius Illyricus, Labin/Kroatien, 2010. Proceedings of the Third International Conference on Matthias Flacius Illyricus, Labin/Croatia, 2010, Labin 2012; Irene Dingel/ Johannes Hund/Luka Ilić (Hg.), Matthias Flacius Illyricus. Biographische Kontexte, theologische Wirkungen, historische Rezeption, Göttingen 2019 (= VIEG 125).

10 Luka Ilić, Radikaler Polemiker oder wahrer Glaubenszeuge? Der Kirchenreformer Matthias Flacius Illyricus (1520–1575) in der Reichsstadt Regensburg, in: Harriet

Hier schließt er sich zunächst eng an Melanchthon an und schließt unter dessen Leitung seine Studien des Griechischen und Hebräischen ab. 1543 erwirbt er den Magistergrad. Freilich Trost für sein angefochtenes Gewissen und Befreiung von seiner inneren Unruhe und Depression findet er erst durch die Begegnung mit Luther. „Durch Luthers seelsorgerlichen Zuspruch endlich beruhigt und gefestigt, durch Melanchthons jederzeit tatkräftige Hilfsbereitschaft materiell aufrechterhalten und bald auch seines persönlichen Vertrauens gewürdigt, hatte er sich seit 1544, als Professor des Hebräischen in der philosophischen Fakultät einige stille Jahre hindurch des nahen Umgangs mit den Reformatoren erfreut. Beide müssen viel von dem jungen Ausländer gehalten und sich noch mehr für die Zukunft versprochen haben. Melanchthon schätzte ihn wegen seiner Sprachkenntnis […] und rühmte seine Tüchtigkeit in den übrigen Wissenschaften. Luther aber hat einmal […] ahnungsvollen Sinnes geäußert, daß sich nach seinem Tode die gebeugte Hoffnung an Flacius anlehnen werde.“[11]

Zur Eigenart von Flacius' theologischem Denken

Das Denken von Flacius bleibt zeitlebens geprägt von einer gewissen besonderen Vorsicht – oder sollte man sagen, dass es ein Affekt war? – gegenüber der römischen, vom Papst bestimmten Kirche. Seine ihn belastenden Erfahrungen in der Jugend haben sein Denken in dieser Hinsicht lebenslang erkennbar sensibel gemacht. Im Zusammenhang mit dem Interim hatte er gehört, wie sein Onkel Lupetina in Venedig litt und wie durch die kaiserliche Politik das oberitalienische Luthertum wieder ausgerottet wurde. Er hatte bereits vorher eine Reise nach Venedig zur Befreiung Lupetinas im Auftrag der Wittenberger unternommen. Jene Reise ist der Grund dafür, dass Luther auf beständiges Drängen von Flacius den berühmten Brief an die Gemeinde in

Rudolph (Hg.), Die Reichsstadt Regensburg und die Reformation im Heiligen Römischen Reich, Regensburg 2018, 121–143; zur Nachzeichnung des Weges von Flacius nach Wittenberg, siehe Ilić, Theologian (wie Anm. 8), 29–73.

11 Otto Ritschl, Dogmengeschichte des Protestantismus II/1, Leipzig 1908, 351; Theodor Mahlmann, Flacius, in: Wilfried Härle/Harald Wagner (Hg.), Theologenlexikon. Von den Kirchenvätern bis zur Gegenwart, München [2]1994, 102, beschreibt Flacius: „[…] 1541 in Wittenberg durch Luthers Seelsorge aus depressiver Verzweiflung zur Gewißheit der ‚Gerechtigkeit allein durch den Glauben‘ gelangt. Diese Erfahrung ist der Schlüssel zu seinem Leben“.

Venedig schrieb.[12] Der bekannte Wittenberger Professor hätte ohne die Vermittlung des jungen Ausländers sonst kaum Gelegenheit gefunden, nach Venedig zu schreiben. Einzelne Vermittlerpersonen konnten schon damals weitreichende Kontakte auf den Weg bringen, die historische Bedeutung erhalten sollten. Was Flacius aus Venedig hörte und dort erlebte, ist eine Form der Begegnung mit dem Katholizismus, die in der Beschreibung seiner Biographie gründliche Berücksichtigung finden muss.[13] Hier ist der „Sitz im Leben" für seine Heftigkeit, die darüber hinaus sicher auch eine Temperamentsfrage war.[14] Als Kehrseite dazu kann man jedoch seine große Dankbarkeit gegenüber Luther sehen. Seine Herkunft spielte auch eine Rolle bei seiner Beurteilung von Fragen der politischen Ethik. Recht und Gerechtigkeit standen für ihn über Macht und Gewalt. Er war nicht bereit, sich unberechtigter Gewalt zu beugen. Seine Herkunft von weither hielt ihm stets den Blick offen für den ökumenischen Horizont seines Dienstes, der immer die jeweiligen Provinzen seines jeweiligen Lebensraumes weit übergriff.[15]

Flacius in casu confessionis

Ostern 1549 verlässt Flacius seine Stellung als Hebräischlehrer an der Universität Wittenberg im Protest gegen das Interim[16] und geht nach Magdeburg, der freien Reichsstadt, die damals freie Presse und Publikationsmöglichkeiten hatte. Nicht allein das kaiserliche Interim war für ihn unannehmbar, sondern auch die mildere Form, die Melanchthon durch das Leipziger Interim hatte akzeptabel machen wollen. Magdeburg war die Stadt des Widerstands gegen den Kaiser – „unseres Herrgotts Kanzlei" nannte man sie. Man könnte hier aus Wilhelm Raabes Roman zitieren. Auch ohne dieses literarische Stück

12 WA.B 10, 328–333, Nr. 3885.

13 Vgl. Rudolf Keller, Luther als Seelsorger und theologischer Berater der zerstreuten Gemeinden, in: Kirche in der Schule Luthers. Festschrift für D. Joachim Heubach, hg. v. Bengt Hägglund und Gerhard Müller, Erlangen 1995, 58–78, hier 74–76.

14 Ilić, Theologian (wie Anm. 8), 80–87.

15 Zur Biographie immer noch das beste und ausführlichste Werk: Wilhelm Preger, Matthias Flacius Illyricus und seine Zeit. 2 Bände, Erlangen 1859–1861, reprographischer Nachdruck Hildesheim/Nieuwkoop 1964.

16 Zum gesamten Umfeld vgl. Luise Schorn-Schütte (Hg.), Das Interim 1548/50. Herrschaftskrise und Glaubenskonflikt (= Schriften des Vereins für Reformationsgeschichte 203), Gütersloh 2005.

können wir aber begreifen, dass in Magdeburg zwischen 1550 und 1560 eine historische und theologische Arbeit geleistet wurde, die ihresgleichen suchen muss.[17] Hier wurde nicht nur für das Reich eine politische Ethik entworfen, die der Legende von der Obrigkeitshörigkeit des Luthertums diametral entgegensteht. Flacius und seine evangelischen Freunde in Magdeburg wollten sich dem Diktat Kaiser Karls V. in Glaubensfragen keinesfalls beugen. Hier konzipiert er auch seinen Plan für ein kirchenhistorisches Zentralwerk, die *Magdeburger Zenturien*, die nach seiner Anleitung von einem Team erarbeitet wurden.[18] Im Kampf gegen das Interim galt es darzulegen, dass zu jeder Zeit in der bisherigen Geschichte der Kirche Zeugen der Wahrheit gelebt haben und für das Evangelium eingetreten sind. Er selbst hatte darüber in seinem *Catalogus Testium Veritatis* seine These dargelegt, die in den Zenturien in großem Stil entfaltet werden sollte.[19]

1557 erhielt er den Ruf an die neu gegründete Universität Jena, wo er aber nur bis 1561 lehren konnte. Er wirkte hier als Professor für Bibelauslegung, geriet jedoch mit seinem Kollegen Johann Strigel in eine heftige Kontroverse über das Verständnis der Erbsünde und der Freiheit des menschlichen Willens. Um diese Debatte von seiner noch jungen Universität zu entfernen, setzte ihn sein Landesherr von seinem theologischen Lehrstuhl ab. Eberhard Pältz formuliert in seinem Artikel über die Universität Jena in der Theologischen Realenzyklopädie: „Trotz des erzwungenen Abgangs 1561 ist Flacius, der Begründer der reformatorischen Kirchengeschichtsschreibung und Hermeneutik, die an wissenschaftlichem Rang bedeutendste Persönlichkeit aus der Frühgeschichte der Jenaer Theologie."[20] Flacius zog sich von Jena nach Regensburg zu seinem Freund, dem dortigen Superintendenten Nikolaus Gallus, zurück, den er aus gemeinsam in Magdeburg verbrachten Jahren gut kannte. Hier hat er bis 1566 ein zurückgezogenes Privat- und Forscherleben geführt. Freilich starb in Regensburg seine erste Frau, und er heiratete 1564 die Pfarrerstochter Magdalena Ilbeck.[21] Diese Zeit in der Stadt an der Donau

17 Vgl. Rudolf Keller, Gnesiolutheraner, in: TRE 13, 1984, 512–519, hier 512. Thomas Kaufmann, Das Ende der Reformation. Magdeburgs „Herrgotts Kanzlei" (1548–1551/52) (= Beiträge zur historischen Theologie 123). Tübingen 2003.

18 Vgl. Heinz Scheible, Die Entstehung der Magdeburger Zenturien, Gütersloh 1966 (= SVRG 183).

19 Arno Menzel-Reuters/Martina Hartmann (Hg.), Catalogus und Centurien. Interdisziplinäre Studien zu Matthias Flacius und den Magdeburger Centurien (= Spätmittelalter, Humanismus, Reformation 45), Tübingen 2008.

20 Eberhard H. Pältz, Jena, in: TRE 16, 1987, 559–563, hier 560, 6–8.

21 Preger, Flacius (wie Anm. 15), Bd. 2, 234; MBW 12, 67.

nutzte er zu intensiver weiterer Arbeit an seinem hermeneutischen Prinzipalwerk *Clavis Scripturae Sacrae*, das 1567 in Basel im Druck erschien.[22]

1566 folgt er einem Ruf in die lutherische Gemeinde in Antwerpen.[23] Dort schreibt er für die Gemeinde eine Kirchenordnung, die prägend wurde für das niederländische Luthertum und mithin auch für die lutherische Tradition in Nordamerika. Als er auch Antwerpen nur ein Jahr später wieder verlassen musste, weil die kaiserliche Politik ein Bleiben von Protestanten in Antwerpen verbot, zog er weiter nach Frankfurt. Hier fand er zunächst noch kein Asyl, so dass er weiter nach Straßburg zog. Aber auch in Straßburg konnte er sich wegen seiner Erbsündenlehre nicht halten. Sein Leben endet in Frankfurt im Kloster der „weißen Frauen". Als er starb, war es keinem evangelischen Pfarrer möglich, ihm ein kirchliches Begräbnis zu halten. Eine gedruckte Leichenpredigt ist nur ein Druckerzeugnis,[24] das den Skandal nachträglich kaschieren sollte. Flacius selbst hatte sich mit dem Gebrauch des Bannes nicht zurückgehalten. Er hatte gemeint, gegnerische Meinungen auf diese Weise überwinden zu können. Ihn selbst traf jedoch der Bannstrahl von anderer Seite an verschiedenen Orten besonders hart. Er ist aber nicht der einzige ernstzunehmende Theologe jener Zeit, der gebannt wurde und dem demzufolge ein kirchliches Begräbnis versagt blieb. Jörg Baur schreibt über Flacius: „Die Einheit, um die gerungen wurde, war nicht, wie dann im 17. Jahrhundert, die Fugenlosigkeit des Systems, sondern die Integration personalen Lebens. Der Einsatz der Bekenner war von keiner objektiven Lehrgestalt überwölbt. Pura doctrina meinte zuerst einmal die confessio sincera, gewisses, standhaftes Bekennen. Darum rührte Melanchthons Schwanken im Interim an den Nerv."[25]

22 Vgl. Rudolf Keller, Der Schlüssel zur Schrift. Die Lehre vom Wort Gottes bei Matthias Flacius Illyricus, Hannover 1984, 93 f.

23 Vgl. Rudolf Keller, Lutheraner in Antwerpen, in: Edouard Pichal, Evangelium in Flandern. Eine Geschichte des belgischen Protestantismus. Aus dem Niederländischen von Hans Joachim Quistorp, Moers 1993, 219–222; Carsten Brall, Konfessionelle Theologie und Migration. Die Antwerpener Gemeinde Augsburger Konfession im 16. Jahrhundert, Göttingen 2017 (= VIEG 249).

24 Eine Christliche predigt uber der Leiche des Ehrwürdigen und hochgelerten Herrn / M: Matthiae Flacii Illyrici / Weiland getrewen Dieners und bestendigen Merterers Jesu Christi / Fromen Hertzen zu gut gestellet / Durch M. Gasparum Heldelinum Lindauiensem, [o. O.] 1575.

25 Jörg Baur, Flacius – Radikale Theologie, in: Jörg Baur, Einsicht und Glaube. Aufsätze [Bd. 1], Göttingen 1978, 173–188, hier 178.

Zur Würdigung von Flacius

Um Flacius gerecht würdigen zu können, müsste man nun seine ganze Biographie genauer in die historischen Bezüge einordnen. Da wären also beispielsweise der Konflikt um das Interim und der Bruch mit Melanchthon erneut zu analysieren. Heinz Scheible macht in seiner Melanchthonbiographie deutlich, wie man den Praezeptor Germaniae nur recht verstehen könne, wenn man seine frühkindliche Kriegserfahrung als prägend für sein Leben und Denken versteht. Melanchthon wollte mit all seinem Wirken auf reichspolitischer Bühne verhindern, dass es wieder zu einem Krieg komme.[26] Wie wir schon sahen, sind es auch bei Flacius ganz bestimmte persönliche Erfahrungen, die ihn geprägt und seine Kompromisslosigkeit ausgelöst haben. Der in Venedig aufgewachsene Bürger einer Republik dachte politisch anders als Melanchthon. Der unter einem inquisitorischen Katholizismus leidende kroatische Venezianer konnte sich für seinen Glauben kein Zurück hinter die gefundene Gewissheit vorstellen.

Es ist heute in der Forschung ein breiter Konsens, dass Flacius im Erbsündenartikel der Konkordienformel zu Unrecht so hart abgelehnt wurde.[27] Aber dazu hat ja auch Walter Sparn einen wichtigen Beitrag geschrieben.[28] In der Adiaphorafrage, die über die Jahre hinweg den Dissens am deutlichsten mit wenigen Worten festgeschrieben hatte, wurde die Position von Flacius aufgrund einer Textvorlage von Martin Chemnitz aus dem Jahr 1561 bestätigt.[29] Es ist gleichwohl sehr interessant, dass die Nachdrucke von Flacius-Texten im Zeitalter der Orthodoxie nur möglich waren mit dem besonderen Hinweis auf jede Stelle, die auch nur andeutungsweise sein Verständnis der Erbsünde als Substanz des Menschen durchschimmern ließ. In der *Clavis*

---

26 Heinz Scheible, Melanchthon. Eine Biographie, München 1997, 14, und Ders., Melanchthon. Vermittler der Reformation. Eine Biographie, München 2016, 15. [Das ist die aktualisierte und erweiterte Auflage.]

27 Vgl. Bengt Hägglund, Die Rezeption Luthers in der Konkordienformel, in: Luther und die Bekenntnisschriften. Veröffentlichungen der Luther-Akademie Ratzeburg Bd. 2, Erlangen 1981, 107–120, hier 108 f.

28 Walter Sparn, Substanz oder Subjekt? Die Kontroverse um die anthropologischen Allgemeinbegriffe im Artikel von der Erbsünde (Artikel 1), in: Wenzel Lohff/Lewis W. Spitz (Hg.), Widerspruch, Dialog und Einigung. Studien zur Konkordienformel der Lutherischen Reformation, Stuttgart 1977, 107–135.

29 Vgl. Rudolf Keller, Im Konflikt um die Adiaphora. Martin Chemnitz auf dem Weg zum 10. Artikel der Konkordienformel, in: Der zweite Martin der Lutherischen Kirche. Festschrift zum 400. Todestag von Martin Chemnitz, hg. v. Ev.-luth. Stadtkirchenverband und Propstei Braunschweig (Redaktion W. A. Jünke), Braunschweig [Selbstverlag] 1986, 93–114.

Scripturae Sacrae ist an allen diesen Stellen am Rand ein Hinweishändchen gedruckt als das aufmerksam machende Signal, das zur Wachsamkeit vor dieser Irrlehre mahnen sollte.

An dieser Stelle soll nicht eine nachträgliche Beurteilung des kroatischen Theologen versucht oder gefordert werden. Ich habe nur versucht, auf die Wirkungen aufmerksam zu machen, die sein Denken trotz des über ihn verhängten Damnamus für die lutherische Theologie gehabt hat. Aber das Urteil der Konkordienformel und die weite Beliebtheit Melanchthons haben wesentlich dazu beigetragen, dass Flacius ins Abseits der Theologie gestellt wurde.

Flacius als Ausleger der Bibel

Ich will jetzt den Umgang des Matthias Flacius mit der heiligen Schrift näher beleuchten.[30] Auch Karl Holl hatte auf Flacius und seine Leistung in der Nachfolge Luthers schon 1920 positiv verwiesen.[31] Im *Hilfsbuch zum Studium der Dogmatik*, das Emanuel Hirsch im Jahr 1937 vorlegte, wird Flacius als der Theologe dargestellt, der verantwortlich ist für die Festigung der Lehre von der Verbalinspiration.[32] In der Tat hatte Flacius in seiner Magisterpromotion 1546 die These aufgestellt, dass auch die hebräischen Vokalzeichen mit inspiriert sein müssten, weil sonst die ganze Schrift ihre Gewissheit verlieren würde. In jenen Jahren war von dem jüdischen Gelehrten Elias Levita erstmals auf die sekundäre Bedeutung der hebräischen Vokalisation aufmerksam gemacht worden, was der damals dreiundzwanzigjährige Flacius deutlich polemisch widerlegen wollte. Seine Wittenberger Lehrer hielten ihn aufgrund dieser Magisterpromotion für geeignet zum Amt des Professors der hebräischen Sprache an der Wittenberger Universität, das er bereits seit 1544 verwaltete. Der Text über die hebräischen Vokalpunkte wurde 1551 erstmals in einem Sammelband gedruckt und so auch 1567 in das hermeneutische Zentralwerk *Clavis Scripturae Sacrae* aufgenommen, nach dem

30 Siegfried Raeder, Matthias Flacius als Bibelausleger, in: Matthias Flacius Illyricus – Leben & Werk. Internationales Symposium Mannheim, Februar 1991, München 1993, 13–42.

31 Karl Holl, Luthers Bedeutung für den Fortschritt der Auslegungskunst [1920], in: Ders., Gesammelte Aufsätze zur Kirchengeschichte, Bd. 1: Luther, Tübingen ^{4}1927, 544–582, hier 578 ff.

32 Emanuel Hirsch, Hilfsbuch zum Studium der Dogmatik, Berlin 1937, 314.

er meistens zitiert wird.[33] Flacius hatte seine Lehre von der heiligen Schrift in einem mühevollen und sehr breiten Streitschriftabtausch mit Kaspar von Schwenckfeld entwickelt. Sein Schriftverständnis ist von der antischwärmerischen Seite her zu erschließen. Hier war ihm die Zusammengehörigkeit von Wort und Geist deutlich geworden.[34] Das war zusammen mit seiner persönlichen Glaubenserfahrung sein Ausgangspunkt. Seine in vielen Jahren intensiver exegetischer Arbeit gereiften Traktate wollen deshalb in aller Deutlichkeit festhalten, dass Gott der Autor der Schrift ist, wenn auch zugleich Menschen die Autoren derselben Texte sind. Aber Flacius verzichtet auf jede genauere Beschreibung dieses Vorgangs der Inspiration. Da steht thetisch nebeneinander: Gott ist Autor und Menschen sind Autoren an dem einen Text der Bibel. Das kann sich – je nach Stoßrichtung – so oder so ein wenig verschieben, aber die Grundthese hält sich durch. Die Heilige Schrift hat zwei Autoren. Gottes Autorschaft gibt der Bibel den alles entscheidenden Wert. Flacius hat seine alte These über den Stellenwert der hebräischen Vokalisation nie zurückgezogen oder widerrufen. Er hat sie sogar nachgedruckt, aber in seiner exegetischen Argumentation mit Gegnern macht er davon keinen Gebrauch, und in seinen exegetischen Hauptschriften baut er diese These nicht aus.

Flacius hat sehr viel gelesen und verarbeitet. Angesichts der dicken Folianten, die er zum Druck brachte, wundert es auch gar nicht, dass er an manchen Stellen sehr spürbar eng in der Nähe einer Vorlage von anderer Hand verweilte und formulierte, was ihm lesend wichtig geworden war. Es fällt auf, wie stark er sich an Erasmus von Rotterdam anlehnte, wie stark seine Schriftauslegung, die er in der *Glossa Compendiaria in Novum Testamentum* vorlegte, in Anlehnung an die Ausgaben des Neuen Testaments von der Hand des Erasmus konzipiert ist.[35] Flacius schrieb jedoch nie einfach ab. Er verwendete weiträumige Zitate und gab nicht immer an, dass er an dieser Stelle gerade ein Zitat vorbrachte. Manchmal kann man am Kursivdruck erkennen, dass er die Stelle als Zitat markierte. Was er aber vorlegte, war mehr als ein Plagiat. Scherzhaft möchte man an den Apostel Paulus erinnern, der den Thessalonichern (1 Thess 5,21) geraten hat: „Prüfet aber alles, und das Gute behaltet." Mitten in der Vorlage nahm er charakteristische Änderungen vor, durch die er seiner dogmatischen Akzentuierung vollen, breiten Raum gewährte, gelegentlich aber auch den Sinn der Vorlage total in seinem Sinn

33 Vgl. Keller, Schlüssel (wie Anm. 22), 111 f.
34 Vgl. Keller, Schlüssel (wie Anm. 22), 25–92.
35 Vgl. Keller, Schlüssel (wie Anm. 22), 162–176.

veränderte und umarbeitete. Flacius übernimmt von Erasmus die Beziehung der Schrift auf Christus, füllt sie jedoch mit einer total anderen Christologie, die eng mit seiner Anthropologie zusammengehört. Der Heiland der Sünder, den Flacius vor Augen hat, unterscheidet sich sehr stark von Christus als dem Lehrer der philosophia christiana, wie ihn Erasmus beschrieb. Ich denke, jeder, der die Textvielfalt zur Schriftauslegung der Reformatoren gut im Gedächtnis hat, könnte bei Flacius zusätzlich verwendete Zitate erspüren. Und man könnte auch fragen, inwieweit Flacius die verwendeten Zitate der Klassiker aus erster, zweiter oder dritter Hand hatte. Wichtig im Blick auf die von Flacius entfaltete Inspirationslehre ist nach meinem Urteil, dass er in seinen Vorlagen, den Texten von Georg Major und vor allem Andreas Gerhard Hyperius, eine viel breiter entfaltete Beschreibung und Schilderung des Inspirationsvorgangs vorfand, als er selbst je aufnahm. Olivier Fatio nannte Flacius einen Abschreiber, französisch: „copiste", als er erstmals auf breite Zitate bei Flacius aufmerksam machte. Aber Abschreiber war Flacius nicht, vielmehr rezipierte er bewusst und differenziert. Nur deshalb hat er auch die breit den Inspirationsvorgang beschreibenden Aussagen, die er bei Hyperius vorfand, nicht aufgenommen. Dass die menschlichen Autoren „calamis" – „Schreibfeder" des Heiligen Geistes sind, dies ist nämlich nicht erst eine Aussage der Spätorthodoxie, wie wir oft nahegelegt bekommen und deshalb vermuten, sondern dies alles konnte Flacius bei Hyperius schon lesen. Er verzichtet darauf, dies zu übernehmen. Ihm genügt die These, dass Gott der Autor der Schrift ist. Und neben dieser These lässt er bewusst die menschliche Autorschaft stehen, ohne diese Menschen zu reinen Instrumenten zu degradieren. Und für die Schrift, deren Autor Gott ist, gilt nach Flacius: *Quiquid Deus dicit, verum est.*[36] Diese Aussage bedarf für Flacius keines Beweises. Eine zweite schließt er an: *Igitur, quod dixit ac docuit JESUS, eiusque Apostoli, verissimum est.* Davon möchte Flacius bei seiner Schriftauslegung bei allen weiteren nötigen Differenzierungen ausgehen. Flacius kann dann immer nachdrücklicher entfalten, dass der Sohn Gottes die Schrift eröffnet und zu deren rechtem Verständnis verhilft. Er empfiehlt, alle Schriftauslegung solle dem Glauben gemäß sein: *Omnis intellectus ac expositio Scripturae sit analoga fidei.*[37] Und diese fides wird von Flacius noch genauer beschrieben und dargestellt. Als Ausgangspunkt zum rechten Verständnis der Schrift empfiehlt Flacius eine brevis quanda catechesis, eine kurze Unterweisung, welche die Schrift selbst anbiete. Dabei denkt

36 Vgl. Keller, Schlüssel (wie Anm. 22), 132.
37 Vgl. Keller, Schlüssel (wie Anm. 22), 133.

er an Genesis 1–3, worin er eine Entsprechung zu den Glaubenssymbolen sieht, an den Dekalog als Gottes Zusammenfassung des Gesetzes und drittens an das Herrengebet und die Einsetzungsworte der Sakramente. Diese Kapitel der Lehre seien immer pro quadam compendiaria Catechesi gehalten worden. Wir bewegen uns damit im unmittelbaren Feld, das durch Luthers Katechismen als Hauptstücken der christlichen Lehre umschrieben ist, aber Flacius vermeidet streng den Ausgangspunkt bei einem Stück kirchlicher Lehrtradition, wie es ja auch das Apostolische Glaubensbekenntnis ist, sondern er betont, die Inhalte des Credo seien in nuce in den ersten drei Kapiteln der Bibel festgehalten. In der so umschriebenen Katechese biete die Schrift selber den Schlüssel zu ihrem rechten Verständnis. Schriftauslegung soll nicht voraussetzungslos sein, sondern sich über ihr Vorverständnis im Klaren sein, das dann durch exegetische Arbeit überprüft und begründet wird oder aber Ablehnung findet.

Nun müssten wir Zeit dazu haben, einmal die exegetische Kleinarbeit im Detail zu beleuchten, die Flacius geleistet hat,[38] die Sorgfalt zu sehen, mit der er auf den Kontext der Stellen achten wollte. Der ganze erste Band der Clavis ist nichts anderes als ein Wörterbuch, Erklärungen zu einzelnen Worten der Bibel, natürlich im theologischen Kontext seines Denkens erläutert.

Der hermeneutische Ansatz von Flacius ist beachtenswert und bis heute relevant, weshalb sich die Historiker der Hermeneutik ausgiebig mit ihm beschäftigt haben. Eine voraussetzungslose Hermeneutik bleibt ein Postulat, das in Wahrheit nicht praktizierbar ist. Gerade deshalb aber ist es wichtig, dass man sich über die Voraussetzungen der Exegese Klarheit verschafft und dass man diese Voraussetzungen selbst hinterfragt und überprüft. Kann das, was Flacius als „Fides“ zusammenfasste, noch immer die Mitte des Glaubens sein und von daher auch heute hilfreich? Ich stelle diese Frage hier, ohne die Linien zur Gegenwart an dieser Stelle voll ausziehen zu können.

Wir stehen vor der Frage, wie Theologie und Frömmigkeit zusammengehören. Wir fragen, wie das in der Vergangenheit von bestimmten Menschen gelebt wurde. Der Bibelwissenschaftler Flacius hat dies auf überzeugende Weise dargelegt und vorgestellt. Es lohnt sich, dass wir bei ihm gelegentlich für eine Wegstrecke in die Schule gehen und uns von ihm Impulse geben lassen. Frömmigkeit, wenn sie nicht aus dem Umgang mit den biblischen Texten

38 Vgl. auch Oliver Olson, The Clavis Scripturae sacrae of Matthias Flacius Illyricus, in: Théorie et pratique de l'exégèse. Actes du troisième colloque international sur l'histoire de l'exégèse biblique au XVIe siècle, [31. 8.–2. 9. 1988] Textes réunis par Irena Backus et Francis Higman, Genève 1990 (= Études de philologie et d'histoire 43), 167–175.

lebt, ist in der Gefahr, dass sie ihre Ausrichtung auf Christus als Mitte der Schrift verliert.

Im Sammelband *Melanchthon in seinen Schülern* hat Bernd Jörg Diebner Flacius als Modell für die Hermeneutik der Melanchthon-Schule dargestellt.[39] Dazu ist Flacius wie kein anderer geeignet.

Flacius thematisiert in seiner Schriftauslegung die eigene Frömmigkeit nicht oder nur am Rande oder implizit. Sein exegetisches Programm und sein Ansatz im Verständnis der Bibel zeigen jedoch einen sehr kritischen Exegeten, dem bei aller philologischen Akribie an den Texten der Bibel die Ehrfurcht vor dem Wort Gottes nicht abhandengekommen ist. Dies ist meines Erachtens die vornehmste Aufgabe für einen Theologen, der sich das Luthersche *sola scriptura* zu Eigen und für die heutige hermeneutische Diskussion fruchtbar machen will.[40]

Die Lutherische Kirche – Missouri Synode, ihr Blick auf Flacius und ihre Inspirationslehre

Eine interessante Frage bleibt es, ob sich die Lutheran Church – Missouri Synod in ihrer Betonung der Lehre von der Verbalinspiration auf Flacius bezieht oder nicht.

Robert Kolb, der im Dienst der Missouri Synod arbeitet, ist als Reformationshistoriker auch in Europa bekannt. Er ist offen an seine Untersuchungen über Flacius gegangen und hat Untersuchungen zu speziellen Be-

---

39 Bernd Jörg Diebner, Matthias Flacius Illyricus. Zur Hermeneutik der Melanchthon-Schule, in: Melanchthon in seinen Schülern, hg. v. Heinz Scheible, Wiesbaden 1997 (= Wolfenbütteler Forschungen 73), 157–182.

40 Es gab bei neueren Tagungen über Flacius immer wieder Vorträge, die sich seinem Schriftverständnis zuwenden. Ich nannte bereits Siegfried Raeder (vgl. Anm. 30) und Bernd Jörg Diebner (Anm. 39). Ferner: In dem Band Matija Vlačić Ilirik [III] (wie Anm. 9) die Beiträge: Zoltán Rokay, Die Methoden in der Clavis von Flacius (58–71), Robert Kolb, Matthias Flacius' *Glossa Compendiaria*: The Wittenberg Way of Exegesis in Its Second Generation (72–89) und Hans-Peter Grosshans, Flacius und das Wort Gottes. Die Auseinandersetzung mit Kaspar Schwenckfeld (90–104); In dem Band Dingel/Hund/Ilić (Hg.), Flacius (wie Anm. 9) die Beiträge: Robert Kolb, Scripture or Pope? The Exegetical Basis of Matthias Flacius' Understanding of Authority in the Church; Hans-Peter Grosshans, Was zeichnet eine evangelische Hermeneutik aus? – die Clavis Scripturae Sacrae; Luka Ilić, What has Flacius to do with Erasmus? The biblical Humanism of Matthias Flacius Illyricus, in: Colloquia Maruliana XXIV, Split 2015, 207–221.

reichen bei dem kroatischen Gelehrten vorgelegt. In seinem Buch über die Konkordienformel[41] spielt das Schriftverständnis keine große Rolle. Flacius bekommt Anerkennung in seiner Haltung zur Frage der Adiaphora, aber ansonsten hält sich Kolb an seine Quelle, in der Flacius nur am Rande bleibt, aber vor allem seine Verurteilung in Sachen seines Verständnisses der Erbsünde wird behandelt. Hier ist also das Thema „Verbalinspiration“ nicht auf dem Tisch, sondern nur die anderen Fragen sind es.

Robert D. Preus[42] in seinem Werk *The Theology of Post-Reformation Lutheranism*[43], schreibt in dem ersten Band *A Study of Theological Prolegomena*. Er beklagt auch die geringe Kenntnis der Epoche der Lutherischen Orthodoxie. Er will nicht Einzelheiten aus der Zeit vorführen, sondern den Konsens, der nicht schwer zu finden sei. Sein Hauptzweck sei dabei, Chemnitz, Gerhard, Calov und die anderen großen Theologen dieser Epoche relevant für „our day“ zu machen und ihre Relevanz neu zu erkennen.[44] Er betont

41 Robert Kolb, Die Konkordienformel. Eine Einführung in ihre Geschichte und Theologie, übersetzt aus dem Amerikanischen von Marianne Mühlenberg, Göttingen 2011 (= Oberurseler Hefte. Ergänzungsreihe 8).

42 Karl Wengenroth, ehemals Propst in der SELK, würdigte ihn bei seinem Tod in SELK-Info, Nr. 196, Januar 1996, 3f: „Ein Mann von fast erdrückender theologischer Statur in der Lutherischen Kirche – Missouri Synode (LKMS) und im weltweiten Bekenntnisluthertum, Professor Dr. Robert Preus, ist plötzlich am 4. November 1995 in seiner Heimat Minnesota, USA, im Alter von 71 Jahren verstorben.
Der gelehrte und streitbare Theologe mit profunder europäischer Bildung (Promotionen in Edinburgh und Straßburg) stand ein Leben lang im Zentrum der Auseinandersetzungen in der LKMS um die Geltung der Hl. Schrift als inspiriertem Wort Gottes und ihre dem Bekenntnis der lutherischen Kirche gemäße Auslegung. Er widerstand 1974 zusammen mit vier Kollegen dem Auszug der Fakultät des Concordia-Seminars in St. Louis, Missouri, in dessen Folge ein theologisch liberales und für die Ökumene offenes ‚Seminar im Exil (Seminex)‘ gegründet wurde. Er übernahm im gleichen Jahr die Leitung der zweiten theologischen Ausbildungsstätte der LKMS in Fort Wayne, Indiana, des Concordia Theological Seminary. Als er hier nach 15jähriger Tätigkeit als Seminarpräsident im Alter von 65 Jahren ‚ehrenhaft‘ in den Ruhestand verabschiedet wurde, begann ein sehr persönlich geführter Streit mit der Aufsichtsbehörde des Seminars, der tiefe Wunden schlug, aber 1992 mit einer Versöhnung endete, durch die er für ein Jahr wieder zum Leiter des Seminars eingesetzt wurde.
Der Präsident der LKMS, Dr. A. L. Barry, würdigte in einem Nachruf die Verdienste von Robert Preus: ‚Er war eine Schlüsselfigur im Ringen unserer Synode um die Bewahrung des rechten Verständnisses des Wesens und der Autorität der Hl. Schrift in den 70er Jahren.‘ Und der neue Vorsitzende der Aufsichtsbehörde der Hochschule in Fort Wayne meinte gar, daß ‚der Herr […] ihm die Fähigkeit gab, der größte Theologe in unserer Synode seit C. F. W. Walther und Franz Pieper zu sein.‘“

43 Volume 1, Saint Louis/London 1970, Volume 2, Saint Louis/London 1972.

44 A. a. O., 15f.

ihre Schriftgemäßheit. „For they would be the last to defend any statement of doctrine not grounded in Scripture.“[45] Er charakterisiert die für ihn wichtigen Theologen dieser Zeit. Matthias Flacius ist nicht dabei, sondern nur die großen Namen Chemnitz und Hutter und Gerhard, auch Paul Gerhardt. Hinsichtlich der Prolegomenafrage betont er: „Prolegomena are the attempt to establish a substructure and Starting point for the work of presenting Christian doctrine in the church.“[46] Er stellt dann die Entwicklung dar. Erasmus und Melanchthon werden vorgestellt. „After Melanchthon the most important contribution to the advancement of Lutheran dogmatics und prolegomena was a highly significant book by Andreas Hyperius, De Theologo“[47]. Dieses Buch von Hyperius von 1556 kennen wir schon. Auch Flacius hat darin gelesen und manches Nützliche darin gefunden. Aber Hyperius ist ein durchaus interessanter Theologe, der freilich der reformierten Konfession zugehörig war. Flacius und seine Arbeit am Werk von Hyperius mit der sehr bewussten theologischen Unterscheidung kommt hier nicht in den Blick und wird in der Ahnenreihe nach Melanchthon auch nicht zur Kenntnis genommen.[48] Flacius – wir erinnern uns – hatte viel von Hyperius zitiert, dies auch genau gekennzeichnet. Bei Hyperius fand er eine äußerst genaue Beschreibung der Wirksamkeit des Heiligen Geistes in der Inspiration, die ganz deutlich sagt, die menschlichen Autoren seien nur calamis, Schreibfeder des Heiligen Geistes, was man sonst immer der Spätorthodoxie zugeschrieben hat. Flacius, der vermeintliche Erfinder der Verbalinspiration, hat diese Passagen nicht in seine Clavis übernommen, weil er doch die Wirksamkeit der menschlichen Autoren nicht zu reiner Sekretärstätigkeit herabstufen mochte und über den Stil des Apostels Paulus zu schreiben wusste, also ein ausgeprägtes Interesse an einer historisch gestützten Exegese hatte, wenn er auch betonte, dass die Bibel Gottes Wort und Christus der Schlüssel dazu ist. Der damalige Präsident der LKMS, A. L. Barry, schrieb zum Tod von Preus: „Er war eine Schlüsselfigur im Ringen unserer Synode um die Bewahrung des rechten Verständnisses des Wesens und der Autorität der Hl. Schrift in den

45 A. a. O., 17.

46 A. a. O., 73.

47 A. a. O., 82.

48 Robert Preus hatte vor dem erwähnten Buch schon geschrieben: The Inspiration of Scripture. A study of the theology of the seventeenth century Lutheran Dogmatics, by Robert Preus, Edinburgh/London 1955, ²1957. Auch in diesem Buch spielt die Arbeit von Flacius keine Rolle. Das Gleiche gilt für Eugene F. A. Klug, From Luther to Chemnitz on scripture and the word, Kampen 1971, der sich vor allem auf Chemnitz konzentriert.

70er Jahren." Und Preus war derjenige, der den Aufbruch von Seminex kritisch angriff und sich wie ein Bollwerk dagegen aufbäumte.

Man wird die heutige Selbständige Evangelisch-Lutherische Kirche in Deutschland nicht mehr auf die Linie von Preus festlegen können, aber klar ist doch, dass der International Lutheran Council im Gegenüber zum Lutherischen Weltbund immer und generell das Wort Gottes in seiner vom Bekenntnis geprägten Auslegung besonders betont. Das leidige Thema Verbalinspiration versucht man zu umgehen. Offiziell dagegen zu sprechen, gilt in diesen Kreisen als gefährlich, aber sie wirklich zu verteidigen – das hört man auch nur selten.

Flacius und wir

Ich will versuchen, kurz noch einmal ein wenig auf Abstand zu dem zu gehen, was ich hier vorgetragen habe.

Jede Zeit geht mit ihren eigenen Fragen an das Studium der Geschichte. Da werden auch sehr subjektive Urteile gefällt und tradiert. Ist es vielleicht auch unser eigenes Problem, dass wir heute den gelehrten Flacius in seinem hermeneutischen Schaffen reduzieren auf die Inspirationsfrage? Diese Frage muss man auch einmal stellen dürfen. Wird dadurch nicht ein Zugang zur gelehrten humanistischen Arbeit dieses Mannes verbaut? In der neueren Erforschung der Geschichte der Exegese, die ein Gebiet für Fachleute ist, hat er Interesse auf sich ziehen können.

Bei unserer Tagung steht seine Schriftauslegung im Mittelpunkt, nicht seine Haltung in der Adiaphorafrage und nicht seine Position zur Anthropologie und dem Verständnis der Sünde.[49] Vergangene Zeiten haben sich vor allem mit diesen beiden Fragen befasst, zu denen er in der Konkordienformel beurteilt worden ist. Positiv war das Urteil hinsichtlich seiner Bewertung, dass im Bekenntnisfall nichts ein Adiaphoron, ein Fall für ein „sowohl als auch" sein kann. In der Begriffsgeschichte zum Begriff „status confessionis" darf er nicht fehlen. Negativ war das Urteil hinsichtlich seiner Betonung der totalen Sündhaftigkeit des Menschen, die man freilich nur neben seinem Insistieren auf der Heilsgewissheit erörtern kann.

Möglich wäre auch ein Zugang zu seinem Werk unter diasporakundlicher historischer Perspektive. In Regensburg schwebte ihm die Gründung

---

49 Dazu hat Luka Ilić, Theologian (wie Anm. 8) Wichtiges ausgeführt.

einer Ausbildungsstätte für Pfarrer für die südosteuropäischen Nachbarländer vor – so formulieren wir das heute –, damals war das vor allem die Habsburgermonarchie in all ihren territorial noch variierenden Schattierungen,[50] aber auch Venedig und Antwerpen dürfen wir nicht aus dem Auge verlieren.[51] Flacius pflegte ein weites Kontaktnetz. Gerade deswegen hat ihn das Haus Habsburg auch so ernst genommen und so nachhaltig seine Aufenthaltsgenehmigungen immer wieder unterbunden.

Was können wir von Flacius lernen?

1. Flacius als Gelehrter war Bibelausleger und Historiker. Der Schüler Luthers war tief verwurzelt in seiner Glaubenserfahrung und in der humanistischen Tradition und wollte die exegetischen Methoden des Humanismus in seiner Bibelauslegung aufnehmen. Seine *Glossa Compendiaria in Novum Testamentum* lehnt sich stark an das Modell des Erasmus an, setzt aber theologisch die Akzente, die ihm bei Luther wichtig geworden waren. Eine vergleichbare Ausgabe zum Alten Testament ist nie vollendet worden. Manuskriptteile davon sind in der Herzog-August-Bibliothek in Wolfenbüttel erhalten.

2. Flacius war Ausleger des Alten Testaments und bestrebt, den Sinn des hebräischen Urtexts zu erläutern, den er von Christus her verstanden hat. Vom christlichen Glauben her, von einem „Katechismus“ her wollte er an die Arbeit der Auslegung gehen, aber der christliche Glaube sollte allein durch die Heilige Schrift normiert sein.

3. Flacius macht nicht nur von Luther, sondern auch von Erasmus und Hyperius reichlich Gebrauch, aber er setzt bis in die Übernahme von langen Zitaten seine eigenen theologischen Akzente. Hinsichtlich der Verbalinspiration übernimmt er nicht alles, was Hyperius darüber gesagt hat. Die Magisterpromotion, die von seinen Wittenberger theologischen Lehrern positiv

---

50 Regensburgs Bedeutung für diesen Bereich wird in Wien derzeit untersucht, vgl. Astrid Schweighofer, Die Bedeutung Regensburgs für die religiösen Verhältnisse in Österreich und Südostmitteleuropa in der zweiten Hälfte des 16. Jahrhunderts, in: Rudolph, Regensburg (wie Anm. 10), 237–258. Auch Rudolf Leeb in Wien mit seinen Forschungen ist hier zu nennen.

51 Vgl. dazu o. Anm. 23.

gewürdigt wurde und ihm eine Anstellung als Professor für hebräische Sprache einbrachte, hat er 1551 in einen Sammelband aufgenommen und 1567 in seiner *Clavis* erneut abgedruckt, aber nicht häufiger in seinen Abhandlungen zitiert oder gar ausgebaut.

4. Flacius ist ein die Lektüre lohnender und theologisch interessanter Kopf gewesen, der zu Unrecht durch die Ablehnung seiner Erbsündenlehre in der Konkordienformel in Vergessenheit geraten ist. Wo er zitiert wird, werden oft nur Zerrbilder von ihm weitergereicht. In Regensburg konnte ihm keine Pfarrstelle übertragen werden, weil er nicht gut genug Deutsch sprach. Bis heute ist sein Werk denen weithin verschlossen, die um die lateinische Sprache einen Bogen machen (wollen oder müssen).

5. Am 1. März 1549 schrieb Philipp Melanchthon eine Widmungsvorrede zu einer Schrift von Matthias Flacius mit dem Titel *De voce et re fidei* (*Vom Wort und der Sache des Glaubens*) an Erzbischof Thomas Cranmer in Canterbury.[52] Im Jahr 1555 erschien eine zweite Auflage dieser Schrift und 1563 eine dritte Auflage. Diese späteren Auflagen enthalten wieder diese Vorrede, die jetzt freilich ausführlicher ausgefallen ist und mehr lobende Worte über die Fähigkeiten von Flacius enthält. Flacius hatte sie, „nachdem das Zerwürfnis zwischen beiden [Melanchthon und Flacius] endgültig war, selbständig erweitert"[53]. Dieser Sachverhalt ist seit 1984 allgemein bekannt,[54] wurde aber bei der deutschen Übersetzung trotz der Erwähnung nicht kenntlich gemacht.[55] Der Text wurde bei der Tagung in Hofgeismar nach der deutschen Übersetzung gelesen. In der neu erschienen Edition des lateinischen Originaltexts in Melanchthons Briefwechsel sind die von Flacius vorgenom-

52 Sie ist in deutscher Übersetzung abgedruckt in: Melanchthon deutsch, Bd. 4: Melanchthon, die Universität und ihre Fakultäten, hg. v. Michael Beyer, Armin Kohnle und Volker Leppin unter Mitarbeit von Christiane Domtera und Annika Schmidt, Leipzig 2012, 175–184 (übersetzt von Irene Dingel).

53 Dingel in: Melanchthon deutsch 4, a. a. O. (wie Anm. 52), 175.

54 Keller, Schlüssel (wie Anm. 21), 101–103 und 114 f. Dieser Sachverhalt ist dementsprechend und unter Bezugnahme darauf nachgewiesen in: Melanchthons Briefwechsel Bd. 5: Regesten 4530–5707 (1547–1549), bearbeitet von Heinz Scheible unter Mitwirkung von Walter Thüringer, Stuttgart 1987 (= Melanchthons Briefwechsel. Kritische und kommentierte Gesamtausgabe. Im Auftrag der Heidelberger Akademie der Wissenschaften, hg. v. Heinz Scheible, Bd. 5), 437 f (MBW 5466).

55 Irene Dingel in Melanchthon deutsch 4 (wie Anm. 52) weist lediglich in ihrer Einleitung darauf hin, aber die Herausgeber haben dieses Problem im Text 2012 nicht darstellen wollen, weil sie leider nur von einer bekannten Edition des 19. Jahrhunderts im Corpus Reformatorum ausgehen.

menen Einfügungen nur im textkritischen Apparat vermerkt.[56] – Dass Flacius diese Vorrede zu seinen Gunsten verändert hat, ist ein Faktum, das wir interpretieren können. Wir sollten es nicht verschweigen. Nachträglich Gedanken lesen können wir jedoch nicht.

56 Melanchthons Briefwechsel, Band T 19. Texte 5344–5642 (November 1548–September 1549), bearbeitet von Matthias Dall'Asta, Heidi Hein und Christine Mundhenk (= Melanchthons Briefwechsel. Kritische und kommentierte Gesamtausgabe. Im Auftrag der Heidelberger Akademie der Wissenschaften hg. v. Christine Mundhenk, Bd. T 19), Stuttgart 2019, 268 f, App. W, zu Z. 112 und 132.

André
Birmelé

Schriftgebrauch in der Diaspora der französisch und lateinisch geprägten Sprachwelt

Aktuelle Herausforderungen[1]

Die französischen Kirchen kennen einen Umbruch, den noch vor zwanzig Jahren niemand voraussehen konnte. Die historischen Kirchen werden zu Minderheiten, und neben ihnen entstehen viele kleinere und größere, meist lokale Gemeinschaften, neue Denominationen, die sich auf das Christentum berufen, aber sich unabhängig von den bisherigen Kirchen entwickeln. Es gibt heute mindestens fünfmal so viele Gläubige, die sich zu solchen Gruppen bekennen, als Christen in den historischen reformatorischen Kirchen. Dies gilt auch für Belgien, Italien und in einem geringeren Maß für die französisch sprechende Schweiz, wo dieser Trend erst einsetzt.

Säkularisierung, Globalisierung, Immigration und nicht zuletzt das Internet sind Erklärungen für diese Entwicklung, die man als post-konfessionell bezeichnen kann. Ähnliche Entwicklungen kannte man bisher hauptsächlich in den Kirchen des sogenannten Südens. In den anderen europäischen Ländern ist so etwas noch weitgehend eine Randerscheinung. Vielleicht ist das aber nur eine Frage der Zeit.

Das Thema Schriftgebrauch in der lutherischen Diaspora ist daher nur schwer anzugehen, weil auch der bisherige lutherische Rahmen so nicht mehr gegeben ist. Man kann sich dem Thema nur annähern, indem man zunächst genauer die Situation beschreibt und sich bemüht, diese zu verstehen.

---

1 Dieser Vortrag wurde bei der Tagung des Martin-Luther-Bundes vom 11.–13. Februar 2019 in Hofgeismar gehalten.

I. Die heutige Situation

I.1 Statistiken

Um den Rahmen genauer zu bestimmen, müssen zunächst einige Zahlen genannt werden, die sich auf Frankreich beschränken. Das Land hat 67 Millionen Einwohner. Vor 20 Jahren sprachen wir von 650 000 Christen in Kirchen reformierter oder lutherischer Tradition (zwei Drittel reformiert, ein Drittel lutherisch). Diese Zahl – ein Prozent der Bevölkerung – hat sich in den letzten Jahren kaum verändert. 300 000 Gläubige gehören zu den historischen Freikirchen (Baptisten, Methodisten, Mennoniten, Pfingstler), das entspricht einem halben Prozent der Bevölkerung. Die Statistik zeigt, dass auch die Zahl der Gläubigen der historischen Freikirchen recht stabil bleibt.

Entscheidend ist die Entwicklung der römisch-katholischen Kirche. Die große Volkskirche ist in wenigen Jahren selbst zu einer Minderheitskirche geworden. 15 Prozent der Bevölkerung (zehn Millionen) behaupten noch, Katholiken zu sein. Davon sind aber nur fünf Prozent, d. h. weniger als ein Prozent der Gesamtbevölkerung, regelmäßige Messebesucher. Die Zahl derjenigen, die gelegentlichen Kontakt mit der römisch-katholischen Kirche haben (Beerdigungen, Familienfeste), ist gewiss höher, dies ändert aber nichts an dem Gesamtbild. Dieser erhebliche Rückgang des Katholizismus erklärt sich durch die Säkularisierung und nicht zuletzt auch durch den Priestermangel, der zur Aufgabe der traditionellen volkskirchlichen Strukturen geführt hat: In den meisten, vor allem ländlichen Gemeinden ist die Kirche vor Ort nicht mehr vorhanden. Nicht selten ist ein Priester für über 20 bisherige Gemeinden zuständig. Das wird sich in den nächsten zehn Jahren noch verschärfen, wenn man den Altersdurchschnitt des Klerus in Betracht zieht.

Die genannten Zahlen sind alle nicht leicht verifizierbar, weil es keine genaue Statistik gibt. Der staatliche Laizismus verbietet die Angabe der Religion bei offiziellen Statistiken (z. B. darf ein Krankenhaus nicht bei der Einlieferung eines Patienten nach dessen Religion fragen, was die Arbeit eines Krankenhausseelsorgers nicht erleichtert). Religion wird als Privatsache angesehen und auf den kulturellen Bereich eingeschränkt. So gibt es keine klare Übersicht über eine Mitgliedschaft in den Kirchen – auch nicht in den Ortsgemeinden. Es gibt auch keine Kirchensteuern. Die finanziellen Mittel der Kirchen sind daher sehr gering und geben der kirchlichen Arbeit kaum Spielraum. Die finanziellen Möglichkeiten hängen von den Spenden der Gemeindeglieder ab. Dies hat als Konsequenz, dass sich die gesamte kirchliche Arbeit meist auf den Priester/Pfarrer und Pfarrerinnen und wenige freiwillige Mitarbeiter beschränkt.

Um das Bild des Kontextes zu vervollständigen, müssen auch die Muslime erwähnt werden. Auch wenn man diese hinzuzählt, hat doch nur ein Viertel der Bevölkerung eine traditionelle religiöse Bindung.

Die Tatsache, dass nur wenige zu den üblichen Kirchen oder Religionen gehören, bedeutet jedoch nicht, dass die große Mehrheit keine religiösen Bedürfnisse hat. Es entsteht ein gewisses Vakuum – der ideale Ort für das Entstehen von Gemeinschaften neuer Denominationen, die großen Zulauf haben und sich rasch entwickeln. Sie umfassen zurzeit, so die Untersuchungen der Soziologen, ca. vier bis fünf Millionen Gläubige in Frankreich.

I.2 Die neuen Denominationen

Das Wachstum nicht-denominationeller Gemeinschaften hängt zunächst mit bestimmten gesamtgesellschaftlichen Trends zusammen, vor allem dem Abnehmen der Bindungskraft von Institutionen; Zeitgenossen entwickeln nicht selten geradezu eine Aversion gegen Institutionen. Dazu kommt ein weit verbreiteter Verlust von Traditions- und Geschichtsbewusstsein.

Ein weiterer Grund ist die Tatsache, dass sich viele ihres Glaubens bewusste Christen in den traditionellen Gemeinden, soweit diese noch vorhanden sind, nicht mehr zu Hause fühlen.

Sie leben bereits faktisch nicht-denominationell; sie verstehen die traditionelle Konfessionsgebundenheit oft als ein Überbleibsel der Vergangenheit. Die alten kontroverstheologischen Fragen haben ihre Bedeutung verloren. Diese Christen haben ein großes Interesse an einem Christentum der Erweckung. Biographische Erfahrungen werden zu entscheidenden Elementen der kirchlichen Zugehörigkeit. Die eigene Erfahrung entscheidet darüber, welcher Gemeinschaft man sich anschließt. Als autonomes Subjekt schneidert sich der Einzelne seinen Glauben und seine Kirchenzugehörigkeit und schließt sich letztlich der Gruppe an, die dieser Vorstellung am meisten entspricht. Entscheidend sind die gelebte Frömmigkeit (inklusive der Emotionen) und nicht zuletzt der Raum der Begegnung mit anderen ihres Glaubens bewussten Christen. Für diese Menschen stellt dann die Hinwendung zu einer nicht-denominationellen Kirche kein Problem mehr dar.

Dies gilt insbesondere auch für einst im volkskirchlichen Katholizismus getaufte Menschen, die seit langem die römisch-katholische Kirche verlassen haben und sich nun bekehren – aber nicht in ihre ehemalige Kirche zurückfinden, sondern sich solchen neuen Denominationen anschließen.

Hinzu kommt die Realität der Immigration. Es entstehen vielerorts christliche Gemeinschaften ethnischer Prägung. Die gemeinsame Herkunft wie auch die Fremdheit im neuen Land verbindet diese Christen. Sie sind oft ursprünglich konfessionell geprägt. Doch nur in seltenen Fällen schließen sie sich den vorhandenen Kirchen gleicher konfessioneller Identität an. Die traditionellen Kirchen haben nicht die Mittel, um zur Integration der Migranten in eine neue Gesellschaft beizutragen und ihnen eine neue geistliche Heimat anzubieten. So bilden auch die Migranten selbstständige christliche Gemeinschaften, die gewiss von den bisher genannten neuen Denominationen zu unterscheiden sind, aber auf ihre Weise zum angesprochenen Phänomen der gesamten geistlichen Entwicklung hinzuzurechnen sind.

Wie kann man nun diese neuen Denominationen genauer beschreiben?

Eine erste Feststellung betrifft die Lebensdauer dieser Gruppen. Einige dieser neuen Denominationen dauern nur kurze Zeit, andere haben sich fest etabliert. Sie entstehen oft zunächst über das Internet und die sozialen Netzwerke. Wichtiger ist der Tatbestand, dass diese Gemeinschaften meist sehr lokal sind. Sie haben ein kongregationalistisches Verständnis von Kirche und wollen von niemandem abhängen. Die Mehrzahl dieser neuen Gemeinschaften hat nicht das Bedürfnis, über die lokale Situation hinauszureichen. Sich als kirchliche Weltgemeinschaft zu verstehen und ökumenische Beziehungen zu pflegen, ist für sie zweitrangig. Theologisch gesprochen geht es hier um einen Mangel an Katholizität. Das für lutherische Kirchen wichtige Einheitsverständnis tritt in den Hintergrund und ist meist irrelevant. Das geringe Interesse an übergemeindlichen Beziehungen geht einher mit einem geringen Interesse an dem, was es vor ihrem Aufkommen gab. Das wahre Christentum scheint mit ihnen begonnen zu haben. Viele meinen, von der Kirchengeschichte absehen zu können. Sie beziehen sich unmittelbar auf die Heilige Schrift und auf die Zeit der Apostel. Sie wollen ohne die geschichtlichen Vermittlungen des Evangeliums – eben die Konfessionen – auskommen.

I.3 Theologische Herausforderungen

Neben der bereits genannten Problematik der Katholizität sind insbesondere zwei Herausforderungen zu nennen: die der Spiritualität und die des Zugangs zur Heiligen Schrift.

I.3.1 Die Herausforderung der Spiritualität

Man sagt von diesen neuen Gemeinschaften oder Kirchen, dass es sich um Pfingstkirchen oder um neue Ausbreitungen von traditionellen evangelikalen Freikirchen handle. Dies ist nur sehr beschränkt richtig, denn diese Gruppen schließen sich weder den historischen Pfingstkirchen noch den klassischen Freikirchen an, auch wenn letztere dies oft behaupten. So haben z. B. die Baptisten in Frankreich zusammen mit Methodisten, Mennoniten und anderen traditionelle Freikirchen den CNEF (Conseil National Evangélique de France) gegründet. Doch nur die wenigsten der genannten Gruppen schließen sich diesem Verband an.

Betrachtet man diese Entwicklung genauer, so stellt man fest, dass es sich um Frömmigkeitsbewegungen transkonfessioneller Art handelt. Dieser Schluss legt sich nahe, wenn man die neueren weltweiten Entwicklungen in den Blick nimmt. Da entdeckt man, dass sich diese Frömmigkeitsbewegungen auch innerhalb der historischen Kirchen ausbreiten. Die römisch-katholischen Kirche spricht von 250 Millionen Katholiken (auf 1,2 Milliarden), die eine neo-pentekostale (charismatische) Frömmigkeitspraxis haben, ohne aufzuhören, Katholiken zu sein. Doch werden die traditionellen Liturgien, Lieder und Gebete abgelöst durch Formen, die man meist aus den Pfingstkirchen „ausleiht“ und die vielen Katholiken mehr entsprechen. Das Gleiche gilt im Luthertum für die Gläubigen z. B. in Äthiopien oder Tansania. Auch im Blick auf die evangelikale Frömmigkeit kann man das Gleiche feststellen: Es hat immer diese Tendenz auch innerhalb des Luthertums gegeben, ohne dass diese Gläubigen das Luthertum verlassen hätten. Auch im Katholizismus hat es immer traditionalistische Tendenzen gegeben, die auf ihre Weise einen Weg gehen, der sich mit den konservativeren Gruppen innerhalb der reformatorischen Kirchen vergleichen lässt.

Das Novum besteht nun darin, dass viele Gläubige, die diese anderen Frömmigkeitsformen bevorzugen, sich in selbstständigen Gemeinschaften – neben den historischen Kirchen – zusammenschließen.

Diese Entwicklung fordert die etablierten Kirchen – und nicht zuletzt die lutherischen Kirchen – in ihrem alltäglichen Leben und in ihrem Verständnis des Kircheseins. Lutherische Kirchen sind herausgefordert, ihren Kirchenmitgliedern zu vermitteln, welche Hilfe die lebendige lutherische Spiritualität und die lutherische Tradition für das Leben im Glauben auch heute bedeuten können. Es geht darum, unsere traditionelle lutherische Frömmigkeit neu zu gestalten, damit sie heutige Menschen besser anspricht.

I.3.2 Die Herausforderung der Schriftinterpretation und Schriftauslegung

Wir haben es bereits erwähnt: Die sich durch rapide Beschleunigung auszeichnende heutige Welt ist in starkem Maß auf die Gegenwart fokussiert und an der Zukunft interessiert; die Orientierung an der Geschichte tritt demgegenüber zurück.

Dieser Grundorientierung begegnet man – in ihrer religiösen Gestalt – in den neuen Denominationen. Das wird besonders deutlich an dem Umgang dieser angesprochenen Gemeinschaften mit der Bibel und mit der Weitergabe ihrer Botschaft in der Geschichte der Kirchen. Die neuen Gemeinschaften beziehen sich intensiv auf die Bibel. Sie überspringen jedoch die Differenz der Zeiten und Kontexte zwischen damals und heute. Meist wird jeder Vers, jedes Wort, ja sogar jeder Buchstabe der Bibel unmittelbar als Wort Gottes verstanden und unvermittelt auf die Gegenwart übertragen.

Kann man diesen Umgang mit der Schrift als „fundamentalistisch" bezeichnen? Geschichtlich mag dies gerechtfertigt sein, weil diese Bezeichnung ursprünglich auf amerikanische Christen des Anfangs des 20. Jahrhunderts zurückgeht, die sich selbst als solche bezeichneten. Mit dem Begriff „Fundamentalismus" gilt es heute aber, sehr vorsichtig umzugehen – insbesondere im lateinischen Kontext, in dem dieser Begriff meist auf die muslimischen Integristen, auf die Gotteskrieger, angewandt wird. „Fundamentalist" bezeichnet dann ein Fünffaches: 1. eine Weltendstimmung; 2. eine Beschränkung auf einige Stellen der Referenztexte; 3. die Behauptung, einziger Besitzer der Wahrheit zu sein; 4. die radikale Unterscheidung von Erlösten und Verdammten; 5. der Millenarismus. Die Gesamtheit dieser Merkmale trifft für die neuen christlichen Denominationen nicht zu. Wird der Begriff „Fundamentalismus" im Blick auf diese christlichen Gruppen gebraucht, dann gilt dies nur in einem abgeschwächten Sinn. Sie erheben gewiss oft den Anspruch, alleine die Wahrheit zu besitzen, und beschränken sich meist auf einige Bibeltexte. Die anderen Merkmale sind nur in Ausnahmefällen zutreffend. Sollte man daher eher von „Litteralisten" sprechen? Auch diese Bezeichnung gilt nur für wenige dieser Gemeinschaften.

Die Mehrzahl dieser Gruppen pflegt den bereits erwähnten Zugang zur Schrift: Man kennt mehr oder weniger zahlreiche einzelne Worte oder Texte der Bibel; aus ihnen zieht man dann Folgerungen, die die heute geltenden religiösen Gefühle widerspiegeln und zu den aktuellen Aufgaben passen.

Weder wissenschaftliche Erkenntnisse der Exegese noch die Auslegungsgeschichte spielen bei der Bibelauslegung eine Rolle. Kriterium sind in vielen Fällen die Erfahrungen und Emotionen, die angesichts der extremen Beschleunigungen und Veränderungen unserer Zeit, seien sie wissenschaftlich, technologisch, wirtschaftlich, sozial oder politisch, dem *hic et nunc* entsprechen. Damit wird die Geschichte, die Lebenserfahrung und Weisheit von Generationen tendenziell irrelevant. Was zählt, ist die Gegenwart, die Aktualität; der Mensch will die nächste Zukunft souverän und ohne lästige Begrenzungen durch die Vergangenheit gestalten. Was dazu hilft, wird aufgenommen, was stört, wird beiseitegelassen.

Dies wird besonders deutlich, wenn es um ethische Fragen geht. Da wir es mit transkonfessionellen Frömmigkeitsbewegungen zu tun haben, verlaufen die Kontroversen nicht entlang der Grenzen der traditionellen Konfessionen, sondern quer durch sie hindurch. So manche dieser Gemeinschaften haben sich aufgrund gemeinsamer ethischer Überzeugungen gebildet und sind der Meinung, dass die Bibel in diesen Fragen ganz deutliche Antworten gibt. Dies gilt besonders für Bereiche, die den Anfang und das Ende des Lebens, sexuelle Orientierungen, Genderfragen oder auch Umweltfragen betreffen. In diesen Fragen werfen diese Gemeinschaften den historischen Kirchen vor, keine klare und eindeutige Meinung zu vertreten. Sie hingegen berufen sich auf die Eindeutigkeit der Schrift. So wird die Ethik zu dem Bereich, der eine Abgrenzung von den historischen Kirchen nicht nur rechtfertigt, sondern fordert. Diese Fragen haben ein kirchentrennendes Potential.

II. Die historischen reformatorischen Kirchen

II.1 Die Fakten.

Eine grundlegende Veränderung hat sich auch in den historischen reformatorischen Kirchen ergeben. Da, wo es bis vor 15 Jahren vier Kirchen gab, jeweils eine lutherische und eine reformierte Kirche sowohl im Inneren Frankreichs als auch in Elsass-Lothringen, gibt es heute nur noch zwei Kirchenunionen.

Im Innern Frankreichs kam es 2014 zur Fusion der reformierten und der lutherischen Kirchen. Die kleine lutherische Kirche in Montbéliard (20 000 Mitglieder), die geschichtlich stark von der reformierten Kirche der Schweiz geprägt war, hatte keine Mühe mit einer Fusion mit der reformierten Kirche Frankreichs (400 000 Mitglieder). Schwieriger war es für die kleine lutherische Kirche in Paris (3000 Mitglieder) mit klarer lutherischer Prägung. Man gewährte ihr einen Sonderstatus in der *Église Protestante Unie de France*, eine heute lutherisch/reformierte unierte Kirche, die Mitglied im Lutherischen Weltbund und in der Weltgemeinschaft reformierter Kirchen ist.

Diese neue kirchliche Struktur kennt außerdem einen soziologischen Umbruch. Die Zahl der traditionellen reformierten Christen nimmt stark ab und wird durch viele neue Mitglieder, meist aus der Immigration stammend, ersetzt. Die Gesamtzahl der Kirchenmitglieder bleibt so stabil.

Anders ist es in Elsass-Lothringen. Auch dort kam es 2006 zu einer Union, die *Union des Églises Protestantes d'Alsace Lorraine*, in welcher jedoch sowohl die reformierte als auch die lutherische Kirche ihre konfessionelle Identität und ihre eigenen Kirchenleitungen bewahrt haben. Sie arbeiten jedoch sehr eng zusammen.

Die lutherische Kirche (220 000 Mitglieder) trägt noch die Züge einer Volkskirche und geht auf die Reformationszeit zurück. Sie ist eines der Gründungsmitglieder des Lutherischen Weltbundes. Sie kennt erhebliche Schwierigkeiten einerseits wegen der Säkularisierung, andererseits wegen eines Traditionsbruchs, der seine Erklärung auch in der Sprachenproblematik hat. Da, wo bis vor einer Generation das Deutsche die Gottesdienstsprache war, wird heute nur noch französisch gesprochen, deutsche Gottesdienste werden nur noch selten gefeiert. Was dies an Verlust für das liturgische Leben und den Liederschatz bedeutet, kann hier nicht im Detail erläutert werden. Die volkskirchlichen Merkmale verschwinden schnell. Bestes Beispiel ist die Stadt Strasbourg, in der nur noch zwei Prozent der Bevölkerung zu lutherischen Gemeinden gehören (5000 Gemeindeglieder) und 0,1 Prozent regelmäßig den Gottesdienst besucht.

So gehören in Frankreich ca. 650 000 Christen zu Kirchen, die zum Lutherischen Weltbund gehören, ohne deshalb unbedingt eine deutliche lutherische Prägung zu haben.

Ein wichtiger Punkt muss noch hinzugefügt werden. Es gibt nur noch eine Pfarrerschaft. Jeder Pfarrer oder jede Pfarrerin wechselt innerhalb dieser beiden Unionen problemlos im ganzen Land von einer Kirche zur anderen. So kann ein Pfarrer, der im Elsass auf das lutherische Bekenntnis (Luthers Kleinem Katechismus und das Augsburger Bekenntnis) ordiniert wurde, in einer ganz anderen Gegend des Landes Pfarrer werden, in einer Gemeinde ohne besondere lutherische Prägung. Und auch umgekehrt: Pfarrer ohne besondere Beziehung zum Luthertum werden in der lutherischen Kirche Elsass-Lothringens angestellt, ohne dass sich die Kirchenleitung daran stößt.

Aus diesem Grunde kann nicht mehr von einem einheitlichen Luthertum gesprochen werden. Die Situation ist postkonfessionell. Auch innerhalb der historischen reformatorischen Kirchen kann man nicht mehr von einem Luthertum sprechen. Es gibt jedoch viele Orte, an denen das Luthertum seinen Ausdruck bei einzelnen Pfarrern und Theologen und auch in so manchen Gemeinden findet.

II.2 Zum Schriftgebrauch in den historischen reformatorischen Kirchen

Wenn man es ein wenig schematisch zu beschreiben versucht, so findet man meist vier Arten, die Schrift auszulegen:

II.2.1 Der Schriftgebrauch der Synoden

Die Synoden wissen sich den reformatorischen Bekenntnissen verpflichtet, und ihr Schriftgebrauch entspricht den reformatorischen Ansätzen. Sie unterscheiden zwischen der Schrift und dem Worte Gottes: Durch den Heiligen Geist wird das geschriebene Schriftzeugnis zum lebendigen Wort. Der Schlüssel dazu ist Luthers hermeneutischer Grundsatz: „Was Christum treibet". Die Stellungnahmen der Synoden sind bemüht, neue Zugänge zur Heiligen Schrift zu erschließen und den lebendigen Umgang mit ihr einzuüben, damit sie Kraftquelle und Orientierung für das ganze Leben der Christen bleiben oder wieder werden kann. Für die Synoden ist es daher eine lebenswichtige Herausforderung, dass die Christen einen lebendigen, täglichen Umgang mit der ganzen Bibel bewahren oder wiedergewinnen. Dabei werden die Kontexte der biblischen Bücher historisch differenziert wahrgenommen, um die biblische Botschaft denkend zu verantworten. Die Synoden sind sich bewusst, dass das Evangelium in anderen Zeiten und Kontexten andere Gestalten annimmt.

Wichtig ist bei den offiziellen Aussagen der Synoden die Tatsache, dass auch die stärker reformiert geprägten Synoden, diesem Schriftverständnis problemlos zustimmen. Man muss hier jedoch hinzufügen, dass die synodalen Texte meist von Theologen verfasst werden, die ihrer Identität bewusst sind.

II.2.2 Fundamentalistische Zugänge

Dass viele synodale Aussagen in den lokalen Gemeinden nicht direkt rezipiert werden, ist in reformatorischen Kirchen keine Seltenheit. Sie werden gewiss zur Kenntnis genommen, aber treten vielerorts in Konkurrenz zu fundamentalistischen Schriftauslegungen (im Sinne des bereits ausgeführten Verständnisses von „fundamentalistisch" mit Blick auf christliche Gemeinschaften).

Dies lässt sich einerseits durch eine traditionelle fundamentalistische Tendenz so mancher Gläubigen erklären, die oft auch Träger der lokalen Gemeinde sind. Der Hauptgrund liegt jedoch bei der Pfarrerschaft. Und hier muss erneut die Verbindung zu den neuen Denominationen hergestellt werden. Nur selten werden junge Leute aus klassischen reformierten und lutherischen Gemeinden zu Studierenden der Theologie. Es besteht ein erheblicher Pfarrmangel. Dieser wird – meist auf Druck der lokalen Gemeinden – durch Pfarrer und Pfarrerinnen ausgeglichen, die ursprünglich aus den neuen Denominationen kommen. Dort bekehrten sie sich zum christlichen Glauben.

Das Studium der Theologie geschah in fundamentalistischen Hochschulen, die selbst zu keiner Denomination gehören und von den Studenten nur eine totale Verpflichtung auf die Schrift als unfehlbares Wort Gottes fordern. Dies ist die Ausrichtung der evangelischen theologischen Fakultät in Leuwen (Belgien), der Haute École de théologie in St. Leger (Schweiz) oder auch der baptistischen Fakultät in Vaux sur Seine (Frankreich). Mit abgeschlossenem Theologiestudium bewerben sie sich für Pfarrstellen in den historischen reformiert/lutherischen Kirchen, die – wie erwähnt – unter Pfarrmangel leiden. Sie werden von diesen Kirchen oft ohne ausreichende Überprüfung aufgenommen.

Diese Entwicklung ist auch eine Folge der Schwierigkeit der historischen Kirchen, die Jugend zu erreichen. Die Jugendlichen sind meist viel mehr durch die Spiritualität, die bereits angesprochen wurde und die die neuen Denominationen auszeichnet, angezogen. Deren Evangelisationsarbeit ist eine Herausforderung für die historischen Kirchen, die in diesem Bereich stark hinterher hinken.

So kommt es immer häufiger auch in den Gemeinden der lutherisch/reformierten Kirchenunionen zu einer Auslegung der Schrift, die sich in Moralpredigten äußert, zu Gesetzespredigten, insbesondere im Bereich der Ethik, verbunden mit einer Spiritualität, die den Gemeindegliedern entspricht. Gegenstand des Glaubens ist oft weniger Gott als die wortwörtlich verstandene Schrift.

II.2.3 Psychologisierende Tendenzen

Eine weitere ganz andere Art der Schriftauslegung stößt auf großes Interesse bei vielen evangelischen (und übrigens auch bei römisch-katholischen) Christen. Eine psychologisierende Art, die Schrift auszulegen, breitet sich in eher bürgerlich geprägten traditionellen evangelischen Kreisen aus. Sie löst die liberale Theologie der vergangenen Jahrzehnte mit ihrer Betonung der Freiheit des Gewissens, der Offenheit gegenüber anderen Religionen, die ja den „gleichen“ Gott anbeten, und der Ablehnung jeder theologischen Orthodoxie ab. An die Stelle des Zusammenspiels von Schrift, Lehre und Frömmigkeit tritt die Triade Erfahrung (oft biographischer Art), Emotion und gegebenenfalls Schrifttexte, die so ausgesucht werden, dass sie den augenblicklichen Erfahrungen und Emotionen entsprechen. Diese Theologie (oft eine „Kuscheltheologie“ oder „Wohlfühltheologie“) ist auf die Existenzängste und Nöte der Menschen zentriert und bemüht sich, anhand von sehr selektiv ausgewählten Bibeltexten und durch psychologische Zugänge den Menschen zu einem neuen Lebenssinn zu verhelfen. Christologie oder reformatorische Heilslehre kommen nicht mehr vor. Kerygmatische Theologie ist den Befürwortern dieses Ansatzes unbekannt. Sowohl in der Schweiz als auch in Frankreich gibt es sehr angefragte Referenten und Referentinnen, die diese mehr emotionale Schriftauslegung und ausschließlich auf Emotionen und Gefühle zentrierte Schriftauslegung nicht nur in den Gemeinden verbreiten.

II.2.4 Die Botschaft von der Rechtfertigung

Wo bleibt das lutherische Schriftverständnis? Es wird durchaus von vielen Pfarrern und Pfarrerinnen und von Gemeinden gepflegt. Einige Theologen an den Fakultäten in Strasbourg, Paris und auch Genf und Montpellier (ursprünglich reformierte Fakultäten) bekennen sich bewusst zu den lutherischen Ansätzen. Sie geben die – durch den Martin-Luther-Bund erheblich geförderte – Zeitschrift *Positions Luthériennes* heraus. Diese ist auch in den französischsprachigen Ländern anderer Kontinente gut verbreitet. Historische und systematische Zugänge stoßen in einigen Kreisen noch auf ein erhebliches Interesse.

Jedoch genügt es nicht, Luthers Schriftverständnis einfach zu wiederholen. Entscheidend ist der praktische Bezug, die Vermittlung, dass diese Weise, die Schrift auszulegen, den Menschen weiterhilft. In den letzen Jahren zeigt sich, dass der Weg über die Rechtfertigungsbotschaft entscheidend ist. Er erweist sich als der beste Zugang zum Schriftverständnis. Die Rechtfertigungslehre ist für die lutherischen Kirchen die Lehre, mit der die Kirche steht und fällt. Doch auch sie kann in ihrer üblichen theologischen Form nicht einfach wiederholt werden.

Die Kirchen sind herausgefordert, diese Botschaft von der Rechtfertigung erneut in den Mittelpunkt zu stellen und sie aufs Neue zur Sprache zu bringen. In unseren Gesellschaften, die durch eine Hochschätzung der Leistung geprägt sind, nicht nur im wirtschaftlichen Leben, sondern weit darüber hinaus im allgemeinen gesellschaftlichen Bereich, ist ein Mensch das, was er aus sich macht; er ist, wenn auch nicht im leiblichen, so doch in einem existentiellen Sinn Schöpfer seiner selbst. Durch sein Handeln verwirklicht sich der Mensch. Sein Tun ist die Voraussetzung für sein Sein. Viele Menschen scheitern unter diesem Leistungsdruck. Wenn Menschen heute die Erfahrungen beschreiben, aus denen befreit zu werden sie sich wünschen und ersehnen, dann sind das eher Ängste (vor Versagen, vor diffusen Bedrohungen), Einsamkeit, Sich-selbst-fremd-Sein, Sinnlosigkeit, das Gefühl, nicht selbst zu leben, sondern gelebt zu werden, auf der Verliererseite zu sein, das Leben „nicht in den Griff zu bekommen", Abhängigkeiten, Hilflosigkeit gegenüber dem Zerbrechen von Lebenszusammenhängen (Familie, Partnerschaft, Freundschaft), Arbeitslosigkeit, Ausbeutung, Migration.

Dieser Tatbestand ist die beste Eingangstür für eine erneuerte Weise, die Rechtfertigungslehre zu verkündigen und von diesem Zugang her die Schrift auszulegen. In diesem Kontext kann und muss die Botschaft von Gottes Gnade neu verkündigt werden. Sie wird erfreulicherweise auch gehört.

Die lutherischen Theologinnen und Theologen der französischen Welt wählen diesen Weg, jede und jeder auf ihre und seine Weise. Ich selbst spreche von der neuen Logik Gottes und den Umkehrungen der Werte. Ich habe dies in meinem Beitrag im Jahrbuch 2018 des Martin-Luther-Bundes ausführlich dargelegt. Rechtfertigung bedeutet Umkehrung der Werte: Das Leben folgt dem Tod und nicht umgekehrt, das Sein bestimmt das Handeln und nicht umgekehrt, die Wirklichkeit des kommenden Gottesreiches bestimmt das heutige Leben und nicht umgekehrt. Dies entspricht lutherischer Theologie und Luthers Zugang zur Schrift. Es ist erfreulich, wie dieser Ansatz nicht nur in lutherischen, sondern auch in reformierten Kreisen und auch darüber hinaus ankommt. Er stößt insbesondere in der römisch-katholischen Welt auf großes Interesse, die durch die *Gemeinsame Erklärung zur Rechtfertigungslehre* (1999) und das Gedenkjahr der Reformation diese Botschaft oft erst entdeckt hat. So werden lutherische Referentinnen und Referenten zu vielen Tagungen und Ausbildungskursen in römisch-katholische Diözesen eingeladen.

Diese vielfältigen Erläuterungen belegen, wie schwierig es ist, auf die Frage nach dem Schriftgebrauch im Luthertum der französischen – und darüber hinaus in der lateinischen Welt – in wenigen Sätzen zu antworten. Die Situation ist ambivalent. Sie ist eben die einer weitgehend postkonfessionellen kirchlichen Welt. Einige bedauern nicht ohne Grund, dass das Luthertum in seiner konfessionellen Gestalt nicht mehr so vorhanden ist, wie man es bisher kannte. Denen kann man jedoch erwidern, dass viele lutherisch engagierte Gläubige in vielen Gemeinden – und auch in einigen neuen Denominationen – leben und sich dort ihrer besonderen Identität bewusst sind. Als engagierte lutherische Theologen sind wir sehr darum bemüht, mit diesen Pfarrerinnen und Pfarrern und Gemeindeglieder zusammenzuarbeiten und mit ihnen neue Wege zu finden, um den lutherischen Zugang zum Evangelium zu pflegen.

Anton
Tikhomirov

Schriftverständnis und Schriftgebrauch in der Diaspora

Beobachtungen aus Russland

Über das Verständnis und den Gebrauch der Schrift im Kontext der Evangelisch-Lutherischen Kirche Russlands kann man nur bei Betrachtung der Rolle der Bibel in der russischen Gesellschaft insgesamt sprechen. Die Haltung gegenüber der Bibel in der Gesellschaft und in den sie dominierenden orthodoxen Kreisen beeinflusst unweigerlich auch unseren Umgang mit ihr. Außerdem ist es sehr wichtig, die Rolle der Schrift in anderen Kirchen, die sich zu den protestantischen zählen, zu beachten, da wir uns unweigerlich in einer engen Wechselwirkungsbeziehung mit ihnen befinden. All das macht im Grunde auch den Diasporakontext aus, in dem unsere Kirche existiert und handelt.

Vielleicht fehlt meinem Vortrag ein wenig die wissenschaftliche Ausgeglichenheit und Strukturiertheit. Aber das ist teilweise dadurch zu erklären, dass auch das Objekt der Betrachtung als solches schwer im Ganzen zu erfassen und zu gliedern ist, weil es sich um einen vieldimensionalen, komplizierten und sehr lebendigen Prozess handelt.

Wie gewöhnlich beginne ich mit einigen Einzelbeobachtungen, die einerseits für sich genommen markant und aussagekräftig sind und uns andererseits helfen werden, zu einem allgemeineren Verständnis durchzudringen.

Erstens: Wie bekannt, ist in Russland eine zweite lutherische Kirche aktiv: die Ingermanländische Kirche. Wir befinden uns in einer partnerschaftlichen Beziehung mit ihr. Zwischen uns gibt es jedoch wichtige Unterschiede. Sie betreffen nicht nur den sprachlich-kulturellen Hintergrund (diese Kirche versteht sich in erster Linie als Erbin der finnischen und skandinavischen Kirchentradition), sondern auch die Haltung gegenüber den traditionellerweise kontroversen Fragen wie Frauenordination, Evangelikalismus, Hochkirchlichkeit usw. Zum Reformationsjubiläum wurde in dieser Kirche mit großem Pomp eine neue Studienbibel herausgegeben und präsentiert. Das ist eine

Bibel in der traditionellen russischen synodalen Übersetzung, welche zusätzlich textbezogene, historische und theologische Kommentare zum Text enthält. Zurzeit wird diese Ausgabe im Internet als „Lutherische Studienbibel" dargeboten. Die Kommentare darin sind jedoch keine Originale, sondern aus der Ausgabe der Missouri-Synode von Mitte der vierziger Jahre des letzten Jahrhunderts übersetzt. Dabei wurden diese Kommentare, wie einer der Leiter dieses Projektes mir gegenüber zugab, auf eine stärkere Konservativität hin korrigiert!

Zweitens: In Russland gibt es das beliebte Internetportal „mail.ru". Unter anderem bietet es auch die Option „Frage und Antwort" an: Jeder an etwas Interessierte kann seine Frage stellen, und jeder, der sich in diesem Bereich für kompetent hält, schreibt seine Antwort. Hier gibt es ein Beispiel für einen solchen Dialog, der vor ein paar Jahren stattfand, aber meinem Empfinden nach auch heute seine Aktualität nicht verloren hat:

Frage: Widerspricht die lutherische Lehre der Bibel?

Antwort: Ja. Im 3. Buch Mose heißt es, dass die Priester ihren Bart nicht stutzen sollen (3. Mose 21,5). Und im Neuen Testament steht: „Wer im Geringsten untreu ist, ist auch im Großen nicht treu." Außer den Orthodoxen trägt niemand Bärte. Deshalb sind alle anderen Häretiker.[1]

Drittens: Die sehr bekannte und markante, eher oppositionelle Publizistin Julia Latynina hat vor ein paar Monaten ein Buch über Jesus und das frühe Christentum herausgegeben.[2] Die erste Auflage war nach wenigen Tagen vergriffen. In der seitdem verstrichenen Zeit wurde das Buch schon mehrmals neu aufgelegt, was von seiner immensen Beliebtheit zeugt. In diesem Buch kommt Latynina aufgrund neutestamentlicher Texte und frühchristlicher Apokryphen sowie auch unter Verweis auf eine Reihe marginaler historischer und textkritischer wissenschaftlicher Hypothesen zu Schlussfolgerungen, die einerseits nicht gerade originell sind, andererseits aber doch recht exotisch bleiben. Nun: Erstens habe der historische Jesus wirklich existiert. Zweitens sei er jedoch einer der Anführer der Sikarier gewesen, die zu massenhafter Gewalt aufriefen und diese ausübten, so dass es durchaus korrekt sei, ihn mit den Leitern des heutigen „Islamischen Staates" zu vergleichen. Dazu gebe ich ein kleines Zitat aus einem Interview mit Latynina zu ihrem Buch:

> „Ich war bis zum letzten Moment nicht sicher, ob es [also das Buch, A. T.] veröffentlicht werden würde, und machte mich auf alles gefasst. Ein Buch, in dem behauptet wird, dass Jesus Christus einen lokalen jüdischen IS anführte

1 Siehe: https://otvet.mail.ru/question/63020781.
2 Julija Latynina, Iisus. Istoričeskoe rassledovanie, M 2018.

und dass er aus demselben Grund gekreuzigt wurde, aus dem die Amerikaner Bin Laden umgelegt haben […] Wozu Werbung dafür machen? […]"

„Handelt es davon, wie sich trotzdem eine Religion des Guten und des Lichtes durchgesetzt hat, unabhängig davon, wie sie entstanden ist …?"

„Nein-nein, das wäre schon Theologie. Mir geht es hier, entschuldige, um die Bibelwissenschaft. Und Theologie und Bibelwissenschaft verhalten sich ungefähr so zueinander wie Astrologie und Astronomie"[3].

Im Ganzen muss man zugeben: In der russischen Gesellschaft ist die Bibel praktisch unbekannt. Nicht selten bestätigten mir Gespräche mit sehr gebildeten, aber kirchenfernen Menschen, dass selbst die bekanntesten biblischen Geschichten oder Namen ihnen praktisch gar nichts sagen oder ihnen nur indirekt bekannt sind, zum Beispiel über literarische Werke. Ein klassischer Fall ist hier natürlich Michail Bulgakovs Roman „Der Meister und Margarita", welcher einen Teil der Geschichte Jesu in der sehr freien Interpretation des Autors enthält.

Auch in vielen weiteren kirchlich-orthodoxen Kreisen ist die Situation nicht viel anders. Als Beispiel kann ich meinen alten Schulfreund anführen, der schon über fünfzehn Jahre in einer der großen orthodoxen Gemeinden St. Petersburgs aktiv ist. Unter anderem besucht er regelmäßig Katechesekurse dieser Kirche. Es ist interessant, dass den Kursteilnehmern erst ungefähr im dritten Lehrjahr zum ersten Mal (!) angeboten wurde, eines der Evangelien ganz durchzulesen. Vorher waren hauptsächlich Heiligenlegenden und einzelne biblische Geschichten durchgenommen worden.

Dementsprechend muss man zugeben, dass die Heilige Schrift trotz einer großen Anzahl an markanten Ausnahmen im Leben des durchschnittlichen orthodoxen Gläubigen eine sehr unbedeutende Rolle spielt. Das führt einerseits zu einer zusätzlichen polemischen Betonung der Rolle der Bibel in protestantischen Kreisen, andererseits aber dazu, dass viele Orthodoxe, wenn sie auf solche Polemik und eine solche Betonung der Bedeutung der Bibel stoßen, beginnen, allein schon das Interesse an der Schrift mit Argwohn als Anzeichen von Sektierertum wahrzunehmen.

Natürlich gibt es in der Gesellschaft und in den Kirchen auch Kreise, die sich für die Bibel interessieren und sich intensiv mit ihr befassen. Ich lasse die gänzlich marginalen beiseite und nenne nur einige:

Erstens ist dies die relativ geringe Zahl der Bibelwissenschaftler. In Russland gibt es tatsächlich berühmte Schriftforscher. Ihre Anzahl ist jedoch

3 Julija Latynina, V Kremle u nas ne Voland i daže ne Korov'ev, siehe: https://ru-bykov.livejournal.com/3678582.html.

äußerst klein. Wie Priester Innokentij Pawlow kürzlich in seiner Rede bei einer der Konferenzen sagte, würden sie alle mit Leichtigkeit in ein Zimmer passen. Außerdem sind die meisten von ihnen im weltweiten Kontext doch zweitrangig, orientieren sich in ihrer Arbeit an den Errungenschaften der westlichen Bibelwissenschaft und stellen nur sehr selten eigene Orientierungspunkte auf. Es ist nicht einmal erwähnenswert, dass die meisten von ihnen ebenfalls orthodox sind oder zumindest unter orthodoxem Einfluss stehen, was sich auf die Ergebnisse ihrer Arbeit auswirkt und damit deren Wert für unsere Kirche in gewissem Maße einschränkt.

Zweitens würde ich offenkundig antireligiöse und antichristliche Kreise zu den Kreisen zählen, die sich für die Bibel interessieren. Als Beispiel kann hier das schon erwähnte Buch von Latynina dienen. Eine Reihe anderer bekannter Publizisten und gesellschaftlich engagierter Personen tun es ihr gleich. Die Tragik der Lage besteht darin, dass ein bedeutender Teil von ihnen im politischen Bereich oppositionelle, demokratische Werte vertritt und dadurch in Kreisen gebildeter und europäisch ausgerichteter Menschen sehr einflussreich ist, in denen wir ebenfalls Möglichkeiten für die missionarische Arbeit unserer Kirche sehen. Die Ansichten solcher Menschen über Kirche und Schrift bilden sich unter dem Einfluss der klassischen sowjetischen Gottlosigkeit, des sogenannten „neuen Atheismus" im Stil von Richard Dawkins, sowie ausgehend von zahlreichen Fällen unwürdigen Verhaltens bei kirchlichen Amtsträgern, die an die Öffentlichkeit kommen. Die Schrift wird in solchen Kreisen als „Sammlung jüdischer Märchen" aufgefasst, deren Wert ständig und heftig verneint werden müsse. Dennoch kann man das Interesse an der Schrift nicht leugnen. Davon zeugt die oben zitierte Aussage von Latynina, in der sie die Bibelwissenschaft mit der Astronomie und die Theologie mit der Astrologie vergleicht.

Die Radikalität und Primitivität des „neuen Atheismus" und ähnlicher Strömungen sind nicht so sehr an sich schlimm als vielmehr dadurch, dass sie eine ebenso primitive Antwortreaktion hervorrufen. Eine solche Reaktion finden wir selbstverständlich in evangelikalen Kreisen, die sowieso schon zum biblischen Fundamentalismus und zum buchstäblichen Verständnis neigen. Diese Kreise nenne ich zwar erst an dritter Stelle, bin mir dabei aber doch bewusst, wie besonders zahlreich sie sind. Dominierend sind sie hauptsächlich in vielen Freikirchen. Gläubige mit ähnlichen Überzeugungen sind aber auch in der orthodoxen und in der lutherischen Kirche zu finden (ein Beispiel dafür ist die genannte von der Ingermanländischen Kirche herausgegebene Studienbibel). Auch in unserer Kirche sind sie präsent (und nach wie vor recht einflussreich). Dafür gibt es mehrere Gründe:

1. Die eben genannte zwangsläufige Antwortreaktion auf radikale sowjetische oder moderne Bibelkritik.
2. Das Erbe der Brüdertradition, also der Erweckungstradition und der pietistischen Tradition des 19. Jahrhunderts. Hier muss erwähnt werden, dass während der sowjetischen Verfolgungszeit nur solche Gemeinden (wenn auch im Untergrund) überleben konnten, die die offizielle „Pastorenkirche" schon vor der Oktoberrevolution mit Argwohn betrachtet hatten. Und in der Sowjetzeit wurde das traditionellerweise buchstäbliche Schriftverständnis in ihnen durch verständliche apokalyptische Motive ergänzt.
3. In solchen Gemeinden war die Bibel angesichts des Fehlens sonstiger geistlicher Literatur (natürlich mit Ausnahme erwecklicher Lieder- und Predigtsammlungen) praktisch die einzige schriftliche Quelle für Glaubenslehre und Praxis.
4. Den immensen Einfluss der Freikirchen wie Baptisten, Pfingstler und Adventisten. Einerseits wurden diese Kirchen im Unterschied zur lutherischen in der Sowjetzeit nicht vollständig vernichtet. Andererseits konnten für sie Prediger aus westlichen Staaten praktisch schon während der Perestroika in die Sowjetunion und später auch nach Russland einreisen und hier aktiv predigen. Es genügt zu erwähnen, dass die Geistliche Saokskaja-Akademie der Adventisten schon 1988 gegründet wurde! Das war noch tiefste Sowjetzeit. Unser Seminar konnte erst fast zehn Jahre später eröffnet werden.
5. Den Einfluss von Missionsgesellschaften und Bibelschulen (wie Bad Liebenzell, sowie auch z. B. das Seminar in Fort Wayne) auf viele dort ausgebildete Pastoren und Prediger von uns.

Bei meiner Bewertung solcher evangelikaler Ansichten über die Schrift kann ich wohl kaum etwas Neues sagen. Ich möchte nur darauf hinweisen, dass das Hauptproblem einer derartigen Ansicht meiner Überzeugung nach darin besteht, dass die christliche Offenbarung durch etwas Anderes ersetzt wird: Anstatt des lebendigen Wortes Gottes, Jesus Christus, tritt als ihr Objekt der Text als solcher ins Zentrum des Glaubens. Das zieht viele schwerwiegende Folgen nach sich, darunter auch den Verlust einer interessierten Haltung gegenüber der Bibel als einer bunten Sammlung vielschichtiger und lebendiger Texte, ihre Verwandlung in ein zu Bronze erstarrtes Denkmal. Hier schließe ich mich den Aussagen vieler Theologen, zum Beispiel Notger Slenczka, an, dass „das Christentum protestantischer Prägung eigentlich keine Buchreligion ist, in der es um die Wörtlichkeit eines normativen Textes und die dem Wortsinn entsprechende Umsetzung in das gegenwärtige Leben geht. Vielmehr steht im Zentrum der reformatorischen Bezugnahme auf die

Schrift ein Vorgang der Sinnerfassung, der durch die Begegnung mit der Schrift ausgelöst wird, der mit dem Erfassen dessen, was da steht, aber nicht abgeschlossen ist. Ein Sinn wird durch den Buchstaben vermittelt – aber das Verstehen dieses Sinnes ist nicht identisch mit dem Verstehen des Wortlautes der Sätze und der Texte der unterschiedlichen biblischen Bücher.“[4]

Wie ich schon erwähnt habe, sind derartige Standpunkte in unserer Kirche nach wie vor recht verbreitet. Manchmal kommt es sogar zu recht gefährlichen Behauptungen. Zum Beispiel veröffentlichte ich im Jahr 2009 in unserer Kirchenzeitschrift einen (zugegebenermaßen aus Unerfahrenheit recht heftigen und unvorsichtigen) Artikel,[5] in dem ich versuchte, mit den Evangelikalen über den biblischen Text zu diskutieren. Jetzt gebe ich ein Zitat aus einer Antwort auf meinen Artikel: „Die Behauptung, die Bibel sei von Menschen geschrieben und sei nicht das bedingungslose Wort Gottes, entspricht der Behauptung, der Artikel von A. Tichomirow sei nicht von ihm geschrieben, sondern von einem Kugelschreiber!“[6] Obwohl ich mit den meisten Autoren derartiger Briefe heute gute kollegiale und sogar vertrauensvolle Beziehungen habe, haben sich ihre Standpunkte dennoch, soweit ich das beurteilen kann, praktisch nicht verändert.

Lassen Sie mich ein weiteres Beispiel anführen. Ich weiß nicht, wie es in anderen evangelischen Diasporakirchen bestellt ist (ich habe den Verdacht, dass es ähnlich ist), aber bei uns kann man – sowohl in der Kirche als auch in der Gesellschaft – manchmal fast anekdotische Klischees und Vorstellungen feststellen. Zum Beispiel ist aus irgendeinem Grund der konkrete Name Rudolf Bultmann eine Art Schreckgespenst und praktisch zum Synonym für etwas Antichristliches und Antibiblisches, das in die Kirche eingedrungen ist, geworden. Die meisten Erwähnungen dieses Namens sind – wenn auch unterschwellig – irgendwie apokalyptisch gefärbt.

Alle drei beschriebenen Besonderheiten und Probleme betreffen unsere Kirche direkt. Sie lebt in einer säkularen und orthodoxen Umgebung, in der die Schrift weithin unbekannt ist und nur eine unbedeutende oder äußerst

---

4 Notger Slenczka, Die Lutherbibel zwischen Buchstabe und Geist. Überlegungen zur hermeneutischen Funktion der Bibelübersetzung, in: Anmut und Sprachgewalt. Zur Zukunft der Lutherbibel, Beiträge der Jenaer Tagung 2012, hg. v. Corinna Dahlgrün und Jens Haustein, Stuttgart 2013, 54.

5 DER BOTE. Zeitschrift der Evangelisch-Lutherischen Kirche in Russland, der Ukraine, Kasachstan und Mittelasien, Nr. 1, 2007, 10–11, siehe: http://www.elkras.ru/resources/it159682/e47e36e3ec1411dc866ffc775e927dca.pdf.

6 DER BOTE. Zeitschrift der Evangelisch-Lutherischen Kirche in Russland, der Ukraine, Kasachstan und Mittelasien, Nr. 2, 2007, 10, siehe: http://www.elkras.ru/resources/it159813/9616bbb5ec1611dc866ffc775e927dca.pdf.

spezifische, zufällige Rolle spielt (man denke an die Antwort über das Barttragen) – auch in religiösen Fragen. Außerdem ist unsere Predigt bestrebt (zumindest bestrebt), sich am Milieu der gebildeten und aufgeschlossenen Menschen zu orientieren, welche jedoch die Argumente des „neuen Atheismus" mit Interesse anhören. Und natürlich stoßen wir – wie schon erwähnt – ständig sowohl außerhalb als auch innerhalb unserer Kirche auf biblischen Fundamentalismus und evangelikale Positionen.

Nun möchte ich jedoch einen großen und wichtigen Exkurs machen, um detailliert von einer weiteren Besonderheit der – heute rein lutherischen – Wahrnehmung der Heiligen Schrift in Russland zu erzählen, welche den genannten Spannungen eine besondere Färbung verleiht. Das ist die Frage der Bibelübersetzungen.

Bis vor kurzem war die für die orthodoxe Kirche angefertigte Synodalübersetzung von 1876 praktisch die einzige erhältliche Variante des Bibeltextes in russischer Sprache. Deshalb hatte und hat sie auf das geistliche Leben der russischen Gläubigen, auch derjenigen evangelischen Bekenntnisses einschließlich der Freikirchen, und außerdem auf die traditionelle russische Kultur einen mit nichts vergleichbaren Einfluss. Dabei blieb jedoch die lutherische Kirche im russischen Reich und in der Sowjetunion, ja auch in den ersten Jahren ihrer Wiedergeburt nach der Perestroika, vorrangig deutschsprachig und dementsprechend spielte auch die Lutherbibel unausweichlich eine besondere Rolle in ihr.

Man muss sich klarmachen, dass die Unterschiede zwischen den beiden Übersetzungen schon auf der Ebene der Konzeption angelegt sind.

Eine wichtige Besonderheit im Entstehungsprozess der Synodalübersetzung war die Notwendigkeit, den russischen Text ständig mit dem Text der kirchenslawischen Bibel abzugleichen. Das Verhältnis dieser beiden Texte in verwandten Sprachen zueinander war von Anfang an eine der kreativen, aber auch konfliktträchtigen Linien, an denen entlang die Arbeit der Übersetzer und Kuratoren dieses Vorhabens verlief. Für Luther dagegen existierte verständlicherweise kein solches Problem, obwohl seine Übersetzung bekanntlich keineswegs die erste Übersetzung der Bibel ins Deutsche war und er einige der vorhergehenden Versuche durchaus kannte.[7]

Außerdem stützte sich Luther in seiner Sprache bekanntlich auf zwei Hauptquellen: die Sprache des einfachen Volkes und die Sprache der sächsi-

7 Siehe: Martin Karrer, Die Revision der Lutherübersetzung zum Reformationsjubiläum und der biblische Kanon, KuD 62, 2016, 212–235, hier 223; Heiko O. Oberman, Luther, München 2016, 181.

schen Kanzlei. Beide hatten betont weltlichen Charakter, was Luthers Übersetzung mit dem Original zumindest des Neuen Testamentes gemeinsam hat, welches auch in der einfachen und durchaus weltlichen Sprache jener Epoche geschrieben ist.

Diese sprachlichen Besonderheiten sind jedoch nur die äußerliche Seite sehr tiefgehender kirchlich-theologischer Unterschiede. Die Synodalübersetzung war (auch wenn sie von Seiten der konservativsten Kräfte kritisiert wurde) ein Mittel, die vorhandene Tradition zu erhalten und zu kräftigen. Ja, mit diesem Vorhaben verbanden sich Hoffnungen auf eine Erneuerung und Belebung der Volksfrömmigkeit, aber keinesfalls auf etwas wie die europäische Reformation. Die Synodalübersetzung diente den schon vorhandenen Traditionen und Strukturen. Die Lutherübersetzung dagegen war auf die Schaffung einer vollkommen neuen Wirklichkeit ausgerichtet. Seine Aufgabe sah der Reformator meiner Vorstellung nach sozusagen darin, die Bibel freizulassen, sie in ihrer Urform zu entdecken: ohne Glättung der scharfen Kanten, ohne zahlreiche Umdeutungen, ohne äußere Kontrolle. Auch ohne seine eigene!

Während die Synodalübersetzung das Resultat eines Versuches ist, eine Harmonie zu erzielen, in der eine Vielzahl von Faktoren ausbalanciert sein muss, ist Luthers Übersetzung bei all ihrer Gründlichkeit und Ausgewogenheit dennoch dynamisch und in gewissem Maße sogar polemisch verschärft. Es ist bekannt, dass Luther übersetzte, ohne bestrebt zu sein, das Original mit buchstäblicher Genauigkeit nachzubilden, sondern dass er versuchte, seinen Sinn wiederzugeben, wie ihn der Reformator selber verstand. Dabei muss man jedoch anmerken, dass es gefährlich und falsch wäre, in der Lutherbibel nur ein auf die Konfession begrenztes Werk zu sehen. Gemäß der Absicht des Reformators und gemäß ihrem Einfluss hatte und hat sie immer noch ein immenses ökumenisches Potenzial.[8]

Selbstverständlich müssen wir uns, weil die Synodalübersetzung ein Produkt des 19. Jahrhunderts ist, darüber klar sein, dass sich Luthers Motive stark von den Motiven der Lutherischen Kirche in jenem Jahrhundert unterschieden haben können – und dies erst recht in der spezifischen Situation einer Staatskirche im Russischen Reich. In dieser Kirche waren Ideen der Aufklärung, der Erweckung, des Pietismus und des Konfessionalismus theologisch benachbart und kämpften gegeneinander – alle diese Bewegungen sind recht weit vom echten reformatorischen Durchbruch Luthers entfernt. Deshalb wäre es nicht ganz korrekt, die Aufnahme der Synodalübersetzung

8 Vgl. Karrer, a. a. O. (wie Anm. 7), 234.

durch die Lutheraner Russlands aus den Prinzipien Martin Luthers selbst abzuleiten. Dennoch dienten sie jedenfalls als gewisser und wichtiger Hintergrund und gewinnen natürlich heute wieder immer mehr an Bedeutung.

In jedem Fall blieb der Standardtext russischer Lutheraner deutscher Herkunft (und das war die überwältigende Mehrheit) die Lutherübersetzung, weil ihre Gottesdienst- und Alltagssprache das Deutsche war. Die Situation beginnt sich erst in der Mitte des Jahrhunderts, ja im Grunde erst Anfang der 70er Jahre des 19. Jahrhunderts zu ändern, als man beginnt, erste einzelne russischsprachige Gottesdienste abzuhalten.[9] Es ist interessant, dass dieser Prozess praktisch mit der Zeit der offiziellen Fertigstellung der Synodalübersetzung zusammenfällt.

Schon 1872 erscheint das erste offizielle Kirchengesangbuch in russischer Sprache.[10] In den Liedtexten selbst finden wir keinen deutlichen Einfluss der Bibeltexte in der Form, wie sie in der Synodalübersetzung formuliert sind. Die zugegebenermaßen selbst recht holprigen Übersetzungen deutscher Choräle enthalten vielmehr eine Menge von Kirchenslawismen. Einige biblische Aussagen sind – gelinde gesagt – ungenau übersetzt, was manchmal zu einem beinahe komischen Effekt führt. So wird im Lied „Allein Gott in der Höh' sei Ehr", mit dem das Gesangbuch übrigens auch anfängt, anstatt „Ehre sei Gott in der Höhe" gesungen „in den Höhen", was heute ungewollt an die alttestamentlichen heidnischen Opferhöhen denken lässt. Wie dem auch sei, ein solcher Sprachgebrauch kann nicht nur auf die sprachliche Unachtsamkeit des Autors der Übersetzung hinweisen, sondern auch darauf, dass dieser noch nicht mit der Sprache der Synodalbibel vertraut war. Es ist interessant, dass viele unserer Gemeinden bis heute diese Version des Liedes benutzen, also in gewissem Sinn die Sprache der vorsynodalen Epoche …

Die letzte Ausgabe des Gesangbuchs und der Agende (also des Gottesdienstbuches) unserer Kirche vor der Oktoberrevolution erscheint, soweit mir bekannt ist, 1915. Hier eröffnet sich schon ein etwas anderes Bild. Die Liedtexte wurden zum Teil unbedeutend geändert. Einige Ausgaben dieses Gesangbuches sind jedoch mit einer ganzen Reihe von Bibelzitaten versehen, die in der Textform der Synodalübersetzung angeführt werden. In derselben Formulierung erklingen alle diejenigen liturgischen Elemente in der

---

9 Gerd Stricker, Deutsche Geschichte im Osten Europas. Russland, Berlin 1997, 333; Wilhelm Kahle, Wege und Gestalt evangelisch-lutherischen Kirchentums, Erlangen 2002, 109–113.

10 Näheres siehe in meiner Dissertation: Anton Tikhomirov, Dialog vor Gott. Deutsche Kirchenlieder auf Russisch: theologische und sprachliche Wandlungen: https://opus4.kobv.de/opus4-fau/files/140/Anton+Tikhomirov+Dialog+vor+Gott.pdf.

Agende, die auf Bibeltexten basieren. Lassen Sie mich anmerken, dass das in der Ausgabe von 1903 nicht in allen Fällen so war: Einige in der Liturgie genutzten Bibelverse lauteten anders als der offizielle Synodaltext, während andere ihn genau wiedergaben.

Zusammenfassend kann man feststellen, dass die Synodalübersetzung zwar mit ernsthaften Vorbehalten, aber dennoch praktisch von Anfang an in der russischsprachigen lutherischen Tradition genutzt wird – auch für die liturgischen Texte.

Dennoch will ich betonen: Bis Anfang der 90er Jahre des 20. Jahrhunderts war der Gebrauch der russischen Sprache im Leben der lutherischen Kirche eher eine Ausnahme- oder Notfallerscheinung. Erst im Zuge der Wiedergeburt des kirchlichen Lebens, dessen offizielle Strukturen in der Sowjetzeit vollständig zerstört worden waren, wird das Thema der russischen Sprache wirklich wichtig. Obwohl die Hauptsprache in den meisten unserer Gemeinden (ich sehe jetzt von der finnischsprachigen Tradition und anderen Sprachtraditionen im russischen Luthertum ab) anfangs das Deutsche war, wird das Russische doch immer mehr gebraucht, besonders in den neuen Gemeinden, die in den großen Städten entstanden sind. Die außergottesdienstliche Gemeinschaft, Bibelstunden und andere Aktivitäten und allmählich auch die Gottesdienste beginnen, auf Russisch stattzufinden. Und hier spielt natürlich von Anfang an gerade die Synodalübersetzung der Bibel eine ausnehmend große Rolle. Erstens war sie die am weitesten verbreitete und überall erhältliche. Zweitens war die Synodalübersetzung – wie schon gesagt – in unserer liturgischen Tradition verwurzelt. Dementsprechend wurde gerade diese Übersetzung vom Anfang der kirchlichen Wiedergeburt an als selbstverständlich betrachtet.

Ja, in vieler Hinsicht kann man die neueste Geschichte unserer Kirche als Geschichte des Zusammenspiels und der Konfrontation einer „russischen" und einer „deutschen" Linie beschreiben. Schon vor der Oktoberrevolution wurde der Gebrauch der russischen Sprache von vielen in der Kirche als eine Bedrohung für ihre Existenz aufgefasst.[11] Und auch in den 90er Jahren des vergangenen Jahrhunderts war der Prozess des Übergangs zur russischen Sprache ziemlich schmerzhaft und von Konflikten begleitet.[12] In diesem Sinn

11 Kahle, a. a. O. (wie Anm. 9), 111–113.

12 Schon in einem der ersten Hefte der Kirchenzeitschrift DER BOTE war diese Frage „Deutsch oder russisch? Deutsch und russisch!" als Titelthema des Heftes erklungen (DER BOTE, Nr. 1, 1993). Dann kam sie immer wieder in unterschiedlichen Veröffentlichungen der nächsten Jahre auf (s. z. B. Nr. 3–4, 1994, oder Nr. 2, 1997). – Sie wurde auch bei Synoden erörtert (s. z. B. den offiziellen Bericht über die zweite

wurde die Synodalbibel zu einem der Banner und Symbole für den Kampf um die russische Sprache in der Verkündigung.

Es ging leider auch nicht ohne negative Momente ab. In der Synodalübersetzung sind nicht nur häufig archaische und deshalb heute nicht immer leicht verständliche Ausdrücke enthalten, sondern auch öfter textologische Fehler und Ungenauigkeiten als in der modernen Fassung der Lutherübersetzung. Und viele unserer Gläubigen mit evangelikalen Ansichten stützen sich in ihren Behauptungen gerade auf die Synodalübersetzung als letzte Wahrheit. Der Verweis darauf als auf etwas allgemein Anerkanntes und Selbstverständliches sowie die Weigerung, die deutsche Lutherübersetzung, die für viele etwas Fremdes und Unverständliches darstellt, zu nutzen, verleiht ihrem Standpunkt ein gewisses Gewicht. So wird die Synodalübersetzung manchmal leider auch zu einem der Symbole für einen extrem konservativen und fundamentalistischen theologischen Ansatz in unserer Kirche.

Separat ist zu erwähnen, dass das Vorhandensein zweier Übersetzungen[13] und zweier unterschiedlicher Bibeltraditionen auch zu technischen Schwierigkeiten führt. Die simpelste ist die Zählung einiger Kapitel in alttestamentlichen Büchern und die Nummerierung der Psalmen. Hierzu gehört auch die Reihenfolge der Bücher im Neuen Testament. Besonders schwierig ist es manchmal, wenn man keine großen Texte, sondern einzelne Bibelverse oder sogar nur Teile von Versen als Lesung oder biblisches Motto benutzen muss: Der deutsche Text kann sich sowohl dem Aufbau als auch dem Sinn nach frappierend vom russischen unterscheiden. In erster Linie betrifft das die Herausgabe der sehr beliebte Herrnhuter „Losungen", die in unserem Kontext einer Herausgabe auf der Basis der Synodalübersetzung bedürfen.

Im Ganzen gehört unsere Kirche unweigerlich zu zwei theologisch-kulturellen Welten: zur deutschen und zur russischen. Es ist klar, dass die Hauptgottesdienstsprache schon jetzt das Russische ist und dass seine Nutzung in Zukunft noch deutlich ausgeweitet werden wird. Trotzdem stützen sich aber unser Gottesdienst an sich, der Zyklus der gottesdienstlichen und täglichen Lesungen, die Werke der Reformatoren und klassischen Theologen gerade

---

Generalsynode: oficial'nyj Otčet o vtorom General'nom Sinode: Evangeličesko-ljuteranskaja Cerkov' v Rossii, na Ukraine, v Kazahstane i Srednej Azii 1994–1999, St. Petersburg 2000, 35, 40 ff, 72 ff, 93 ff, 104).

13 Tatsächlich handelt es sich um mehr als zwei Übersetzungen. Auch wenn man die anderen russischen Übersetzungen zumindest des Neuen Testaments nicht erwähnt, die einem Teil unserer Gemeindemitglieder zugänglich waren, muss man darauf hinweisen, dass im deutschsprachigen Raum auch andere – recht einflussreiche – Bibelübersetzungen vorhanden sind, z. B. seit den 1980er Jahren die sog. Einheitsübersetzung.

auf die Lutherbibel mit ihren sprachlichen und theologischen Besonderheiten. Dementsprechend bemerken wir, obwohl die Synodalübersetzung für uns als russische Lutheraner heute fast selbstverständlich ist, ihre Relativität und ihre Mängel wie niemand sonst. Daher rührt das starke Interesse an neuen hochwertigen russischen Bibelübersetzungen. Es kann durchaus sein, dass die Synodalübersetzung ihnen mit der Zeit weichen muss. Aber offenbar wird dies nicht allzu bald geschehen. So wie nur wenige russische Orthodoxe das Vaterunser auswendig auf Russisch (anstatt Kirchenslawisch) aufsagen können, so werden auch unsere Gläubigen noch lange Zeit nicht bereit sein, auf dieses Gebet in der Fassung der Synodalübersetzung zu verzichten, selbst wenn die Bibellesungen im Gottesdienst einen anderen Wortlaut haben werden.

Über die modernen Übersetzungen muss jedoch gesondert gesprochen werden. Heute existieren schon einige zur Synodalübersetzung alternative Bibelübersetzungen. Die gründlichsten und hochwertigsten sowie auch verbreitetsten sind zurzeit zwei: Erstens die Übersetzung der Russischen Bibelgesellschaft, die 2015 von einer Gruppe von Bibelwissenschaftlern angefertigt wurde. Und zweitens die im selben Jahr erschienene Übersetzung von einer anderen (konkurrierenden) Gruppe von Wissenschaftlern an der Geistlichen Saokskaja-Akademie der Adventisten.

Beide Übersetzungen sind meiner Ansicht nach sehr viel treffender als die Synodalübersetzung. Aber sie unterscheiden sich in ihrem Konzept. Der Text der Russischen Bibelgesellschaft verabschiedet zwar nicht grundsätzlich den Synodaltext, strebt aber doch eine möglichst genaue Wiedergabe des Stils des Originals an. Die Übersetzung der Saokskaja-Akademie versucht bei aller Genauigkeit und Originaltreue eine etwas gehobene Stilistik beizubehalten, wie sie für die Synodalbibel typisch ist, und bemüht sich außerdem um eine glatte Sprache, wobei sie eine große Anzahl in Kursivschrift gehaltener erklärender Einschübe wie Pronomina oder Ergänzungen, die im hebräischen und griechischen Original fehlen, zulässt.

Ich kenne bisher noch keinen Fall einer praktischen Nutzung der Saokskaja-Übersetzung in unserer liturgischen Praxis. Aber die Übersetzung der Russischen Bibelgesellschaft wird schon allmählich eingeführt. Zum Beispiel wird sie in meiner St.-Katharinen-Gemeinde in St. Petersburg für die Lesungen im Gottesdienst genutzt.

In jedem Fall ist das Vorhandensein verschiedener Bibelübersetzungen meiner Ansicht nach ein positiver Faktor, der es sowohl einfachen Gemeindemitgliedern als auch Predigern auch unserer Kirche ermöglicht, aufmerksamer und verantwortungsvoller an das Lesen und Interpretieren biblischer Texte heranzugehen. Solch eine (für uns in gewisser Hinsicht revolutionäre!) Situation des Vorhandenseins mehrerer Übersetzungen könnte zu einem der wichtigsten Faktoren für die Überwindung der oben beschriebenen negativen Tendenzen beim Lesen der Bibel in den Kirchen und in der russischen Gesellschaft insgesamt, also des Evangelikalismus, der radikalen atheistischen Bibelkritik und der simplen Unwissenheit, werden. Die Existenz mehrerer Bibelübersetzungen kann in unseren Händen zu einem wichtigen Werkzeug werden.

In jedem Fall kann und soll die Kirche in dieser Konfrontation ein eigenes Programm vorlegen. Dieses muss, wie mir scheint, sowohl die breite Nutzung neuer Übersetzungen als auch den ständigen Verweis auf die Ergebnisse der hochwertigen Arbeit der Bibelwissenschaft beinhalten. Wir haben alle Möglichkeiten dafür, weil sogar die orthodoxen Theologen und die radikalsten Kirchenkritiker anerkennen, dass gerade die evangelische Theologie die Grundlagen für die moderne Bibelwissenschaft gelegt und den größten Beitrag zu ihr geleistet hat.

Unser wissenschaftliches Erbe zeigt uns an, dass wir zunächst einmal nicht selber mit Radikalismus auf Radikalismus reagieren sollten. Wir werden einfach nicht ohne Anerkennung der positiven Bedeutung vieler Ergebnisse der Bibelkritik auskommen. Mehr noch, die Praxis zeigt, dass wir in unserem Glauben manchmal kritischer und konsequenter sein können als unsere radikal atheistischen Gegner, von denen viele meiner Erfahrung nach schlicht nicht dazu in der Lage sind, beispielsweise die klassische Unterscheidung zwischen dem „historischen Jesus“ und dem „Christus des Glaubens“ auch nur zu verstehen, geschweige denn anzuerkennen.

Wir können in einem guten Sinn stolz auf unser wissenschaftliches und kritisches Erbe sein und es aktiv bei unserer Bildungs- und Predigtarbeit verwenden. Dabei kann unsere Arbeit gar nicht anders als ökumenisch orientiert sein. Wir müssen Menschen aus jeder Kirche und mit jeder Überzeugung suchen und finden, die die Schrift spannend finden, wir müssen Erfahrungen des Lesens mit ihnen austauschen, sie mit unserem Interesse anstecken und uns selber mit ihrer Liebe zur Bibel anstecken lassen. Wir müssen lernen, wissenschaftliche und homiletische Erkenntnisse miteinander zu teilen und einander bei der Arbeit mit Bibeltexten zu unterweisen und zu stärken.

Genau das wird die Verwirklichung unseres lutherischen Profils sein! Denn eine seiner wichtigsten Besonderheiten ist die Offenheit und Aufmerksamkeit gegenüber dem Wort Gottes, das für uns von den Seiten der Bibel erklingt, und die Bereitschaft, auf ihnen den „gnädigen Gott“ zu suchen und zu finden, den die Menschen um uns (häufig unbewusst) so nötig haben.

Ich möchte einen alten Witz anführen, den vielleicht schon viele kennen:

Ein passionierter Sammler alter Bibeln trifft einen Freund, der erzählt, er hätte gerade eine alte Bibel weggeworfen.

„Irgend so eine Guten …“, meint er.

„Doch nicht etwa eine alte Gutenberg“, meint der Bibelsammler entsetzt, „so eine Bibel kostete bei einer Auktion drei Millionen Dollar!“

„Dann bin ich ja beruhigt,“ entgegnet der Freund des Bibelsammlers, „meine war keinen Cent wert. Irgendein Martin Luther hat nämlich die Seitenränder mit seinen Bemerkungen vollgekritzelt …“

Wir brauchen uns überhaupt nicht für unsere Bibel zu schämen, weil (bildlich gesprochen) Martin Luther etwas in sie hineingeschrieben hat. Und nicht nur er, sondern (ich mache eine riskante Aussage) auch solche Forscher wie Bultmann. Unser evangelisches Erbe kann zu einer guten Chance für einen sehr weiten, fruchtbaren Dialog über die Bibel und über den Glauben im heutigen Russland werden.

Tibor
Missura

Vier irreführende Übersetzungen in der Bibel

Apostelgeschichte 3,13.26 und 4,27.30[1]

Im griechischen Originaltext gibt es das Wort „παῖς“ – „Pais“, das eine doppelte Bedeutung hat. Es kann als, „Knabe“, „Sohn“ oder als „Knecht“ übersetzt werden. Daher wird die korrekte Übersetzung durch die Absicht des Benutzers und den Kontext bestimmt. Ich versuche, die vier oben erwähnten Bibeltexte dahingehend zu bearbeiten, wie Petrus, wie die Urgemeinde, wie der Hohepriester, wie der Diakon Philippus, wie der äthiopische Schatzmeister, wie der Schriftsteller Lukas, wie der Leser Theophilus usw. das darin Ausgedrückte verstanden haben könnten.

Luther hatte das Wort „παῖς“ – „Pais“ im Zusammenhang mit Jesus immer mit „Kind“, „Sohn“ und nicht mit „Knecht“, „Gottesknecht“ wiedergegeben. Schon die ersten Bibelübersetzungen im dritten bis vierten Jahrhundert – die Vetus Latina, die Itala und die Vulgata –, als noch Griechisch und Latein als Muttersprache gebraucht wurden, gaben den Begriff folgendermaßen wieder: „Filius“, „Sohn“ für „παῖς“ – „Pais“. Die griechische orthodoxe und die russische orthodoxe Liturgie und Bibelübersetzungen behielten bis heute die Formulierung „Kind“, „Sohn“ bei. Die ersten ungarischen Bibelübersetzungen – die lutherische von 1541 durch János Szilveszter (Neues Testament), die reformierte von 1590 durch Gáspár Károlyi (die gesamte Bibel) und die

1 Das Thema der Theologischen Tage des Martin-Luther-Bundes im Jahr 2019 lautete: „Schriftgebrauch (nicht nur) in der Diaspora“. Zu diesem Thema bietet diese Untersuchung von Pfarrer Tibor Missura, Budapest, einen ganz direkten, auf das wörtliche Verstehen eines biblischen Textes bezogenen Beitrag. Wir sind dankbar, dass Pfarrer Missura, der von Februar bis Juni 1973 Stipendiat des Martin-Luther-Bundes in Erlangen gewesen war, uns diese Überlegungen und Anregungen als Beitrag aus der uns partnerschaftlich verbundenen Diaspora in Ungarn zur Verfügung gestellt hat. Besonders interessant ist auch das Licht, das die slowenischen Übersetzungen auf diese Fragestellung werfen, durch die noch ein weiterer Akzent aus der uns verbundenen Diaspora deutlich wird (siehe den Anhang zu diesem Beitrag).

römisch-katholische von 1625 durch György Káldi – hatten die Formulierung „Kind“ „Sohn“. Seit 1975 verbreitete sich auch in Ungarn die Übersetzung mit „Gottesknecht“. Deshalb stellt sich die Frage, warum die Übersetzung am Ende des 19. Jahrhunderts – auch in der Lutherbibel – geändert wurde. Zweifellos hat jenes Jahrhundert durch Ausgrabungen und andere Forschungen viele neue Erkenntnisse und Zusammenhänge über die Bibel erbracht. Aber leider wurde nicht untersucht, ob diese Entdeckungen auch für die oben erwähnten vier biblischen Stellen eine Bedeutung haben!

Es gibt einen Zusammenhang zwischen der Prophezeiung im Jesajabuch und Jesus, die nicht bestritten werden kann (Lk 4,18–21). Aber wir sollten nicht mit heutigen Erwartungen an einen zu übersetzenden Text herantreten, sondern die zeitgenössischen Beziehungen und Bedingungen beachten. In vielen Fällen wird im Neuen Testament von dem Leiden Jesu gesprochen, aber den Begriff „Jesus ist Gottesknecht“ finden wir nirgends. Wir müssen bedenken: „Gottesknecht“ im Alten Testament (Jes 53,11) stellt einen spezifischen Wortgebrauch dar: „Gott“ und „Knecht“ gehören zusammen. Das Konzept „Vater“ – „Sohn“ (Neues Testament) konnte nicht verwendet werden, weil es nur biologisch verstanden werden konnte. Griechische und römischen Götter oder die Götter anderer Religionen haben auch geheiratet.

***

1 In den ersten beiden Fällen (Apg 3,13 und 3,26) spricht der Apostel Petrus von Jesus. Petrus hätte „Gottesknecht ist Jesus“ nicht sagen können, denn der Heilige Geist verkündete zuerst ihm, dass Jesus der Christus,[2] *„der Sohn des lebendigen Gottes“* (Lk 16,16) sei. Außerdem hörte er selbst das Wort Gottes auf dem Berg der Verklärung: *„Dieser ist mein auserwählter Sohn, den sollt ihr hören“* (Lk 9,35). Schließlich sprach er auch mit dem Auferstandenen und nannte ihn „seinen Herrn“. Hier sollten wir nicht vergessen, dass Petrus ein „ungelehrter und einfacher“ Mensch war (Apg 4,13), der die alten Prophezeiungen noch nicht lesen konnte, sodass er nur von seiner eigenen Erfahrung sprechen durfte: Jesus ist der Sohn Gottes, denn Gott hat es so erklärt.

---

2 In Verbindung mit dem Namen „Jesus“ wird der Begriff „Christus“ oft als Personenname verwendet. Wenn wir das tun, vergessen wir aber, dass dieser Begriff das qualifizierende Zeichen ist: Jesus ist der Christus = Jesus ist der Messias, der Gesalbte, der Hohepriester (Joh 1,20; Joh 7,26). Wie wichtig dieser Begriff ist, zeigt Mt 26,63. Deshalb war eines der ältesten Glaubensbekentnisse: „Jesus ist der Christus”. Christus auf Hebräisch: *Maschijah* – מָשִׁיחַ, aramäisch: *M^{e}schi<u>h</u>a'* – מְשִׁיחָא, griechische Form: μεσσίας – *Messias*.

Petrus drückte diese Würde auch im Zusammenhang dieser Stelle aus. Darum sagte er: Der Herr sandte den, *„der euch zuvor zum Christus* [zum Messias, zum Gesalbte Hohepriester] *bestimmt ist: Jesus*" (Apg 3,20).

2 In den anderen beiden Fällen (Apg 4,27 und 4,30) konnte die Urgemeinde unmittelbar nach Karfreitag Jesus nicht „Gottesknecht" nennen, denn Jesus wäre nicht gekreuzigt worden, wenn er sich nicht „Sohn Gottes" genannt hätte (Lk 22,70–71; Joh 19,7).

Wichtig ist außerdem, dass der Begriff „Knecht Gottes", „mein Knecht" im Alten Testament eine allgemeine Bedeutung gehabt hat („Gott" und „Knecht" gehören zusammen; s. o.). In diesen Bereich gehören Abraham, Mose, Jeremia, die Propheten, Juda, Israel (Jes 44,21), sogar Nebukadnezar, der König von Babylon (Jer 25,9), Kyros, der König von Persien (Jes 44,28), und wahrscheinlich auch Kaiser Nero (Röm 13,4; Apg 16,17). Ziehen wir noch Jes 42,19 hinzu (*„Wer ist so blind wie mein Knecht, und wer ist so taub wie mein Bote?*"), so ist es katastrophal, wenn wir Jesus in einen solchen Begriff zu pressen versuchen. Von diesem Verständnis wollte die Urgemeinde Jesus ganz bestimmt unterscheiden, darum konnte im Gebet der Gemeinde „παῖς" – „Pais" nur in der Bedeutung „der heilige Sohn Jesus" gemeint sein.

Es ist auch feststellbar, dass der Begriff „Prophet" durchaus mehr bedeutet als der allgemeine Begriff „Ebed Jahwe" = „Gottes Knecht". Bei Matthäus lesen wir: Die Hohenpriester und Pharisäer „trachteten danach, ihn zu ergreifen; aber sie fürchteten sich vor dem Volk, denn es hielt ihn für einen Propheten" (Mt 21,46).

Darüber hinaus können wir erkennen, dass Jesus durchaus schon als „Christus" erkannt wurde, weshalb Pilatus in einer Weise fragt, die ein Missverständnis ausschließt: „Was soll ich denn machen mit Jesus, von dem gesagt wird, er sei der Christus?" (Mt 27,22).

Wenn also schon die Gegner Jesus nicht ausschließlich als „Gottes Knecht" bezeichnen, kann auch die Gemeinde nicht bei diesem Begriff stehenbleiben. Im Gegenteil: Die Urgemeinde erkannte die Würde Jesu, weshalb sie folgendermaßen betete: *„‚Die Könige der Erde traten zusammen und die Fürsten sammeln sich wider den Herrn und seinen Christus.*' [Zitat aus Ps 2] *Wahrhaftig, sie haben sich versammelt in dieser Stadt gegen deinen heiligen ‚παῖς' – ‚Pais' – ‚Sohn'* [nicht: „Knecht"!], *den du gesalbt hast*" (Apg 4,26–27).

3 Übrigens, wer gehörte zur Urgemeinde? Gut ausgebildete Priester, fleißige Schriftgelehrte und Pharisäer, die viel in der Bibel lasen, oder einfache Einwohner Jerusalems? Selbst unter Gelehrten war die hoffnungsvolle Prophezeiung dazu, wo der Erretter geboren werde, vergessen. Deshalb ließ König Herodes den Rat der Gelehrten zusammenkommen. Sie fanden die Prophezeiung von Micha über Bethlehem (Mt 2,4). Die Prophezeiung vom „leidenden Erlöser" jedoch war vergessen. Das hat schon Jesaja selbst prophezeit, weshalb er auch schreibt: *„er wurde verachtet, er war uns egal"* (Jes 53,3). Der Satz sagt voraus, dass diese Prophezeiung im Bewusstsein der Bevölkerung nicht mehr präsent sein wird.

Zur Zeit des Neuen Testaments war nicht der Prophet Jesaja vergessen, sondern nur Jesajas Begriff von *„Gottes leidendem Knecht"*. Darum konnten auch Petrus oder die Gemeinde Jesajas Aussage nicht gebrauchen oder aussagen.

4 Einige akzeptieren diese einfache Argumentation nicht und greifen wieder die im 19. und 20. Jahrhundert gefundenen Ideen auf. Sie denken, dass das Wissen von Jesaja 53 zurzeit Jesu Allgemeingut war, weil es für die Christen von heute, die die Bibel lesen, allgemein bekannt ist.

Hier dürfen wir nicht vergessen, dass auch im Mittelalter noch nicht jede Kirche oder Kloster alle heiligen Schriften hatte. Selbst zurzeit Jesu gab es keinen anerkannten Kanon für das Alte Testament, daher gab es nicht in jeder Synagoge jeden Text des Alten Testaments (Der Kanon wurde um 120 n. Chr. formuliert). Die Priester und Schriftgelehrten (die Pharisäer) lernten die heiligen Texte auswendig, hauptsächlich die TORA (den ersten Teil des Alten Testaments), die sie regelmäßig in den kleineren und größeren Gemeinschaften lasen. Die Anwesenden hörten aufmerksam zu, aber sie mussten es nicht auswendig lernen. Natürlich waren wichtige Geschichten, wie die Erschaffung der Welt, Noah und die Flut, David und Goliath, die Gefangennahme oder der Verlust von Jerusalem allgemein bekannt, weil sie abends auch ohne einen „Schriftgelehrten" am Feuer erzählt wurden. Bestimmte Geschichten wurden auch durch Familientraditionen in das Familienleben einbezogen: das „Passa" oder der „Jóm Kippur" usw. Die Schriften – die Lehrbücher und die Psalmen – wurden seltener in der Synagoge gelesen. Wichtige Prophezeiungen wurden so möglicherweise vergessen. Aus diesem Grund musste König Herodes – wie ich bereits erwähnt habe – die Hohenpriester und Gelehrten herbeirufen, weil die Prophezeiung von Micha aus dem 8. Jahrhundert nicht mehr allgemein bekannt war (vgl. Mt 2,3–6).

Nach dem Unabhängigkeitskrieg der Makkabäer und zurzeit Jesu wurde der verheißene Messias dringend erwartet. Zu dieser Erwartungshaltung gehörte, dass der Messias die Römer besiegt. Zu jener Zeit gab es mehrere blutige Aufstände. Sie galten zunächst als messianische Aufstände. Doch nach ihrem Misslingen, ihren Niederlagen erkannte man den falschen Weg. Deshalb lautete auch der Rat des Gamaliel (Apg 5,34–40): Abwarten, ob sich der Aufstand als erfolgreich erweist. Selbst bei Johannes dem Täufer können wir sehen: Er taufte Jesus und legte von ihm Zeugnis ab, aber weil Jesus ihn nicht befreite, fragt er aus dem Gefängnis: „*Bist du es, der da kommen soll, oder sollen wir auf einen anderen warten?*“ (Mt 11,3).

Palmsonntag empfängt eine große Menschenmenge Jesus. Viele dachten, jetzt haben sich Sach 9,9 und Jes 62,11 erfüllt, weil er auf dem Rücken eines Esels sitzt. Aber es lohnt sich, die Zusammenhänge zu lesen. So sehen wir gerade in Sacharja, wie der Gedanke an das Kommen des Messias mit der Idee der Befreiung verknüpft war: „*Denn ich will die Wagen wegtun aus Ephraim und die Rosse aus Jerusalem, und der Kriegsbogen soll zerbrochen werden. Denn er wird Frieden gebieten den Völkern, und seine Herrschaft wird sein von einem Meer bis zum anderen und vom Strom bis an die Ende der Erde*“ (Sach 9,10–13). So ist es verständlich, weshalb sich die Menge am Karfreitag von Jesus abwenden konnte – weil er nicht gegen die Römer kämpfte. In dieser Situation erinnerte sich niemand an die Prophezeiung von Jesaja 53, dass der Erretter leiden würde. Daher konnte die Urgemeinde nur sagen: „*strecke deine Hand aus, dass Heilungen und Zeichen und Wunder geschehen durch den Namen deines heiligen Sohnes Jesus*“ und nicht „*heiligen Knecht Jesus*“ (Apg 4,27.30). Die Hohepriester sagten auch, dass, wenn Jesus nur „Knecht Gottes“ gewesen wäre, er nicht gekreuzigt worden wäre. Er erklärte sich jedoch zum „Sohn Gottes“ (Lk 22,71, Joh 19,7), deshalb musste er gefoltert und gekreuzigt werden.

Von der Auferstehung wurde in Jerusalem erregt gesprochen, dreitausend Menschen ließen sich taufen. Petrus und Johannes kamen vom Hohen Rat in die Versammlung der Gemeinde und erzählten, wie sie vor dem Hohen Rat ausgesagt hatten: „*Wenn wir heute verhört werden wegen dieser Wohltat an dem kranken Menschen, durch wen er gesund geworden ist, so sei euch und dem ganzen Volk Israel kundgetan: Im Namen Jesu Christi von Nazareth, den ihr gekreuzigt habt, den Gott von den Toten auferweckt hat, durch ihn steht dieser hier gesund vor euch*“ (Apg 4,10). In diesen Zusammenhang müssen wir uns erinnern, dass Petrus vor dem Hohen Rat von Jesus als „Sohn“ gesprochen hat (Joh 19,7). Es ist unmöglich anzunehmen, dass die Urgemeinde von Jesus als „Knecht“ sprach, wenn durch diesen Jesus Heilungen geschehen! Nirgends wird im Neuen Testament Jesus als „Gottesknecht“ bezeichnet.[3] Durch die Auferstehung hat Gott seinen Sohn bestätigt!

---

3 Mt 12,18. Die sich durch diese Perikope ergebende Frage ist nicht gelöst. Der hebräische Text von Jes 42,1 sagt: „*Knecht*“, aber die griechische Übersetzung des Buches Jesaja, dieses Teils der Septuaginta (LXX), der etwa 250 Jahre vor den lukanischen Schriften entstanden ist, gibt „*Ebed*“ – „*Knecht*“ mit „παῖς“ – „*Kind*“ wieder und

Einige weisen auf die Fußwaschung hin: Weil Jesus einen Knechtsdienst erfüllt hat, ist er auch „Gottesknecht". Im Buch Jesaja gibt es durchaus Stellen, die auf Jesus hinweisen können. Aber wir sollten nicht vergessen, was Jesus nach der Fußwaschung gesagt hat: *„Ihr nennt mich Meister und Herr, und sagt es mit Recht, denn ich bin's auch* [...] *Ein* Beispiel *habe ich euch gegeben, damit ihr tut, wie ich euch getan habe*" (Joh 13,13–15). Im Philipperbrief lesen wir: *„Der in Göttlicher Gestalt war, hielt es nicht für einen Raub, Gott gleich zu sein, sondern* entäußerte *sich selbst* [...]. *Er erniedrigte sich selbst und ward gehorsam bis zum Tode am Kreuz. Darum hat ihn auch Gott erhöht* [...]" (Phil 2,6–9).

5 50 Jahre später – um die Jahrhundertwende – wurde die Botschaft von Jes 53 durch die christlichen Bibelleser entdeckt und mit Jesus verknüpft. Jesaja beschreibt den Weg Jesu an mehreren Stellen. Auch Jesus liest in diesem Buch in Kapernaum. Vielleicht war es damals üblich, dieses Kapitel 53 nicht vorzulesen, so wie es auch heute häufig in jüdischen Gemeinden der Fall ist. Sie verstehen die messianische Idee nicht oder halten sie für nicht akzeptabel. Weder Jesus noch die Jünger, die sich mit den Juden streiten, noch das Evangelium von Matthäus oder das von Johannes, die den Kontakt mit den Juden suchten, noch der später erschienene Hebräer-Brief zitieren den leidenden „Gottesknecht". Nicht „ein Knecht Gottes", sondern „der Sohn Gottes" hat uns erlöst. Auf diesem Wege erwies er auch die Liebe Gottes uns gegenüber (Joh 3,16).

Hier ist wichtig wahrzunehmen, wie der Diakon Philippus dem äthiopischen Schatzmeister Jes 53 erklärt. Der Schatzmeister ist kein Jude, der das Alte Testament kennt, sondern ein Heide, der in Jerusalem ein wertvolles „Memorial-Souvenir" gekauft hat und jetzt liest oder sich vorlesen lässt. Philippus unterbricht das Lesen vor der „Ebed-Jahwe"-Frage, vor der „Knecht-Frage", und verkündet Jesus. Auf der Grundlage der verstandenen Botschaft bekennt der Schatzmeister seinen Glauben: *„Ich glaube, dass Jesus Christus der Sohn Gottes ist!*" (Apg 8,38). Philippus, der Zeitgenosse, spricht nicht von einem „heiligen Knecht Gottes".

Für uns ist die Vorstellung vom „leidenden Knecht-Gottes" heute selbstverständlich und wichtig. Darum vermuten wir, dass er auch in den Zeiten Jesu gebraucht wurde. Aber die Zeitgenossen gebrauchten ihn nicht, weil er

---

fügt aber „Jakob" und „Israel" hinzu, deutet also diese Größe auf das Volk Israel (s. u.: Teil 7)! Was ist im Evangelium gemeint? Gerade die Septuaginta wird meist im Neuen Testament gebraucht, nicht der hebräische Text! Vielleicht hat der Heilige Geist hier vorausgesagt, wie wir diesen biblischen Text gebrauchen sollen?

damals *vergessen* worden war. Vielleicht darum, damit es später nicht falsch verstanden werden soll!

6 Es lohnt sich auch, die Beziehung zwischen dem Neuen Testament und dem Buch Jesaja statistisch zu betrachten: Der Prophet wird nur zweiundzwanzigmal ausdrücklich erwähnt. Matthäus zitiert Jesaja sechsmal („*damit erfüllt würde, was gesagt ist durch den Propheten Jesaja* […]“ – Mt 8,17). Er schrieb sein Evangelium vor allem an Juden und zitierte deshalb das Alte Testament, damit die Leser besser verstehen. Markus und Lukas erwähnen Jesaja je zweimal, Johannes viermal, die Apostelgeschichte dreimal und Paulus fünfmal im Brief an die Römer.[4] So verweisen daher im Neuen Testament nur fünf Schriftsteller auf Jesaja. Aber was ist ihnen wichtig? Sie erwähnen, dass schon Jesaja von dem Wirken Johannes des Täufers spricht,[5] dass das Volk blind und taub ist,[6] dass der Messias aus Galiläa kommen wird (Mt 4,14–16), dass er unsere Schwachheit auf sich nehmen (Mt 8,17), die Blinden heilen und das Gnadenjahr des Herrn verkündigen wird (Lk 4,17–19), dass er ein Spross aus der „*Wurzel Isais* [ist] *und* […] *herrschen* [wird]“ (Röm 15,12). Die Zeitgenossen Jesu erwähnen das stellvertretende Leiden und die Herrlichkeit des Knechtes, von dem das Jesajabuch spricht, nicht. Der Begriff „Gottes Knecht“ wird in Verbindung mit Jesus nicht erwähnt. Die Zeitgenossen Jesu warteten auf den siegreichen Feldherrn. Nach Ostern aber sah man Jesus „zur Rechten Gottes“ (vgl. das Zeugnis über Stephanus in Apg 7,56). Auf Grund solcher Zeugnisse konnte man nicht mehr nur von einem „Knecht Gottes“ sprechen.

7 Der Begriff „Gottesknecht“ ist auch schon bei Deutero-Jesaja problematisch. Wir finden den Begriff „Knecht Gottes“ („Ebed Jahwe“) siebzehnmal. Aber wer ist er? An dreizehn Stellen wird dieser „Knecht“ bestimmt: Er ist entweder Israel oder Jakob (Jes 41,8). Nur Jesaja 42,1; 50,10; 52,13 und 53,11 konnte man auf Jesus beziehen, aber das Neue Testament tut das nicht, weil das „Gottes-Knecht“-Konzept für die Zeitgenossen ein unsicheres und inakzeptables Konzept war. Jesus ist auferstanden und wurde gesehen zur Rechten Gottes (Apg 7,56; Eph 1,20). So kann er für die Zeitgenossen nicht „Gottesknecht“ sein.

---

4 Mt 3,3; 4,14; 8,17; 12,17; 13,14; 15,7; Mk 1,2; 7,6; Lk 3,4; 4,17; Joh 1,23; 12,38; 12,39; Apg 8,28; 8,30; 28,25; Röm 9,27.

5 Mt 3,3; Mk 1,2; Lk 3,4; Joh 1,23.

6 Mt 13,14; 15,7–9; Mk 7,6; Joh 12,38–39; Apg 28,25; Röm 10,16.20.

8 Ich begegnete noch einem Missverständnis, als ich die Bedeutung des Wortes suchte: Einige sagen: das Wort „παῖς“ – „Pais“ kann nur „junges Kind“, „kleines Kind“ bedeuten. Achten wir aber hierzu auch auf Apg 20,9: Eutychus ist *„ein junger Mann“*, darum kann er in der Nacht am Gottesdienst teilnehmen. Das Wort „παῖς“ – „Pais“ schließt so auch Erwachsene ein.

9 Lukas erläutert zu diesen vier Stellen in seiner Apostelgeschichte nichts, obwohl er notwendige Erklärungen zu jüdischen Gebräuchen bietet (vgl. Lk 22,7 und 23,17). Daher ist auf Grund seiner heidnischen Herkunft für Theophilus der Begriff „παῖς“ – „Pais“ nur im Sinne von „Kind“, „Sohn“ verständlich. Er las im Evangelium – das ihm gewidmet wurde – die Geschichte der Geburt Jesu, las die Worte, die bei der Taufe erklangen, las die göttliche Offenbarung auf dem Berg der Verklärung und auch die Ereignisse der Auferstehung Jesu. Er konnte deshalb das Wort „παῖς“ – „Pais“ nur als „Sohn“ und nicht als „Knecht“ verstehen.

10 Lukas hat die Apostelgeschichte 20 bis 40 Jahre nach den geschilderten Ereignissen geschrieben. Damals waren bereits auch die Paulusbriefe und einzelne Schriftteile der Evangelien bekannt. Aber es gab keinen „Gottes-Knecht-Gedanken“ mit Blick auf Jesus, sondern Jesus wurde als zur Rechten des Vaters verstanden (Apg 7,56; Eph 1,20). Die Aussage Jesu – „Ich und der Vater sind eins“ (Joh 10,30) – wird bekräftigt; Jesus wird schon in dem von Paulus zitierten, also sehr alten Lobpsalm als Herr anerkannt: „Darum hat ihn auch Gott erhöht und hat ihm den Namen gegeben, der über alle Namen ist, dass in dem Namen Jesu sich beugen sollen aller derer Knie, die im Himmel und auf Erden und unter der Erde sind“ (Phil 2,9–10). So ist es unmöglich, dass der Historiker Lukas den von ihm gesuchten und gefundenen Wahrheiten selbst widerspricht und vom „Knecht Gottes“ spricht.

11 Wäre Christus nicht auferstanden und könnten wir Christen ihm im Abendmahl nicht begegnen, gäbe es die christlichen Gemeinden/die christliche Kirche nicht. Darum können wir den Begriff „Jesus ist Gottesknecht“ nicht verwenden, weil wir dann Gott wie einen Lügner betrachteten. *„Wer an den Sohn Gottes glaubt, der hat dieses Zeugnis in sich. Wer Gott nicht glaubt, der macht ihn zum Lügner, denn er glaubt nicht dem Zeugnis, das Gott gegeben hat von seinem Sohn“* (1 Joh 5,10). Gott hat in der Taufe und auf dem Berg die Herrlichkeit seines Sohnes bezeugt – und er hat ihn auch mit der Auferstehung beglaubigt.

Dieses Zeugnis wurde besonders in der Zeit der Reformation wichtig, weil anabaptistische und antitrinitarische Bewegungen auftraten. Vielleicht wurzelt die in meinen Augen falsche Übersetzung unserer Stellen Apostelgeschichte 3 und 4 mit „Knecht“ in der Zürcher Bibel in solchen Einflüssen. Aber unsere protestantischen Ahnen haben dieses Verständnis sowohl in der Confessio Augustana als auch im Heidelberger Katechismus abgelehnt.

12 Einige unserer Vorstellungen ändern sich auch heute. Niemand spricht heute von einer Sonne, die sich um die Erde drehe, obwohl dies vor tausend Jahren eine „wissenschaftliche und allgemein akzeptierte Ansicht“ war. Es ist unsinnig, Ansichten des Alten Testaments – die bereits zu Jesu Zeiten vergessen worden waren – für heute gültig zu erklären. Wir können mit ihnen als Gedanken des Alten Testaments umgehen, müssen sie aber nicht als für uns gültig betrachten. Durch den Tod und die Auferstehung Jesu haben sich der Rahmen und die Perspektiven geändert. Daher müssen wir der inneren Wahrheit des Begriffes über Jesus folgen und diese verkündigen. Dabei sollten wir beachten, dass Jesus am Kreuz ausruft: „*Vater, vergib ihnen, denn sie wissen nicht, was sie tun*“ (Lk 23,34) und „*Vater, ich befehle meinen Geist in deine Hände*“ (Lk 23,46). Diese beiden Anreden zeigen auch die intime „Vater-Sohn“-Beziehung, der die Definition „Gottesknecht“ widerspricht.

Diese Gründe rechtfertigen es, zum alten Text zurückzukehren: Jesus ist nicht der „Gottesknecht“, wie in den jüngsten Bibelübersetzungen zu lesen ist, sondern Jesus ist „der Sohn Gottes“ – auch an diesen vier Bibelstellen.

Soli Deo Gloria!

Informationen zu den slowenischen Übersetzungen der entsprechenden Bibelstellen, zur Verfügung gestellt von Pfarrer Aleksander Erniša

Apostelgeschichte 3,13.26

Bibel 2008 – Standard	**Dalmatin – Bibel 1584**	**Trubar – Neues Testament**
13 Bog Abrahamov in Izakov in Jakobov, Bog naših očetov je poveličal svojega **služabnika** Jezusa, ki ste ga vi izdali in zatajili pred Pilatom, ko je ta že razsodil, naj bo oproščen 26 Bog je najprej za vas obudil in poslal svojega **služabnika**, da vas blagoslovi in vsakega od vas odvrne od vaših hudobij.	13 Abrahamou, Isaakou inu Iacobou Bug, ta Bug naſhih Ozhetou, je ſvoje **Déte**, Iesuſa, zhaſtniga ſturil, kateriga ſte vy isdali inu satajili, pred Pilatuſ-hom, ker je taiſti ſodil njega proſtiga puſtiti. 26 Nerpoprej vam je Bug gori obudil ſvoje **Déte** Iesuſa, inu je njega k'vam poſlal, de bi on vas shegnal, de ſe ima ſlejdni preobèr-niti od ſvoje hudobe.	13 Ta Bug Abraamou, inu Iſaa-cou, inu Iacopou, ta Bug nashih Ozhakou, ie ſuiga **Synu** Ieſuſa zheſtniga ſturil, kateriga ſte ui iſdali, inu ſataili uprizho tiga Pilatusha, tedai kadar ie on ſodil nega proſtiga puſtiti. 26 Vom ner peruizh ie Bug obudil ſuiga **Synu** Ieſuſa, inu ga ie vom poslal, de vas ima shegnati de en vſaketeri ſe ima oberniti od ſuie hudobe.

Apostelgeschichte 4,27.30

Bibel 2008 – Standard	**Dalmatin – Bibel 1584**	**Trubar – Neues Testament**
27 V tem mestu so se zares zbrali zoper tvojega svetega **služabnika** Jezusa, ki si ga ti mazilil. Zbrali so se Herod in Poncij Pilat, narodi in Izraelovi rodovi. 30 Iztegni roko, da se bodo dogajala ozdravljenja in zna-menja in čudeži v imenu tvoje-ga svetega **služabnika** Jezusa!	27 Ony ſo ſe riſnizhnu vkup sbrali zhes tvoje ſvetu **Déte** Iesuſa, kateriga ſi ti shalbal, Erodesh inu Poncius Pilatuſh, s'Ajdi inu s'Israelſkim Folkom, 30 inu iſtegni tvojo roko, de osdraulenje, inu zajhni, inu zhudeſsa ſe godé, ſkusi Ime, tvojga ſvetiga **Diteta** Iesuſa.	27 Oni ſo ia riſnizhnu vkupe prishli ſubper tuiga Suetiga **Synu** Ieſusa, kateri ga ſi ti shal-bal, Erodesh inu Pontius Pilatus ſteimi Ayddi inu Israelskimi ludmi, 30 inu iſtegni tuio roko, de ta osdraulena inu zaihni inu zhu-desa ſe delaio skuſi tu Ime ruiga Suetiga **Synu** Ieſuſa.

Die Bibel der Standardübersetzung benutzt **služanik**. Das bedeutet Diener. Dalmatin benutzt **Déte** (Kind) und Trubar **Syn** (Sohn).

Rainer
Stahl

Religion und Politik – Einsichten, die die Bibel vermittelt

Momente eines Seminars[1]

0. Vorbemerkung

Vom 26. Februar bis zum 9. März 2018 fand im evangelisch-lutherischen Seminar in Nowosaratowka bei St. Petersburg für Teilnehmende aus beiden lutherischen Kirchen Russlands – der „Evangelisch-Lutherischen Kirche Russlands" und der „Evangelisch-Lutherischen Kirche des Ingermanlandes auf dem Territorium Russlands" – und aus einer Freikirche des Landes das Seminar „Kirche. Politik. Krieg" statt. Ich war eingeladen worden, von biblischen Aussagen her Einsichten zum Themenfeld „Religion und Politik" beizutragen. Diese Aufgabe konnte natürlich nur beispielhaft gemeistert werden. Außerdem hat mich bei meiner Arbeit mit der hochinteressierten Gruppe eine wichtige bibelwissenschaftliche Erkenntnis bestimmt: Alle untersuchten Bibeltexte wurden von der Dimension der „Zeit der Erzähler", also der Aussageabsicht der Verfasser der Texte her gelesen. Ob und inwieweit die „erzählte Zeit", also die „berichteten Einzelheiten", historisch bestätigt werden können, war nicht vordringliches Ziel der Untersuchungen. Es wurden aber immer auch historische Beobachtungen in die Gedankengänge mit einbezogen.

1 Mit diesem Aufsatz wird die Dokumentation der Beiträge des Seminars „Kirche, Politik, Krieg" weitergeführt. Sie hatte mit dem Aufsatz von Anton Tichomirow: „Schwierigkeit, Schwäche, Freiheit" (in: Lutherische Kirche in der Welt, Folge 66, 2019, 55–72) begonnen.

1. Einführung – 1./3. Könige[2] 18,21–40

1.1 Die Behauptung einer religiösen Einheitlichkeit der israelitisch-judäisch-jüdischen Gesellschaft in vielen Texten des Alten Testaments ist nicht unproblematisch. In den Teilen 3 und 4 werden wir auf literarische Zeugnisse eingehen, die Versuche der religiösen Vereinheitlichung in der vorexilischen Zeit und in der nachexilischen Kultgemeinde in und um Jerusalem deutlich werden lassen.

1.2 Zu Beginn sind die drei schon verwendeten Begriffe „israelitisch", „judäisch" und „jüdisch" genauer zu bestimmen. Ich tue dies folgendermaßen:

Der Begriff „israelitisch" bezeichnet zuerst die Gesellschaft und die Kultur des Staates „Israel", den man auch das „Nordreich" nennt, der bis 721 v. Chr. bestanden hat. Mit seiner Vernichtung endet die eigentlich „israelitische" Welt. Der Begriff „judäisch" bezeichnet die Gesellschaft und die Kultur des Staates „Juda", der bis 597 v. Chr. bestanden hat, und die Gesellschaft und die Kultur des Exils und der nachexilischen Zeit. Die kleine Provinz mit Zentrum Jerusalem im Persischen Großreich hatte die Bezeichnung „J^{e}hud". Schon nach dem Ende des Staates „Israel" wurden Identitätselemente dessen Kultur – wie zum Beispiel die „Auszugstradition" – von der geistigen Elite in Juda übernommen. Der Begriff „jüdisch" bezeichnet die neue Identität der nachexilischen Kultgemeinde und der zu ihr sowie zur Diaspora gehörenden Menschen vielleicht ab dem 4./3. Jahrhundert v. Chr. Diese Gemeinschaft hat auf sich auch die Begriffe und Identitätsinhalte „Israel" und „israelitisch" übertragen. Deshalb gibt es in der Bibel diese übergreifende Verwendung der Begriffe „Israel" und „israelitisch", was es nötig macht, immer genau historisch nachzufragen. Zusätzlich kommt hinzu, dass der moderne Staat von seinen Gründern „Israel" genannt wurde. Hier hat sich also die Übertragung des Begriffes „Israel" auf die nachexilische Gemeinde noch einmal ausgewirkt. Im Deutschen heißt das dazu passende Adjektiv „israelisch".

Darüber hinaus behauptet die Bibel die Existenz eines die Territorien von „Israel" und „Juda" umfassenden Staates „Israel" vor 926 v. Chr. Ob dieses sogenannte „davidisch-salomonische Großreich" jemals existiert hat, ist heute zunehmend umstritten. Vielleicht stellt seine Behauptung die Rückversetzung einer Hoffnung, eines Ideals in die vorgeschichtliche Zeit hin-

2 Wenn hier unterschiedliche Angaben zu biblischen Büchern gegeben werden, dann hat das darin seinen Grund, dass die biblischen Quellen gemäß der westkirchlichen Tradition und gemäß der ostkirchlichen Tradition präzise bezeichnet werden sollen.

ein dar. Vielleicht verarbeitet diese Rückversetzung Herausforderungen der Perserzeit und der hellenistischen Zeit:

Zuerst wirken sich wohl Erfahrungen der Perserzeit aus, in der das Gebiet „J^{e}hud“ im Gesamtterritorium der Satrapie עֵבֶר הַנָּהָר – „^{c}ewär hannāhār“ – „Jenseits des Stromes“ lag, also – von Osten her gesehen –: jenseits des Euphrat. Von diesem Gebilde her konnte die Theorie von einem Großreich bis zum Euphrat aufkommen (vgl. 2 Sam/2 Kön 8), über dessen Historizität ich nichts sagen kann. Sodann idealisiert die These vom Großreich wohl die unter den Hasmonäern (2.–1. Jahrhundert v. Chr.) erreichte Situation.

1.3 Das wohl der späten Königszeit Judas entstammende Erzählwerk zu Elija (אֵלִיָּהוּ – „’elijjahu“ – „mein Gott ist Jahu/Jahwe“) berichtet in 1./3. Könige 18 ein Gottesurteil am Karmel. Aus dem wohlkonstruierten Abschnitt der Verse 21–40 wird eine Entscheidungssituation zwischen dem Gott Jahwe und dem Gott Ba^{c}al deutlich: „Wenn Jahwe Gott ist, so folgt ihm, wenn aber Ba^{c}al, so folgt ihm“ (V. 21 b).[3]

Schon in dieser Problemstellung wird der Sinn des Namens des Propheten Elija deutlich: „Mein Gott ist Jahwe“. Das stellt mit Sicherheit eine monolatrische Aussage dar. Ob also andere Götter wirksam sind, wird offen gelassen, weshalb ja auch die Entscheidung für Ba^{c}al als Möglichkeit in den Raum gestellt wird. Aber für sich selbst und für die Israeliten verteidigt dieser Mann die Entscheidung für Jahwe. Im selben Sinne ergeht die Aufforderung an die Propheten des Ba^{c}al: „Und ihr sollt rufen im Namen eures Gottes / eurer Götter, und ich werde rufen im Namen Jahwes“ (V. 24 a). Hierzu ist interessant, dass die russische Bibelfassung eine Spezifizierung aufnimmt, die die jüdischen Übersetzer eingetragen haben, die den hebräischen Text um das Jahr 200 v. Chr. ins Griechische übertragen und damit die Septuaginta geschaffen hatten: „а я призову имя Господа, *Бога моего*“ – „aber ich rufe im Namen Jahwes, *meines Gottes*“ – die Aussagelinie des Namens des Elija hier aufnehmend!

In der zweiten Hälfte dieses Verses wird eine absolute Aussage gewagt: „Der Gott, der im Feuer antwortet, der ist Gott“ (V. 24 b), oder in der Textgestaltung der Übersetzer der russischen Bibel, die auch hier ihrer Vorlage – nämlich der Septuaginta – folgen und die erste Erwähnung Gottes weglassen: „Который даст ответ посредством огня, есть Бог“ – „Wer eine Antwort

3 Zu dieser und den folgenden Übersetzungen sei hervorgehoben, dass ich dort, wo im hebräischen Text der Gottesname steht, diesen auch in der Übersetzung wiedergebe und bewusst nicht „Herr“ schreibe, weil dieses „Herr“ schon die Erkenntnis in die Ausschließlichkeit des Gottes Israels – nämlich Jahwes – zum Hintergrund hat.

im Feuer geben wird, ist Gott." Damit wird schon hier anderen Gottheiten das Gott-Sein abgesprochen! In diesem Sinne wird in Vers 39 b in der hebräischen Textfassung und mit ihr identisch auch in der russischen Bibel (!) in doppelter Weise festgehalten: „Господь есть Бог" – „Jahwe, er ist der Gott!"[4]

Sodann aber mündet unsere Texteinheit in eine Gewaltaussage, die wir nur mit großer Distanz zur Kenntnis nehmen können: Das Geschehen führt zum Mord an den Ba^{c}als-Propheten, der sogar mit dem Fachwort für das koschere Schlachten, nämlich „Schächten", zum Ausdruck gebracht wird: וַיּוֹרִדֵם אֵלִיָּהוּ [...] וַיִּשְׁחָטֵם שָׁם – „wajjōridem 'elijahu [...] wajjischchātem schām" – „И отвел их Илия [...] и заколол их там" – „und Elija führte sie hinab [...] und schlachtete sie dort" (V. 40 b).

1.4 Unsere erste Texteinheit gestaltet erzählerisch die Auseinandersetzung zwischen unterschiedlichen religiösen Möglichkeiten und wirft am Ende die Herausforderung der Gewalt auf. Damit sind schon entscheidende Dimensionen der Spannung zwischen „Religion und Politik" bewusst geworden!

2. Bekenntnistreue trotz Toleranz – 2./4. Könige 5,15–19 und Daniel 3

2.1 Hier seien zwei Stimmen zusammengestellt. Die eine ist ein wenig verborgen, aber gerade sehr interessant. Sie zeigt, wie die richtige geistliche Erkenntnis in die Einzigkeit Gottes ergänzt werden kann durch gelebte Toleranz gegenüber andersreligiösen oder auch atheistischen Verpflichtungen: *Elischa und Na^{c}aman – 2./4. Könige 5*. Die zweite zeigt, dass Gott auch bei letztem Mut angesichts andersreligiöser Herausforderung hilft: *die drei Männer im Feuerofen – Daniel 3.*

2.2 Die erste Stimme (erhalten in 2/4 Kön 5) reflektiert zumindest für Jahwe-Gläubige außerhalb des Staats- und Gemeindeverbandes der Israeliten und der Judäer Konsequenzen aus der Gotteserkenntnis:

Der syrische General Na^{c}aman (נַעֲמָן – „na^{c}amān" – „der Freundliche") hat durch die Heilung seiner Hautkrankheit begriffen, „dass es nirgendwo

4 Die russische Bibelübersetzung folgt hier also nicht dem Text der Septuaginta, die liest: „Wahrlich, der Herr ist der Gott, er ist der Gott" (vgl. zu dieser interessanten Erstbeobachtung auch unten 4.2).

sonst auf der Erde einen Gott gibt als allein in Israel" (V. 15 aβ in 2/4 Kön 5), oder diese doch schon beinahe monotheistische Aussage in der Formulierung der Septuaginta, die von der russischen Übersetzung aufgenommen wird: „dass Gott nicht in jedem Land ist, außer in Israel" – „что на всей земле нет Бога, как только у Израиля", womit für unser Verständnis die Aussage klarer gefasst ist: „dass in jedem Land Gott nicht ist, außer in Israel". Aber er sieht für seine Situation zu Hause als entscheidender Mann an der Seite seines Königs, dass er staatliche Verantwortung mit wahrnehmen muss, die immer auch religiöse Verantwortung ist: „Wenn mein Herr in das Haus Rimmons geht, um dort anzubeten, und er sich auf meine Hand stützt und ich anbeten muss im Haus Rimmons […] möge doch vergeben Jahwe deinem Knecht in dieser Sache" (V. 18 b). Zum Verstehen dieser Passage ist zu erläutern: „Rimmon" ist eine Namensform für „Rammān" – „der Donnerer", eine Bezeichnung des Gewitter- und Fruchtbarkeitsgottes Haddad = Baᶜal, dessen Tempel „wahrscheinlich in Damaskus, im Bezirk der Omayyadenmoschee" gestanden hat.[5] D. h. also: Die Frage Naᶜamans führt mitten in die theologische Auseinandersetzung der Elija-Erzählung hinein! Und auf diese Problemanzeige lässt nun die Erzählung den Propheten Elischa (אֱלִישָׁע – „'ălīšāᶜ" – „Gott hat geholfen") ganz verhalten antworten: לֵךְ לְשָׁלוֹם – „leḵ lᵉšālōm" – „иди с миром" – „Geh in Frieden!" (V. 19 a)!

Hierzu habe ich aus meinem Leben als Jugendlicher in der DDR berichtet: Auch in der DDR war die Glaubensausbildung für Jugendliche möglich, die zur Konfirmation führte. Diese Konfirmation war auch mit 14 Jahren. Natürlich wurde alles ausschließlich in Gemeinderäumen durchgeführt und von der Kirche organisiert. Die ideologischen und politischen Machthaber in der DDR haben versucht, den Einfluss der Konfirmation zurückzudrängen. Dazu gab es viele Mittel. Ein Mittel war die sogenannte Jugendweihe. Zu ihrer Vorbereitung fanden Jugendstunden statt, auch Exkursionen und besondere Gruppenerlebnisse. Wenn ich mich recht erinnere, haben wir in diesem Zusammenhang das Ehrenmahl im früheren Konzentrationslager Buchenwald bei Weimar besucht. Schule und Staat wollten gerne, dass möglichst alle Jugendlichen zur Jugendweihe gehen und möglichst wenige zur Konfirmation. Deshalb war auch der Jugendweihetermin am Sonntag vor Ostern, zu einem Termin, an dem traditionell die Konfirmationen gefeiert wurden. Dies aber natürlich überhaupt nicht aus theologischen Gründen! Wie konnte man zu Beginn der Karwoche Konfirmation feiern? Das war deshalb so, weil in alter Zeit zu diesem Termin die Grundschule endete und der

5 Vgl. P. Marinković, Art. „Rimmon", NBL, Band 3, 2001, Sp. 362.

Wechsel in die Lehre anstand. Also schon die traditionelle Regelung war von gesellschaftlichen und zivilreligiösen Gründen geprägt, nicht aber von wirklich christlichen Einsichten!

Die meisten Kirchen in der DDR reagierten auf diese Konkurrenzsituation damit, dass sie den jungen Gemeindegliedern, die auch zur Jugendweihe gingen, ein Jahr mehr Konfirmandenunterricht aufdrückten und sie erst im Alter von 15 Jahren konfirmierten, wohl meist zum traditionellen Termin. In meiner Landeskirche – der Evangelisch-Lutherischen Kirche in Thüringen – hat es Anfang der 60er Jahre eine große Diskussion in der Synode gegeben. Damals ist gegen den Willen des Landesbischofs und der Kirchenleitung von der Synode beschlossen worden, dass diese Auseinandersetzung nicht auf den Rücken der Jugendlichen ausgetragen werden darf und man ihnen zubilligen muss, im selben Jahr zur Jugendweihe zu gehen und Konfirmation zu feiern. Von dieser Entscheidung habe ich natürlich als junger Mensch in den Jahren 1964/65 nichts gewusst. Aber um dieser Entscheidungen willen war für mich im Jahr 1965 die Konfirmation am 6. Sonntag nach Ostern, dem Sonntag „Exaudi" – das war damals der 30. Mai.

Im Frühjahr 1965 stellte unsere Klassenlehrerin, Fräulein Hoffmann, der Klasse drei Fragen in folgender Reihenfolge: „Wer geht zur Konfirmation?" „Wer geht zur Jugendweihe?" „Wer geht nicht zur Jugendweihe?" Bei der ersten Frage stehe ich auf und schaue mich um: Vielleicht ein Drittel der Mitschülerinnen und Mitschüler ist auch aufgestanden. Eine schöne, große Gruppe. Ich konnte das nicht von allen Mitschülerinnen und Mitschülern wissen, weil nicht alle in meiner Konfirmandengruppe waren, denn wir gehörten zu verschiedenen kirchlichen Gemeindebezirken in der Stadt. Bei der zweiten Frage stehen für meine Wahrnehmung alle Mitschülerinnen und Mitschüler auf. Ich auch. Bei der dritten Frage stehen doch zwei Mitschülerinnen auf. Diese waren die römischen Katholikinnen in unserer Klasse!

Ich habe – wie schon angedeutet – an den Jugendstunden teilgenommen und die Jugendweihe mitgemacht. Angeregt durch meine Eltern, besonders durch meinen Vater, habe ich sie als Dokumentation meines Willens verstanden, den Staat DDR zu akzeptieren und korrekt als Bürger in ihm zu leben. Und ich habe an den Konfirmandenstunden teilgenommen und bin konfirmiert worden. Das war für mich ein wirkliches Bekenntnis zu Christus und zur Kirche – wissend, dass Christus gesagt hat, „dass wir dem Kaiser geben [sollen], was des Kaisers ist, und Gott geben [sollen], was Gottes ist" (Mt 22,21).[6] Das mit der Jugendweihe von mir aus zum Ausdruck Gebrachte war

6 S. u. Abschnitt 6.

eigentlich selbstverständlich, dazu hätte es aus meiner Sicht keiner Jugendweihe bedurft. Wirklich wichtig aber war für mich die Konfirmation. Übrigens hat unser Konfirmator, Superintendent Wolfgang Schwalm, in der Konfirmandengruppe nie nachgefragt, wer von uns auch zur Jugendweihe gehe!

So zeigt das ganz verhaltene „Geh in Frieden“ in unserem Text, dass wir auch heute in Glaubensfragen verschiedene Entscheidungen zulassen müssen.

2.3 Sodann haben wir uns aus der Daniel-Bibliothek die herausfordernde Geschichte von den „drei Männern im Feuerofen“ (Daniel 3) angesehen:

Die judäisch/jüdischen Männer שַׁדְרַךְ – Schadrach (vielleicht: „Leuchtender, מֵישַׁךְ – Meschach und עֲבֵד נְגוֹ – Abed-N^{e}go, beide Namen wohl bewusst entstellt, jedenfalls nicht mehr sicher zu deuten) sind nicht bereit, die Forderung nach der Verehrung eines goldenen Standbilds in der babylonischen Gesellschaft zu entsprechen. Sie nehmen die angedrohte Strafe auf sich: „Und wer nicht niederfällt und huldigt, wird umgehend in den lodernden Feuerofen geworfen“ (V. 6 a). Sie antworten auf die Gefahr hin: „Wenn unser Gott ist, den wir anbeten, kann er uns retten […]“ (V. 17). Hier muss ergänzt werden, dass das Verständnis des aramäischen Bibeltextes eine Herausforderung darstellt. Er kann so verstanden werden, wie ich es formuliert habe. Wirklich durchgesetzt aber hat sich ein „selbstverständlicheres“ Verständnis, das dann in der griechischen und auch in der russischen Textfassung greifbar wird: „Denn es gibt einen Gott, dem wir dienen […], der wird uns erretten“ – „Бог наш, Которому мы служим […] избавит“.

Zu diesen Aussagen hatte ich vor über 20 Jahren formuliert: „Die VV. 17 f sind also ein Bekenntnis zum ‚Deus absconditus‘, zum verborgenen Gott! Auch in der Erfahrung der Verborgenheit Gottes, der sich scheinbar gegen fremde Staats- und Weltmacht, die sich zugleich als Gewissens- und Glaubensmacht gebärdet, nicht durchzusetzen vermag, ist die Treue zum Gott Israels gefordert.“ „Anfangs tritt uns in Dan 3 ein selbstüberheblicher Staat entgegen, der sich selbst und seine Errungenschaften in Gestalt eines goldenen Standbildes verehrt. Durch die Forderung einer unmenschlichen Prüfung rechnet dieser Staat schon damit, evtl. ein menschenverachtendes Terrorregime zu werden [das vor allem anders glaubende Menschen unterdrückt]. Herausgefordert durch ein Bewahrungswunder allerdings, in dem die Geprüften als stärker geschützt erkennbar werden, vermag sich dieser Staat zu erneuern, Irrwege zu korrigieren, einen Prozess durchzumachen, der in der Entscheidung Nebukadnezars, des Repräsentanten dieses Staates, kulminiert, dass nämlich auch die Religion derer, die die Staatsvergottung ablehnen, erlaubt sei.“ „Außerdem sei hervorgehoben, dass diese Geschichte die Frommen als Menschen vorstellt, die in die staatliche Macht einbezogen sind, als solche, die diese staatliche Macht benutzen. An keiner Stelle wird eine gesellschaftliche Kritik an dieser Macht vorgetragen. In dem Moment, wo sie [die staatliche Macht] auf die Selbstvergottung verzichtet, ist eine verantwortliche Mitarbeit sofort wieder möglich."[7]

Diese zweite Stimme führt in die Herausforderung der Reflexion unseres Glaubens angesichts der שׁוֹאָה – „Scho'a" – entsprechend der biblischen Belege auf Deutsch: „Sturm", „Verwüstung", „Verderben".

Mit diesem Begriff bezeichnen nach meiner Kenntnis unsere jüdischen Nachbarn und die Menschen in Israel die nationalsozialistischen Vernichtungsverbrechen am europäischen Judentum. Weil uns aber in diesem Seminar Begriffe wichtig sind, verweise ich darauf, dass ich selbst den englischsprachigen Begriff „holocaust" eigentlich ablehne. Warum? „Holocaust" ist die englische Fassung des griechischen Begriffs „ολοκαυτωμα" – „holokautoma". Und das heißt in Hebräisch עוֹלָה – „ᶜolāh" – „Brandopfer"! Mein Vorschlag lautet: Diesen Begriff sollte man nicht für die Judenvernichtung verwenden! Wenn überhaupt, so denke ich, können nur die dieser Vernichtung Entronnenen und ihre Nachkommen diesen Begriff verwenden …

Zur Herausforderung der „Scho'a" ist jetzt eine umfassende Reflexion nicht möglich. Ich möchte aber daran erinnern, dass Papst Benedikt XVI. bei seinem Besuch in Auschwitz und Birkenau am 28. Mai 2006 in seiner mit Blick auf die Schuld der damaligen Generation von uns Deutschen (das darf ich jetzt so sagen!) mit Recht umstrittenen Rede aber doch den in meinen Augen besonderen Mut gehabt hat, auf Dan 3 hinzuweisen: „Die Deutschen, die damals nach Auschwitz-Birkenau verbracht wurden und hier gestorben sind, wurden als Abschaum der Nation hingestellt. Aber nun erkennen wir sie dankbar als die Zeugen der Wahrheit und des Guten, das auch in unserem Volk nicht untergegangen war. Wir danken diesen Menschen, dass sie sich der Macht des Bösen nicht gebeugt haben […]. Wir beugen uns in Ehrfurcht und Dankbarkeit vor all denen, die wie die drei Jünglinge angesichts der Drohung des babylonischen Feuerofens geantwortet haben: ‚Wenn überhaupt jemand, so kann nur unser Gott […] uns retten. Tut er es aber nicht, so sollst du, König, wissen: Auch dann verehren wir deine Götter nicht […]' (Dan 3,17 f)."[8]

Ich darf hier Rückfragen an die päpstlichen Aussagen stellen: Wenn Papst Benedikt XVI. von „Deutschen" gesprochen hat, die „nach Auschwitz-Birkenau verbracht wurden", hat er dann als erstes auch die damaligen jüdischen

---

7 Vgl. Rainer Stahl, Von Weltengagement zu Weltüberwindung. Theologische Positionen im Danielbuch, CBETh 4, Kampen 1994, 29–30 und 31.

8 Vgl.: w2.vatican.va/content/benedict-xvi/de/speeches/2006…; Zugriff am 27. 8. 2017.

Mitbürgerinnen und Mitbürger als deutsche Staatsbürgerinnen und -bürger begriffen und sie gerade nicht ausgegrenzt? Er hat aber durch seine Formulierung in Kauf genommen, dass er die jüdischen Mitbürgerinnen und Mitbürger aus Ungarn z. B., die staatsrechtlich als Ungarn zu begreifen sind, gar nicht genannt hat! Hat er – das darf ich noch fragen – das Bekenntnis vieler jüdischer Opfer, die kurz vor dem Sterben das שְׁמַע יִשְׂרָאֵל – „schᵉmaᶜ jisra'el" – „Höre Israel" (Dtn 5,4) geschrien, geröchelt haben, als Zeugnis „der Wahrheit und des Guten" verstehen wollen?

2.4 Beide Erzählungen – diejenige in 2./4. Könige 5 und diejenige in Daniel 3 – sprechen überraschend positiv von andersgläubigen Mächten. Wenn diese Mächte die Entscheidung der Jahwe-Gläubigen für die Verehrung Jahwes und für ihre Bereitschaft, als Bürger und sogar als Verantwortungsträger im jeweiligen Staat zu leben, anerkennen und tolerieren, ist für die Jahwe-Verehrer ein Leben in solchen Staaten und Gesellschaften möglich. Auf diesem Weg konnte die judäisch-jüdische Gemeinschaft immer wieder überleben. Auf diesem Weg können auch wir als Christen in mehrheitlich andersreligiösen oder vielreligiösen oder nichtreligiösen Gesellschaften überleben!

3. Die Normierung der Religion in vorexilischer Zeit – 2./4. Könige 22–23

3.1 Einen ersten Zugang zu diesem Problemfeld wähle ich in Gestalt der Frage, ob von archäologischen Erkenntnissen her etwas zur Historizität dieser Maßnahmen gesagt werden kann. Ich denke hier an das *Heiligtum in der judäischen Festung in Arad*, westlich vom Toten Meer.

Vor 27 Jahren hatte hierzu Amihai Mazar geschrieben:

> The temple comprised a large courtyard, a broad room, and a Holy of Holies in the form of a raised niche at the western end of the structure. A sacrificial altar in the courtyard was built of fieldstones [...], complying in both building technique and dimension to the biblical law (Exodus 20:24–25). Placed inside the niche, against its rear wall, were two standing stones (*massebot*), one, painted red, was larger than the other. At the entrance of the Holy of Holies, there were two monolithic stone altars of different dimensions, each standig opposite the *massebah* of comparable size.[9]

9 Amihai Mazar, Archaeology of the Land of the Bible. 10,000–586 B. C. E., New York/London 1990, 496–497.

Er verwies dann auf die Inschriftenfunde von Kuntillet ᶜAjrud und Khirbet el Kom, die Jahwe und seine Begleiterin, Aschera, erwähnen, und fragte:

> May we assume that the finds of Arad reflect a similar theology? If so, the larger standing stone would symbolize the God of Israel and the smaller one his consort, Asherah.[10]

Der kleine Tempel wurde vielleicht im 10. Jahrhundert v. Chr. gegründet und hat bis in die Zeit des Joschija hinein bestanden.

> The sacrificial altar in the courtyard became obsolete in Stratum VIII, perhaps as a result of the religious reform of Hezekiah [...]. In the last Iron Age level (Stratum VI), the use of the temple was deliberately terminated, as evidenced by the fact that the small altars in the Holy of Holies were found lying on their sides covered by plaster. The cancellation of the temple before the final destruction of the fortress [während der babylonischen Eroberung von Juda Anfang des 6. Jahrhunderts v. Chr.] may be attributed to the religious reform of Josiah (2 Kings 23).[11]

Israel Finkelstein und Neil A. Silberman geben neue Erwägungen wieder, die Zeev Herzog, ein Mitglied der Grabungskampagnen, vorgestellt hat: Der Tempel sei nicht im 10. Jahrhundert v. Chr. erbaut worden, sondern war nur im 8. Jahrhundert v. Chr. in Gebrauch.

> Herzog zufolge wurden Altar und Tempel zur gleichen Zeit abgetragen – Ende des 8. Jahrhunderts v. Chr. – und die Reste unter einer Meter dicken Schicht begraben. Damit besaß die Festung des späten 8. Jahrhunderts v. Chr. (Stratum VIII), die Sanherib 701 v. Chr. eroberte, keinen Tempel, da der ja bereits im Zuge von Hiskias Kultreformen abgetragen worden war.[12]

So weist Herzog z. B. nach, dass die Mauern und Fußböden von Stratum VIII über dem Tempel errichtet worden seien, nachdem dieser nicht mehr in Betrieb war. Finkelstein und Silberman fassen zusammen:

> Trotz der methodologischen Probleme bei der Ausgrabung von Arad und der Schwierigkeiten einer Deutung der Stratigraphie dieser Stätte erscheint uns Herzogs Rekonstruktion, die von einer gezielten Änderung der Kultpraxis in Arad unter Hiskia in den Jahren vor Sanheribs Angriff 701 v. Chr. ausgeht, am überzeugendsten.[13]

---

10 Ebd.

11 A. a. O., 498.

12 Israel Finkelstein/Neil A. Silberman, David und Salomo. Archäologen entschlüsseln einen Mythos, München 2006, 249–250.

13 A. a. O., 250.

Damit scheint also die Interpretation des Befundes von Arad von der Kultreform des Joschija (7. Jahrhundert v. Chr., wohl 622 v. Chr. – im 18. Jahr des Joschija) hin zu einer Kultreform des Hiskija (Ende des 8. Jahrhunderts v. Chr., wohl etwa 85 Jahre früher) zu tendieren; insofern bleibt die historische Einordnung der gefundenen Situation im Tempel in Arad umstritten.

3.2 Im nächsten Schritt haben wir uns die Überlieferung zur Kultreform des Joschija (יֹאשִׁיָּהוּ – „joschijjahu" – „Jahwe heile") im Juda des ausgehenden 7. Jahrhundert v. Chr. angesehen:

2./4. Könige 22–23: Der diesbezügliche biblische Bericht in 2. Chronik/Paralipomenon 34–35 stellt eine Neudeutung des in 2./4. Könige vorliegenden Berichts dar und führt nicht zu neuen, den Bericht in 2./4. Könige etwa ergänzenden Informationen. Deshalb ist eine Beschränkung auf den Text in 2./4. Könige angezeigt. Dieser Bericht interpretiert das Geschehen letztlich als Bundes-, als Vertragsabschluss zwischen dem König als Repräsentanten des Volkes und dem Gott Jahwe: „Und er schloss den Bund vor Jahwe, zu folgen Jahwe und zu bewahren seine Gebote, seine Ordnungen und seine Satzungen" (2/4 Kön 23,3 aβ). Die Folgen dieses Bundesschlusses zeigen, dass die Maßnahmen als solche verstanden werden, die mit Hilfe staatlicher Macht durchgesetzt werden, wobei auch hier Liquidationen mit eingeschlossen sind: „Und auch die Totenbeschwörer und die Weissager [...] fegte Joschija weg" (23,24).

Der Text stellt staatlich verfügte Maßnahmen dar, die voller Intoleranz sind. Auch vor Mord wird nicht zurückgeschreckt. Hier wird eine Linie im Alten Testament deutlich, die versucht, dem als wahr erkannten Glauben auch mit Gewalt aufzuhelfen.[14]

Wir müssen aber festhalten, dass nicht erwiesen ist, ob das hier benannte Grausame wirklich geschehen ist. Es kann sich um theoretische Konzepte handeln, die in der Form von Schilderungen von angeblich Geschehenem vorgetragen werden. Dann wären nicht die dargestellten Fakten das Entscheidende, sondern das theoretische Konzept: Keine Toleranz gegenüber andersreligiösen Anschauungen und Praktiken.[15]

3.3 In einer ganz neuen Veröffentlichung wird eine Interpretation vorgelegt, die die Ereignisse in eine zukünftige Situation verlagert:

14 Vgl. oben unter 1. den Text 1./3. Könige 18.
15 Vgl. aber oben unter 2. den Text 2./4. Könige 5.

> Die programmatische Forderung der Kultzentralisation wird aufgrund von 2 Kön 22–23 gerne in die Zeit des Königs Joschija in das ausgehende 7. Jahrhundert v. Chr. datiert, setzt wahrscheinlich aber schon den Verlust des Königtums, d. h. das Datum 587 v. Chr. voraus. Die Regelung trägt dem Umstand Rechnung, daß es danach keine verbindliche Mitte mehr gab, die die verstreuten, orientierungslos gewordenen Glieder des Volkes in Israel und Juda zu einen vermochte. An die Stelle des Königs, der die Einheit des Volkes und den Zusammenhalt der an verschiedenen Orten praktizierten Kulte stiftete, tritt der eine Kultort, an dem nicht der König, sondern die eine Gottheit im Zentrum steht.[16]

Bei dieser Sicht der Dinge ergibt sich die Frage, wie diese Kultveränderung ohne staatliche Macht durchsetzbar war. Sie müsste vollständig von den Katastrophenerfahrungen des Endes des Tempelkultes her verständlich gemacht werden. Mir leuchtet aber mehr ein, dass es schon in vorexilischer Zeit erste Schritte in die Richtung einer Kultzentralisation gegeben hat (ich bleibe also dabei, dass unter Joschija Wichtiges durchgesetzt wurde), in deren Richtung dann nach dem Exil konsequent weitergangen wurde.

Mit meiner These stimmt überein, was kürzlich zum Phänomen der Kultreform des Joschija zusammengefasst worden war:

> The best evidence for a political and religious reform under the reign of Josiah comes from the cultic symbols and practices that were banned from the Jerusalem temple.[17]
>
> The elimination of the goddess [Ashera] fits well with the monolatric tendency that accompanied the idea of centralization. It is possible that the "historical" reform was more concerned with Jerusalem than with the destruction of other sanctuaries. It was probably an attempt to transform the city of Jerusalem, which had grown tremendously during the eighth century […], into a real capital.[18]
>
> The elimination of the Assyrian cult objects from the temple of Jerusalem […] may simply be the consequence of the fact that the Assyrians had abandoned the Levant, which came again under the control of Egypt, of which Josiah probably became a vassal. In this respect, the "cleansing" of the Temple could also be understood as a sign of "good will" toward the Egyptians.[19]

16 Reinhard Gregor Kratz, Historisches und biblisches Israel. Drei Überblicke zum Alten Testament, Tübingen ²2017, 69.

17 Thomas Römer, The Rise and Fall of Josiah, in: Rethinking Israel. Studies in the History and Archaeology of Ancient Israel in Honor of Israel Finkelstein, hg. v. Oded Lipschits, Yuval Gadot und Matthew J. Adams, Winona Lake 2017, 331.

18 A. a. O., 332.

19 A. a. O., 332–333.

Schließlich fasst Thomas Römer zusammen:

> The historical reform of Josiah was probably limited to Jerusalem. Its aim was to take into account the new status of the city on a symbolic and economic level. Since Jerusalem was to become the only legitimate place of Yahwistic worship, YHWH was transformed into the only god to worship (monolatry). The elimination of the Assyrian-inspired cult objects reflected the decline of the Assyrians in the Empire, which allowed Josiah to annex the territory of Benjamin. This annexation was probably first tolerated by the Egyptian king, who later, however, brought the reign of Josiah to an abrupt end.[20]

4. Existenz im Exil – Jeremia 29/36

4.1 Bei unserer bisherigen Arbeit ist das Verhältnis des hebräischen bzw. aramäischen Textes zum griechischen in der Weise deutlich geworden, dass die jüdischen Übersetzer, die den griechischen Text erarbeitet haben, meistens gegenüber dem hebräischen bzw. aramäischen Text Veränderungen oder gar Interpretationen vorgenommen haben. Dieser Eindruck wird sich auch weiterhin bestätigen. Jetzt aber – beim Text des Jeremia-Buches – wird deutlich werden, dass es auch andere Abläufe gegeben hat: Die Übersetzer im 2. Jahrhundert v. Chr. in Ägypten haben auf eine hebräische Vorlage zurückgegriffen, die in weiten Teilen älter ist als der uns heute vorliegende hebräische Bibeltext. An Jeremia 29 hat es also noch in hebräischer Sprache Veränderungen gegeben, nachdem auf Grundlage einer früheren hebräischen Fassung die Übersetzung ins Griechische angefertigt worden war. Diese eindeutige Geschichtlichkeit des Bibeltextes müssen wir ganz klar zur Kenntnis nehmen.[21]

2009/10 wurde festgehalten: „Während viele annehmen [so auch ich], dass es sich bei der hebräischen Vorlage der Septuaginta-Fassung um einen gegenüber dem masoretischen Text älteren und kürzeren Text handelt, rechnen andere […] im Wesentlichen mit Kürzungen durch den bzw. die Übersetzer.“[22] Daraus ergibt sich auf alle Fälle: „Wegen der Unterschiede zum ma-

20 A. a. O., 333.

21 Vgl. Rainer Stahl, Textkritik als Erkundung von Textgeschichte, OLZ 90, 1995, Sp. 133–148.

22 Septuaginta-Deutsch. Das griechische Alte Testament in deutscher Übersetzung, hg. v. Wolfgang Kraus und Martin Karrer, Stuttgart 2009, ^{2}2010, 1288.

soretischen Text in Umfang und Anordnung muss die Septuaginta-Fassung des Jeremiabuches jedenfalls als eigenes Werk ernst genommen und ausgelegt werden.“[23]

Dazu kann nun auf eine ganz neue Veröffentlichung hingewiesen werden, deren Autorin und dessen Autor, Karin Finsterbusch und Armin Lange, die alten Textzeugen darstellen und „mit der Mehrheit der Textkritiker“ die These vertreten, „dass die proto-masoretische Textfassung des Jeremiabuches *grosso modo* jünger als die hebräische Fassung ist, die dem griechischen Übersetzer(kreis) vorlag, der für die LXX-Jer verantwortlich war.“[24] Sie zeigen also, dass der hebräische Text, der der Übersetzung ins Griechische vorgelegen hat, älter ist, und der hebräische Text, der im masoretischen Jeremiabuch bezeugt wird, das Ergebnis weiterer Arbeit darstellt!

4.2 Damit war klargelegt: Als wir uns Passagen des im Jeremia-Buch überlieferten und ausgestalteten Briefes des Propheten Jeremia an die Exulantenschaft in Babylonien, geschrieben nach 597 v. Chr. und vor 586 v. Chr., angesehen haben – Jeremia 29/36 –, sind wir davon ausgegangen, dass die Septuaginta-Fassung eine ältere Textform bewahrt hat, nach der noch Ergänzungen am Text vorgenommen worden sind, die zur heutigen hebräischen Fassung geführt haben. So enthält die hebräische Vorlage der Septuaginta-Fassung „eine Heilsprophetie nur für die jüdische Diaspora in Babylonien“, die heutige hebräische Fassung aber „auch eine Heilsprophezeiung für die Exulantenschaft in der gesamten Diaspora.“[25]

Außerdem bestätigt sich bei der Untersuchung der Einzelheiten in Jeremia 29/36 eine Beobachtung, die wir in diesem Seminar schon bisher gemacht haben: Die russische Textfassung entspricht oft der hebräischen! Obwohl z. B. die Bücher nach dem Vorbild der griechischen Bibel bezeichnet werden (also: 1.–4. Könige und nicht 1.–2. Samuelis und 1.–2. Könige), ist die wirkliche Textgestalt oft doch näher am hebräischen Text als am griechischen.

Hierzu habe ich selbst im Seminar gelernt: Es gab eine russische Bibelübersetzung im 15. Jahrhundert, die bei Verwendung der Vulgata erfolgt war. Anfang des 19. Jahrhunderts (Zar Alexander I.) wurde eine Bibelgesellschaft gegründet, die eine neue Übersetzung unter Mitverwendung der hebräischen Bibel erarbeitet hat. Dann gab es das Verbot der Bibelgesellschaft und den

23 A. a. O., 1289.

24 Karin Finsterbusch/Armin Lange, Zur Textgeschichte des Jeremiabuches in der Antike. Überblick und neue Einsichten, in: ThLZ 142, 2017, Sp. 1137–1152, Zitat: Sp. 1137.

25 A. a. O., Sp. 1150.

Stopp der Arbeit. In den 60er Jahren des 19. Jahrhunderts wurde die Bibelgesellschaft neu gegründet (Zar Alexander II.). Sie hat die Bibelübersetzung im Wesentlichen auf der Grundlage des hebräischen Textes fertiggestellt! 1876 ist dann die Synodalübersetzung für die Russische Orthodoxe Kirche, für die Römisch-Katholische Kirche und für die protestantischen Kirchen (auch die Lutheraner) erschienen.[26]

Deshalb haben wir uns vor allem mit der älteren und kürzeren Fassung des Textes beschäftigt, die in der Septuaginta greifbar und also in der russischen Bibel nicht dokumentiert ist: „Baut Häuser und lasst euch nieder [...] und nehmt Frauen und zeugt Söhne und Töchter und nehmt für eure Söhne Frauen [...] und vermehrt euch“ (36,5–6). Sowie: „Und ich werde über euch Gedanken des Friedens denken [...]. Und ihr sollt zu mir beten, und ich werde euch erhören. [...] Und ich werde mich euch zeigen“ (36,11–14).

4.3 Was ist das theologisch Entscheidende dieses Textes? Er geht zurück auf einen Brief des Propheten Jeremia (יִרְמְיָהוּ – „jirm^{e}jāhu“ – „Es erhöht Jahwe“[27]), den dieser zwischen 597 und 586 v. Chr. aus Jerusalem an die nach der ersten Eroberung aus Jerusalem nach Babylonien Deportierten, nämlich an die Golah, geschrieben hat. In diesem Brief hat er aufgefordert: „und betet für sie zu Jahwe“ (V. 7 aβ) – für das neue politische Umfeld! Die Übersetzung ins Griechische mit „προς κυριον“ – „zum Herrn“ und ins Russische mit „Господу“ verdeckt m. E. die eigentliche Zielrichtung. Diese Zielrichtung, ja: die Provokation dieses Briefes, erkennen wir, wenn wir uns bewusst machen, dass Jeremia im beginnenden 6. Jahrhundert v. Chr., als es noch ein funktionierendes Staatswesen in Juda gab, dazu auffordert, in Babylonien, im fremden Land zu Jahwe zu beten. Dort gab es keinerlei Ansatzpunkte für diesen Religionsbezug. Alles und alle Lebensbezüge waren durch andere Götter besetzt. Jahwe kam erst durch die Deportierten erstmals in diese Gegend. Sie mussten also begreifen, dass sie auch außerhalb des Landes des Gottes Jahwe – also außerhalb von Israel und von Juda/Jerusalem – mit ihrem Gott Jahwe in Kontakt treten können und dass dieser Gott dort die Gebete hören wird!

---

26 Vgl. hierzu auch den Artikel über die Russische Synodale Übersetzung der Bibel: https://orhpedia.de/index.php/Russische_Synodale_Übersetzung_der_Bibel (Zugriff am 15. 7. 2019). Für die Verwendung der originalen Bibeltexte in Hebräisch und Griechisch hatte sich damals der Metropolit Philaret von Moskau eingesetzt: „Über die Notwendigkeit einer Übersetzung der gesamten Bibel aus den Originalstimmen in die moderne russische Sprache“ (den Hinweis auf diese Internetseite verdanke ich Dr. Anton Tichomirow, Nowosaratowka).

27 In der hebräischen Bibel Jer 29, in der Septuaginta Jer 36, in der russischen Bibel Jer 29!

4.4 Besonders gewirkt hat eine Anweisung, die der Prophet gibt: „Und sucht den Frieden des Landes / der Stadt, in das / in die ich euch in die Verbannung geführt habe, und betet für es / für sie zu Jahwe“ (29/36,7 a).

Zu ihr haben wir uns Regelungen im Staat Preußen bewusst gemacht: Dort brachte erst das Edikt vom 11. März 1812 einen bürgerlichen Fortschritt für die jüdischen Bürger im Land. Von da an wurde der dreijährige Militärdienst als Mittel zur Assimilierung der Juden angesehen. Auch die Juden selbst hielten „an der Wehrpflicht als staatsbürgerlichem Recht unbedingt fest. […] Preußische Beamte und jüdische Publizisten erklärten gleichermaßen das Heer zur Erziehungsschule der Juden. Religiös wurde diese These unterbaut durch Jeremia 29, Vers 7 […].“[28]

Auch in der DDR-Zeit wurde auf diese Aussage Bezug genommen: So erinnere ich mich, dass in meiner Jugendzeit der Hinweis auf diese biblische Aussage als eine wichtige Begründung für die Heimatfindung der evangelischen Christen in der DDR diente.

Bis heute spielt dieses Bibelwort eine wichtige Rolle als plakativer Begriff für das Engagement von Christen. So führt die Christliche Polizeivereinigung (CPV) dieses Wort als Motto über ihrer Internetpräsentation.[29] So hat Prof. Dr. Peter Zimmerling 2015 Leipziger Universitätspredigten unter diesem Wort – „Suchet der Stadt Bestes!“ – herausgegeben.

Aber – das habe ich schon in der DDR-Zeit bei der Benutzung dieses Wortes immer empfunden –: Die Aufforderung „Suchet der Stadt Bestes!“ ist an in diese Stadt, in dieses Land *Exilierte* gesprochen! Diese Zuspitzung darf man doch nicht unterschlagen, durfte man meiner Meinung nach schon in der DDR-Zeit nicht unterschlagen, darf man auch heute nicht unterschlagen! Was aber heißt das für unser Heimatbewusstsein z. B. im heutigen Russland?

5. Geschlossene Gesellschaft – Nehemia 10,29–32/2. Esra 20,29–30

5.1 Neben Nehemia 10/2. Esra 20 verweise ich auch auf Nehemia 13,15–30/2. Esra 23,15–31. Der zweite Text ist Teil der so genannten „Nehemia-Denkschrift“ und bringt Ausführungen, in denen Nehemia als einer geschildert wird, der sich vor Gott für sein Handeln rechtfertigt (vgl. Neh 13,14/

28 Wolfgang Schwarz: Suchet der Stadt Bestes … Das preußische Heer als Schule der Juden, ZEIT-ONLINE, 1970/2012, Zugriff am 29. 8. 2017.

29 Vgl. www.cpv-online.org.

2 Esra 23,14). Allerdings sei nur angedeutet, dass die historisch neutrale Bestimmung dessen, was Aufgabe und Werk des Nehemia gewesen sind, sehr schwierig ist. Wir lesen den Text als Hinweis auf die Überzeugungen, die die Verfasser dieses Textes hatten, mag er nun – in Teilen – auf Nehemia zurückgehen oder nicht. Vielleicht kann man sagen: „Die Leistung Esras ist, dass er das ‚Gesetz des Himmelsgottes' (den Pentateuch oder einen wesentlichen Teil davon) mitbringt und die Judäer darauf verpflichtet. Nehemia dagegen baut die Stadtmauer wieder auf und führt Sozialreformen durch. Beiden gemeinsam ist, dass sie die judäische bzw. Jerusalemer Kultgemeinde von anderen Einflüssen abgrenzen wollen, was [...] bei Nehemia vor allem zur Abgrenzung gegenüber Samaria bzw. den Samaritanern [führt]."[30]

5.2 Das Verhältnis der hebräischen Bücher Esra und Nehemia zu den beiden griechischen Büchern 1. und 2. Esra ist nicht ganz einfach zu bestimmen. Zuerst, wohl im 2. Jahrhundert v. Chr. in Ägypten, wurde das 1. griechische Buch Esra erstellt. Es umfasst 2. Chronik 35–36, das hebräische Esra-Buch und aus dem hebräischen Nehemia-Buch die Verse 7,72 b–8,13. Bei diesem 1. Buch Esra haben die Übersetzer einen sachlich sehr genauen, sprachlich aber freieren, gutes Griechisch sprechenden Text verfasst. Sodann wurde wohl im 1. Jahrhundert v. Chr., auch in der Diaspora, das 2. griechische Buch Esra erstellt. Es umfasst die hebräischen Bücher Esra und Nehemia ab Esra 2. Bei diesem zweiten Werk haben sich die Übersetzer sehr genau an die hebräische Vorlage gehalten.[31]

5.3 Nach diesen Vorinformationen haben wir Nehemia 10,29–32/10,28–31 als Beispiel für die Propagierung einer geschlossenen Gesellschaft durchgesehen – נְחֶמְיָה – „n^{e}chämjāh" – „Es tröstet Jahwe" – Nehemia. Dabei ist uns die Aussage in Vers 32 a/31 a wichtig geworden: „[...] dass wir, wenn die Völker des Landes die Waren und alles mögliche Getreide am Sabbattag zum Verkauf bringen, ihnen nichts abnehmen am Sabbat oder einem heiligen Tag". Damit wird faktisch der erst jüngst eingeführte wöchentlichen Ruhe- und Feiertag „Sabbat" auch für Nicht-Jahwe-Gläubige verbindlich gemacht!

5.4 Im November 2016 war ich nach langer Zeit wieder einmal in Jerusalem. Dort konnte ich erstmals den archäologischen Park auf der Bergnase

30 Septuaginta Deutsch (wie Anm. 22), 551.

31 Ebd. In der russischen Bibel sind auch – wie in der hebräischen Bibel – die Bücher Esra und Nehemia dokumentiert.

besuchen, die sich südlich vom Tempelbezirk erstreckt, abgegrenzt östlich vom Kidron-Tal und dann dem Dorf Silwan, westlich vom Tyropoion-Tal. Beide Täler treffen sich südlich der Spitze dieser kleinen Bergnase, wo das Siloam-Becken ist.

Diese Bergnase trug in alter Zeit das jebusitische Jerusalem, das dann später zur „Stadt Davids“ wurde. Nördlich dieser kleinen Siedlung gab es ein jebusitisches Heiligtum, das unter den judäischen Königen zum Königspalast und zum Tempel ausgebaut worden ist. Von diesen Bauten sehen wir heute nichts mehr, denn sie sind überwölbt durch den riesigen Unterbau, den Herodes ab dem Jahr 19 v. Chr. zusammen mit dem Tempel hat errichten lassen. Hierzu ist jetzt eine wichtige Feststellung nötig: Palästinenser, arabische Staaten und ihre Fernsehsender behaupten, dass es nie ein jüdisches Heiligtum in Jerusalem gegeben habe. Prof. Dr. Hartmut Bobzin, Erlangen, hat mir bestätigt, dass in arabischen Fernsehsendungen, die er häufig sieht, in diesem Zusammenhang vollständiger Unsinn zu hören und zu sehen sei. Bitte halten Sie immer an der Überzeugung fest, dass das muslimische Heiligtum Haram al-Sharif in Jerusalem, auf dem heute der sogenannte „Felsendom“ und die Al-Aqsa-Moschee stehen, wirklich über lange Zeit der Ort des Heiligtums der Judäer und der Juden gewesen ist!

Jene alte Stadt, die „Stadt Davids“, hatte eine Wasserstelle: die Gihon-Quelle an der östlichen Flanke auf der Höhe des Kidron-Tales. Ein besonderer Fund des israelischen Archäologen Ronny Reich war ein riesiges unterirdisches Becken, das aus dem Felsen herausgehauen worden war. Zusätzlich wurde in der Antike in einer großartigen und langwierigen Aktion unter jener Stadt von der Gihon-Quelle aus ein S-förmiger Tunnel gehauen, der das Wasser der Quelle in das Siloam-Becken kanalisierte. Dieser S-förmige Tunnel wird Hiskija-Tunnel genannt, wurde sicher aber in einer längeren Periode im 8. Jahrhundert v. Chr. aus dem Felsen gehauen. Von der Quelle aus gab es auch zwei Kanäle östlich der Stadt nach Süden.[32] Beide Bauwerke, den Tunnel und die Kanäle, kann man heute begehen. Nie vergesse ich die großartigen Erlebnisse des Durchgangs durch den „Hiskija-Tunnel“ Anfang der neunziger Jahre und 2016 durch einen der beiden nach Süden verlaufenden Kanäle!

Solche archäologischen Funde sind wichtig, weil sie die wirtschaftlichen und die alltäglichen Situationen deutlich machen. Vielleicht geben sie damit auch einen Kommentar zu Einzelheiten, die in der Bibel behauptet werden, oder bestätigen diese zum Teil. Das kann aber nur in den seltensten Fällen

32 Vgl. zu den archäologischen Informationen grundlegend: Ronny Reich, Excavating the City of David. Where Jerusalem's history began, Jerusalem 2011.

erwartet werden und ist heutzutage nicht mehr Ziel der Archäologie des Heiligen Landes!

Interessant sind die Funde von Bullen, von Tonstempeln, mit denen Warensendungen versiegelt worden waren, und die Funde von vielen Fischknochen. Sie weisen auf außenpolitische Beziehungen des kleinen Königreiches Juda hin:

> […] since they seem to have a northern connection to the kingdom of Israel (the designs of the proto-Aeolian capitals, a similarity to bullae from the excavation of Samaria), and a relationship to the Phoenician world and the Mediterranean (fish bones, a bulla with a Phoenician ship).[33]

Eine sorgfältige Untersuchung dieser Fischknochen zeigt nun, welch lebendige Handelsbeziehungen zum Mittelmeerraum es über viele Jahre hinweg gab: In deren Ergebnis wurden Fische aus dem Mittelmeer zur Versorgung der Bevölkerung nach Jerusalem importiert:

> The large number of fish bones we found together with bullae might attest to state activity too. Close to 90 % of the bones are of fish brought from the Mediterranean. Thus, the large quantity, the distant source of the merchandise, the fact that it had to be transported and processed (dried, salted or smoked) over such a great distance, and that it was packed and sealed with bullae (at least one bulla bore the image of a large fish), all attest to organized, long-term commercial connections. It seems to me that this commercial initiative had to have existed with state assistance or oversight of some kind.[34]
>
> About 300 years later, during the Persian period, the book of Nehemiah (13:16) mentions the attempt by the governor to remove from Jerusalem the Tyrians who were selling fish in the city on the Sabbath. It was not the fish that bothered him, but rather the fact that they were being sold on the Sabbath. […] the important thing is the fact that it mentions Tyrians selling fish in Jerusalem. In both cases, the reference is to Jerusalem concentrated entirely on the hill of the City of David. With regard to the end of the First Temple period and the Persian period, we should mention the Fish Gate, apparently named after the location of a fish market [z. B. Neh 3,3; 12,39; 13,6).[35]

In der Diskussion habe ich auf meine Erfahrungen in Aleppo im Jahr 1989 hingewiesen: Nach westlichem Verständnis war unsere Archäologie-Lehrkursgruppe auch über ein Wochenende in der Stadt. Am Freitag waren die meisten Geschäfte geschlossen, nämlich die Geschäfte mit muslimischen

33 A. a. O., 217.
34 A. a. O., 310–311.
35 A. a. O., 328.

Eigentümern. Am Samstag waren einzelne Geschäfte geschlossen – diejenigen mit jüdischen Eigentümern. Und am Sonntag waren die christlichen Geschäfte und alles im Christenviertel geschlossen. Dies hat mir damals sehr eingeleuchtet, denn ich finde, dass damit so etwas wie unsere Zukunft deutlich wurde: Alle können die Feiertage ihrer eigenen religiösen Tradition nutzen. Und dies wird im Rahmen der Arbeitsorganisation in den Betrieben koordiniert. Dazu wurde in der Diskussion deutlich, dass es in Russland schon heute neue Ordnungen in großen Wirtschaftsorganisationen gibt, die je nach der Religionszugehörigkeit den christlichen, den jüdischen und den muslimischen Mitarbeiterinnen und Mitarbeitern Feiertage entsprechend ihrer eigenen Festtraditionen gewähren! Das wäre doch auch für Deutschland sehr interessant! Was die Praktizierung eines wöchentlichen Ruhetages oder gar eines sogenannten „Wochenendes" anbelangt, halte ich es für bedenkenswert, dass in Indien, einer mehrheitlich hinduistischen Gesellschaft, die den Wochenrhythmus nicht kannte, der Sonntag als freier Tag in der Woche eingeführt worden ist – wie mir ein Inder einmal bestätigte. Als ich aber 1984 und 1990 in Südindien gewesen bin, habe ich keinerlei Unterbrechungen im Geschäftsleben wahrnehmen können – ob nun Sonnabend oder Sonntag war.

Für Ereignisse, die in der Zukunft der hier ins Auge gefassten literarischen Überlieferung eingetreten sind, lässt sich festhalten, dass wenigstens eine glaubensmäßig bedingte Veränderung auch archäologisch dokumentiert werden kann: Man hat viele Tonscherben mit Stempeln aus Griechenland – Rhodos, Knidos, Chios usw. – gefunden. Das zeigt, dass über lange Zeit hin für die wohlhabenden Schichten wie schon früher die mittelmeerischen Fische nun auch Wein eingeführt worden ist. Es wurde nachgewiesen,

> that according to the dates on the handles, until the middle of the second century BCE large quantities of these jars were imported, with their contents, to Jerusalem. However, from the middle of that century, the import of these wine jars went into sharp decline. Changes in the frequency of any phenomenon over time (and the Rhodian jar handles in Jerusalem definitely constitute a phenomenon) require an explanation. The explanation in this case is almost obvious: We know from then historical sources that shortly after the middle of the second century BCE the Hasmonean ruling house established an independent kingdom headed by Simon. [...] The establishment of the Hasmonean state in Judah heralded greater religious strictness among all segments of the Jewish people. [...] Therefore, the sudden disappearance of the Rhodian wine jars imported from Greece is almost certainly an expression of stricter religious observance.[36]

36 A. a. O., 322–323.

6. Das Gleichnis vom Zinsgroschen – Matthäus 22,15–22 und Parallelen

6.1 Wir haben den biblischen Arbeitsgang mit der Analyse des Gleichnisses vom Zinsgroschen abgeschlossen: Matthäus 22,15–22 mit den Parallelen in Markus 12,13–17 und Lukas 20,20–26. Damit wollte ich gleichzeitig den Bogen zu meinen persönlichen Entscheidungen im Zusammenhang mit Jugendweihe und Konfirmation schlagen.[37] Die Antwort von Jesus von Nazareth (יְהוֹשׁוּעָה – „j^ehoschu^cāh" – „Jahwe ist Rettung"), dem Christus, auf die Herausforderung der Steuer der römischen Besatzungsmacht, *nicht* der innerjüdischen Tempelsteuer – „So gebt dem Kaiser, was des Kaisers ist, und Gott, was Gottes ist!" (Mt 22,21 b β) – gibt die Aufgabe der Verhältnisbestimmung der Beziehung von uns Glaubenden zu den Mächten unserer Welt und zu Gott auf.

6.2 Der berühmte jüdische Theologe Pinchas Lapide (1922–1997) hat die Bedeutung des Verbs in der abschließenden Aussage Jesu (ich denke, dass wir hier wirklich ein Wort des historischen Jesus vor uns haben[38]) hervorgehoben:

> „Gebt doch dem Kaiser *zurück*, was des Kaisers ist; und Gott, was Gottes ist!" Hier liegt einer der gravierendsten, folgenschwersten Übersetzungsfehler des Evangeliums vor.
>
> Nicht „*Gebt*" sagte Jesus nämlich, sondern „*Gebt zurück*" (auf griechisch: *apodote*), womit im Grunde ein gewaltloser Bruch mit der politischen Ordnung empfohlen wird.
>
> Im Klartext: Da nach römischem Münzrecht in der Tat dem Kaiser alle Münzen mit seinem Bild, die im Umlauf waren, als persönliches Eigentum gehörten, war Jesu Antwort auf Anhieb nüchtern und korrekt. [...]
>
> Die damaligen unterdrückten Juden verstanden die wahre Botschaft Jesu – ohne die spätere Fehlübersetzung – sehr wohl als eine Absage an die Okkupanten und ihre Kollaborateure – um des Reiches Gottes willen.
>
> Mit dem gleichzeitigen Aufruf: Gebt Gott, was Gottes ist, nämlich Eure Treue mit Leib und Leben, da sie von Ihm kommen, ist Jesu Aussage Licht-

37 S. o., Teil 2.2.

38 Ich darf anmerken: Ihnen ist sicher bewusst, dass die neutestamentliche Wissenschaft erarbeitet hat, dass nicht alle Worte, die im Neuen Testament Jesus in den Mund gelegt werden, vom historischen Jesus sind, und dass manche Worte, die in anderen Quellen überliefert sind, wohl wirklich auf ihn zurückgehen. Aber dieses Wort dürfte wirklich von Jesus gesprochen worden sein!

jahre entfernt von der christlichen Zwei-Reiche-Lehre, die fein säuberlich diese Welt teilen will, und zwar zwischen dem Kaiser einerseits – auch wenn er ein braunes Hemd tragen sollte – und Gott andererseits."[39]

6.3 Damit sind uns wichtige Themen aufgegeben, die ich Schritt für Schritt ansprechen möchte:

Αποδοτε von αποδιδωμι bedeutet im antiken Griechisch „etwas Empfangenes oder Schuldiges, Versprochenes geben [...] wieder-, zurückgeben, zurückerstatten."[40]

Für das neutestamentliche Griechisch ist zusammengefasst worden: „Die Anweisung Jesu hat nichts mit der Münze als solcher zu tun, zielt nicht auf einen bestimmten Kaiser ab und befaßt sich auch nicht mit einer bestimmten Steuer, sondern hat zum Inhalt das umfassende Gebot: Gehorcht den Anordnungen der Obrigkeit, gehorcht (im besonderen Maße) der Forderung Gottes! Dem legitimen Rechtsforderer muß das ihm zukommende Recht erstattet werden."[41]

Pinchas Lapide hat also die politische Dimension der Aussage Jesu richtig erfasst, aber etwas zu stark gegenüber der theologisch-geistlichen Seite betont. Auf alle Fälle aber hat er mit seinem Stichwort von der „Zwei-Reiche-Lehre" eine missverstandene „Zwei-Reiche-Lehre" angedeutet, so dass es sich lohnt, diesem Thema nachzugehen:

Zuerst muss betont werden, dass auch im jüdischen theologischen Denken eine Komplexität des Handelns Gottes hervorgehoben wurde – nämlich im Rahmen kabbalistischer Auffassungen „das Modell von rechts und links":

> In der Oberwelt der zehn *sefirot* (Emanationen) finden sich *chesed* (Gnade oder Liebe) und *gwura* (Stärke oder Kraft) sowie *middat ha-rachamim* und *middat ha-din* (das göttliche Attribut der Gnade und das göttliche Attribut des Gerichts). Diese Einteilung spinnt einen Gedanken fort, der sich schon in den Werken der talmudischen Weisen findet, dass es nämlich zwei göttliche *middot* (wörtlich „Maße": Qualitäten oder Attribute) in der Welt gibt. Die Qualität der Gnade und die Qualität des Gerichts werden dabei als im Kampf oder Streit begriffen betrachtet, personifiziert in der Gestalt eines kosmischen Anklägers und eines kosmischen Verteidigers. Auf der einen Seite stehen Liebe und Erbarmen, und auf der anderen Macht und Stärke – die Erkenntnis, dass diese Liebe im Interesse ihres Empfängers eingeschränkt werden muss.

39 Pinchas Lapide, Ist die Bibel richtig übersetzt? Gütersloh ^{5}2015, 198–199.

40 Benselers Griechisch-Deutsches Wörterbuch, bearb. v. Adolf Kaegi, Leipzig 1962, 89.

41 A. Sand, Art. „αποδιδωμι", in: Exegetisches Wörterbuch zum Neuen Testament, hg. v. Horst Balz und Gerhard Schneider, Stuttgart/Berlin 1980, Band I, Sp. 308.

> […] Die Dualität zwischen Gottes überströmender Liebe und ihrer Einschränkung wird in der Symbolsprache der Kabbala mit den Begriffen „rechts“ und „links“, angelehnt an die beiden Hände des Menschen, verdeutlicht.[42]

Dieser Blick auf jüdische Einsichten stärkt die Erkenntnis, dass die recht verstandene „Zwei-Reiche-Lehre“, die recht verstandene „Lehre von den zwei Regierweisen Gottes“, eine ganz entscheidende Überzeugung zum Ausdruck bringt: Beide Reiche und beide Regierweisen Gottes sind in seinen Händen. Gott ist es, der mit seiner Rechten zu unserem Heil, zu unserer Rettung, aus Liebe handelt – und Menschen für diese Funktionen in seinen Dienst nimmt. Und Gott ist es, der mit seiner Linken zu unserem Wohl, zur irdischen Sicherheit, aus Gerechtigkeitserkenntnis heraus handelt – und auch für diese Funktionen Menschen in seinen Dienst nimmt.

Der bedeutende Theologe und Kirchenrechtler Prof. Dr. Martin Heckel hat mir 2016 per E-Mail einige Seiten einer große Publikation zugesandt: „Luthers Reformation und das Recht“. In Kapitel XVII, 4. „Luthers Begrenzung der weltlichen Obrigkeit“ weist er auch auf unsere Bibelstelle hin:

> Die weltliche Obrigkeit hat „keine Gewalt über die Seele“ (WA 11, 263,8): Sie ist auf die Ordnung der irdischen Dinge und des äußeren menschlichen Verhaltens beschränkt. […] Der Glaube ist nach Luther ausschließlich die Gewissensangelegenheit jedes einzelnen. Die Obrigkeit hat kein Recht auf Gehorsam in Glaubensangelegenheiten. […] So darf die Obrigkeit nicht zum Glauben zwingen. Aber darf sie der Verführung zu falschem Glauben weltlich wehren? Zählt dies nicht zu den Aufgaben der weltlichen Gewalt? […] Später – nach den Erfahrungen des Bauernkrieges 1525 – hat sich Luther allerdings […] enger geäußert, was die offensichtliche Duldung von Sekten betrifft […].[43]

Auch 2017 hat er unterstrichen:

> Der Obrigkeit obliegt nur die äußerliche Durchsetzung des Dekalogs (im usus politicus legis [im politischen Gebrauch des Gesetzes]) zur Wahrung des weltlichen Friedens und Rechts […], nicht die Bekehrung und Heiligung der Welt, denn sie hat keine Gewalt über die Seele und den Glauben […]. Die Obrigkeit muss darum Irrlehrern *Toleranz gewähren* , wenn sie die Zehn Gebote äußerlich einhalten und das gemeinverträgliche Zusammenleben im Sinn der

42 Shalom Rosenberg, Von der Macht des Bösen. Eine Reise zu den Abgründen Gottes, Berlin 2001, 83–84.

43 Martin Heckel, Luthers Reformation und das Recht. Die Entwicklung der Theologie Luthers und ihre Auswirkung auf das Recht unter den Rahmenbedingungen der Reichsreform und der Territorialstaatsbildung im Kampf mit Rom und den „Schwärmern“, Jus Ecclesiasticum 114, Tübingen 2016.

Goldenen Regel [man tue dem anderen, was man selber erleben will] nicht gefährden [...], aber *Toleranz versagen*, wenn sie die Zehn Gebote und damit das Naturrecht verletzen [...].[44]

6.4 Als Abschluss sei eine römisch-katholische Stimme zu diesem wichtigen Text in den synoptischen Evangelien zitiert – eine Zusammenfassung, die der bedeutendste römisch-katholische Neutestamentlers seiner Zeit in der DDR formuliert hat: Prof. Dr. Heinz Schürmann, Erfurt, den ich selber auch persönlich kennenlernen konnte:

> Israel ist das Volk Gottes und der Bereich seiner Königsherrschaft, und ein israelitischer König müßte eigentlich über Israel herrschen an Gottes Statt. So glauben die Frager, die römische Herrschaft um Gottes willen ablehnen zu müssen. Jesus aber weiß, daß Gott selbst kommen und sein Königreich aufrichten wird, bis dahin mag man die Herrschaft des Kaisers ruhig dulden. Wer aber wirklich um die Sache Gottes besorgt ist, der weiß auch, was die Sache Gottes eigentlich verlangt; der kämpft nicht für die Abschüttelung des Römerjoches in Gottes Namen, sondern gibt Gott, was ihm gebührt. [...] Zu dieser Entscheidung führt Jesus, und von daher lösen sich alle Fragen. „Gott, was Gottes ist" – wie eine Parole klingt das. Sie enthält den Zentralwunsch Jesu, umfaßt seine ganze Forderung, ist sein eigentliches Lebensprogramm.[45]

7. Zusammenfassung

Am wichtigsten war uns, dass wir Zeugnisse der – allgemein gesagt – „Diasporasituation" angesehen haben. Sie haben deutlich werden lassen: Der Jahwe-Glaube, der Gottesglaube, muss auch dann bewährt werden, wenn er nicht von staatlicher oder gesellschaftlicher Macht gestützt wird. Dies war grundsätzlich die Situation des frühen Christentums – und ist diejenige des Christentums unserer Zeit!

Neben dem Gleichnis vom Zinsgroschen habe ich noch abschließend auf das Schreiben an die Gemeinde in Pergamon in Offenbarung 2,12–17 verwiesen. Es zeigt die Notwendigkeit der Treue angesichts grandioser fremdreligiöser Herausforderung auf. Dort wird in Vers 13 der „θρονος του σα-

44 Martin Heckel, Martin Luthers Reformation und das Recht, ZRG KA 103, 2017, 315–316.

45 Heinz Schürmann, Worte des Herrn. Jesu Botschaft vom Königtum Gottes, Leipzig [5]1994, 250–251.

ταvα“ – „престол сатаны“ – „Thron des Satans“ erwähnt. Hierbei kann es sich um eine Anspielung auf den berühmten Zeus-Altar handeln, der heute im Pergamon-Museum in Berlin steht, oder – vielleicht sogar wahrscheinlicher – um den Hinweis auf die Tatsache, dass Pergamon mit seinem Augustus- und Roma-Tempel ein Zentrum des Kaiserkults in der Region gewesen ist.[46]

Zu dieser Bedeutung Pergamons muss ich auf ein besonderes Erlebnis in jüngster Zeit hinweisen: Am 22. Februar 2019 habe ich in Berlin das Panorama zu Pergamon, das Yadegar Asisi geschaffen hat, besichtigt. Er schildert auf diesem riesigen Rundbild auf dem Wege zahlloser mit Menschen nachgestellter Szenen einen Tag während der Dionysien im Frühjahr des Jahres 129 n. Chr., an dem auch Kaiser Hadrian die Stadt besucht hat.[47] Nach der Betrachtung der beeindruckenden Szenen, auch natürlich des Opfergeschehens vor und auf dem berühmten Pergamon-Altar, ist mir bewusst geworden, dass der Künstler eine Dimension völlig weggelassen hat. Oder habe ich sie nicht entdeckt, weil sie ja ganz im Abseitigen und Verborgenen verwirklicht worden sein könnte? Ich meine die Zusammenkunft einer christlichen Gemeinde. Dass die Offenbarung des Johannes einen Brief an die Gemeinde in Pergamon enthält, macht deutlich, dass es im Jahr 129 n. Chr. eine solche Gemeinde gegeben hat – aber als Diasporagemeinde!

Wenn wir diese Zusammenhänge richtig erfassen und bei unseren Entscheidungen berücksichtigen, können wir auch in solcher Diaspora-Existenz, auch angesichts fremdreligiöser, pseudoreligiöser oder atheistischer Herausforderungen dem Glauben an Gott in Jesus Christus durch den Heiligen Geist treu bleiben und uns als Gemeinden und Christen bewähren.

46 Vgl. W. Elliger, Art. „Pergamon“, Neues Bibel-Lexikon, Band III, Düsseldorf/Zürich 2001, Sp. 112–113.

47 Pergamon. Meisterwerke der antiken Metropole und 360°-Panorama von Yadegar Asisi, 60–73 und 98–111.

Sven
Grosse

Lutherische Theologie und Wissenschaftstheorie[1]

Das Thema „Lutherische Theologie und Wissenschaftstheorie“ ist von Bedeutung für die Theologie, auch wenn die Theologie an einem Ort außerhalb der Universität organisiert ist, an der sie mit den anderen Wissenschaften zusammengefasst ist. Wenn Theologie wirklich eine Wissenschaft ist, dann befindet sie sich auch in Gemeinschaft mit anderen Wissenschaften. Dazu muss sich dann die Theologie bekennen. Das Motiv darf für die christliche Theologie aber nicht sein, dass sie von den anderen Wissenschaften akzeptiert und in ihre Gemeinschaft aufgenommen werden will. Das würde auch zu einer Anpassung und zur Säkularisierung, zu einer Selbst-Säkularisierung der Theologie führen. Nein, es ist ein eigenes Motiv, ein wesentliches Verlangen des christlichen Glaubens, das zu einer Wissenschaft führt, die man Theologie nennt.

1. Das christliche Verlangen nach Wissenschaft

Ich will kurz eine biblische Rechenschaft darüber ablegen, warum Theologie, Theologie als Wissenschaft, notwendig zum christlichen Glauben gehört. Der zentrale biblische Begriff ist hier der der *Weisheit*. Weisheit ist dabei nicht nur eine bestimmte Eigenschaft, welche der Mensch haben kann, sondern sie ist das, wodurch Gott die Welt gemacht hat, und sie ist etwas, das als Person Gott

1 Vortrag vom 11. Oktober 2019, gehalten am Theologischen Institut der Lutherischen Kirche in Estland, Tallinn. Diese Fassung wurde für den Abdruck im Jahrbuch des Martin-Luther-Bundes überarbeitet.

– wir müssen genauer sagen: Gott dem Vater – gegenüber tritt. Sprüche 8,22 spricht die Weisheit von sich selbst: „Der Herr hat mich gehabt im Anfang seiner Wege; ehe er etwas schuf, war ich da.“ (V. 27:) „Da er die Himmel bereitete, war ich daselbst.“ (V. 30:) „da war ich der Werkmeister bei ihm“[2]. „Der Herr [– also Gott –] hat die Erde durch Weisheit gegründet und nach seiner Einsicht den Himmel bereitet“ (Spr 3,19).

Der „Werkmeister“ ist als Person der gedachte Entwurf, in dem Gott die Schöpfung denkt. Wesentlich für den Entwurf ist der Plan, die Ordnung, und so kann man als Weisheit auch passend die Fähigkeit bezeichnen, etwas zu ordnen und zu beurteilen.[3]

Das Neue Testament (1 Kor 1,30) sagt dann von Jesus Christus, dass er diese Weisheit ist. Durch ihn macht aber Gott die Weisheit der Weisen dieser Welt zu Toren (ebd., V. 20). Das bedeutet aber nun nicht, dass der Glauben an Jesus Christus berechtigt wäre, jegliche Weisheit von Menschen von vornherein zu verschmähen. Das Wort vom gekreuzigten Christus, der gekreuzigten Weisheit ist kein Aufruf zur Bildungsfeindschaft. Es belehrt uns vielmehr darüber, dass Gott weiser ist als menschliche Weisheit (V. 25). Die Torheit der menschlichen Weisheit besteht darin, nicht zu fassen, dass das Wort vom gekreuzigten Christus göttliche Weisheit ist (V. 24). Stattdessen rühmt sie sich ihrer eigenen Kraft (V. 29).

Der Glaube an Jesus Christus ist also Glaube an die göttliche Weisheit. Nichts wissen zu wollen als Jesus Christus, den Gekreuzigten (1 Kor 2,2), besagt: Nichts weniger wissen zu wollen, als die Fülle allen Wissens, die Weisheit in Person. In Jesus Christus liegen verborgen alle Schätze der Weisheit und der Erkenntnis (Kol 2,3): Der Glauben an Jesus Christus erschließt sich diese Schätze und trachtet darum nach Erkenntnis; so wie es Anselm von Canterbury später einmal gesagt hat: *fides quaerens intellectum* – der Glaube sucht nach Erkenntnis.[4]

Wir können jetzt schon einmal festhalten, was für dieses christliche Streben nach Weisheit und Erkenntnis eigentümlich ist: a) Es ist der Glauben als Ausgangspunkt. Also nicht ein Wissen aufgrund eigener Fähigkeit, sondern ein Vertrauen auf das Wissen eines anderen, das Wissen Gottes, der uns selbst sein Wissen anvertraut. Konkret ist es der Glauben an die Predigt vom ge-

2 Luther-Übersetzung, Spr 8,30/ἁρμοζουσα, Septuaginta/LXX: die alles nach einer harmonischen Ordnung zusammenfügt / cuncta conponens, Vulgata, hebr. *'amon* wird von manchen auch mit „Werkmeister“ übersetzt.

3 Vgl. Thomas von Aquin, Summa Theologiae [S. Th.] I, q. 1, a. 6c: „sapientis sit ordinare et judicare“.

4 Anselm von Canterbury, Cur Deus homo 1,1.

kreuzigten Christus (1 Kor 1,23). b) Es ist die Einsicht, dass eben dieser gekreuzigte Mensch Jesus Christus identisch ist mit der Weisheit Gottes. c) All diese Aussagen werden aufgrund von Aussagen in der Bibel gemacht. Dieser große, sehr vielgestaltige Text ist also die Grundlage der Aussagen christlichen Strebens nach Weisheit. Dieser Text hat dann aber ein Zentrum: nämlich die Verkündigung des gekreuzigten Jesus Christus als die Weisheit Gottes.

Ich habe hier auch bereits einen Punkt berührt, an dem lutherische Theologie eine besondere Markierung gesetzt hat. Ich meine, was Martin Luther in der Heidelberger Disputation über die *theologia crucis* im Gegenüber zur *theologia gloriae* gesagt hat. „Der Theologe des Kreuzes sagt, was Sache ist“, denn Gott kann „nur gefunden werden in den Leiden und im Kreuz“.[5]

Ich will im weiteren Fortgang dieser Überlegungen auf solche Markierungen eingehen, die lutherische Theologie gesetzt hat, weil ich der Überzeugung bin, dass sie Wesentliches beizutragen hat zu einer Besinnung, was Theologie ist und was Theologie als Wissenschaft ausmacht.

2. Der Gegenstand der Theologie

Was *Wissenschaft überhaupt* ist, darüber gibt es seit Aristoteles (wenn nicht früher schon) Überlegungen, und „Wissenschaftstheorie“ nennt man das Gesamte dieser Überlegungen. Wenn nun Theologie, christliche Theologie, eine Wissenschaft sein soll, dann stellt sich die Frage, ob sie sich dann nicht auch den Kriterien fügen muss, welche die Wissenschaftstheorie benennt, um zu bestimmen, was Wissenschaft überhaupt ist. Das ist eine sehr delikate Frage, zumal, wenn man bedenkt, dass in der jüngeren Zeit der breiteste Strom der Wissenschaftstheoretiker die Naturwissenschaft zum Modell von Wissenschaft überhaupt macht. Wissenschaftstheorie ist eine Disziplin, die besonders im angelsächsischen Bereich gepflegt wird,[6] und in der englischen Sprache ist die Fokussierung auf die Naturwissenschaft besonders greifbar, denn „science“ meint dort einfach die Naturwissenschaft (*scientia naturae*),

---

5 „Theologus gloriae dicit Malum bonum et bonum malum, Theologus crucis dicit id quod res est.“ „At Deum non inveniri nisi in passionibus et cruce […]“, Luther, Heidelberger Disputation (1518), These 21: WA 1, 362/BoA 5, 388 34; 389,5.

6 Ich nenne hier nur die Namen Thomas S. Kuhn, Imre Lakatos, Paul Feyerabend. Einen Überblick bieten die Werke von Poser und Tetens: Hans Poser, Wissenschaftstheorie. Eine philosophische Einführung, Stuttgart 2001; Holm Tetens, Wissenschaftstheorie. Eine Einführung, München 2013.

und die anderen Wissenschaften, also die Geisteswissenschaften, werden dort „humanities" genannt. Es entsteht dann die Frage, was man mit einer Wissenschaft anfangen soll, die sich weder vorrangig mit der Natur befasst noch mit dem Menschen, sondern mit Gott. In einer neueren deutschsprachigen Wissenschaftstheorie wird denn auch gesagt: „Die Theologie kann nur dann zu den Realwissenschaften gerechnet werden, wenn man die Realität Gottes annimmt; da diese Realität wissenschaftlich unbegründbar ist, ist diese Zurechnung fragwürdig."[7]

Ich will auf diese Herausforderung an dieser Stelle nicht eingehen, aber doch deutlich machen, aufgrund von welchem Recht die Theologie von der Realität Gottes ausgeht. Eine profane Wissenschaftstheorie ist auch dann schon für die Theologie ein Problem, wenn sie nur ganz formale Kriterien aufstellt für das, was Wissenschaft zu sein hat. Das hat der deutsche Wissenschaftstheoretiker Heinrich Scholz (1884–1956) in einem Aufsatz von 1931 getan.[8] Scholz formuliert zunächst unbestreitbare Mindestforderungen (A), nämlich: (1) das Satzpostulat: „In einer Wissenschaft können außer Fragen und Definitionen nur Sätze auftreten; das soll heißen: nur Aussagen, für welche das Wahrsein behauptet wird"[9], sodann (2) das Kohärenzpostulat: „Von einer Wissenschaft kann nur dann gesprochen werden, wenn irgend ein Bereich von Dingen so vorliegt, daß alle zu einer und derselben Wissenschaft gehörigen Sätze als Aussagen über die Dinge dieses Bereiches formuliert werden können"[10], also alle diese Aussagen dürfen nur aus *einem* Bereich von Dingen stammen. Schließlich (3) das Kontrollierbarkeitspostulat: die Aussagen müssen durch jemand anderen nachgeprüft werden können. Als umstrittene Mindestforderungen (B) nennt Scholz das Unabhängigkeitspostulat: (1) Keine wissenschaftliche Aussage darf von einem Vorurteil abhängig sein. Dabei ist ihm bewusst, dass Vorurteilslosigkeit etwas anderes ist als Voraussetzungslosigkeit, die man nicht vermeiden kann, weil Wissenschaft immer Axiome hat; (2) das Konkordanzpostulat: Es dürfen nur Sätze auftreten, welche das physikalisch und biologisch Unmögliche respektieren. Die Höchst-

7 Gerhard Schurz, Einführung in die Wissenschaftstheorie, Darmstadt, ^{2}2008, 33.
8 Heinrich Scholz, Wie ist eine evangelische Theologie als Wissenschaft möglich? In: Zwischen den Zeiten [ZZ] 9 (1931), 8–53, abgedr. in: Gerhard Sauter, Theologie als Wissenschaft. Aufsätze und Thesen, hg. u. eingel. v. Gerhard Sauter, München 1972 (Theologische Bücherei 43), 221–264. Ich zitiere hier nach den Seitenangaben in der Erstveröffentlichung in ZZ, die auch in dem Abdruck bei Sauter vermerkt sind.
9 Scholz, 19.
10 A. a. O., 20.

forderung (C) besteht darin, dass eine Wissenschaft in Axiome und in beweisbare Lehrsätze eingeteilt werden kann.

Ich will mich hier nur dem Kohärenzpostulat und später etwas noch der Höchstforderung von Wissenschaft zuwenden. Das Kohärenzpostulat verlangt also nach einem eigentümlichen Gegenstandsbereich einer Wissenschaft. Um ein einfaches Beispiel zu bringen: Botanik befasst sich mit Pflanzen, Zoologie mit Tieren. Wie verhält es sich nun mit der Theologie? Die einfachste Antwort lautet: Theologie befasst sich mit Gott; von Gott her hat sie ihren Namen. Die Sache ist indes nicht so einfach – schon darum nicht, weil sich auch die Philosophie mit Gott befasst. Man spricht dann von philosophischer Theologie, und von dieser Theologie will man noch eine Theologie unterscheiden, die man mit Nachdruck *die* Theologie nennt und die sich auf eine Offenbarung Gottes gründet. An dieser Stelle will ich nun einen lutherischen Beitrag zum Problem nennen. Martin Luther hat so definiert: „Der Gegenstand der Theologie ist der angeklagte und verlorene Mensch und der rechtfertigende und errettende Gott.“[11]

Das ist bemerkenswert, weil Luther hier nicht Gott alleine nennt, sondern auch den Menschen. Er nennt den Menschen sogar vor Gott. Er denkt dabei bestimmt nicht an einen sachlichen Vorrang des Menschen – ein Angeklagter hat vor seinem Richter und Retter sicherlich keinen Vorrang. Der Mensch wird aber hier wohl deswegen zuerst genannt, damit sich der Mensch, der Wissenschaftstheorie betreibt und eine Definition der Theologie ausspricht, bewusst macht, dass er selber es ist, der diese Definition ausspricht. Er muss sich bewusst machen, dass er selber Mensch ist, und das heißt: dass er angeklagt und verloren ist – und dass er auf die Rechtfertigung und den Freispruch Gottes angewiesen ist. Der Mensch gehört in den Gegenstandsbereich der Theologie hinein. Aber nicht so, wie er Gegenstand der Humanbiologie ist: Neben den Pflanzen und den Tieren gibt es auch noch den Menschen, den man zum Objekt einer Wissenschaft machen kann. Sondern so, dass der Wissenschaft treibende Mensch auf sich selbst blickt, sich im Spiegel erkennt: Es geht um mich!

Gewöhnlich wird Selbsterkenntnis aus der Wissenschaft gänzlich ausgeschlossen. Genauer: Das, was der Mensch von sich erkennt, wird völlig getrennt von einem Selbstverhältnis, das durch Akzeptiertsein oder Angeklagtsein beschrieben werden kann. Wissenschaft hat eben nur objektiv zu

11 „Subiectum Theologiae homo reus et perditus et deus iustificans vel salvator.“ Martin Luther, Auslegung von Psalm 51 (1532, gedr. 1538), WA 40/II, 328,1f. Vgl. dazu Oswald Bayer, Theologie, Gütersloh 1994, 36–41.

sein. Von diesem Anspruch übernimmt eine von Luther geleitete Auffassung der Theologie nur den Anspruch auf *Sachlichkeit*: Die Selbsterkenntnis muss ganz sachlich sein. Es dürfen keine falschen Rücksichten auf sich selber hineinspielen. Zum Gegenstandsbereich der Theologie gehört indes zugleich Gott, und ihm gebührt natürlich der Vorrang. Von Gott wird aber nur so gesprochen, dass er in Bezug auf den Menschen in Erscheinung tritt: *Von ihm* ist der Mensch angeklagt. *Vor ihm* ist der Mensch verloren. *Er aber* rechtfertigt den Menschen. *Er* errettet ihn. Es wäre falsch, von Gott so zu sprechen, als wäre er nicht der Ankläger, aber auch der Erretter des Menschen. Das wäre eine falsche Objektivität, und zum Gegenstand der christlichen Theologie würde ein so gedachter Gott nicht gehören.

Es wird hier deutlich, wie die Theologie zu der Realität Gottes kommt: So, dass der Mensch sich eingesteht, dass er von Gott angeklagt, aber auch aus dieser Anklage errettet ist. Wenn der Mensch abstreitet, dass es die Realität Gottes gibt, oder wenn er von einem Gott reden möchte, so als sei es nicht *dieser* Gott, dann entzieht er sich der Realität Gottes.

Luther spitzt den Gegenstandsbereich der Theologie hier auf einen wesentlichen Punkt zu. Dieser Punkt darf nicht verfehlt werden; sonst hätten wir es nicht mehr mit christlicher Theologie zu tun. Luthers Definition ist aber sehr wohl vereinbar mit anderen Definitionen, die in der Geschichte der christlichen Theologie gegeben wurden. Diese Definitionen ergänzen sich: Sie zeigen, was in den anderen Definitionen mitgedacht werden muss, damit sie wirklich den Gegenstand der Theologie erfassen.

Ich will hier anfangen mit diesem Baustein einer Definition, den der Apostel Paulus gibt, wenn er sagt, dass er allein Jesus Christus wissen wollte, den Gekreuzigten (1 Kor 2,2, vgl. Phil 3,10.13). Mit Jesus Christus benennt Paulus denjenigen, durch den und in dem der Mensch gerechtfertigt und gerettet ist. Jesus Christus ist aber auch der richtende Gott und derjenige, der den Urteilsspruch Gottes trägt.

Thomas von Aquin hat eine Bestimmung des Gegenstandes der Theologie gegeben, die weit von der Luthers abzuliegen scheint: Gott und jedes andere Ding, aber so, dass seine Beziehung zu Gott betrachtet wird – seine Beziehung zu Gott als seinem Ursprung und seinem Ziel.[12] Während Luther die Theologie zuspitzt auf die Beziehung zwischen dem Menschen und Gott

---

12 „sacra doctrina [...] determinat [...] de Deo principaliter, et de creaturis secundum quod referuntur ad Deum, ut ad principium vel finem." S. Th. I, q.1, a.3 ad 1; vgl. S. Th. I, q.1, a.7, ad 2: „omnia alia quae determinantur in sacra doctrina, comprehenduntur sub Deo: non ut partes vel species vel accidentia, sed ut ordinata aliqualiter ad ipsum."

als seinem Ankläger und Richter, beschreibt Thomas einen denkbar weiten Gegenstandsbereich der Theologie. Beide Definitionen bedürfen aber einander, um sinnvoll zu sein.

Fangen wir bei Thomas an: Die Beziehung, die der Mensch zu Gott als seinem Ziel hat, ist der Grund, weshalb für ihn Theologie überhaupt nötig ist: „Es war nötig zum menschlichen Heil, daß es eine Lehre aufgrund der göttlichen Offenbarung gibt, außer den philosophischen Disziplinen [also den anderen Wissenschaften], die mittels der menschlichen Vernunft erforscht werden. Zuerst nämlich, weil der Mensch von Gott zu einem Ziel hin bestimmt ist, das die Fassungskraft der Vernunft übersteigt. [...] Das Ziel muß aber den Menschen im Voraus bekannt sein, damit sie ihre Absichten und Handlungen auf dieses Ziel hinordnen."[13] Dieser geschöpfliche Abstand zwischen Gott und dem Menschen wird aber noch vergrößert durch den Abstand, der aufgrund der Sünde besteht. Theologie ist nötig, damit der Mensch sein Ziel, das Heil erreicht, und ihr Gegenstand ist zentral die Beschreibung des Weges, wie der Mensch zu diesem Ziel gelangt.

Die lutherische Orthodoxie hat darum Definitionen der Theologie gegeben, welche die thomasische Definition aufnehmen, aber die auch die Konkretionen einfügen, die aufgrund der lutherschen Definition gemacht werden müssen. So sagt Calixt: „Die Theologie ist eine praktische Fertigkeit (*habitus*) des Intellekts, die aus der in der heiligen Schrift begriffenen und von dem Zeugnis der alten Kirche bestätigten göttlichen Offenbarung lehrt, wie man zu ewigen Leben gelangen soll."

Abraham Calov: „Die Theologie ist die praktische Fertigkeit der Erkenntnis, die aus der göttlichen Offenbarung geschöpft ist, über die wahre Religion, vermöge der der Mensch nach dem Fall durch den Glauben zur ewigen Seligkeit geführt wird."

Johannes Musaeus: Es „kann die Theologie definiert werden, daß sie sei eine praktische Wissenschaft (*scientia*), welche aus göttlicher Offenbarung lehrt, was dem sündigen Menschen wie zum wahren Glauben an Christus zu erkennen so zur Heiligkeit des Lebens zu tun vonnöten ist um der Erlangung der ewigen Seligkeit in Gott willen."

13 „necessarium fuit ad humanam salutem, esse doctrinam quandam secundum revelationem divinam, praeter philosophicas disciplinas, quae ratione humana investigantur. Primo quidem, quia homo ordinatur a Deo ad quemdam finem qui comprehensionem rationis excedit [...] Finem autem oportet esse praecognitum hominibus, quui suas intentiones et actiones debent ordinare in finem." S. Th. I, q.1, a.1 c.

David Hollaz: „Die Theologie ist eine sonderliche praktische Weisheit (*sapientia*), welche aus dem offenbarten Worte Gottes alles lehrt, was zum wahren Glauben an Christus zu erkennen und zur Heiligkeit des Lebens zu tun vonnöten ist, der die ewige Seligkeit erlangen will.“[14]

Die Definition Luthers setzt aber auch Bestimmungen voraus, die Thomas nennt. Der Mensch ist angeklagt und verloren vor Gott. Das ist für ihn aber nur deswegen von Bedeutung, weil Gott sein Schöpfer ist. Er ist aber nicht nur der Schöpfer des Menschen, sondern der Schöpfer aller Dinge, und die Sünde des Menschen ist von entscheidender Bedeutung für alle Dinge, weil die ganze Schöpfung für den Menschen und um des Menschen willen gemacht ist. Er ist zwar nicht der einzige, aber der zentrale Grund, um dessentwillen die Schöpfung ist.[15] Die Rechtfertigung des sündigen Menschen ist somit auch für die gesamte Schöpfung von zentraler Bedeutung. Erst in Verbindung mit der thomasischen Gegenstandsbestimmung wird also die Berechtigung der lutherschen deutlich. *Der* Gott, vor dem der Mensch Rechtfertigung finden muss, ist *der* Gott, von dem alle Dinge sind und auf den hin sie sind (Röm 11,36).

Wenn Paulus von dem gekreuzigten Jesus Christus spricht, in dem der Mensch freigesprochen und gerechtfertigt ist, dann spricht er eine Geschichte an, die Geschichte Jesu Christi, seiner Kreuzigung und seiner Auferstehung, und es wird, wie wir bereits gesehen haben, diese Geschichte in einem bestimmten Text mitgeteilt und gedeutet. Das ist auch wesentlich für die Theologie, und Augustinus hat den Zusammenhang von Gotteserkenntnis, Geschichte, deutendem Text und dem Wandel des Menschen, mit dem sich die Gotterkenntnis vollzieht, folgendermaßen beschrieben:

„Gehen wir nun an die Erforschung dieser Religion selbst, so steht als Hauptgegenstand ihre Geschichte vor uns. Diese schließt in sich die Prophetie des zeitlichen Waltens der göttlichen Vorsehung zum Heil des Menschengeschlechtes, welches erneuert und wiederhergestellt werden muß. Wer zum Glauben daran gekommen ist, dessen Geist wird durch eine Lebensart gereinigt werden, die mit den Geboten Gottes im Einklang steht und die ihn fähig macht, geistige Dinge wahrzunehmen, die weder vergangen noch zu-

14 Zitiert in der deutschen Übersetzung von Emanuel Hirsch, Hilfsbuch zum Studium der Dogmatik, Berlin ^{4}1964, 301f (§ 480). Die Quellen sind: Georg Calixt, Epitome theologiae 1661 (1619), 40; Abraham Calov, Theologia positiva 1682, 1; Johannes Musaeus, Introductio in theologiam, Jena 1679, 206; David Hollaz, Examen 1725 (1707), I 1.

15 Dies wird beleuchtet durch den Zusammenhang von Gen 1,26–28, der Komposition von Gen 2,4 b–23; von Ps 8 und Röm 8,19–22.

künftig sind, sondern immer währen und keinem Wandel unterworfen sind. Das heißt den ein und denselben Gott wahrzunehmen, den Vater, den Sohn und den Heiligen Geist."[16]

Hier finden sich die wesentlichen Elemente, die Luther und Thomas nennen: Es geht um die Erneuerung und Wiederherstellung des Menschen; es geht um die Erkenntnis Gottes, aber auch um die Erkenntnis jeder Kreatur in ihrer Beziehung zu Gott. Augustin macht aber auch deutlich, dass man zu der Erkenntnis Gottes nur durch eine bestimmte Geschichte gelangt. Es ist die Geschichte, in welcher die Vorsehung Gottes einen bestimmten Plan vollzieht (*dispensatio*). Dadurch geschieht die Erneuerung und Wiederherstellung des Menschengeschlechts. Der Glaube an dieses besondere Handeln Gottes in der Geschichte ist nötig zur Erneuerung und Wiederherstellung des Menschen.

Augustinus spricht hier auch von einem Wahrnehmen oder Ergreifen Gottes (*percipere*). Auch in der Philosophie wird ein ewiger Gott *gedacht*. Er wird aber erst erreicht, wahrgenommen und ergriffen, wenn der Mensch im Glauben den Weg durch diese Geschichte nimmt. Erst dann lernt der Mensch den Gott kennen, der sein Ankläger, aber auch sein Erretter ist. Der Weg durch die Heilsgeschichte bewirkt also eine Transformation des philosophischen Gottesgedankens.

Wir müssen aber noch ein weiteres Element der augustinischen Beschreibung beleuchten. Augustin schreibt nicht nur von der Geschichte, sondern er erläutert dies durch „die Prophetie des zeitlichen Waltens der göttlichen Vorsehung": Die Geschichte wird auf diese Weise – und nur auf diese Weise – zum Hauptgegenstand der christlichen Religion, indem sie durch eine Prophetie gedeutet wird. Die Heilige Schrift ist die Prophetie, durch welche die Heilsgeschichte gedeutet und erst als Heilsgeschichte erkannt und wirksam wird. Es kommt also dreierlei in der Theologie zusammen: (a) das Aufnehmen, aber auch das Umbilden des philosophischen Gedankens von Gott, (b) die Vertiefung in die Heilsgeschichte, (c) die Erkenntnis Gottes

16 „Huius religionis sectandae caput est historia et prophetia dispensationis temporalis divinae providentiae pro salute generis humani in aeternam vitam reformandi atque reparandi. Quae cum credita fuerit, mentem purgabit uitae modus diuinis praeceptis conciliatus et idoneam faciet spiritalibus percipiendis, quae nec praeterita sunt nec futura, sed eodem modo semper manentia nulli mutabilitati obnoxia, id est unum ipsum deum patrem et filium et spiritum sanctum", De vera religione VII, 13, 39, CChr.SL 32, 196,20–27. Die Übersetzung hält sich frei an diejenige von Carl Johann Perl: Augustinus, Die wahre Religion, Paderborn 1957, 12f. Vgl. die Übersetzung De vera religione/Über die wahre Religion, lat.-dt. Übers. u. Anm. v. Wilhelm Thimme, Nachwort von Kurt Flasch, Stuttgart 1983, 25–27.

durch die Heilige Schrift, die sagt, welche Geschichte Heilsgeschichte ist und diese Heilsgeschichte deutet.

Resümieren wir: Die Theologie hat einen ihr eigentümlichen Gegenstand, dessen Einheit von verschiedenen Seiten her erkennbar wird. Zum einen (Thomas) durch ihren Erkenntnisgrund, nämlich die Offenbarung Gottes, zum zweiten (Luther) durch die Begegnung zwischen dem errettenden Gott und dem ohne ihn verlorenen Menschen, auf die alles in der Theologie letztlich bezogen sein muss, zum dritten (Augustinus) durch die sich in der Heiligen Schrift erschließende Heilsgeschichte, durch welche Gott erst seine Offenbarung vollzieht und es zu der entscheidenden Begegnung zwischen Gott und dem Menschen kommt. Man sieht hier aber auch deutlich, dass die Einheit der Theologie nicht von der Art ist wie die Einheit anderer Wissenschaften, welche sich durch eine Aufteilung der Gegenstände nach Gattungen oder durch die Aufteilung der Aspekte eines Dinges ergibt. Die Theologie erfüllt auf ihre Weise das Kohärenzpostulat: Sie hat einen sinnvoll in sich zusammenhängenden Gegenstand, aber es ist die Offenbarung Gottes, die ihr diesen Gegenstand gibt.

3. Die Heilige Schrift und die Axiomatik der Theologie

Im letzten Teil meiner Überlegungen will ich die Aufmerksamkeit noch einmal auf die Heilige Schrift lenken. Welchen Status hat die Bibel in der Wissenschaftstheorie der Theologie? Auch hier will ich einen besonderen Beitrag nennen, den lutherische Theologie gemacht hat. Philipp Melanchthon beruft sich zu Beginn seiner „Loci praecipui theologici" in der Letztfassung von 1559 auf das Schriftprinzip, das später die Konkordienformel so formuliert hat: dass die „prophetischen und apostolischen Schriften Altes und Neuen Testaments alleine die einige wahrhaftige Richtschnur ist, nach der alle Lehrer und Lehre zu richten und zu urteilen seien"[17]. Melanchthon vergleicht dabei die biblischen Aussagen – nach Gesetz und Evangelium unterschieden – mit Gleichungen in der Mathematik, deren Wahrheit evident ist. Er sagt: Es „ist in der Lehre der Kirche die Offenbarung Gottes die Quelle der Gewissheit [...]. Wie jedem mit gesundem Menschenverstand der fol-

17 Von dem summarischen Begriff, Grund, Regel und Richtschnur, wie alle Lehr nach Gottes Wort geurteilt ... werden sollen, Konkordienformel, Solida Declaratio, BSLK, 834, 16–22/BSELK, 1216, 9–12.

gende Satz: zweimal vier ist acht, als korrekt gilt, denn es ist eine natürliche Erkenntnis wie die der Grundsätze, so sollen für uns die Glaubensartikel, [nämlich] Drohungen und Verheißungen Gottes sicher und unveränderbar sein, so soll auch für einen, der Buße tut, gewiß sein, daß die Sünden wegen dem Sohn Gottes vergeben werden, daß er erhört und Erbe des ewigen Lebens wird."[18]

Melanchthon macht hier den Ansatz dazu, dass die Theologie die Höchstforderung erfüllt, die Heinrich Scholz an eine Wissenschaft stellt, dass sie sich nämlich strukturieren lässt in Axiome und davon abgeleitete Lehrsätze. Das Modell für eine solche Struktur gibt die Geometrie. An der Erfüllung dieses Programms hat die altprotestantische Orthodoxie gearbeitet, wie auch Scholz anerkennend erwähnt.[19]

Ich will aber hier einen Einwand vorbringen, der sehr naheliegend ist: Kann man die Bibel als ein System von Axiomen betrachten, so wie man sie in der Mathematik, in der Logik oder auch in der Physik findet? Ist die Bibel nicht von einer Eigenart, welche einem Gebrauch als Axiom völlig widerspricht? Ist nicht die Bibel viel zu heterogen, um dazu zu taugen? Man muss nicht nur sehr verschiedene Textsorten in ihr unterscheiden. Sie besteht auch aus lauter Einzelschriften, welche zu verschiedenen Zeiten entstanden sind. Diese Einzelschriften zeigen deutlich den geschichtlich beschränkten Horizont ihrer Verfasser. – Ich spreche hier gar nicht von hypothetisch angenommenen Vorläufertexten der biblischen Schriften, schriftlichen oder mündlichen, aus denen in einem komplizierten Vorgang die Bibel hervorgegangen sein soll. Auch wenn solche Hypothesen wahr sein sollten, hätten diese Vorläufertexte keinen kanonischen Rang. Um meinen Einwand genügend plausibel erscheinen zu lassen, genügt es, von der Vielfalt der kanonischen Schriften von der Genesis bis zur Offenbarung Johannis zu sprechen.

Ich denke, man soll nun nicht versuchen, den geschichtlichen, den kontingenten Charakter der biblischen Schriften herunterzuspielen, um die Bibel doch als tauglich zu erweisen, axiomatische Grundlage der Theologie zu sein.

---

18 „in doctrina Ecclesiae certitudinis causa est revelatio Dei […]. Ut certa est cuilibet sano haec sententia: Bis quatuor sunt octo, est enim naturalis notitia ut principiorum, ita sint certi nobis et immoti articuli fidei, comminationes et promissiones divinae, ita certum sit agenti poenitentiam remitti peccata propter filium Dei, exaudiri se et fieri haeredem vitae aeternae." Philipp Melanchthon, Loci praecipui theologici 1559, hg. u. übers. v. Peter Litwan u. Sven Grosse unter Mitarbeit von Florence Becher-Häusermann, lat.-dt., Bd. 1, Leipzig 2018 [MelLD 1], 10, 21–27 (dt. Übers.: a. a. O., 11, 25–34.

19 Scholz (wie Anm. 8), 29f.

Dieser geschichtliche, kontingente Charakter gehört notwendig zur christlichen theologischen Gotteserkenntnis. Es hat nicht so sein müssen, dass Gott Israel aus Ägypten führt, dass Gott ausgerechnet in einem jüdischen Menschen zur Zeit der römischen Oberherrschaft Mensch wird usw.: Das sind alles kontingente Ereignisse. Sie lassen sich nicht aus irgendeinem Grundsatz ableiten. Und doch wird Gott daraus erkannt. Er handelt in diesen geschichtlichen Ereignissen, und er tut dies und das, weil es ihm so gefallen hat. Es ist freilich eine Herablassung Gottes, wenn er sich einschränkt auf bestimmte geschichtliche Ereignisse, um sich dadurch erkennen zu lassen. In dieser Herablassung kommt er den Menschen aber auch ganz nahe: eben bis zu dem Punkt, an dem er selbst Mensch wird. Die in der Bibel berichteten Ereignisse haben also ihre Folgerichtigkeit: Dass in ihnen Gott sich Menschen annähert, d. h. bestimmten Menschen, einem auserwählten Volk; dass er selbst Mensch wird, dass er sich als dieser Mensch zeigt und der Gott ist, der den Menschen richtet und errettet. Der „Inhalt" der Heiligen Schrift ist darum Jesus Christus. Das haben die Kirchenväter gewusst[20] und das hat auch Martin Luther bekräftigt, wie er sagte: „Nimm Christus aus den Schriften, was wirst du sonst weiter in ihnen finden?"[21]

Dieser Inhalt der Heiligen Schrift wird dann auch angemessen in einer Fülle von Schriften verschiedener Art vermittelt. Sozusagen das Rückgrat dieser Schriften sind aber die Geschichtsberichte, aus denen die Heilsgeschichte hervorgeht. Diese einzelnen Schriften haben zweifelsohne ihren jeweiligen geschichtlichen Horizont. Dieser Horizont wird aber überschritten, wenn man sie als Glied der Geschichte nimmt, in welcher der ewige Gott in die Zeit eingeht.

---

20 Siehe die Verwendung der *regula fidei* (dazu Sven Grosse, Theologie des Kanons, Der christliche Kanon, seine Hermeneutik und die Historizität seiner Aussagen. Die Lehren der Kirchenväter als Grundlegung der Lehre von der Heiligen Schrift, Wien/Zürich 2011, 27–31; 49f), und den Ausspruch des Origenes: durch das Kommen des Wortes Gottes wird die Schrift erst Evangelium: „Der Erlöser ließ, wie er kam, das Evangelium Leib werden und machte durch das Evangelium gleichsam alles [in der Schrift] zum Evangelium." „ὁ δὲ σωτὴρ ἐπιδημήσας καὶ τὸ εὐαγγέλιον σωματοποιηθῆναι ποιήσας τῷ εὐαγγελίῳ πάντα ὡσεὶ εὐαγγέλιον πεκοίηκεν." Origenes, Jo. I, vi, 33, SC 120bis, 74,10–12, Übersetzung nach: Origenes, Das Evangelium nach Johannes, übers. u. eingef. v. Rolf Gögler, Einsiedeln u. a. 1959, 10f, dazu Sven Grosse, Hermeneutik und Auslegung des Römerbriefs bei Origenes, Thomas von Aquin und Luther, in: Auslegung und Hermeneutik der Bibel in der Reformationszeit, Berlin/New York 2017, 3–6.

21 „Tolle Christum e scripturis, quid amplius in illis invenies?" De servo arbitrio, WA 18, 606,29/BoA 3, 101,29, vgl. „die heilige Schrift, das ist Gott selbst", Vorrede zum Bd. 1 der Wittenberger Ausgabe seiner Werke, 1539, WA 50, 657,26f.

Ich möchte nun zusammenfassend bestimmen, was überhaupt eine christliche theologische Aussage ist:

a) Eine theologische Aussage muss eine Aussage über tatsächliche geschichtliche Ereignisse, Verhältnisse usw., nämlich die in der Bibel berichteten, sein oder mit solchen Aussagen in einem notwendigen Zusammenhang stehen. Die Mitte dieses Zusammenhanges ist die Kreuzigung und Auferstehung Jesu Christi.
b) Eine theologische Aussage muss eine Aussage sein, in welcher ein Text, nämlich der Text der Bibel, gedeutet wird, oder sie muss sich aus Aussagen gewinnen lassen, in denen dieser Text gedeutet wird.
c) Eine theologische Aussage muss einen wissenschaftlichen, und zwar philosophischen Charakter haben, indem sie nämlich auf das Ziel letzter Begründungen aus ist, ihren Stoff in möglichst allgemeinen Begriffen zu ordnen sucht, damit Genauigkeit des Begriffs anstrebt, nach einem Plan (einer „Methode") vorgeht und schließlich selbst begründet wird.

Es kann nun auch gesagt werden, was Theologie *nicht* ist:

a) Theologie ist nicht Geschichtsschreibung, die unter der Voraussetzung arbeitet, dass von Gott abgesehen wird, einem Gott, der in die Geschichte eingreift und in einer hervorgehobenen Weise, verbunden mit einem Anreden bestimmter Menschen, in ihr handelt. Theologie ist auch nicht Geschichtsschreibung von den religiösen Ideen oder Bewusstseinszuständen von Menschen im Alten Israel oder von sogenannten urchristlichen Gemeinschaften im 1. Jahrhundert nach unserer Zeitrechnung, ebenfalls unter der Voraussetzung *remoto Deo agente et dicente* [unter Weglassung von einem Gott, der handelt und spricht]. Projekte einer solchen Geschichtsschreibung sind an sich durchaus möglich; es besteht dann aber kein Grund, sie als Wissenschaft mit einem eigentümlichen Gegenstandsbereich aufzufassen. Es sind Projekte innerhalb der Geschichtsschreibung der Völker des Alten Orients bzw. der religiösen Gruppen im Römischen Reich während der julisch-claudischen oder auch noch flavischen Kaiserzeit. Es besteht dann auch kein Grund, diese Projekte abzugrenzen von der nachfolgenden Epoche, also noch die Religionsgeschichte der späteren römischen Kaiserzeit einzubeziehen.
b) Theologie ist nicht Philologie oder Literaturwissenschaft, die gleichfalls von der Frage absieht, ob der Text – konkret: der Text der Bibel – ein Reden Gottes ist oder nicht. Wiederum sind wissenschaftliche Projekte denkbar, welche die biblischen Texte so betrachten, und wiederum be-

steht kein Grund, sie nicht in Wissenschaften einzugliedern, deren Gegenstandsbereich durch die jeweilige Sprache oder Sprachfamilie bestimmt ist. Man hätte dann das Alte Testament in die Literaturwissenschaft der antiken semitischen Sprachen und das Neue Testament in die Literaturwissenschaft des hellenistischen Griechisch einzuordnen.

c) Theologie ist nicht Philosophie, d. h. eine Philosophie, die absieht von der Frage, ob Gott in Jesus von Nazareth Mensch geworden ist und durch die biblischen Schriften bestimmte Menschen anredet, die ihn durch diese Anrede erkennen. Man könnte bestimmte Gedanken der biblischen Schriften oder der christlichen Theologie von diesen Voraussetzungen lösen und als Teile einer philosophischen Dialektik auffassen. Aber das wäre nicht mehr Theologie.

Christliche Theologie hat ihren besonderen Charakter nur, wenn – explizit oder implizit – das beachtet wird, worauf Luther und Melanchthon hingewiesen haben: Der Theologe muss sich immer als einen Menschen verstehen, der, indem er Theologie treibt, vor Gott steht, der ihn richtet und der ihn freispricht. Der Theologe kann nur in den Worten der Bibel Gewissheit finden, durch die Gott ihn anredet: als Ankläger und als Freisprecher.

Gerhard
Müller

Gottes Vielfalt

Gottesvorstellungen und Gottesverstellungen

Michael Hübner zum 60. Geburtstag

Gott?

Über Gott ist viel geschrieben, gesprochen und gestritten worden. Zu seiner „Vielfalt" gehören die widersprüchlichsten Urteile über ihn. Früher nahm man an, dass es jenseits unserer Welt eine Meta-Welt gebe, eine andere Welt. Aristoteles (384–322 vor Christus), der große antike Philosoph, schrieb eine „Physik" und eine „Metaphysik".[1] Das hörte mit der Aufklärung im 18. Jahrhundert mehr oder weniger auf. Stattdessen ging es jetzt um den Menschen, um uns, um unsere Verantwortung. War bisher von einem Gesetz Gottes die Rede gewesen, so trat jetzt an die Stelle dieser Theonomie die Autonomie, das Gesetz, das sich aus der Sache selbst ergibt.

Warum dann überhaupt nach Gott fragen, gar nach seiner Vielfalt? „Viele Menschen haben vergessen, dass sie Gott vergessen haben" (Wolf Krötke[2]). Gar nicht so wenige Kinder haben nie das Beten gelernt. Die christliche Sozialisation ist in unserem Land weitgehend verloren gegangen. Ein Beispiel: „In der offiziellen Taufliturgie […] werden zwei bestimmende […] Elemente […] hervorgehoben – die Anrufung des dreieinigen Gottes durch die trinitarische Taufformel und das gemeinsam gesprochene Glaubensbe-

1 Vgl. Olof Gigon, Aristoteles/Aristotelismus I, in: Theologische Realenzyklopädie (zit.: TRE) Bd. 3, Berlin/New York 1978, S. 731.
2 Vgl. z. B. http://wolf-kroetke.de/ansicht/eintrag/40.html.

kenntnis […] sowie das Wasser als Zeichen der Neugeburt und der Auferstehung. Davon ist in den Wünschen (der Eltern) überhaupt keine Rede."[3] An die Stelle der christlichen Tradition ist bei vielen das große Kapitel der Künstlichen Intelligenz getreten. Wer einen Beruf erlernt, muss sein Leben lang ein Lernender bleiben. Aber nicht bei jedem Lebenslauf reicht der Atem, um mitzukommen. Dann wird aussortiert, „frei gesetzt". Wer sagt, das war früher alles besser, übersieht, dass heute der Lebensstandard der Erfolgreichen üppig ist und früher nur von der obersten dünnen Schicht erreicht wurde.

Was hinderte, wurde abgeschafft. Wir leben in einem „postkonventionellen Zeitalter".[4] Was früher Gepflogenheit war, etwa dass man sich höflich zu verhalten habe, wird nicht mehr durchweg akzeptiert. Wer das bestreitet, möge als alter Mensch mit Gepäck in einen Nahverkehrszug einzusteigen versuchen. Pendler und Schüler können das besser! Konventionen setzten voraus, dass Menschen zusammenkamen (con-venire) und sich verständigten. Alle wussten: „Alles […], was ihr wollt, das euch die Leute tun sollen, das tut ihr ihnen auch" (Mt 7,12). Gibt es heute noch „die Leute"? Oder wird hinter jedem Menschen nur der offene oder der versteckte Konkurrent gesehen?

Alles wird hinterfragt: Alles bedarf „der Rechtfertigung: die Familie, der Staat, die Kausalität, das Individuum, die Chemie, das Gemüse, der Haarwuchs, die Laune, das Leben, die Bildung."[5] Unsere Postmoderne ist anders geworden, als manche es gewohnt waren. Stets soll es Neues geben. Events stehen in hohem Kurs. Zugleich sind die Erwartungen groß: Es darf keinen Konjunktureinbruch geben, damit mein Arbeitsplatz nicht wegfällt. Dafür muss der Staat sorgen. Das bestmögliche Leben muss doch herstellbar sein – von uns. Die „Neuzeit ist […] die erste Epoche, in der für die Menschen Ohnmacht und Leiden nicht mehr das Selbstverständliche und Normale sind. Jetzt – erstmalig – scheint die Not grundsätzlich beherrschbar, der Schmerz grundsätzlich ersparbar, die Krankheit grundsätzlich besiegbar, das Böse grundsätzlich abschaffbar, die endlichkeitsbedingte Ohnmacht des Menschen grundsätzlich überspielbar."[6] Wir werden das schon schaffen, meinen viele. Eine außerweltliche Übermacht steht uns ja nicht mehr im Weg. Aber sie kommt auch nicht mehr als Hilfe in Frage. Deswegen müssen wir selbst alles schaffen. Wir Menschen *wollten* schon immer „*sein wie Gott*" (1. Mose 3,5). Heute – so meinen wir – *müssen* wir es.

3 Christian Buchholz, Taufwünsche in unseren Kirchen. Ein Beitrag zur Diskussion um die Taufagende, in: Deutsches Pfarrerblatt 119 (2019), S. 20.
4 Odo Marquard, Apologie des Zufälligen, Stuttgart 1986, S. 11.
5 Ebd.
6 A. a. O., S. 15.

Gottfried Wilhelm Leibniz (1646–1716) hat von der bestmöglichen aller Welten gesprochen.[7] Aber dabei blieben spätere Philosophen nicht stehen. Denn das Übel in der Welt mindert – so meinten sie – die Qualität dieser Welt. Gott hätte deswegen die Schöpfung lieber unterlassen sollen. Die neuen Denker ersetzten deswegen den Schöpfergott durch den schöpferischen Menschen. So meinten Immanuel Kant (1724–1804) und Johann Gottlieb Fichte (1762–1814), dass der Mensch „als Schöpfer der artifiziellen Experimentalwelt der exakten Wissenschaften und ihrer technischen Anwendungswelt sowie der autonom selbstgegebenen sittlichen Normenwelt und Normenvollzugswelt und […] als Schöpfer der Geschichte“[8] anzusehen sei. Von Gott brauchte keine Rede mehr zu sein. Vorstellungen von ihm benötigen wir nicht mehr. Wir machen uns deswegen auch keine Bilder mehr von ihm, die ihn in seinem Mysterium verstellten und unkenntlich machten. Dennoch bleiben unerwartete Schwierigkeiten.

Unfreiheit

Wir singen das Lob der Freiheit. Mit Recht. In unserem Land gibt es Menschenrechte, Religions-, Meinungs- und Gewissensfreiheit. Das soll nicht verschwiegen werden, gibt es doch viele Länder, in denen es schrecklicherweise anders ist. Aber unfrei bin ich in meinen *grundlegenden* Lebensbedingungen. Meine Gaben und meine Mängel habe ich mir nicht aussuchen können. Wenn in einem Examen der Herr von einer rein männlichen Prüfungskommission eine bessere Note bekommt als die Dame,[9] dann mag sich der Dame der Gedanke nahelegen: „Warum gehöre ich nicht zu dem Geschlecht, das anscheinend eine Bewertung prägt, und wäre es nicht einfacher, wenn ich mein Geschlecht vor der Prüfung frei wähle?“ Denn es gibt ja eine neue Lehre. Mit Blick auf die Frauen geht sie wohl auf ein Wort von Simone de Beauvoir (1908–1988) zurück, die geschrieben hat: „Man ist

7 Vgl. Hans Poser, Gottfried Wilhelm Leibniz, in: TRE 20, 1990, S. 662 f.

8 Marquard, a. a. O. (wie Anm. 4), S. 18.

9 Vgl. Barbara Gillmann, „Frauen bekommen schlechtere Noten als Männer im Jura-Studium“, in: Handelsblatt vom 1. 5. 2018 (kostenpflichtig abrufbar unter www.handelslatt.com), und: Constantin van Lijnden, „Kein kleiner Unterschied“, FAZ, 26. 4. 2018 (https://www.faz.net/aktuell/politik/inland/juristische-pruefung-diskriminierung-von-frauen-und-migranten-15560024.html).

nicht als Frau geboren, man wird es."[10] Geschlecht – oder modern gesprochen: Gender – wäre dann die triviale Folge von unsachgemäßer, nämlich unfreier Erziehung. Alle Welt glaubt der französischen Philosophin. Dabei müssten wir alle doch lauthals Widerspruch einlegen: Warum bin ich heterophil? Warum homophil? Gerade Homophile legen Wert darauf, dass es sich bei ihrer Veranlagung um etwas ganz Normales und nicht Veränderbares handle. Sie sei – theologisch gesprochen – Schöpfung Gottes. Aber aus dieser Richtung höre ich nichts Kritisches gegen die Gender-Lehre.[11] Mir scheint, dass Simone de Beauvoir die Erziehungsmöglichkeiten stark überschätzt hat. Das menschliche Leben und Erfahren ist von sehr vielen Faktoren abhängig. Deswegen halte ich mich lieber nach wie vor eher an Sigmund Freud (1856–1939), der den Selbsterhaltungstrieb als den stärksten unserer Triebe erachtete, ihm darauf aber den Geschlechtstrieb sofort folgen ließ. Dann gäbe es Grundvoraussetzungen, von denen ich herkomme und die ich nie wieder loswerde – unbenommen der oben beschriebenen, zumindest mit sozialwissenschaftlicher Statistik erkundeten Ungerechtigkeit.

Auch auf finanziellem Gebiet kann das der Fall sein: Wenn sich ein Kollege finanziell alles leisten kann, ich aber jeden Cent umdrehen muss, weil ich zu einer niedrigeren sozialen Schicht als er gehöre, dann empfinde ich das nicht nur als Unrecht, sondern auch als Schicksal, das mir auferlegt wurde und das ich nicht ändern kann. Oder es fällt mir schwer, etwas zu lernen und zu behalten. Anderen aber fliegt alles zu. Ebenso Schicksal? Jedenfalls etwas, das mir geschickt, auferlegt worden ist. Nichts von alledem konnte ich mir wählen. Mit diesen unabänderlichen Voraussetzungen muss ich leben. Kräfte, Gaben oder gesundheitliche Bedingungen sind gegeben und nicht

10 Simone de Beauvoir, Le Deuxième Sexe/Das andere Geschlecht. Sitte und Sexus der Frau (aus dem Französischen von Eva Reichel-Mertens und Fritz Montfort), Hamburg 1951, S. 334.

11 Wie in unserem Land in der Politik damit umgegangen wird, zeigt folgender Bericht: „Sehr bezeichnend und befremdend ist hier ein Auftritt der ehemaligen Präses der EKD-Synode Katrin Göring-Eckardt (Bündnis 90/Grüne) im letzten Bundestagswahlkampf 2017, der in der ‚Neuen Presse' Hannover wie folgt wiedergegeben wird: ‚Kurz vor Beginn des Umzugs sprach bereits Grünen-Chefin Katrin Göring-Eckardt auf der Bühne am Opernplatz. Und die 51-jährige war bereits merklich im Wahlkampfmodus: ›Ohne Ehe für alle gehen die Grünen in keine einzige Koalition in der nächsten Legislaturperiode. Das verspreche ich euch.‹ Die Masse jubelte ihr zu. Laut und energisch sprach Göring-Eckardt über ihr Unverständnis, dass es immer noch so viele Konservative gibt: ›Diese Leute sind nicht homophob, das sind einfach Arschlöcher‹, rief sie dem Publikum entgegen'" (Christian Meißner, Duldung im Dissens. Zur Frage der Gleichstellung homosexueller Partnerschaften, in: Deutsches Pfarrerblatt 119, 2019, S. 207 Anm. 14 [mit Quellenangabe]).

wählbar. Odo Marquard (1928–2015) fasst das in folgende Worte: „In unserem Leben sind die Schicksalszufälle untilgbar prägend; zu ihnen gehören auch unsere Üblichkeiten, auf die wir angewiesen sind: denn wir regeln unser Leben überwiegend nicht selber, schon gar nicht absolut. Daraus [...] folgt: Wir Menschen sind stets mehr unsere Zufälle – unsere Schicksalszufälle – als unsere Leistungen.“[12]

Aber Unfreiheit ist bei uns nicht gefragt. Ich muss mit den anderen mithalten, wenn ich nicht ausgesondert werden will. Ich muss mich rechtfertigen, wenn ich erklären will, wo ich Probleme habe. Die Reformation hatte vor 500 Jahren die Rechtfertigung auf Grund von Werken abgeschafft. Aber diese Rechtfertigung auf Grund von Werken ist in viel gnadenloserer Gestalt zurückgekehrt: Nicht der ferne Gott fordert sie, sondern die Vorgesetzten und die Nächsten, die unter demselben Druck stehen wie ich. An die Stelle der wunderbaren „Freiheit eines Christenmenschen“, die darin besteht, dass ich zugleich Herr und Knecht bin, ist die geforderte Menge von Werken getreten. Schaffe ich sie nicht, ist das allein *mein* Problem. An die Stelle des „Solus Christus“ ist das machtvolle und zugleich erbarmungslose „Soli homines“ getreten. Allein auf uns Menschen kommt es an. Was fange ich aber mit meinem neuen Prädikat „Solus homo“ als einzelner an? Verliere ich damit die anderen Menschen? Werde ich von ihnen ab- oder gar ausgegrenzt? Und grenze ich mich so weit von ihnen ab, dass ich mich als Zentrum des Alls wähne?

Das Böse

Dass es Böses gibt, das weiß schon die Bibel. Hiob etwa, der vom Teufel mit der Erlaubnis Gottes auf seine Glaubensstärke geprüft werden darf. Oder jener Jesus von Nazareth, der von den Römern als „König der Juden“ gekreuzigt wird. Aber wenn wir Menschen *allein* für unsere Welt verantwortlich sind, dann muss doch das Böse überwindbar sein. Philosophen, die der Vernunft die Überwindung des Bösen zutrauen, wird aber von Psychologen widersprochen, die auf unser mächtiges Unterbewusstsein hinweisen, das viel kraftvoller sei als unser Bewusstsein. Auch der Skeptiker Odo Marquard hat Vorbehalte, denn er sagt, „daß der Garant der Aufklärung, die Vernunft, durch selbstzerrüttende Eigenillusionen selber als genius malignus (‚böser Geist‘; frei übersetzt: ‚Satan‘) wirken kann.“[13]

---

12 Marquard, a. a. O. (wie Anm. 4), S. 8.
13 A. a. O. (wie Anm. 4), S. 17.

Der Skeptiker erweist sich hier als reformatorischer Theologe. Bei Martin Luther etwa ist die Vernunft eine gute Gabe Gottes. Aber wie alles, was menschlich ist, so kann auch sie verführt werden oder sogar selber verführen. Dann ist sie eine Hure,[14] die in diesem Fall nicht nur Männer vom rechten Weg abzubringen vermag. Auch die Heilige Schrift behauptet von uns Menschen, dass „alles Dichten und Trachten ihres Herzens nur böse war immerdar“ (1. Mose 6,5). Allerdings geht es auch der Bibel und allen christlichen Kirchen um eine stetige Abwehr und Minderung des Bösen. So sollen wir etwa unseren Nächsten „entschuldigen, Gutes von ihm reden und alles zum Besten“ wenden.[15] Aber dass wir unvollkommen bleiben in unserem ganzen Leben, das wir „Gerechter und Sünder“ zugleich sind und bleiben,[16] das ist ein fundamentaler Widerspruch zu der neuzeitlichen Euphorie, wir Menschen schafften schon alles – auch die Überwindung des Bösen.

Gottesbeweise

Solange Gott mit Abraham, Mose und anderen „sprach“, solange er durch Propheten seine Worte mitteilen ließ, solange Jesus von Nazareth Gottes „logos“ war, das „Wort“ (Joh 1,1), war er durch seine Lebendigkeit, durch seine Offenbarungen, gegenwärtig. Aber bereits im ersten Jahrtausend nach der Geburt Jesu (und nicht erst heute!) kam es zu Spannungen zwischen Vernunft und Glaube. Auch islamische und jüdische Gelehrte befruchteten die Diskussionen unter den christlichen Theologen.[17] Unter ihnen war Anselm von Canterbury (1043–1109) der erste, der sich an den apologetischen Versuch machte, Gottes Sein zu beweisen. Er geht davon aus, dass es etwas geben muss, das ist. Dieses Seiende nennen wir Gott. Seine Existenz und seine Natur sind, wie sie sind. Über sie hinaus kann nichts gedacht werden. Also muss auch das Sein zu Gott gehören. Er ist das wahre Sein,

14 Vgl. Bernhard Lohse, Luthers Theologie, Göttingen 1995, S. 214–218.

15 Martin Luther, Der Kleine Katechismus, in: Die Bekenntnisschriften der Evangelisch-Lutherischen Kirche. Hg. v. Irene Dingel (zit.: BSELK), Göttingen 2014, S. 866 Z. 18 f.

16 Vgl. Hans Joachim Iwand, Luthers Theologie (Nachgelassene Werke 5. Bd.), München 1974, S. 71–75.

17 Vgl. John Clayton, Gottesbeweise II, in: TRE 13, 1984, S. 725 Z. 11–13: „‚Christliche‘ Beweise für Gottes Existenz waren bezeichnenderweise Rezeptionen von Beweisen, die ihre erste Entfaltung in den verwandten Religionen Judentum und Islam gefunden hatten.“

ohne das alles übrige Sein nicht gedacht werden kann. Dieser „ontologische Gottesbeweis“ (von Kant so genannt) hat das Mittelalter stark beeinflusst.[18]

Aber der Dominikaner Thomas von Aquin (1224–1274) schlug einen anderen Weg als der Franziskaner Anselm vor. Er ging von der Empirie aus und stellte fest, dass es Bewegung gibt, Wandel. Das muss eine Ursache haben. Ursache und Wirkung kann man bis ins Unendliche zurückführen. Aber irgendwann muss ein unbewegter Beweger, eine unbewegte Ursache, sein. Sie nennen wir Gott. „Im gesamten Corpus seiner Schriften empfahl Thomas nicht weniger als elf Gottesbeweise. Dreizehn andere verwarf er oder ließ sie fallen, weil er sie entweder für formal nicht schlüssig oder als theologisch unangemessen ansah.“[19] Dies deutet aber wohl darauf hin, dass Thomas an dieser Stelle seines Denkens Mühe hatte und sich in Quantität rettete. Der Franziskaner Johannes Duns Scotus (1256/66–1308) behauptete dann, dass „nur die Metaphysik geeignet [ist] darzulegen, daß der ‚erste Beweger‘ der *Physica* das ‚erste Seiende‘ oder Gott ist“. Sein Ordensbruder Wilhelm von Ockham (um 1285–1347/49) dagegen argumentierte, „daß Gottes Existenz spekulativ überhaupt nicht beweisbar sei“[20]. Damit schienen erhebliche Anstrengungen christlicher Theologen vergeblich gewesen zu sein.

Ein weiterer Höhepunkt in der Diskussion, ob es Gottesbeweise gibt, ist in der abendländischen Aufklärung erreicht worden. Indem hier die Vernunft zum allein gültigen Maßstab zur Erkenntnis der Wahrheit erklärt wurde, konnten Argumente der Tradition oder des Glaubens keine Rolle mehr spielen. Vor allem Immanuel Kant hat sich in seiner „Kritik der reinen Vernunft“ mit den ontologischen, kosmologischen und teleologischen Gottesbeweisen auseinandergesetzt. Er kam zu dem Ergebnis, dass alle diese ungeeignet seien, ein Sein Gottes zu belegen. Es gibt nach seiner Auffassung keinen „möglichen Beweis des Daseins Gottes“. Lediglich auf dem Gebiet der praktischen Vernunft gestand er einen „moralischen Gottesbeweis“ zu.[21] Aber dies ist eher der Versuch, die geforderte Sittlichkeit mit einem religiösen Hintergrund zu versehen, um sie dadurch verbindlicher zu machen, als ein logischer Beweis. Angesichts seiner Kritik an unserer unvollkommenen Welt und seines gleichzeitigen Sprechens von autonomer Sittlichkeit sollte deswegen auch dieser „Beweis“ bald an Bedeutung verlieren.

Dennoch haben christliche Theologen immer wieder versucht, den Gott ihrer Tradition als seiend zu beweisen. So hat etwa Sören Kierkegaard (1813–

18 Vgl. ders., a. a. O. (wie Anm. 17), S. 725–728.
19 A. a. O. (wie Anm. 17), S. 732 Z. 44–46.
20 Vgl. a. a. O. (wie Anm. 17), S. 736.
21 Vgl. John Clayton, Gottesbeweise III, in: TRE 13, S. 744–759.

1855) formuliert: „Gott existiert nicht, er ist ewig."[22] Damit war Gott herausgenommen worden aus unserem Schema von Raum und Zeit. John Henry Newman (1801–1890) versuchte, „die Existenz Gottes aus der Wirksamkeit des Sittengesetzes im menschlichen Bewusstsein zu folgern"[23]. Paul Tillich (1886–1965) meinte in seiner „Systematischen Theologie": „Gott existiert nicht. [...] Zu behaupten, daß Gott existiert, heißt ihn zu leugnen."[24] Wie Kierkegaard so hat auch Tillich Gott aus unseren Beziehungssystemen herausgenommen und ihm ein nicht von uns Menschen beschreibbares Sein zugesprochen. Aber es gilt, auf noch einen weiteren Versuch hinzuweisen, Gott und unser Verhältnis zu ihm zu klären:

Behauptungen

Daniel Friedrich Ernst Schleiermacher (1768–1834) hat „die Gebildeten unter den Verächtern" der Religion zu überzeugen versucht, indem er erklärte, die Frömmigkeit sei „weder ein Wissen noch ein Tun, sondern eine Bestimmtheit des Gefühls oder des unmittelbaren Selbstbewusstseins". Religion hat ihren Ort in uns also nicht im Verstand und auch nicht im Handeln, sondern im Gefühl und im Selbstbewusstsein. Dieses zeigt uns unsere „schlechthinnige Abhängigkeit".[25] Wir sind in der Tat erfahrungsgemäß abhängig von unseren Gaben und Möglichkeiten. Wir Menschen stehen vor absoluten Grenzen, die wir nicht zu verändern vermögen. Wir sind abhängig von unserer Herkunft, von unserer Erziehung und von unseren individuellen Möglichkeiten. Schon damals konnten nicht alle „Gebildete" sein. Das lag nicht zuletzt an fehlenden sozialen Voraussetzungen. Auch heute streiten wir uns, was auf unsere „Gene" zurückgeht. Liegen unsere Fähigkeiten in ihnen begründet im Hinblick auf das, was wir können, und auf das, was wir nicht vermögen? Die andere Möglichkeit wäre, dass unsere gute oder weniger gute Bildung die Entwicklung unserer Kräfte formt und erweitert oder zumindest freisetzt. Wir kennen die Grenzen unserer Möglichkeiten, unserer Motivation und unseres Engagements. Wir bewundern die Alleskönner, die Überzeugenden und die, die sich knallhart durchsetzen. Wir freuen uns aber auch

22 Zit. a. a. O. (wie Anm. 21), S. 742 Z. 40 f.
23 A. a. O. (wie Anm. 21), S. 756 Z. 52–S. 757 Z. 1.
24 Zit. a. a. O. (wie Anm. 21), S. 742 Z. 43 f.
25 Vgl. Hermann Fischer, Daniel Friedrich Ernst Schleiermacher, in: TRE 30, 1999, S. 143–189, bes. S. 153–157 und 166–171.

diebisch und frivol, wenn sie wieder herabstürzen von ihrem Olymp. Wir erkennen daran, dass es keine Erfolgs- und Lebensgarantien gibt. Außerdem: Was ist Gefühl? Wo hat es in uns seinen Ort? Das Selbstbewusstsein hat in unserer Gegenwart mehr Gewicht als das Gefühl. Aber auch dieses ist nicht absolut. Gefühl und Selbstbewusstsein sind variable Größen. In der Zeit der Romantiker, in der Schleiermacher seine Gedanken vortrug, mochten beide Begriffe gut ankommen. Aber kann man sie prinzipiell und substantiell für die Frage nach Gott verwenden? Kann ich aus meinem Gefühl oder meinem Selbstbewusstsein heraus etwas *allgemein* Gültiges über Gott aussagen? Denn beide Bereiche haben nur in einem jeden einzelnen von uns ihren Raum und ihre Zeit.

Der Gotterfinder

Es war der Philosoph Ludwig Feuerbach (1804–1872), der uns besonders deutlich zurief: Es gibt keinen Gott und keine Götter! Eure Bilder, die ihr Christen euch von eurem Gott macht, sind „nichts anderes" als Vorstellungen, die ihr selbst erfunden habt. Ihr projiziert eure Hoffnungen, Sehnsüchte, Sorgen und Wünsche in den Himmel hinein und identifiziert sie dort mit eurem „Gott". Das war eigentlich nicht neu. Schon in der vorchristlichen Antike wurde bestritten, dass es Götter gebe.[26] Aber Feuerbachs Verweis auf die Diesseitigkeit, auf deren Wert und Würde, auf die Bedeutung der Sinne und der Sinnlichkeit wie auch auf Versäumnisse der Christen in dieser Welt, sprach und spricht viele Menschen an. „Feuerbachs Theorie hat ihre Bedeutung heute nicht als die verwegene und bahnbrechende Denkleistung eines Einzelnen, sondern als die ausgesprochene oder unausgesprochene Grundüberzeugung einer großen Zahl unserer Zeitgenossen."[27]

Der Philosoph erklärte, das Grab sei „die Geburtsstätte der Götter"[28]. Weil wir mit dem Tod nicht fertig werden, erfinden wir Gott und eine neue Welt. Es gibt für den Sensualisten Feuerbach aber nur „die Wahrheit der Sinne"[29]. Er fordert in einer Zeit der beginnenden Industrialisierung die Menschen seiner Zeit auf, ihre gegenwärtige Welt zu verbessern. Ein durchaus sinnvoller

26 Vgl. Hans-Martin Barth, Authentisch glauben. Impulse zu einem neuen Verständnis des Christentums, Gütersloh 2010, S. 16.

27 A. a. O. (wie Anm. 26), S. 17 f.

28 Zit. a. a. O. (wie Anm. 26), S. 22.

29 Zit. ebd.

Appell. Karl Marx (1818–1883) nahm Feuerbachs Theorie auf und meinte, die Religion sei das „Opium des Volkes". Sie wird überflüssig, wenn die sozialen Verhältnisse von Gerechtigkeit geprägt sein werden. Durch die marxistische Religionskritik bekam Feuerbachs Erklärung einen Schwung, der viele Menschen mitgerissen hat. Aber die Erfahrung, dass auch marxistisch-kommunistische Staaten die Erde nicht zum Paradies zu machen vermochten, sondern eher zum Gegenteil dessen, hat den Zauber dieser Theorie wieder weggeblasen. Hans-Martin Barth hat uns angeregt, die „Wirklichkeit des Glaubens als Wirklichkeit von Projektion" zu verstehen: „Der Himmel der Transzendenz [...], den von Göttern zu entvölkern Feuerbach sich so außerordentlich bemühte, mag ruhig leer bleiben, wenn – [...] dem Glauben – Gott auf *Erden* gegenwärtig wird."[30] Das ist gut lutherisch und allgemein christlich. Die Meinung von Karl Barth (1886–1968) dagegen, Feuerbachs Kritik treffe das Christentum nicht, sondern nur alle anderen Religionen, war voreilig. Denn das „Deus dixit!" – Gott hat gesprochen! – seiner Theologie bewahrte sie nicht vor der Kritik Feuerbachs. Auch Karl Barths Äußerung, dass „der christliche Glaube Feuerbach ‚ins Gesicht lachen' darf", ist kein Argument.[31]

Heute konzentrieren wir uns auf unsere Welt. Auf die Ausbeutung ihrer Ressourcen, auf den Klimawandel, auf die Ungerechtigkeit der Verteilung ihrer Güter. Wir wollen die Schöpfung bewahren und unsere Verantwortung für sie übernehmen. Früher meinte man, Gott habe nicht nur die Welt erschaffen, sondern er erhalte sie auch. Unter dem Stichwort „Bewahrung der Schöpfung" haben wir nun aber selbst diese Aufgabe übernommen. Aus uns als „Gotterfinder" wurden „Schöpfungsbewahrer". Ob wir uns angesichts von Erdbeben, Vulkanausbrüchen und Trockenheiten damit nicht übernehmen? Realismus wird nämlich auch auf einer Erde erforderlich sein, auf der sich das Schlagwort „Gott ist tot" bei sehr vielen Leuten faktisch und häufig auch theoretisch durchgesetzt hat.

30 A. a. O. (wie Anm. 26), S. 30–35.
31 A. a. O. (wie Anm. 26), S. 19.

Offenbarung[32]

Trotz der Bedenken der Aufklärung müssen wir uns mit der Behauptung der Juden, der Christen und der Muslime beschäftigen, dass wir Menschen von außerhalb unserer Welt Botschaften erhalten, die uns Neues, bisher Unbekanntes mitteilen: „Offenbarungen". So behaupten alttestamentliche Propheten, Gott haben ihnen eine Mitteilung gemacht, die sie ihren Mitmenschen weitersagen sollen. Die fünf ersten Bücher des „Tenach", dem hebräischen (Alten) Testament, gelten allen Juden (auch messianischen, die Jesus von Nazareth als den gekommenen Gottesboten verehren) als „Thora", als „Weisung Gottes". Hier hat der Schöpfer den Menschen mitgeteilt, wie sie leben sollen, damit Gott sie als Gerechte annehmen kann. Jesus, den wir Christen als den „Gesalbten Gottes" verehren, ist für uns der „Logos", das Wort, das Leben schafft. Für Muslime gilt Mohammed als der Prophet Gottes, dem der Koran als dessen Wort mitgeteilt wurde. Atheisten mögen dies alles als Torheit ansehen. Aber das ist ein Argument, das schon dem Apostel Paulus entgegen geschleudert wurde: „Das Wort vom Kreuz ist eine Torheit denen, die verloren werden; uns aber, die wir selig werden, ist es Gottes Kraft" (1 Kor 1,18). Dabei denkt er an alle Menschen. Juden wie Heiden lehnen das Wort vom Kreuz ab. Sie fordern etwas anderes: „Die Juden fordern Zeichen und die Griechen [womit alle Nichtjuden gemeint sind] fragen nach Weisheit, wir aber predigen Christus, den Gekreuzigten, den Juden ein Ärgernis und den Heiden eine Torheit" (V. 22 f). Damit wir nicht meinen, dies sei Sturheit oder Besessenheit, schließt der Apostel seine Argumentation mit dem Satz: „Die göttliche Torheit ist weiser als die Menschen sind, und die göttliche Schwachheit ist stärker, als die Menschen sind" (V. 25). Selbst wenn Gott ein Tor ist, selbst wenn er schwach ist, dann ist er immer noch weiser und stärker als wir in unserer zeitlichen und grundsätzlichen Begrenztheit.

Es gibt also, auch nach christlicher Lehre, Offenbarungen Gottes. Paulus geht dem in seinem Brief an die Römer nach, deren Gemeinde er (im Gegensatz zu den Christen in Korinth) nicht kennt. Zu seinem Gottesbild teilt er sofort im 1. Kapitel mit: „Denn Gottes Zorn wird vom Himmel her offenbart über alles gottlose Leben und alle Ungerechtigkeit der Menschen, die die Wahrheit durch Ungerechtigkeit niederhalten" (Röm 1,18). Gott offenbart sich vom Himmel! Das klingt vollmundig. Aber der Apostel weiß, dass –

32 Vgl. Konrad Stock, Einleitung in die Systematische Theologie, Berlin/New York 2011, S. 25–46.

schon damals! – Ungerechtigkeit unter uns Menschen herrscht. Nicht immer geht es uns Menschen um Wahrheit und Ausgleich, aber immer geht es uns um unseren persönlichen Vorteil. Wir wollen mächtig sein, anerkannt. Im Fernsehen wollen wir vorkommen: Wir könnten das doch besser als die, die jetzt das Sagen haben! Den Bedächtigen unter uns geht das zu weit. Aber moderne Psychologen sind dem unmodernen Apostel Paulus beigesprungen. Sie verweisen darauf, dass wir uns „erhalten" wollen. Wir wollen nicht untergehen. Das ist ja auch sinnvoll. Kritisch wird es erst dann, wenn unser Trieb, überleben zu wollen, auf unerträgliche Kosten anderer geht. Da das allzu häufig der Fall ist, ist Gottes Zorn über uns entbrannt.

„Denn was man von Gott erkennen kann, ist unter ihnen offenbar; denn Gott hat es ihnen offenbart. Denn sein unsichtbares Wesen [...] wird seit der Schöpfung der Welt [...] ersehen an seinen Werken" (V. 19f). Gott ist unsichtbar. Das bestreitet Paulus nicht. Aber er wirkt in dieser Welt. Auf Grund seiner Werke können wir ihn erkennen. Dieser Rückschluss ist gewagt. Die Aufklärer haben ihn bestritten. Der Apostel aber meint, unsere Gotteserkenntnis sei uns verloren gegangen und ersetzt worden dadurch, dass wir „dem Niedrigen verfallen" seien. Wir haben zwar nicht den Verstand verloren, aber unser „Herz ist verfinstert" (V. 21). Und zu allem anderen kommt hinzu, dass wir all das überhaupt nicht bemerkt haben: „Die sich für weise hielten, sind zu Narren geworden und haben die Herrlichkeit des unvergänglichen Gottes vertauscht mit einem Bild" (V. 23). Hier spricht Paulus nicht mehr so generell wie vorher. Er behauptet nicht, dass alle Menschen zu Narren geworden seien, sondern nur diejenigen, die sich für weise hielten und die sich unglaublich überschätzten.

Diese Narren, die ihre Narrenkappen nicht erkannt hatten, schufen ein „goldenes Kalb", um es anzubeten (vgl. 2. Mose 32,1–6), oder andere Götzenbilder. Sie verwechselten den Schöpfer mit seinen Geschöpfen und vergaßen Gott sowie „seine ewige Kraft und Gottheit" (Röm 1,20). Sie haben „ihn nicht als Gott gepriesen noch ihm gedankt" (V. 21). Die Folgen dieser Verkehrung sind fatal und höchst unangenehm, denn nun schaden wir uns selbst: „Darum hat Gott sie in den Begierden ihrer Herzen dahingegeben in die Unreinheit" (V. 24). An die Stelle der Vernunft ist die Begierde getreten: Wir suchen nicht das, was uns hilft, sondern wir suchen Freuden, die nicht sättigen, sondern die hungrig und abhängig machen. „Sie – die sich für weise hielten – haben Gottes Wahrheit in Lüge verkehrt und das Geschöpf verehrt und ihm gedient statt dem Schöpfer" (V. 25). Lüge statt Wahrheit, Geschöpf statt Schöpfer. Dabei geht es nicht um einzelne Unwahrheiten, sondern um die Verschleierung, um die Verdrehung, um die Lüge als Prinzip. Denn Lügen haben zwar „kurze Beine", aber auch viele Not- und Folgelügen. Sie führen deswegen nur in Hilflosigkeit. Wer sich für weise hält, sehe sich deswegen vor. Folgert Paulus.

In seiner Philippika würde etwas fehlen, wenn der Jude Paulus nicht auch auf die Homosexualität zu sprechen käme. Denn er weiß, dass „Kinder eine Gabe Gottes“ sind (Ps 127,3). Er meint – in dieser Reihenfolge –, dass Frauen sich widernatürlich mit ihresgleichen ergötzen und Männer ebenso. Sie haben „den Lohn für ihre Verirrung, wie es ja sein musste, an sich selbst empfangen“ (Röm 1,27). Natürlich meint der Apostel nicht, dass alle Menschen homosexuell geworden seien. Aber es gibt Menschen, die so leben. Das war der jüdischen Tradition unangemessen. Deswegen sein scharfes Verdikt. Dem hier nachzugehen, würde uns die Vielfalt heutiger Menschenbilder vor Augen führen.[33] Uns geht es aber um *Gottes* Vielfalt, nicht um die Unterschiedlichkeit von uns Menschen. Durch den Apostel erblicken wir hier einen leidenschaftlichen Gott, zornig und uns ziemlich ähnlich. Aber da wir uns von Gott nur menschliche Bilder zu machen vermögen, muss der Apostel uns darauf hinweisen, dass Gott allmächtig ist und dass die Nichtbeachtung seines Rechts tödliche Folgen haben wird (V. 32).

Um uns deutlich zu machen, welche Folgen unsere Entscheidung für unsere „Begierden“ und gegen Gottes Recht erbracht hat, werden nicht weniger als 21 Sachverhalte genannt. Der Apostel beginnt mit „Ungerechtigkeit“ und endet mit „unbarmherzig“ (V. 29–31). Hier wird uns sehr viel zugetraut, aber leider überhaupt nichts Gutes. Dies geht jedoch nicht auf Paulus’ überschießende Rhetorik zurück, sondern auf sein mitleidendes Herz. Denn der Apostel fährt fort: „Sie wissen, dass nach Gottes Recht den Tod verdienen, die solches tun; aber sie tun es nicht nur selbst, sondern haben auch Gefallen an denen, die es tun“ (V. 32). Es gibt das Recht, das Gott gegeben hat. Dies gilt es zu beachten. Denn Gott hat sich allen Menschen durch seine Werke kundgetan. Abirrungen müssen benannt werden.

---

33 Nur eine Ausnahme sei gemacht: Ulrich Ruh schreibt in seiner Rezension über das Buch von Volker Leppin, Franziskus von Assisi, Darmstadt 2018, in: zeitzeichen Heft 3, 2019, S. 68: „Auch aus heutiger Sicht eher sperrige Seiten des Mannes aus Assisi kommen zur Sprache, etwa […] der Umgang mit dem Thema Sexualität“. Damit unterstellt der Rezensent uns Heutigen offensichtlich einen besseren „Umgang mit dem Thema Sexualität“ als Franziskus. U. Ruh dürfte dabei vor allem an Homosexualität gedacht haben. Das kann man tun, man sollte aber die von vielen unterstützte „Ehe für alle“ nicht als den Stein der Weisen ansehen, wie Reiner Anselm in demselben Heft zeigt: „Nicht ohne meine Familie. Die ‚Ehe für alle‘ im Spiegel moderner Güterethik“ (S. 8 ff). Alle Generationen von Menschen sollten täglich ihr Leben verantwortlich führen.

Der „Knecht Jesu Christi“ (V. 1) warnt weiter davor, andere vorschnell zu beurteilen oder gar zu „richten“: „Denn worin du den andern richtest, verdammst du dich selbst, weil du eben dasselbe tust, was du richtest“ (Röm 2,2). Wenn wir an die Fülle unserer üblen Neigungen und Taten denken, die Paulus uns mit 21 Begriffen beschrieben hat, dann müssen wir zugestehen, dass wir auch im besten Leben unfähig sind, wahre Gerechtigkeit zu schaffen und stets echte Barmherzigkeit zu erweisen. Deswegen ist Überheblichkeit gegenüber anderen Menschen zwar üblich, aber dennoch nicht von Gott akzeptiert. Der Mann aus Tarsus – Paulus – warnt uns davor, in den Wahn zu verfallen, wir könnten „dem Urteil Gottes entrinnen“ (V. 3). Auch wer Gottes Gericht verschweigt, weil es ihm aus irgendwelchen Gründen mit dem von ihm gezimmerten Gottesbild unvereinbar erscheint, wird dem Gericht Gottes nicht entkommen. Wir verachten Gott, indem wir seinem Wort ungehorsam sind. Wären wir ihm gehorsam, würden wir erkennen, dass Gott nicht nur gerecht ist, sondern auch reich an „Güte, Geduld und Langmut. Weißt du nicht, dass dich Gottes Güte zur Buße leitet?“ (V. 4).

Wer verstockt und unbußfertig ist, möge sich vorbereiten auf die „Offenbarung des gerechten Gerichtes Gottes, der einem jeden geben wird nach seinen Werken; ewiges Leben denen, die in aller Geduld mit guten Werken trachten nach der Gerechtigkeit, Ehre und unvergängliches Leben; Zorn und Grimm aber denen, die streitsüchtig sind und der Wahrheit nicht gehorchen, gehorchen aber der Ungerechtigkeit“ (V. 5–8). Das klingt abscheulich in unseren Ohren. Kann Gott auch so sein? Und ob, sagt sein Apostel! Gute Werke sind von Gott gefordert. Böses ist ihm verhasst. Wer daran zweifelt, dem wird am Tag „des gerechten Gerichtes Gottes“ noch eine letzte Offenbarung zuteil werden. Er muss erkennen, dass Gott gerecht ist. Wenn er das nicht wäre, würden wir ihn zu einem von uns machen – das sei ferne! All das gilt für Juden und Heiden. Die Juden haben nichts anderes zu erwarten als die Heiden. Gott gewährt ihnen an dieser Stelle keine Bevorzugung. So spricht der Jude Paulus. Gott bleibt einem jeden Menschen gegenüber gerecht. Bei ihm gibt es – anders als bei uns, wie wir leider sagen müssen – „kein Ansehen der Person“ (V. 11). Zwischen dem Volk des Alten Bundes, den Juden, und allen anderen Menschen gibt es keinen qualitativen Unterschied. Wir alle stehen Gott fern und/oder nah. Am Tag des Gerichts wird „Gott das Verborgene der Menschen durch Christus Jesus“ richten, „wie es mein Evangelium bezeugt“ (V. 16). „Evangelium“ heißt „gute Botschaft“. Es ist gut, dass wir wissen, woran wir sind! Wir stehen vor Gott, für den wir als Deutsche nicht weniger wert und wichtig sind als die Glieder aller anderen Nationen – was aber auch heißt, dass wir ihm nicht näher stehen als alle anderen Menschen. Es ist gut, wenn Klarheit herrscht, wenn wir uns nichts vormachen, sei es im Guten oder im Bösen. Und es tut gut zu erkennen, dass der gerechte Gott Güte ist, der uns Zeit lässt zur Umkehr zu ihm. Das ist gute Botschaft, Evangelium: Das Harte und das Hilfreiche, das Schockierende und das Erlösende. Beides ist helfende Verkündigung.

Treue

Aus dieser Offenbarung wird die Frage, *wer* Gott ist, mit dem Satz beantwortet: „Ich werde sein, der ich sein werde" (2. Mose 3,14). Mit diesem Satz wird der Name Gottes gedeutet, mit dem er sich vorgestellt hat. Über ihn ist viel nachgedacht worden. Ich begnüge mich hier damit aufzuzeigen, was diese Übersetzung uns sagt. Es wird zum Ausdruck gebracht, dass Gott ist und sein wird, sicher auch: dass er sich nicht ändern wird. Gott ist da. Lebendig ist er. Anwesend und unablässig tätig. *Wie* Gott handelt, das wird nämlich aus seinen Werken ersichtlich. Er bleibt, obwohl wir ihn zeitweise durch Götzen ersetzen. Er ist gerecht. Aber auch barmherzig. Der Apostel Paulus schreibt an die christliche Gemeinde in Korinth: „Gott ist treu" (1 Kor 1,9; vgl. auch 2 Thess 3,3). „Bei der Treue Gottes" versichert Paulus den Korinthern, dass er ihnen eine klare Botschaft ausrichtet (2 Kor 1,18). Die Beständigkeit, die Treue Gottes, wird im 1. Johannesbrief mit den Worten beschrieben: „Wenn wir aber unsre Sünden bekennen, so ist er treu und gerecht, dass er uns die Sünden vergibt" (1,9).

Treu zu sein, ist schwierig. Jedenfalls für uns Menschen. Der Volksmund nennt diejenige Blüte, die am schnellsten verblüht, „Männertreu". Wir brauchen das nicht auszumalen. Es genügt festzustellen, dass wir voll von Emotionen sind, von Gefühlen und Ängsten, von Hoffnungen und Befürchtungen. Und das geschlechtsunabhängig. Es fällt uns schwer, unsere guten Vorsätze lange durchzuhalten. Auch davon weiß der Volksmund. Es muss gar nicht von psychischen Krankheiten gesprochen werden. Ganz normal ist es, dass wir stets für Neues aufgeschlossen, ja neugierig darauf sind. Da wird manches vergessen, vieles für wichtiger gehalten als Bisheriges.

All das ist Gott nicht! Ihm sei es gedankt! Denn wie sollten wir uns an ihn wenden, wenn er nur zu bestimmten Sprechzeiten erreichbar wäre? Er schläft nicht. Wir Menschen und seine Schöpfung sind ihm stets wichtig. Er beachtet uns treu. Manche sprechen von „Gottesvergiftung", wenn dieses Thema aufkommt. Sie wollen nicht stets begleitet sein oder gar beobachtet werden. Sie wollen ungestört und heimlich ihre Werke verrichten. Wer ein getröstetes Gewissen hat, kann dagegen froh sein über Begleitung. Diese kann ihn von Falschem zurückhalten, bei Schwierigem stärken oder bei Freudigem ermuntern.

Auch Jesus von Nazareth, Gottes Sohn, wird Treue zugeschrieben: „Der Sohn musste in allem seinen Brüdern gleich werden, auf dass er barmherzig sein würde und ein treuer Hoherpriester vor Gott, zu sühnen die Sünden des Volkes“ (Hebr 2,17). Jesus hat die ihm vom Vater auferlegten Aufgaben treu ausgeführt. Er ist „der treue Zeuge, der Erstgeborene von den Toten und Fürst der Könige auf Erden!“ (Offb 1,5). Jesus Christus ist nicht weniger treu als der Vater. Denn er ist, anders als wir, ohne Sünde (vgl. Hebr 4,15).

Wie ist Gott? Er ist treu. Er bleibt sich selbst treu. Deswegen ist er für uns der Zuverlässige. Ihm können wir vertrauen, auch wenn wir an uns selbst über unsere Unzuverlässigkeit verzweifeln sollten, bleibt die Zuversicht: Gott ist treu; Gott ist *auch uns* treu.

Erfahrung

Wir dürfen als Christen an der Offenbarung der guten Botschaft festhalten. Wir dürfen aber auch nach Ansatzpunkten suchen, die uns heutigen überbeschäftigten Wesen neue Möglichkeiten der Gotteserkenntnis eröffnen. Bereits in der zweiten Hälfte des 19. Jahrhunderts waren es Erlanger Theologen, die einen ganz alten Weg neu vorschlugen.[34] Auch sie setzten wie die Aufklärung beim Menschen ein.[35] Sie erinnerten uns Christen daran, dass wir Erfahrungen machen. Sie sind vielfältigster Art. Wir werden überrascht vom Lächeln eines Kindes. Wir erfreuen uns am Sonnenschein nach Wochen voller Düsternis. An Regen erfreuen wir uns nach langer Trockenheit. Wir machen auch Erfahrungen, die wir nicht uns oder anderen Menschen zuzuschreiben vermögen. Es geschehen Dinge, die wir nicht anders als „wunderbar“ bezeichnen können: Eine Krankheit heilt trotz schwerster Prognose; ein Wille erstarkt zu neuem Tun; wo vorher nur Missmut, Ärger und Verdruss waren, setzt neuer Lebensmut ein; aus einer Fülle von Bewerbern wird ausgerechnet mir die Bewältigung der gestellten Aufgaben zugetraut – Wunder über Wunder!

Aber wer in solchen wunderbaren Erlebnissen Gott findet, der muss auch zu den Widrigkeiten seines Lebens Gott befragen. Hat er meine Tochter durch einen Unfall sterben lassen, weil er mich strafen wollte? Hat er meine

---

34 Vgl. Karlmann Beyschlag, Die Erlanger Theologie, Erlangen 1993.

35 Vgl. Franz Hermann Reinhold Frank, System der christlichen Gewissheit, Erlangen ^{2}1881–1884.

Firma pleite gehen lassen, weil ich so ein Dreckskerl bin? Hat er mir eine Krankheit auf den Hals geschickt, die mich bald sterben lassen wird, weil ich mich schon lange nicht mehr mit ihm befasst und noch viel weniger nach seinem Willen gefragt habe? In früheren Zeiten sprach man hier von dem Problem der „Theodizee" Gottes – schon Leibniz hat darüber geschrieben. Diese meint: Warum verläuft nicht alles gut? Warum gibt es so viel Übel und Böses in unserer Welt? Warum tötet ein Unfall den einen Menschen und beschert dem anderen einen (natürlich) völlig unverdienten Karrieresprung? „Ein Thema aller Religionen", nennt Peter Gerlitz dieses Problem.[36] Ein Erdbeben, das im Jahr 1755 Lissabon zerstörte,[37] zerbrach den Glauben, dass man „in der besten aller Welten" lebe, was Philosophen und Theologen lange behauptet hatten. Unsere Erfahrung kann uns nicht immer letzte Sicherheit bieten. Wir müssen damit leben, dass Rätsel bleiben. Aber das gilt auch für die, die an keinen Gott glauben. Unsere Erfahrungen können uns helfen, eingefahrene und falsche Gleise zu verlassen und Neues zu beginnen.

Glaube

Nach christlicher Auffassung gehören Gott und Glaube zusammen.[38] Das heißt nicht, dass wir an Gott glauben, weil wir ihn nicht beweisen können. Das heißt vielmehr, dass wir im Guten wie im Bösen auf Gott vertrauen. Wir lassen uns führen. Nicht der Zufall oder ein blindes Schicksal bestimmen mich, sondern Gottes Weisheit, die höher ist als meine Vernunft. Martin Luther hat uns eine hilfreiche Lehre hinterlassen. Er sprach davon, dass sich Gott offenbart hat. Hier hat er sein Herz und Wesen gezeigt. Er rettet mich aus meiner Unsicherheit und meinem vorgetäuschten Selbstbewusstsein. Auf den offenbarten Gott hoffe ich. Aber Gott ist groß. Wir Menschen dagegen sind klein. Er kann sich verbergen, wenn er will. Dieser „verborgene Gott" ist unerklärbar. Er entzieht sich allen meinen Annäherungs- oder Erklärungsversuchen. Es handelt aber nicht nur dieser verborgene, sondern auch der of-

36 Vgl. Theodizee I, in: TRE 33, 2003, S. 210 Z. 11.

37 Vgl. Das Erdbeben von Lissabon und der Katastrophendiskurs im 18. Jahrhundert, hg. v. Gerhard Lauer und Thorsten Unger, Göttingen 2008.

38 Martin Luther formuliert: „Denn die zwey gehören zu hauffe, Glaube und Gott", vgl. BSELK S. 932 Z. 1f.

fenbare Gott. Dieser ist nur *einer*; er ist ein und derselbe.[39] Es wirken nicht zwei Götter, die unterschiedliche Aufgaben besitzen – etwa, dass der eine für das Gute und der andere für das Schlimme und Böse zuständig wäre, wie man in der Religionsgeschichte zu verschiedenen Zeiten geglaubt hat.[40] Gott ist mir zuweilen ganz fremd und unbegreiflich. Gelegentlich ist er mir näher als ich mir selber bin. Beides erleben wir.

Es ist falsch zu meinen, dass ich mich in „Glaube" dort rette, wo ich unsicher bin und Genaues nicht weiß. Glaube hängt vielmehr stets mit Skepsis zusammen[41] und muss sich gegen Anfechtungen und Zweifel bewähren. Schon im Neuen Testament lesen wir die flehentliche Bitte eines Menschen an Jesus von Nazareth: „Ich glaube; hilf meinem Unglauben!" (Mk 9,24). Die Glaubenden mühen sich um *Einsicht*.[42] Sie informieren sich zunächst einmal, worin christlicher Glaube besteht. Wenn sie dies geschafft haben, *stimmen* sie dem *zu*, weil es sie überzeugt hat. Vor allem aber ist Glaube dann *Vertrauen* und *Hingabe*: Ich verlasse mich auf den Dreieinen Gott, an den ich glaube. Ich vertraue ihm. Das ist eine existentielle Hinwendung, genauer: es ist die Hingabe meiner ganzen Person. Glaube macht exklusiv. Ich sichere mich nicht zusätzlich an anderen Stellen ab, sondern ich wende mich von allen anderen Mächten und Gewalten ab und konzentriere mich in meinem Glauben auf Gott allein. Das schließt Gefährdungen meines Glaubens nicht aus. Im Gegenteil. Weil ich auf Sinnvolles in meinem Leben vertraue, machen mir Anfechtungen schwer zu schaffen. Diese Anfechtungen erfahre ich als eine Abwendung Gottes: Hat er mich allein gelassen? Eine schauerliche und großartige Geschichte aus unserem Alten Testament macht uns das überdeutlich:

Der verborgene Gott erlaubt dem Satan, Hiob zu versuchen. Schrecklich zu sagen – aber biblisch! Hiob aber weiß, dass sein „Erlöser lebt" (Hiob 19,25). Darum lässt er sich vom Teufel nicht überwältigen, Auch seine Freunde vermögen ihm nicht zu helfen. Sein Vertrauen zu Gott ist so stark, dass er alle seine unerträglichen Erfahrungen erleidet und überwindet. Martin Luther rät: Fliehe vom verborgenen Gott zum offenbaren Gott![43] Rette dich unter seine Flügel. Bleibe dort, bis dieser dir wieder die Kraft gibt, gegen den

---

39 Vgl. Gerhard Müller, Einsichten Martin Luthers – damals und jetzt, Erlangen ²2017, S. 36 f.

40 Vgl. z. B. Peter Schäfer, Zwei Götter im Himmel. Gottesvorstellungen in der jüdischen Antike, München 2017.

41 Vgl. Hans-Martin Barth, Dogmatik. Evangelischer Glaube im Kontext der Weltreligionen, Gütersloh ³2008, S. 69–77.

42 Vgl. a. a. O. (wie Anm. 41), S. 77–84.

43 Vgl. Hans-Martin Barth, Die Theologie Martin Luthers. Eine kritische Würdigung, Gütersloh 2009, S. 211 f.

Satan zu kämpfen. Von Gott weg zu Gott fliehen – ein seltsamer Ratschlag und doch wohl die einzig mögliche Lösung in unserem Leben.

An die Stelle Gottes, an den Christen glauben, ist heute kein Nichts getreten, sondern wir haben uns neue Götter gemacht. Martin Luther sagt: „Worauff du nu (sage ich) dein hertz hengest und verlessest, das ist eigentlich dein Gott.“[44] Wir hängen unser Herz an unsere Karriere; an Geld und Besitz; an die Anerkennung, die wir uns wünschen; an die vermeintlich stabile Familie und/oder an vieles mehr. Wir nehmen uns auch ganz edle Ziele vor: Wir übernehmen die Verantwortung für unsere Welt. Denn wir sind fest davon überzeugt, dass wir sie zerstören, wenn wir weiter machen wie bisher. Unsere Weltverantwortung nehmen wir also mit guten Gründen wahr. Aber wer die Schöpfung bewahren will, ohne an ihren Schöpfer zu denken, wird scheitern. Denn es gibt zu viele menschliche Lösungsvorschläge. Viele hängen ihr Herz an ihre Gesundheit. Sie richten ihre Speisen und Getränke danach; sie leben umsichtig und vorsichtig. Sie leben sicher besser als die, die ihr Herz an Drogen oder andere Süchte hängen. Aber möglicherweise verlieren gerade die ihr Leben, die es auf die oder auf eine andere Weise verlängern oder gar „finden“ wollen. So behauptet es jedenfalls die Heilige Schrift: „Wer sein Leben findet, der wird’s verlieren“ (Mt 10,36). Wer dagegen seinen Glauben auf Gott richtet, wenn wir unser Herz an Gott und nicht an Vergängliches hängen, dann hört der Boden unter meinen Füßen auf zu schwanken.

Geist

Wir sagen, dass wir Menschen aus Leib, Seele und Geist bestehen. Unseren Leib können wir beschreiben. Er ist räumlich. Aber die Seele hat noch kein Operateur gefunden. Und was Geist ist, vermögen wir am besten praktisch zu erfahren: Es kann jemand geistvoll reden. Wir bestaunen seine Klugheit. Vielleicht auch seine Höflichkeit. Aber wo sein Geist. oder auch wo meiner sitzt, das ist schwer darzulegen. Früher hielt man das Herz für das Zentrum des Menschen. Heute verlegen wir dieses in das Gehirn. Ein Mensch ist gestorben, wenn sein Gehirn tot ist. So sprechen wir, auch wenn der Körper noch zu leben scheint. Wo sitzt der Geist? Im Gehirn? In Zellen? In der Fähigkeit zu Verbindungen zwischen vielen Zellen?

---

44 So Luther in seinem „Großen Katechismus“, in: BSELK S. 932 Z. 2f.

Ausgerechnet mit diesem schwierigen Begriff wird Gott in der Heiligen Schrift beschrieben: „Gott ist Geist, und die ihn anbeten, die müssen ihn im Geist und Wahrheit anbeten" (Joh 4,24). Hier geht es zunächst einmal um den Ort der Anbetung: Soll Gott auf den Höhen der Berge angebetet werden, wie es die in Samarien Wohnenden behaupten, oder im Tempel zu Jerusalem oder im Kämmerlein, wie es Jesus sagt (vgl. Mt 6,5 f)? Jesus relativiert diese Frage bei einem Gespräch mit einer Samariterin. Er meint, um Gott anbeten zu können, kommt es nicht auf den Ort an, sondern auf die Frage: „*Wie* bete ich?" Dieses Problem löst er sofort selbst: Es kommt darauf an, ob ich Gott anbete „im Geist und Wahrheit". Wie aber ist dies zu verstehen?

Der Gegensatz zum Geist wird in der Bibel „Fleisch" genannt. „Fleisch" ist im Neuen Testament häufig das nach unten Ziehende.[45] Es wendet uns von Gott ab. Wenn wir „im Geist" anbeten sollen, dann heißt das, abgewendet von uns selbst und zugewandt zu dem, der Geist ist. Unser Geist, der in uns ist, ist aber – jedenfalls für Christinnen und für Christen – eine Gabe Gottes. Und Wahrheit gehört dazu. Das ist eigentlich selbstverständlich. Denn Unwahrheiten mögen wir unseren Mitgeschöpfen vorgaukeln, aber es wäre albern, Gott belügen zu wollen. Wenn Gott Gott ist, dann kennt er uns besser als wir uns selbst. Verstellung wäre sinnlos. Nur die lautere Wahrheit kommt an.

Zurück zu Gott: Wenn Gott Geist ist, dann ist er nicht räumlich begrenzt. Er ist unanschaulich. Er wird – anders als wir – nicht müde noch matt. Da der Geist weht, wo er will,[46] kann er nicht an einen einzigen Ort gebunden sein. Wenn er will, kann er an vielen Orten präsent sein. Mit dem lateinischen Begriff „Multivolipräsenz" wurde dies beschrieben. Logisch wurde gefolgert, dass dann auch Gott *an allen Orten* sein kann. „Ubiquität" wurde dies genannt. „Geist" verbindet uns also mit Gott: Er ist Geist, aber wir bestehen aus Fleisch, Seele und Geist. Wir haben also nicht nur etwas gemeinsam mit ihm, sondern wir sind auch anders als er. Wir sind zeitlich und räumlich begrenzt. Gott dagegen ist von Ewigkeit zu Ewigkeit und an allen Orten. Wir sind zwar Gott ebenbildlich (vgl. 1. Mose 1,27), aber sonst höchst verschieden von ihm.

45 Vgl. z. B. Römer 7,5–25 oder Matthäus 26,41.
46 Vgl. Confessio Augustana Art. 5, in: BSELK S. 100 Z. 3 f.

Eins gleich drei

Dies ist keine mathematische Formel! Dann wäre sie unsinnig. Dies ist vielmehr ein altes Bekenntnis. Nach meiner Meinung ist die Rede vom „Drei-einen Gott" noch heute beachtenswert. Es geht nämlich um den *einen* Gott. Solange wir von „Gott" sprechen, kann nur ein einziges Wesen gemeint sein. Diesen allmächtigen und gerechten, barmherzigen und gnädigen Gott können wir besser verstehen, so die alte Lehre der Christenheit, wenn wir sein Tun unterscheiden. Klar ist für die Christen gemäß jüdischer Tradition, dass Gott die Erde geschaffen hat. Sie bietet uns manche Rätsel. Deswegen sind viele Wissenschaftler dauernd am Forschen, um das, was „Leben" ist, besser zu verstehen. Vor allem sind wir uns aber selber ein Rätsel. Denke ich heute noch an das, was mir gestern wichtig war? Ich blamiere mich, wenn ich heute erkläre: Was ich gestern sagte, das gilt heute nicht mehr! Aber wenn ich zu besseren Erkenntnissen komme, dann gilt es, dem als wahr Erkannten nachzukommen. Oder bin ich bockig und stur und verschließe mich besseren Einsichten, weil ich mich ein für allemal festgelegt habe? Deswegen bleiben wir dabei, dass Gott die Erde gut geschaffen hat und dass wir versuchen müssen, dieser guten *Schöpfung* nicht zu schaden.

Neben die Schöpfung tritt die *Erlösung*. Diese verdanken wir Jesus, dem Gesalbten Gottes, dem Sohn, der es nicht „für einen Raub" („für ein gesundes Fressen") hielt, „Gott gleich zu sein, sondern entäußerte sich selbst und nahm Knechtsgestalt an" (Phil 2,6 f). Er starb für uns am Schandmal der Römer, am Kreuz. Das wurde nicht „von den Herrschern dieser Welt erkannt", sagt der Apostel Paulus (vgl. 1 Kor 2,8).[47] Aber haben wir es schon begriffen? Sicher nicht. Denn sonst würden wir uns mehr mit diesem größten aller Geheimnisse befassen: Gott und Mensch werden in Jesus Christus eins. Wie kann das gehen? Wenn Gott Gott ist und wir Menschen Menschen sind, dann ist das ein unvereinbarer Gegensatz. Gott und Mensch bleiben grundsätzlich verschieden.

Nein – das bleiben sie nicht! In Jesus Christus sind sie eins geworden. Er ist wahrer Gott und wahrer Mensch zugleich. Nicht erklärbar. Und doch verständlich. So sagt es schon der eben zitierte Abschnitt aus dem Brief des Apostels Paulus an die Gemeinde in Philippi: Gott Sohn steigt herab. Er erniedrigt sich bis zum Tod am Kreuz. Gott erhöht ihn nach dem vollbrachten Erlösungswerk und gibt ihm „den Namen", „der über alle Namen ist, dass in

47 Er fährt fort: „wenn sie die (Weisheit Gottes) erkannt hätten, hätten sie den Herrn der Herrlichkeit nicht gekreuzigt".

dem Namen Jesu sich beugen sollen alle derer Knie, die im Himmel und auf Erden und unter der Erden sind, und alle Zungen bekennen sollen, dass Jesus Christus der Herr ist, zur Ehre Gottes des Vaters" (Phil 2,9–11). Ein wunderbares Mysterium, aller Ehren wert. Dem nachzusinnen lohnt sich.

Das dritte Tun Gottes ist unsere *Heiligung*. Diese verdanken wir dem Heiligen Geist. Besonders in den orthodoxen Kirchen wird die Bedeutung seines Tuns angebetet und verherrlicht. Denn, da wir Menschen leicht erlahmen, ist es gut, wenn dieser gute Geist uns voranbringt. Wir sollen anders sein als Ungläubige. Wir sollen „vollkommen sein, wie euer himmlischer Vater vollkommen ist", ruft Jesus uns zu (Mt 5,48). Wir schaffen das nicht von uns aus. Aber der Heilige Geist geleitet uns auf unserem Weg zum Christ-Werden ein Leben lang.

Vom Wirken des Heiligen Geistes hat Luther gelernt, wie Theologie sein muss. In seinem wichtigen Werk „Vom unfreien Willen" von 1525 formuliert er: „Der Heilige Geist ist kein Skeptiker, und er schrieb keine Zweifel oder Meinungen in unsere Herzen, sondern Behauptungen, die sicherer und fester sind als selbst das Leben und jede Erfahrung."[48] Der Heilige Geist lehrt uns. Er sagt klar, was Sache ist. Er überlässt uns nicht der Vieldeutigkeit. Deswegen redet auch der Reformator klar. Dadurch wird er angreifbar. Aber irgendwelche Ansichten würden uns nicht helfen. Nur klare und verständliche Aussagen, die der Wahrheit entsprechen, sind lebenswichtig. Auf den Heiligen Geist können wir uns verlassen. Natürlich geht es auch um Mysterien. Niemand kann zum Beispiel von sich aus verstehen, dass Gott und Mensch *eine untrennbare Person* sind. Kein Mensch kann die Geheimnisse der Trinität auflösen. Der Wittenberger lässt deswegen widersprüchliche Aussagen nebeneinander stehen. Diese Dialektik ist um der Sache willen erforderlich. Aber Luther wehrt sich gegen Zwei- oder Mehrdeutigkeit in der Christenheit. Wir Glaubenden benötigen klare Aussagen, auf die wir bauen können. Die macht der Heilige Geist in unserem Inneren. Das hilft uns auch gegen alle unsere Erfahrungen. Luther hält die verbleibende Zeit, die die Welt noch besteht, für kurz.[49] Das macht eine lautere, wahrheitsgemäße Verkündigung mit der Hilfe des Heiligen Geistes umso dringlicher. Den „Tröster" nennt Jesus diesen Geist (Joh 14,26). Der Heilige Geist ist also nicht nur während unserer guten Zeiten gegenwärtig, sondern auch und gerade „im

48 „Spiritus sanctus non est Scepticus, nec dubia aut opiniones in cordibus nostris scripsit, sed assertiones ipsa vita et omni experientia certiores et firmiores" (D. Martin Luthers Werke. Kritische Gesamtausgabe, 18. Bd., Weimar 1908, S. 605 Z. 37–39).

49 Vgl. Martin Stupperich, Reformation als Bollwerk gegen den Antichrist, in: Theologische Beiträge 49, 2018, S. 280–294.

finstern Tal“ (Ps 23,4), wenn wir keinen Ausblick mehr haben und uns vollkommen elend fühlen. Wenn wir meinen, von allen guten Geistern verlassen zu sein, dann ist Gott Geist dennoch da. Wir sind durch ihn nie allein.

Das Mysterium der Trinität, des einen Gottes in seinem dreifachen Tun, ist uns heute arg fremd geworden. Es wird zwar von „Dreieinigkeit“ gesprochen – selbst mein Computer akzeptiert dieses Wort. Aber was heißt es eigentlich? Ist die Dreiheit in sich einig? So wird man das Wort auffassen. Aber es wäre fatal, wollte man Gott Uneinigkeit unterstellen. Dieser Begriff „einig“ meint auch in Wahrheit etwas völlig anderes, nämlich „einzig“: Gott handelt in drei Gestalten und ist zugleich doch ein einziger! Deswegen sollten wir vom „Dreieinzigen“ Gott sprechen oder vom „Dreieinen“ Gott und das missverständliche „dreieinig“ vermeiden.[50] Gotthold Ephraim Lessing (1729–1781) hat versucht, das Mysterium „der Trinität Gottes [...] vernünftig [...] zu verstehen“[51]. Das zeigt sein Empfinden für die Wichtigkeit dieses Geheimnisses. Aber hier stehen und bleiben Glaube und Vernunft in Spannung zueinander. Aber es ist aller Ehren wert, wenn jemand seinen Zeitgenossen auch Mysterien möglichst nahe zu bringen vermag.

Die Gläubigen vor Martin Luther haben die einzelnen Sätze des Apostolischen Glaubensbekenntnisses auf die zwölf Apostel verteilt, die alle ein Stück dieses Bekenntnisses für uns gesprochen haben sollen. Wir sind froh, dass wir es nach wie vor haben, obwohl es uns auch immer wieder Probleme bereitet.[52] Der Reformator hat dem Bekenntnis trotz seines Namens eine völlig neue Gliederung gegeben. Er hat diesen Text in drei „Artikel“ geteilt. Der Wittenberger hat dem Vater die Schöpfung, dem Sohn die Erlösung und dem Heiligen Geist die Heiligung zugeschrieben. Dies entsprach uralter christlicher Tradition, wurde aber jetzt beim Apostolischen Glaubensbekenntnis durch eine heilsgeschichtliche, sachliche Einteilung neu betont. Der Dreieine Gott, Vater, Sohn und Heiliger Geist, ist *ein* Gott. Er offenbart sich uns in drei Gestalten. Das erleichtert es uns, sein Werk zu verstehen und uns ihm anzuvertrauen.

Es gibt eine Vielfalt menschlicher Meinungen über Gott. Wir Christen schlagen uns nicht auf die Seite derer, die ihn für eine reine Erfindung halten. Auch die Ursache für den „Urknall“ ist unbekannt: In einem mathema-

50 Diesen Vorschlag habe ich von Hans-Martin Barth übernommen.

51 Vgl. Walter Sparn, „Luther, du! – Großer verkannter Mann!“ Lessings vieldeutiges Interesse an Luther (Wolfenbütteler Vortragsmanuskripte H. 26), Wolfenbüttel 2018, S. 11.

52 Vgl. Frederick Ercolo Voges/Hans-Martin Barth/Henning Schröer, Apostolisches Glaubensbekenntnis, in: TRE 3, S. 528–571.

tischen Punkt ohne Ausdehnung soll alles zusammengeballt gewesen sein, was sich zu einem Universum von unbekannten Ausmaßen auswuchs und sich noch immer weiter mit Lichtgeschwindigkeit ausdehnt. So heißt es, und so glauben viele. Sie meinen, das sei Wissenschaft. Und das ist es ja auch. Aber warum es einen Urknall gegeben hat, welche Ursache ihn bewirkte, das bleibt unerklärbar. Wir Christen dagegen personalisieren die Ursache für alles. Wir geben dem Verursacher den Namen *Gott*. Auch er ist unvorstellbar und unerklärbar. Aber wir verstehen ihn gegen alle Spötter und Besserwisser als *ein* Wesen, von dem wir fern sind, der uns aber näher kommt, als wir uns selber sind.

„Die offizielle kirchliche Verkündigung hat seit einiger Zeit eine ‚schlechte Presse'. Man versichert uns dauernd, die Kirchen seien darum so leer, weil die Prediger so viel Gewicht auf die Lehre legten: auf das ‚langweilige Dogma', wie man zu sagen pflegt. Man lasse mich einmal sagen, daß genau das Gegenteil wahr ist; es ist die Vernachlässigung des Dogmas, die die Predigten so langweilig macht. Der christliche Glaube ist das aufregendste Drama, das der menschlichen Einbildungskraft je geboten wurde." Diese Worte wurden nicht 2019 formuliert, sondern achtzig Jahre vorher: 1939. Sie stammen von Dorothy L. Sayers (1893–1957), einer damals sehr bekannten Autorin von Kriminalromanen. Karl Barth las ihre Krimis sehr gerne; er wollte dadurch sein Englisch verbessern, das er in der Schule nicht gelernt hatte. Sayers war Anglikanerin. Ein reformierter Schotte schickte Karl Barth einen theologischen Essay von ihr zu. Der Schweizer war von ihm so begeistert, dass er beschloss, ihn zu übersetzen. Er teilte dies der Autorin am 7. September 1939 mit, wenige Tage nach Ausbruch des Zweiten Weltkriegs.

In ihrem Text will Sayers die Frage beantworten: „Was hält die Kirche von Christus?"[53] Sie formuliert: „er war Gott"[54]. Aber zugleich hat Christus „alle menschlichen Erfahrungen durchlaufen: von den alltäglichen Ärgerlichkeiten des Familienlebens und dem hemmenden Druck der körperlichen Arbeit und Armut bis zu dem Furchtbarsten des Schmerzes, der Erniedrigung, der Niederlage, der Verzweiflung und des Todes."[55] Die Autorin verdeutlicht ihre Meinung mit den Sätzen: „wenn er [Christus] nur ein Mensch und sonst nichts war, dann war sein Tod nicht wichtiger als der deine und meine. War er aber wirklich beides: Gott und Mensch, dann starb Gott, indem der

53 Dorothy L. Sayers, Das größte Drama aller Zeiten, hg. v. Hinrich Stoevesandt, Zürich 1982, S. 27.

54 A. a. O. (wie Anm. 53), S. 28.

55 Ebd.

Mensch Jesus starb. Und als der Gott Jesus von den Toten auferstand, da auferstand dann auch der Mensch; denn in ihm waren Gott und Mensch eine Person.“[56]

Sayers meint auch: „Niemand ist gezwungen, auch nur ein einziges Wort dieser merkwürdigen Geschichte zu glauben. [...] Wir können diese Lehre erleuchtend nennen oder verheerend. Wir können sie Offenbarung nennen oder auch alten Plunder. Wenn wir sie aber langweilig nennen, dann haben Worte keinen Sinn mehr. [...] Daß der Mensch des Menschen Tyrann sei, das ist das übliche traurige Lied menschlicher Erbärmlichkeit. Aber daß der Mensch zum Tyrannen Gottes wird und in ihm einen besseren Menschen findet als in sich selber, das ist der Inhalt eines auf alle Fälle erstaunlichen Dramas.“[57] Zu Gottes Vielfalt gehören also auch dramatische, erstaunliche und aufregende Züge. Gottes Vielfalt fordert uns in unserer Zeit heraus, ihn neu anzubeten, ihn zu bitten und ihm zu danken für das Vertrauen, das wir zu ihm haben. Dann tritt neben die von uns geschaffene Vielfalt der Gottesbilder und Gottesbestreitungen die *Einfalt des Glaubenden*, die Einfalt dessen, der dem Dreieinen Gott vertraut. Unser Gott ist und bleibt ihm „ein’ feste Burg“.

Persönliches Nachwort

Das Nachrichten-Magazin „Der Spiegel“ hat am 20. Apil 2019 auf dem Umschlag eine Titelgeschichte mit den Worten angekündigt: „Wer glaubt denn so was? Warum selbst Christen keinen Gott mehr brauchen“. Auf S. 40 ist dann daraus geworden: „Der Himmel ist leer“. Verfasser ist Dietmar Pieper. Auf der folgenden Seite erfährt man: „55 % der Befragten glauben an einen Gott.“ Das wird folgendermaßen aufgeschlüsselt: 75 % der Katholiken glauben an einen Gott, 67 % der Protestanten, also drei Viertel und zwei Drittel. Dass 20 % der Konfessionslosen ebenfalls an einen Gott glauben, wird kommentarlos berichtet.[58] „54 % derjenigen Befragten, die an einen Gott glauben, glauben auch, dass Jesus von den Toten auferstanden ist.“ Selbst wenn man nicht dem frivolen Spruch folgt: „Glaube nur an die Statistik, die du selbst gefälscht hast“, so überrascht doch, welche zeitgenössischen Theologen er

56 A. a. O. (wie Anm. 53), S. 31.
57 A. a. O. (wie Anm. 53), S. 32f.
58 Vgl. Der Spiegel Nr. 17/20. 4. 2019, S. 41.

zitiert. Von Protestanten nennt er nur den allseits bekannten (?) Klaus-Peter Jörns. Aber besondere Gemeinden in Kanada und der Schweiz werden herangezogen, um den Abbruch des Christlichen zu belegen. Der Beitrag endet mit den Worten: „Der Glaube, dass eine übernatürliche Macht seit Anbeginn der Zeit ins Weltgeschehen eingreift, ist eine Zumutung, die immer weniger Menschen akzeptieren wollen. Löst man Gott von dieser transzendenten Rolle ab, bleibt eigentlich nur Menschenwerk übrig. Aber was sollte da auch anderes sein?"[59] Das kann so gesehen werden, natürlich. Aber dass in einem Nachrichten-Magazin der Schlusssatz in die Form einer rhetorischen Frage gekleidet wird, unterstreicht die Absicht des ganzen Artikels: Der Spiegel-Journalist will uns von seiner Meinung überzeugen; wir sollen ihm antworten: „Klar, du hast ja Recht!" Seriöse Journalistik würde informieren und der Leserin und dem Leser überlassen, was sie oder er damit macht. Sie würde persönliche Meinungen von Nachrichten deutlich unterscheiden.

In einem Interview wird der systematische Theologe Jürgen Moltmann gefragt: „Ist Jesus an Ostern wirklich auferstanden? Moltmann: Ja, ganz wirklich. Wirklicher, als wir die Wirklichkeit der Welt sehen." Die Fragenden haken nach: „Zwei Drittel der Menschen in diesem Land glauben aber nicht an die Auferstehung. [...] Sie aber sagen: Jesus ist leiblich auferstanden. Moltmann: Ja, und das ist der Anfang der Totenauferstehung. [...] Auf Gottes Auferweckung hin stand Jesus auf. [...] Jesus wurde von den Toten auferweckt, nicht als Ausnahme, sondern als Anfang. Er ist der Erstling der Entschlafenen, sagt Paulus." Jetzt werden die Fragen persönlicher: „Glauben Sie, dass Sie Ihre vor zwei Jahren verstorbene Frau wiedertreffen? Moltmann: Ja, die Auferstehung der Toten ist personal gedacht. Jesus ist von den Toten auferstanden und macht die, die sterben müssen, lebendig in der Hoffnung. [...] In Jesu Auferstehung hat Gott den Tod überwunden und ewiges Leben ans Licht gebracht. Darum ist die Auferstehung Jesu der Anfang der Neuschöpfung der ganzen Welt. Bei dem Tod meiner Frau vor zwei Jahren habe ich das Ende erlebt und gewusst, das ist der Neuanfang." Zum Schluss werden noch zwei Fragen gestellt: „Sie sprechen über Ihren Glauben und Ihre Theologie mit Gewissheit. Viele Menschen tun sich schwer, in dieser Klarheit zu glauben. Moltmann: Das war aber zu allen Zeiten so. Diese Überzeugungen sind auch eine Entwicklung. Ich bin nun 92 Jahre alt, da bleiben die Gewissheiten und die Zweifel und die Ungewissheiten treten zurück." Letzte Frage: „Was würden Sie einem Jugendlichen heute dazu sagen?

59 A. a. O. (wie Anm. 58), S. 48.

Moltmann: Wage es, mit dieser Gewissheit zu leben, und du wirst neue Lebenserfahrungen machen."[60]

Spötter werden sagen: „Da hat sich ein Greis etwas zurecht gemacht. So werden aus Träumen und Hoffnungen Gewissheiten." Mag sein; wir dürfen und sollen ja kritisch sein. Aber Jürgen Moltmann schlägt uns ja nur vor, selber die Probe zu machen. Das Leben zeigt uns dann schon, was trägt und was nicht. Und Spott sollte nicht alles im Leben sein. Jedenfalls sagt uns das Psalm 1. Manche werden dem Spiegel-Schreiber folgen, der uns mit seiner rhetorischen Frage klammheimlich auf seine Seite ziehen will. Moltmann dagegen versucht lediglich das aufzuzeigen, was ihn beschäftigt und ihm hilft. Dieses Beispiel hat mich bewogen, nun auch noch ein persönliches Erlebnis zu erzählen.

Am 15. Oktober 2013 wurde meiner Frau gesagt, am nächsten Tag werde ihre Herzoperation durchgeführt werden. Sie wiederholte noch einmal, was sie mir schon die Zeit davor gesagt hatte: „Ich nehme an, dass ich diese Operation nicht überleben werde. Aber mit dieser Atemnot kann ich nicht weiterleben. So soll es dann sein." Ich war (wie immer) der Optimist. Der Operateur hatte mir Vertrauen eingeflösst mit seiner Aussage: „Ich habe diese OP schon oft durchgeführt." Ich habe meiner Frau gesagt: „Nach deiner Operation komme ich zu dir." Das tat ich dann auch. Sie lag auf der Intensivstation. Gleich das erste Bett rechts. Ein junger Arzt neben ihr, der sich nur um sie kümmerte. Es gab erhebliche Probleme. Er erklärte sie mir. Meine Frau lag im Koma und wurde beatmet. Wann ich sie wieder aufsuchen könne, fragte ich den Arzt. Er antwortete: Morgen nach der Visite, nach 10 Uhr.

In der Nacht des 17. Oktober 2013 wurde ich wach. 2 Uhr 15 Minuten. Toilettengang? Nein. Warum bin ich dann wach? Sorgen? Gewiss. Aber morgen erfahre ich ja mehr. Am Morgen um 7 Uhr wurde ich angerufen: „Ihre Frau ist heute Nacht um 2 Uhr 15 gestorben." Da wusste ich, warum ich wach geworden war: Meine Frau hatte sich von mir verabschiedet. Ihr irdisches Leben endete. Sie durfte mir das sagen. Gott hatte es ihr erlaubt, diesen „Umweg" zu machen. Ihre Seele, ihr Leben, ging zu Gott. Seitdem weiß ich, dass es den Seelenschlaf bis zum Jüngsten Tag nicht grundsätzlich gibt. Den hatten manche Theologen angenommen. Aber die Maler wussten es besser: Sie zeigten den Leib des Sterbenden, aus dessen Ohr ein kleines Baby hervortritt und entschwindet, um zu Gott zu gehen. Ein Ausdruck, ein Symbol für die Seele, das Leben oder wie immer man es nennen will. Jedenfalls ein

---

60 Vgl. Evangelische Wochenzeitung für Bayern. Sonntagsblatt 75, 21. 4. 2019, Nr. 16, S. 4f.

Zeichen, dass mit dem Tod nicht alles „aus“ ist, sondern dass Gott das von ihm geschaffene Leben zu sich zurückholt. Mein Erwachen in dieser Nacht um 2 Uhr 15 ist für mich nicht nur Ausdruck von Zuwendung, sondern auch ein erster Blick in die Ewigkeit. Sie beginnt, wenn unsere irdische Zeit endet.[61]

Ich erzähle dies im Anschluss an Jürgen Moltmanns Ausführungen. Natürlich kann man sagen: Alles Zufall; nichts anderes. Für mich jedoch war es Fügung. Ein Geschehen, das mir weiterhalf. Ein persönliches Ereignis muss für niemand eine Bedeutung haben – außer dem, der es selbst erlebt hat. Sie oder er darf damit leben, weiter leben. Ich wollte es einmal weitersagen. Belasten soll es niemanden. Wenn es jemandem helfen sollte, dann ist dies umso besser. Offenbarungen haben ihre eigenen Kategorien. Dabei bleibt es auch in diesem Fall.

---

61 Vgl. Gerhard Müller, Tod und Auferstehung bei Martin Luther, in: CA. Confessio Augustana. Das lutherische Magazin für Religion, Gesellschaft und Kultur III, 2019, S. 43–50.

Carsten Linden

„Of course Vati was a real Lutheran pastor“

Nachfolgend werden Lebensstationen des lutherischen Pastors Paul Leo (1893–1958) als Beispiel christlich-lutherischer Duldsamkeit dargestellt. Paul Leo war nicht eigentlich Auslandspfarrer, sammelte aber pastorale Erfahrung in zwei Denominationen der lutherischen Welt: Der evangelisch-lutherischen Landeskirche Hannovers und der American Lutheran Church, heute Evangelical Lutheran Church in America.

Es soll mit seinem Tod angefangen werden. Paul Leo war 1958 Professor an einem Predigerseminar in Trägerschaft der American Lutheran Church in Iowa, USA, und verstarb während einer Unterrichtsstunde: „Paul Leo died suddenly on Monday, February 10, 1958 while teaching a class on New Testament exegesis.“[1] Ein vom Seminar 2019 per Email mitgeteiltes Narrativ wird konkreter: „Students who were present in the class recalled how their professor suddenly collapsed during a discussion of the word ‚euangelion‘ (Greek for ‚gospel‘). As his body was carried from the classroom, students, staff, and faculty lined the hallways to pay their respects.“ Schon diese Respekterweisung verweist auf seine menschliche Beliebtheit, die sein ganzes Leben durchzog. Es kann kaum verwundern, dass das einige Jahre später angeschaffte neue Hauptportal des Seminars „Leo doors“ benannt und erst 2010 wegen staatlicher Auflagen zur behindertengerechten Gestaltung des Eingangs entfernt wurde, aber bis heute im Innern des Gebäudes ausgestellt wird. Auch in Deutschland findet sich eine posthume Würdigung: In Osnabrück gibt es eine Paul-Leo-Straße.

1 Julius Bodensieck, His Times Were in God’s Hands, in: The Lutheran Standard, Jg. 66, Nr. 10 vom März 1958, 10.

Zu Lebzeiten wurde ihm Anerkennung eher zögerlich zuteil. Beispielsweise entfernte man nach 1933 seinen Namen auf einer kurz vorher angebrachten Gedenktafel seiner ersten Kirchengemeinde auf Norderney und brachte ihn nach 1945 wieder an derselben Stelle an;[2] allerdings haben die Worte „Paul Leo“ auf der Tafel an der Westseite der lutherischen Kirche auf Norderney bis heute eine vom übrigen Tafeltext abweichende Färbung.[3] Das führt direkt zum Proprium dieses Lebens: Paul Leo war Christ, lutherischer Christ, und Jude.

1893 hineingeboren in eine Familie assimilierter Juden, wie sie für das 19. Jahrhundert typisch waren, wuchs Paul Leo als Sohn eines Professors für alte Philologie an der Göttinger Landesuniversität, Friedrich Leo, auf. Mütterlicherseits finden sich Fanny Mendelssohn-Bartholdy und Moses Mendelssohn unter seinen Vorfahren.

Recht bald nach dem Abitur zu Ostern 1913 und Studienbeginn an der Göttinger Landesuniversität brach der Erste Weltkrieg aus. Wegen Vorerkrankungen wurde er als untauglich gemustert. Da er nach sechs Semestern von Geschichte zu Theologie wechselte, schloss er erst 1919 mit dem 1. Theologischen Examen ab, wurde Promotionsstudent und mit einer Arbeit über Basilius den Großen 1928 zum Lizenziaten der Theologie promoviert.[4] Paul Leos Fazit zu seinem Protagonisten könnte auch für sein eigenes Leben stehen: „Der Trieb zur Weltüberwindung hat über die reine Weltflucht den Sieg davongetragen.“[5] Parallel absolvierte er den zweiten Teil seiner Theologenausbildung. Es war damals in der Hannoverschen Landeskirche üblich, die besser benoteten Universitätsabsolventen statt zu einer Vikariatsausbildung einem Predigerseminar zuzuweisen. Nach 18 Monaten am Predigerseminar Erichsburg bestand Paul Leo 1922 auch das 2. Theologische Examen, wurde in Aurich ordiniert und erhielt umgehend eine Stelle als Hilfgeistlicher auf Norderney, wo er bis 1927 arbeitete.

Dass man nach dem Examen nicht sofort fest eingestellt wurde, sondern erst einmal als Hilfsgeistlicher, damals auch „Kollaborator“ genannt, arbeiten musste, war zwar nicht ungewöhnlich, doch für den Absolventen eines Predigerseminars durchaus. Hier bestätigen aber Ausnahmen die Regel. So musste etwa der Absolvent des Predigerseminars Loccum Paul Fleisch einige

2 Vgl. Lina Gödeken, Rund um die Synagoge in Norden, in: Heim und Herd vom 29. 6. 2002, 23.

3 Mitteilung von Pastor Stephan Bernhardt, Norderney, vom 29. 5. 2019.

4 Deckblatt seiner Dissertation: http://resolver.hebis.de/retro/original/o3910524.

5 Paul Leo, Die Wirkung Basilius' des Großen auf das Mönchtum seiner Zeit, Diss. Marburg 1928, 142.

Jahre zuvor mehrere Hilfsgeistlichenstellen wahrnehmen, stieg dann aber in Paul Leos Zeit bis zum Geistlichen Vizepräsidenten des Hannoverschen Landeskirchenamts auf. Ob also Paul Leos Karriere durch Einstellung nur als Kollaborator „von oben“ gezügelt wurde, muss offen bleiben.

In den 1920er Jahren war Paul Leo sehr umtriebig und fand sich auf verschiedenen Treffen von lutherischen Pastoren in Deutschland ein. Er scheint dabei gute Networking-Kompetenzen umgesetzt zu haben, was naturgemäß nicht recht nachweisbar ist. Auf diesen Treffen wurde er mit Richard Karwehl, 1914–1971 Pastor in Osnabrück,[6] bekannt, wobei auffällt, dass Paul Leo als erste feste Pastorenstelle die Nachfolge Hermann Karwehls, des Bruders seines Freundes Richard Karwehl, antrat. Deutlicher wird die Rolle des Beziehungsnetzwerks von Paul Leo bei dem Geistlichen Otto Piper,[7] mit dem er sich auf diesen Treffen auch angefreundet hatte, und der ihm nach seiner Auswanderung in die USA 1939 sofort eine Stelle an einem theologischen Seminar vermitteln wird.[8]

Die erste feste Stelle erhielt er also 1927 als Nachfolger von Hermann Karwehl im Mittelgebirge Solling, wo er die Tochter des dortigen Landrats kennenlernte und 1929 heiratete.[9] 1930 führte ihn sein Beruf nach Osnabrück. Deuten sich für die Zeit bis dahin Widerstände gegen ihn eher an, als dass sie sicher belegbar wären, bedeutete die Zeit in Osnabrück 1931–1939 eine durchgehende Prüfung seiner Duldsamkeit.

Im Mai 1931 brachte seine Frau die Tochter Anna zur Welt und verstarb im Wochenbett. Paul Leo erkrankte bald darauf. Er hatte ohnehin eine eher schwache Gesundheit, war im Ersten Weltkrieg als Kriegsfreiwilliger zweimal untauglich gemustert worden und im Studium wiederholt krank.[10] Vielleicht wirkte sich aber vor allem die konkrete Situation – das tägliche Leben

6 1914 nach Osnabrück versetzt, noch vor Antritt der Stelle eingezogen, welche für ihn freigehalten wurde, dann seit 1919 dort Pastor und trotz formellen Ruhestands bis 1971 weiter in seiner Gemeinde pastoral tätig.

7 Damals Privatdozent und ab 1930 Theologieprofessor in Münster. Vgl.: Hans Christian Brandy, Gustav Oehlert und Paul Leo: zwei Pastoren jüdischer Herkunft in der Evangelisch-lutherischen Kirche Hannovers, in: Heinrich Grosse/Hans Otte/Joachim Perels (Hg.), Bewahren ohne Bekennen? Die Hannoversche Landeskirche im Nationalsozialismus. Hannover 1996, 389. Zu Otto Piper s.: Friedrich Wilhelm Graf, Art. „Piper, Otto Alfred“, in: RGG^4, Bd. 6, 1355 f.

8 Vgl. Eva Leo, Biographie Paul Leos, Dubuque 1960, Landeskirchliches Archiv Hannover, S 1 HII 920, Nachlass Prof. Lic. Paul Leo, Dubuque (Iowa).

9 Anna geb. Siegert, 1898–18. 5. 1931. Vgl. Landeskirchliches Archiv Hannover, N 147, Entschädigungssache Paul Leo.

10 Vgl. das Schreiben von Carl Siegert an die Gestapo-Osnabrück vom 22. 12. 1938, Landeskirchliches Archiv Hannover, N 147, Entschädigungssache Paul Leo.

als Witwer an unbekanntem Ort und mit Säugling meistern zu müssen – negativ auf seine Gesundheit aus. Jedenfalls wurde Paul Leo bis 1933 immer wieder krank und war wiederholt auf Kuren in Süddeutschland. Das wiederum zog eine weitere Problematik, die von ihm zu erdulden war, nach sich:

Die Hannoversche Landeskirche war lange bemüht, an der Territorialgemeinde mit präsenzpflichtigem, allzuständigem Pastor festzuhalten. Die neue Verfassung der Landeskirche von 1922 führt nun die Sonderseelsorger ein.[11] 1930 gab es derer etwa 30; grob gesagt: je Kirchenkreis einen. Diese Neuerung war seitens der Kirchenkreise gern gesehen, denn die Sonderseelsorger wurden aus der Kasse der Landeskirche finanziert und entlasteten die Gemeindegeistlichen vor Ort. Osnabrück erhielt sogar eine zweite Sonderseelsorgestelle, allerdings mit der besonderen Auflage, dass das Gehalt aus den Einnahmen dieser Stelle zu finanzieren sei. Das war auf dem Papier auch kein Problem, weil genügend von anderen Körperschaften bezahlte Aufgaben zusammenkamen: Gottesdienst in den Osnabrücker Gefängnissen („Gefängnisseelsorge"), Religionsunterricht für die Schwesternschülerinnen im Stadtkrankenhaus („Krankenhausseelsorge"), Konfirmandenunterricht in der Taubstummenlehranstalt („Behindertenseelsorge") und mehrere andere in der Stelle zusammengefassten Aufgaben. Diese zweite Sonderseelsorgestelle erhielt nun Paul Leo, und die Problematik wird deutlich: Die Stelle musste sich selbst aus den kleinen, kumulierten Zahlungen finanzieren, aber Paul Leo war ständig krank. 1932 versuchte der Superintendent bei seinem Dienstvorgesetzten deshalb die Versetzung Paul Leos zu erreichen.[12]

Der Superintendent hatte bei der Berufung von Paul Leo nach Osnabrück die entscheidende Stimme geführt und war persönlich gewiss nicht gegen Paul Leo eingestellt. Er war schlicht beflissen, die zweite Sonderseelsorgestelle mit einem arbeitseffizienten Geistlichen zu besetzen, um bei den Auftraggebern keinen Unmut aufkommen zu lassen und die Aufgaben für den Kirchenkreis zu halten.

---

11 „Sonderseelsorger" ist die heutige Bezeichnung. Nach der Verfassung der Hannoverschen Landeskirche von 1922 sprach man in den 1920er und 1930er Jahren von „Landesgeistlichen" und „Anstaltsgeistlichen". Mit Stand vom 31. 12. 1930 waren in der Landeskirche neun Pastoren als Landesgeistliche und 22 als Anstaltsgeistliche tätig. Vgl. Ernst Rolffs, Evangelische Kirchenkunde Niedersachsens. Das kirchliche Leben in den Landeskirchen von Hannover, Braunschweig, Oldenburg und Schaumburg Lippe, Göttingen [2]1938, 57. Dem Kirchenkreis Osnabrück waren 1924–1939 ein Landesgeistlicher und 1929–1938 Paul Leo als Anstaltsgeistlicher zugeordnet.

12 Vgl. Schreiben des Generalsuperintendenten Wilhelm Schomerus an den Superintendenten Ernst Rolffs vom 8. 7. 1932, Archiv des Kirchenkreises Osnabrück, Personalakte Pastor Leo.

So sehr der erste Sonderseelsorger gerade wegen der Arbeitsentlastung für die Osnabrücker Gemeindegeistlichen ein Gewinn war, so wenig war es die zweite Sonderseelsorgestelle, die Paul Leo innehatte. In Osnabrück wurden nur die unbezahlten Teilaufgaben in der ersten Sonderseelsorgestelle zusammengefasst, was natürlich begrüßt wurde. Allerdings waren die kleinen Bezahlungen der Sonderaufgaben bei den Gemeindegeistlichen in den wirtschaftlich eher dürftigen 1920er Jahren willkommen gewesen. Von dem in der Nähe Osnabrücks arbeitenden Pastor Wilhelm Thimme etwa ist bekannt, dass er einige Jahre nebenbei in einer Margarinefabrik arbeiten musste, um seine Familie durchzubringen.[13] Der Wegfall der Zulagen durch Bündelung auf der zweiten – Paul Leos – Sonderseelsorgestelle, traf bei den Gemeindegeistlichen dementsprechend auf Zurückhaltung.

Proben seiner Duldsamkeit am Beginn von Paul Leos Osnabrücker Zeit 1930–1933 waren also: Die Ehefrau verstarb, er war damit alleinerziehend, der Superintendent bemüht sich um seine Versetzung und die Kollegen waren reserviert.

Dass mit und wegen der Änderung der politischen Großwetterlage seit 1933 Paul Leos Duldsamkeit weiterhin geprüft wurde, soll nachfolgend skizziert werden:

Ein neues Gesetz brachte seit Mai 1933 die Entfernung von Juden aus staatlichen Aufgaben in Gang.[14] Als erstes verlor Paul Leo die Seelsorge in den Osnabrücker Gefängnissen im Herbst 1933.[15] Da alle seine Tätigkeiten staatlich angebunden waren, verlor er sie alle bis 1935, zuletzt die Seelsorge im Stadtkrankenhaus. Das wurde öffentlich geradezu zelebriert und soll deshalb etwas ausgeführt werden: Als im Frühsommer 1935 im ganzen Deutschen Reich eine judenfeindliche Welle inszeniert wurde, fand in Osnabrück eine öffentliche Abschlusskundgebung statt. Der zentrale NSDAP-Akteur („Kreisleiter") machte bei seiner Rede die Mitteilung: „Wir brauchen keine Juden mehr auf unserem Viehhof und verlangen deren Entfernung genauso, wie wir es durchgesetzt haben, daß Pastor Leo das Krankenhaus nicht mehr betreten darf."[16] Letzteres stimmte in der Sache.[17] Paul Leo hatte ein paar

13 Vgl. Hans Thimme, Das Haus an der Sonne, in: Rudolf Pörtner (Hg.), Mein Elternhaus. Ein deutsches Familienalbum, Düsseldorf [2]1985, 105.

14 Die Durchführungsverordnung des Gesetzes zur Wiederherstellung des Berufsbeamtentums trat am 4. 5. 1933 in Kraft.

15 Vgl. das Schreiben Ernst Rolffs an das Landeskirchenamt vom 28. 8. 1933, Archiv des Kirchenkreises Osnabrück, Personalakte Pastor Leo.

16 Rede von Wilhelm Münzer, abgedruckt im Osnabrücker Tageblatt vom 21. 8. 1935.

17 Zu den genauen Umständen vgl. Hans Christian Brandy, Gustav Oehlert und Paul Leo. Zwei Pastoren jüdischer Herkunft in der Ev.-luth. Landeskirche Hannovers, in:

Tage zuvor einen Brief des Osnabrücker Oberbürgermeisters erhalten, in welchem dieser ihm unter ausdrücklichen Verweis auf dessen „nichtarische“ Herkunft ein Hausverbot für das Stadtkrankenhaus ausgesprochen hatte.[18] Paul Leo nahm auch dies duldsam hin.

Weitere Nadelstiche von staatlich-nationalsozialistischer Seite begleiteten fortan sein Leben in Osnabrück. Beispielsweise sah er sich im Dezember 1935 damit konfrontiert, dass seine Haushälterin nach der neuen Gesetzgebung nicht bei einem Juden arbeiten dürfe. Sein Gesuch, eine Sondergenehmigung zu erhalten, beschied der Regierungspräsident abschlägig: Er sei „leider nicht in der Lage, weiteres in der Sache zu veranlassen“[19].

Zum Fortgang von Paul Leos Tätigkeit in Osnabrück muss wieder ein kurzer Blick auf seine Kollegen gerichtet werden: Die Geistlichen hatten sich – vereinfacht formuliert – seit 1933 in drei Fraktionen gespalten. Drei Pastoren waren „Deutsche Christen“, drei waren indifferent (sie waren aber keine Mittelgruppe, sondern versuchten jeder für sich alles Politische im pastoralen Alltag auszublenden, also in jede Richtung unauffällig zu bleiben), sieben Pastoren waren „Bekenntnispfarrer“ (es handelte sich um alle sechs Pastoren der St. Marienkirche und den Sonderseelsorger Paul Leo). Die Akteure der „Bekennenden Kirche“ vor Ort hatten seit 1933 einige Zeit gehabt zusammenzuwachsen, was sich nun bewährte. Die genauen Wirrungen der Jahre 1935–1939 zu entflechten, würde zu weit von Paul Leo wegführen. Grundsätzlich war es so, dass der Kirchenvorstand von St. Marien, sprich die lokale „Bekennende Kirche“, sich seit 1935 verpflichtete, das Gehalt von Paul Leo zu zahlen.[20] Da Paul Leo ja keine Tätigkeiten mehr hatte, wies ihm der Kirchenvorstand von St. Marien 1935 einen Randbezirk der Stadt, nämlich das gerade eingemeindete Dorf Haste, als Seelsorgebezirk zu, wo er auch schnell aktiv wurde. Ein späteres Narrativ dazu lautet: „The anti-Hitler pastors in the city of Osnabruech offered him asylum.“[21] Paul Leo scheint

Jahrbuch der Gesellschaft für Niedersächsische Kirchengeschichte 93 (1995), 216. Peter Junk/Martina Sellmeyer, Stationen auf dem Weg nach Auschwitz. Entrechtung, Vertreibung, Vernichtung. Juden in Osnabrück 1900–1945, Osnabrück [2]1989, 258.

18 Vgl. das Schreiben des Osnabrücker Oberbürgermeisters Erich Gaertner an Paul Leo vom 17. 8. 1935, Archiv des Kirchenkreises Osnabrück, Personalakte Pastor Leo.

19 Schreiben Bernhard Eggers an Jocobus Ites vom 23.1.1936, Niedersächsisches Staatsarchiv Außenstelle Osnabrück, Rep. 430, Dez. 201. acc. 16 b/65 Nr. 44.

20 Vgl. Kirchenvorstandsbeschluss St. Marien vom 8. 10. 1934, Archiv des Kirchenkreises Osnabrück, Akte Kirchenvorstand St. Marien.

21 So liest man es im Nachruf zu Paul Leo von Julius Bodensieck, His Times (wie Anm. 1), 10–11.

gewissermaßen unauffällig untergebracht worden zu sein, denn das Dorf Haste war sehr kirchlich – durch die ganze NS-Zeit hindurch konnte sich eine konfessionell-evangelische Volksschule halten –, und mit Ablehnung eines jüdischen Pastors war nicht zu rechnen. Doch waren nach 1933 von der Verwaltung drei Siedlungen in Osnabrück für verdiente NSDAP und SA-Mitglieder gebaut worden, davon eine in Haste. Von daher verwundert es nicht, dass die Tätigkeit von Paul Leo vor Ort für Unruhe sorgte.

Das blieb auch der zentralen kirchlichen Behörde in Hannover, dem Landeskirchenamt, nicht verborgen. Nachdem man 1922 den Ruhestand der Pastoren grundsätzlich geregelt hatte, führte die Hannoversche Landeskirche 1937 als besondere Form des Ruhestands den „vorläufigen Ruhestand“ ein.[22] In der Literatur liest man dazu, es habe sich um einen „Arierparagraphen durch die Hintertür“[23] gehandelt. Paul Leo selbst kommentierte später: „As to the non-Aryan ministers resistance to the government became more and more impracticable; the church was forced to remove them one by one.“[24] Tatsächlich wurde Paul Leo vom Landeskirchenamt im Frühjahr 1938 über diese Regelung in den „vorläufigen Ruhestand“ versetzt, wobei der offizielle Termin auf den 1. 8. 1938 gelegt wurde, damit er noch Zeit hatte, die letzte Konfirmation in Haste wahrzunehmen und seine Dienstwohnung zu räumen.[25]

Als am 9. 11. 1938 martialisch feucht-fröhlich auch in Osnabrück des Putsches von 1923 gedacht wurde, trat man auf dem Platz vor St. Marien kurz nach Mitternacht nochmal an, um anschließend in kleinen Trupps „jü-

22 Dieser vorzeitige Ruhestandsantritt, später auch als „Wartestand“ bezeichnet, war erst 1937 eingeführt worden. Vgl. Gerhard Lindemann, „Typisch jüdisch“. Die Stellung der Ev.-luth. Landeskirche Hannovers zu Antijudaismus, Judenfeindschaft und Antisemitismus 1919–1945, in: Schriftenreihe der Gesellschaft für Deutschlandforschung, Bd. 63, Berlin 1998, 564.

23 Gerhard Lindemann, Landesbischof August Marahrens (1875–1950) und die hannoversche Geschichtspolitik, in: Kirchliche Zeitgeschichte 1 (1995), 403.

24 Paul Leo, The Bearing of the German Church Struggle on Theology, in: Journal of Theology of the American Lutheran Conference 7 (February 1942), 112. Zumindest kirchenintern wurde das nach dem Krieg auch so gesehen: „Paul Leo wurde im April 1938 wegen nicht arischer Abstammung vom Landeskirchenamt in den Ruhestand versetzt.“ – Schreiben des Landessuperintendenten für Calenberg Theodor Laasch an das Landeskirchenamt vom 10. 8. 1953, Landeskirchliches Archiv Hannover, N 147, Entschädigungssache Paul Leo.

25 Vgl. Schreiben des Landeskirchenamts an Paul Leo vom 20. 6. 1938, Archiv des Kirchenkreises Osnabrück, Personalakte Pastor Leo.

dische Familien zu terrorisieren und die Männer festzunehmen."[26] Paul Leo wurde nach kurzer Gestapo-Haft in das Konzentrationslager Buchenwald verbracht. Zu seiner Verhaftung sei das einzige direkte und einigermaßen zuverlässige Zeugnis seiner damals allerdings erst knapp neunjährigen Tochter, welche ihren Bericht zudem erst Jahrzehnte später und in dritter Person verschriftlichte, zitiert:

Die Nacht des 9. 11. 1938 begann wie gewohnt: „Vati had come to say prayers with her. The way he'd done every night since she was a tiny baby. [...] Suddenly she woke. Shouting and banging on the front door."[27] Paul Leo sprach mit den beiden Besuchern, deren Anliegen das Mädchen nicht verstand: „What were those men talking about? Of course Vati was a real Lutheran pastor. And of course his ancestors – and hers – were Jewish." Die Besucher wurden konkret: „Come with us this instant!" Die ebenfalls aufgewachte Haushälterin bemerkt:

„How dare you shout that way at the Herr Pastor?!" Man blieb die Antwort nicht schuldig: „Where he's going, ‚Herr Pastor' will do him no good, the S.S. man snapped. Maybe if he were a real Lutheran pastor. But him [...] he's nothing but a Jew!"

Ende Dezember 1938 wurde Paul Leo wieder aus dem Konzentrationslager Buchenwald entlassen. Was genau dazu führte, ist unklar, wobei es gleichwohl in der Literatur eine Fülle von Spekulationen gibt, deren wirksamste kurz angeführt und kommentiert werden soll: „Die Osnabrücker Pastoren und auch der zuständige Landessuperintendent setzten sich für Pastor Leo und seine Tochter ein. Er durfte auswandern und wurde zu diesem Zweck aus dem Konzentrationslager wieder entlassen."[28] Die asyndetische Gegenüberstellung von „Pastoren setzen sich ein" und „durfte auswandern" impliziert zwar einen Kausalzusammenhang, der aber unbelegt bleibt. Paul

26 Sebastian Weitkamp, Hochmut und Fall. Die Schutzstaffel der NSDAP in Osnabrück 1932–1939, in: Osnabrücker Mitteilungen 113 (2008), 257. Jeweils kurze Darstellungen des Vorgangs finden sich bei: Sebastian Weitkamp, Der Sicherheitsdienst der SS – eine Skizze, in: Osnabrücker Mitteilungen 112 (2007), 206–227, bes. 222. Eberhard Röhm/Jörg Thierfelder, Juden – Christen – Deutsche, Bd. 3/I, 1938–1941, Stuttgart 1995, 342–343. Junk/Sellmeyer, Stationen (wie Anm. 17), 121. Eberhard Klügel, Die lutherische Landeskirche Hannovers und ihr Bischof 1933–1945, Berlin 1964, 494.

27 Die nachfolgenden Zitate sind einem Erinnerungsbericht entnommen: Anne Leo Ellis, Last stop, New York 2010, 1. Anna Leo änderte ihren Vornamen nach der Auswanderung in die USA in Anne.

28 Klügel, Die lutherische Landeskirche (wie Anm. 26), 494.

Leo wurde durch den „Einsatz seiner Osnabrücker Amtsbrüder“[29] aus dem Konzentrationslager entlassen, heißt es seitdem zumindest sinngemäß in der Literatur.[30] Sicher ist nur, dass Paul Leo am 29. 12. 1938 wieder frei und in Osnabrück war.[31]

Seitdem ging es für ihn bergauf, allerdings in kleinen Schritten. Der weitere Lebensweg soll von einer Betrachtung seiner Tochter ausgehen. Anna Leo war ja seit dem 10. 11. 1938 von ihrem Vater getrennt und dann seit dem 29. 12. 1938 wieder vereint gewesen. Schon Anfang Januar 1939 setzte Paul Leo sie in einen Eisenbahnzug, der von einer niederländischen Hilfsorganisation organisiert worden war. So wurden jüdische Kinder in die Niederlande und dort in ein Heim für jüdische Flüchtlingskinder in Losser gebracht. Paul Leo löste seinen Haushalt auf und begab sich einen Monat später ebenfalls in die Niederlande, wohnte allerdings in einem Flüchtlingsheim für Erwachsene. Der schon erwähnte Otto Piper, der mit seiner jüdischen Frau in die USA emigriert war, konnte Paul Leo eine Stelle als Professor an einem Predigerseminar in den USA vermitteln. Da er Arbeit hatte, bekam Paul Leo ein Visum, holte im Oktober 1939 seine Tochter aus dem Kinderheim ab, und beide fuhren per Schiff in die USA. Da er der englischen Sprache nicht wirklich mächtig war und zudem am Predigerseminar auch amerikanische Kirchengeschichte zu lehren hatte, was ebenfalls Neuland für ihn war, blieb wegen seiner Arbeitsbelastung seine Tochter bis Dezember 1941 bei der Familie Piper.

Schon 1937 hatte der Witwer Paul Leo die Tochter eines Hannoverschen Superintendenten kennengelernt.[32] Man war in Kontakt geblieben und hat sich wohl in der Zeit von Paul Leos Aufenthalt im niederländischen Flüchtlingsheim noch näher befreundet. Sie emigrierte ebenfalls in die USA. Beide heirateten und bekamen 1941 einen Sohn sowie 1944 eine Tochter.[33]

29 Karl Kühling, Osnabrück 1933–1945. Stadt im Dritten Reich, Osnabrück [2]1980, 88.

30 Vgl. Heidrun Becker, Zur Rolle des Osnabrücker Kreises in der Hannoverschen Landeskirche 1931–1947, Magisterarbeit Hannover 1996, 39. Gerd Steinwascher, Die Zeit der Weimarer Republik und des Nationalsozialismus, in: Ders., Geschichte der Stadt Osnabrück, Osnabrück 2006, 724.

31 Telegramm von Paul Leo an Hans Schenk vom 29. 12. 1938, Landeskirchliches Archiv Hannover, N 147, Entschädigungssache Paul Leo.

32 Eva Dittrich, Tochter von Johannes Dittrich, 1900–1906 Superintendent in Diepholz und 1906–1923 Superintendent in Lesum bei Bremen.

33 Christopher Leo, geb. 30. 7. 1941, Monica Leo, verh. Jenks, geb. 28. 10. 1944.

Auch wenn sich das Privatleben glättete, blieb der weitere berufliche Weg steinig.[34] Paul Leo hatte die Professur nur vertreten und wurde nicht fest übernommen, gleichwohl als Dozent weiter beschäftigt. 1943 bis 1945 stellte ihn die heutige Evangelical Lutheran Church in America für eine lutherische Kirchengemeinde in Karnes City, Texas, ein. Anschließend war er von 1945 bis 1950 Pastor für zwei kleine Kirchengemeinden von Texasdeutschen nahe Fredericksburg, Texas. Diese beiden Gemeinden mussten Paul Leos Gehalt vollständig bezahlen, waren aber eigentlich wohl nicht dazu in der Lage. Von Paul Leo wurde auch der Betrieb von Viehwirtschaft zur finanziellen Entlastung der Gemeinde erwartet.

Parallel suchte Paul Leo ähnlich wie schon in den 1920er Jahren die Nähe zu anderen lutherischen Pastoren und nach Möglichkeiten für Vorträge. Zweimal hielt er auch am Wartburg Theological Seminary in Iowa Vorträge und wurde 1950 zunächst vertretungsweise und ein Jahr später fest als Professor eingestellt. Die ganze Familie zog sofort dorthin, und Paul Leo konnte sein Amt als Professor bis zu seinem Tod 1958 wahrnehmen.

Die vorstehende Darstellung zur Duldsamkeit des lutherischen Pastors Paul Leo sollte allein durch Momente seiner Biografie, also ohne definitorische Grundlegung und Durchprüfung des Begriffs, Kontur bekommen.

Zum Abschluss eine Passage aus seiner letzten Predigt in der Kapelle des Wartburg Seminars über 2. Korinther 7,8–12, die „Traurigkeit der Welt" und die „Traurigkeit nach Gottes Willen":

> "Worldly grief is characterized by selfishness and generates feelings of anger and bitterness. Worldly grief cannot bear the burden of genuine honesty and sincerity. Worldly grief aspires to be esteemed by others rather than living in humility. In contrast, the Apostle Paul commended 'Godlike grief' to the Corinthian congregation. Godly grief admits that the self is alienated from God's will and in need of repentance. Out of the pain caused by admonition, Christians are summoned to enter 'prayerful self-examination.' We are called to turn from the opinions of others and to pay sole attention to the judgment of God. In the words of Hebrews, the Word of God pierces 'the division of soul and spirit' to lay us bare in God's presence. Only godly grief leads to eternal life and can serve as the source of a new beginning."[35]

---

34 Das Folgende orientiert sich an einer Darstellung, die vom Wartburg Theological Seminary, Dubuque, Iowa, zur Verfügung gestellt wurde.

35 Paul Leo, Chapel Service vom 15. 1. 1958, Archiv des Wartburg Theological Seminary, 4.

Georg
Kretschmar

Die Neusammlung der Evangelisch-Lutherischen Kirche in Russland

Erinnerungen an die Zeit von 1989 bis 2005

Fortsetzung aus „Lutherische Kirche in der Welt", Band 66

2.4 Die Wiederbegründung der historischen Stadtgemeinden

In der Zeit der Repressionen und Verfolgungen waren die klassischen Strukturen der Evangelisch-Lutherischen Kirche in Russland zerschlagen worden. Sämtliche Kirchen waren 1937, spätestens 1938 beschlagnahmt,[18] die Pastoren verhaftet, vertrieben oder ermordet. In den Städten gab es deshalb keine geordneten Gemeinden mehr. Die pietistische Tradition der Brüdergemeinden konnte sich vor allem in den ländlichen Gebieten halten. Und vor allem durch sie ist die Tradition unserer Kirche nicht untergegangen. Unter den Vorzeichen der Perestroika lockerten sich Schritt für Schritt die Restriktionen, und auch den von westlich der Wolga vertriebenen Deutschen wurde es

---

18 Als letzte lutherische Kirche ging die Petri-Pauli-Kirche in Moskau am 7. August 1938 verloren. Bischof D. Theophil Meyer war bereits 1934 verstorben. Pastor Streck (1883–1936) und der Gemeinderat waren 1936 verhaftet worden. Erst nach 1990 wurde aus den NKWD-Akten bekannt, dass Pastor Streck noch im Jahre 1936 erschossen worden war. – Auf dem ganzen Gebiet der heutigen Russischen Föderation gibt es nur eine einzige lutherische Kirche, die nicht geschlossen war und bis heute ihr originales Aussehen bewahren konnte; es ist die 1926 gebaute estnische Kirche in Petschori am Südufer des Peipussees im Gebiet Pskow. Der Ort wurde 1940 von Estland abgetrennt und der RSFSR einverleibt.

möglich, sich in Gruppen der „Wiedergeburt“[19] zu sammeln. In einer Reihe von Orten entsannen sich die Mitglieder dieser „Wiedergeburt“, dass zum alten deutschen Kulturerbe eigentlich auch die Zugehörigkeit zu einer Kirche gehörte, in der Regel der Evangelisch-Lutherischen Kirche. Und so bildeten sich in vielen Städten in sehr kurzer Zeit aktive Gemeinden. Probleme, die es im 19. Jahrhundert gegeben hat, im Blick auf die Unterschiede zwischen der lutherischen und reformierten Tradition waren jetzt nicht mehr aktuell. Vor der Oktoberrevolution waren die reformierten Gemeinden im Zarenreich mit eigenen Rechten faktisch Teil der Evangelisch-Lutherischen Kirche gewesen. Jetzt gab es derartige Überlegungen nach meiner Kenntnis nur an wenigen Stellen, insbesondere durch die Aktivitäten der ungarisch-reformierten Kirche in der Südwestukraine, der ehemaligen Karpato-Ukraine. Die sich im Gebiet der Sowjetunion neu sammelnde Kirche verstand sich nun als lutherisch und wurde auch nach ihrer Konstituierung im Jahre 1989 Mitglied im Lutherischen Weltbund (LWB). Damit gab es nun in den weiten Räumen, vor allem des europäischen Russlands, neben den Brüdergemeinden in den Städten Gemeinden, die bewusst an das Erbe der früheren Jahrhunderte anknüpften. Diese Gemeinden forderten dann auch – was nun rechtlich möglich war – ihre alten Kirchengebäude zurück. Das war bisweilen ein schwieriger Weg und verlief in den einzelnen Städten nahe liegender Weise unterschiedlich.

In Leningrad sammelte sich eine Gruppe um Andreas Büttner, der einer alten Baltisch-Petersburger Familie entstammte. Diese Orientierung an der Nationalität brachte es mit sich, dass die Menschen finnischer Tradition im Ingermanland und Karelien eigene Gemeinden bildeten. Unter der Schirmherrschaft der estnischen Kirche bildeten sie früh einen Kirchenbezirk, der 1990 als Propstei der Estnischen Evangelisch-Lutherischen Kirche (EELK) von deren Generalsynode bestätigt wurde, sie erhielten bereits 1977 die alte lutherische Kirche in Zarskoje Selo zurück, das jetzt Puschkin heißt.

---

19 Die „Wiedergeburt“ wurde von den Russlanddeutschen in Russland und auch in anderen Staaten der früheren Sowjetunion als gesellschaftliche Organisation auf Landes-, Gebiets- und Kreisebene gegründet. Anfang der 1990er Jahre erhielt sie aus Programmen der Bundesrepublik Deutschland erhebliche Finanz-, Personal- und Sachhilfen. An verschiedenen Orten, an denen Deutsche bis zur Umsiedlung 1941 gelebt hatten, wurden für die Rücksiedlung von Russlanddeutschen kleine Siedlungen errichtet. Zu dieser dezentralen Lösung hatte man sich entschlossen, nachdem der Wiederaufbau der Autonomen Republik der Wolgadeutschen (1924–1941) aus politischen und faktischen Gründen ausgeschlossen war. So entstanden Siedlungen im Deutschen Autonomen Landkreis Asowo bei Omsk, im Deutschen Autonomen Landkreis Halbstadt im Altai, im Kreis Marx (Katharinenstadt) an der Wolga oder in Strelna (Neudorf) bei St. Petersburg.

Dort versammelten sich auch die Glieder der werdenden deutschen Gemeinde. Andreas Büttner lud im Oktober 1988 den damaligen Superintendenten Harald Kalnins aus Riga zum ersten Gottesdienst nach Puschkin ein. Die Umgangssprache war natürlich längst Russisch. Die Gottesdienstsprache blieb deutsch. 1990 sandte Harald Kalnins seinen damaligen Sekretär Pastor Josef Baronas in die Stadt an der Newa. Nun gab es – neben einer finnischen Gemeinde – wieder eine lutherische Gemeinde deutscher Tradition. Sie durfte sich zum Gottesdienst in der immer noch als Kino genutzten Annenkirche sammeln. 1993 gab die Stadt die Petrikirche – die Kathedrale St. Peter und Paul am Newskij-Prospekt, die unter Chruschtschow zum Schwimmbad umgebaut worden war – an die sich wieder bildende Gesamtkirche zurück. An dem Beispiel St. Petersburg kann verdeutlicht werden, was das konkret für die Gemeinden hieß. In der Petrikirche war in der Mitte das tiefe Schwimmbecken. Das Wasser war abgelassen worden. Anstelle der alten Emporen gab es nun Zuschauerränge für Sportereignisse. Im Altarraum reckten sich zwei Sprungtürme in die Höhe. Schon vor der Rückgabe war ich mit einigen Gemeindegliedern in die Schwimmhalle gegangen, und wir hatten dort laut Lieder gesungen und gebetet. Der Direktor des Schwimmbades war in nachvollziehbarer Weise empört und kam drohend zu uns auf die Empore. Nach der Rückgabe mussten wir zunächst das Gebäude – so wie es sich vorfand – mit den Mitarbeitern übernehmen. Der frühere Schwimmbaddirektor war damit mein Untergebener geworden. Das alles hat sich ohne sichtbar werdenden Streit abgespielt. Eine frühere Mitarbeiterin des Schwimmbades ist in den Dienst unserer Kirche übernommen worden. Sie war während meiner Zeit als Verwalterin des Archivs eine Säule der Kanzlei.

St. Petersburg hatte das große Glück, dass die bauliche Rückverwandlung des Gebäudes in eine Kirche mit Geldern des damaligen Aussiedlerbeauftragten und Staatssekretärs Dr. Horst Waffenschmidt möglich geworden war. Ab 1997 konnte sie wieder voll in Gebrauch genommen werden – nach 60 Jahren. Weiter oben habe ich schon von Michael Mudjugin berichtet, der am Christtag 1937 mit seiner Frau vergeblich zum Gottesdienst kommen wollte. Am 24. Dezember 1997 kam der alte Erzbischof zur ersten Christnacht in die wieder in Gebrauch genommene Kirche. Es war ein überwältigendes und bewegendes Wiedersehen.

In Moskau dauerte es sehr viel länger, bis die Gemeinde die erforderliche Hilfe bekam, um ihre Kathedrale wieder in den ursprünglichen Zustand zurückzuversetzen. Zuerst konnte man die alte, auch auf dem Gelände befindliche Kapelle, in der ehemals die Toten ausgesegnet wurden, zurückgewinnen. Die Rückgabe des Geländes der Peter-und-Paul-Kirche in Moskau hat sich länger hingezogen. Dass sie gelang, war wesentlich das Verdienst von Wladimir Pudow. Das Kirchengebäude war in eine Fabrik und ein Archiv für Diafilme umgebaut worden. Das alte Kirchenschiff war durch eine Zwischendecke geteilt worden. Gottesdienste wurden zuerst nach einigen Umbauten im oberen Teil der alten Apsis möglich.

Vergleichbare Vorgänge ließen sich aus vielen Stadtgemeinden berichten. Und wohl nirgends ist die Wiederherstellung der Kirchengebäude ohne Hilfe von außen möglich gewesen.

Nachfolgend seien noch einige Einzelheiten aus dieser bewegenden Aufbruchzeit berichtet.

2.4.1 Leningrad – St. Petersburg

Im Lauf des Jahres 1990 hatten sich auch im Stadtgebiet von Leningrad noch verschiedene andere Gruppen gesammelt. Ihr Ziel war es, an die Tradition der ehemaligen lutherischen Kirchen der Stadt anknüpfend, diese Gemeinden neu zu gründen und die Gebäude zurück zu gewinnen. Sie fanden zunächst ein Dach in der St.-Katharinen-Kirche auf der Wassilij-Insel. Diese Kirche gehörte zu den nur wenig veränderten Gebäuden. Sie wurde damals als Tonstudio von der Gesellschaft „Melodia“ genutzt. Diese Gruppen versuchten in die Tradition verschiedener Gemeinden hineinzuwachsen, in die der deutschen St. Katharinen-Kirche, der lettischen Jesus-Kirche und der estnischen St.-Johannis-Kirche, wie auch der deutschen St.-Petri-Kirche. Gleichfalls wollte man schnell die Gemeinden unter dem alten Namen staatlich registrieren lassen, um jetzt schon – obwohl es noch längst keine Rechtsgrundlage gab – aktenkundig die Rückgabe der jeweiligen Kirchen zu fordern und anderen Gruppen dabei zuvorzukommen. Die in den Grundsätzen der lutherischen Kirche völlig unerfahrenen Aktivisten in der St.-Katharinen-Kirche bekamen Kontakt zu Josef Baronas, der, wie bereits erwähnt, im Auftrag von Bischof Kalnins die deutsche Gemeinde in Puschkin betreute. Anstatt sich aber um das Fortkommen dieser Gemeinde zu kümmern, engagierte er sich auftragswidrig und ohne Wissen seines Bischofs in der St.-Katharinen-Kirche.

Die in dieser Zeit mit Kirchenfragen im Stadtgebiet von Leningrad völlig überforderten Justizbehörden konnten sich bereits am 24. Mai 1990 zur Registrierung einer ersten deutschen Gemeinde entschließen.[20] Sie war die erste legale und einzige Gemeinde in Leningrad, hatte auch während der ganzen Sowjetzeit ein ungeschriebenes Gesetz geherrscht, dass zu den wenigen legalen Religionsgemeinschaften der großen Metropolen im Westen der Sowjetunion keine neuen Gemeinden hinzukommen dürften.

---

20 Diese Gruppe blieb aber weitgehend juristische Hülse und ging am 27. März 1991 in der von Joseph Baronas gebildeten Struktur auf, über die im Weiteren noch zu berichten sein wird.

Nachdem am 25. Oktober 1990 das neue Gesetz über die Glaubens- und Gewissensfreiheit in Kraft trat, war eine neue Situation entstanden. Das Gesetz schaffte zunächst die örtlichen „Räte für religiöse Angelegenheit" ab. Damit entbehrten die Behörden jeglicher Kenntnis über Religionsgemeinschaften. Zwar hatten die „Räte" vorher das kirchliche Leben „kanalisiert" oder, schärfer gesagt, unterdrückt. Auf der anderen Seite wussten die Mitarbeiter der Räte, welche minimalen Voraussetzungen zu einer Religionsgemeinschaft objektiv gehörten. Bürgermeister Sobtschak erkannte 1991 diesen Missstand und ernannte mit Herrn Kretschinin einen Beauftragten der Stadt für Religionsfragen.

Der damalige Direktor des Tonaufnahmestudios in der St.-Katharinen-Kirche, Andrej Tropillo, eine der großen Figuren des Leningrader Rock'n'Roll, die offiziell verpönt, aber heimlich bewundert wurde, hatte bereits vorausgesehen, dass früher oder später die Kirche wieder ihrer ursprünglichen Bestimmung zugeführt werden würde. Deshalb entschied er sich dafür, sich an die Spitze der Wiedergründungsbewegung zu setzten, um dabei auch die Interessen von „Melodia" zu sichern. Dank des neuen Gesetzes gelang es Tropillo, bereits am 26. Dezember 1990 bei der Leningrader Justizverwaltung die „Vertretung Evangelisch-Lutherischer Gemeinden" staatlich zu registrieren.[21] Die Vertretung hatte eine Verfassung, und diese gab ihr den Status einer Superintendentur. Zu ihr gehörten in Leningrad die russische, lettische, deutsche, schwedische und holländische Gemeinde, in Moskau die russische und finnische Gemeinde und in Uljanowsk die deutsche, russische und lettische Gemeinde.[22] Bezeichnenderweise hatte Tropillos Jurist Andrej Schendrik erreicht, die Vereinigung unter der Adresse der alten lutherischen Hauptkirche St. Petri am Newskij Prospekt 22–24 zu registrieren. Dies wirkte sich besonders belastend bei der Rückgabe des ersten Flügels der Petrikirche im Jahre 1996 aus. Nur mit großer Mühe und durch entschlossenes Handeln des Leiters unserer Bauabteilung, Igor Scharapan, konnte die Übergabe des 200 qm großen Gebäudes neben der Petrikirche, in dem später die Diakonie unserer Gemeinde eingerichtet wurde, an Tropillo, der sich da-

21 Die „Vertretung Evangelisch-Lutherischer Gemeinden" war damals staatlich registriert und wurde von Andrej Tropillo als juristische Hülse für kommerzielle Tätigkeiten benutzt. Obwohl unser Zentrales Kirchenamt die Behörden mehrfach über den wahren Charakter dieser Vereinigung aufgeklärt hat, konnten sie sich nicht dazu entschließen, eine „Einrichtung der traditionsreichen lutherischen Kirche" ohne weiteres zu liquidieren.

22 Brief von Erzbischof em. Erik Meesters an Kirchenmusikdirektor i. R. Johannes Baumann vom 1. Februar 1991; Archiv des Zentralen Kirchenamtes der ELKRAS.

mals bereits von der Kirche gelöst hatte und nur noch eigene wirtschaftliche Interessen vertrat, verhindert werden.

Die Gründung dieser „Vertretung Evangelisch-Lutherischer Gemeinden" muss als Vorstufe zur Gründung der sogenannten „Einen" bzw. „Einheitlichen" Evangelisch-Lutherischen Kirche in Russland angesehen werden. Bereits in der Präambel der Verfassung der „Vertretung" wird als Ziel die „Wiederherstellung der Struktur der Einen Evangelisch-Lutherischen Kirche der UdSSR" proklamiert. Gemäß der Erklärung der Gründungssynode der sogenannten „Einen Evangelisch-Lutherischen Kirche Russlands", die vom 13. bis 15. Juli 1991 im „Haus der Volkskunst" in Leningrad stattfand, sah man sich klar in der Tradition der Generalsynode der Evangelisch-Lutherischen Kirche in Russland von 1924 wie auch der 1832 durch Kaiser Nikolaus I. gestifteten Reichskirche.[23] Und man war schnell: Bereits am 20. August 1991 wurde die neue Kirche unter der Nummer 96 beim Justizministerium der RSFSR in Moskau registriert. Erst drei Monate später, am 21. November 1991, wurde die „Deutsche Evangelisch-Lutherische Kirche in den Republiken des Ostens" (DELKRO) unter der Nummer 98 registriert.[24]

Wie konnte es dazu kommen? Josef Baronas hielt sich im Dienste der DELKRO in Leningrad auf. Schon im Laufe des Jahres 1990 hatte er erkannt, dass hier und andernorts in Russland eine Vielzahl von potentiellen Lutheranern wieder Gemeinden gründen wollten. Aber anstatt diese Entwicklung seinem Bischof in Riga vorzutragen und in Abstimmung mit der Kirchenleitung tätig zu werden, unternahm nun Baronas die Sammlung dieser Gruppen auf eigene Faust, sozusagen „hinter dem Rücken" von Bischof Kalnins. Nach der staatlichen Registrierung der „Vertretung der Evangelisch-Lutherischen Gemeinden" trat Baronas durch eine schriftliche Erklärung an Bischof Kalnins aus dem Dienst der DELKRO aus.[25] Zu diesem Zeitpunkt hatte er bereits

23 Zu dieser Synode, auf der Josef Baronas als geistlicher Leiter der neugegründeten Kirche bestätigt wurde, waren Delegierte von Gemeinden und Gruppen aus Leningrad, Moskau, Murmansk, Nowgorod, Pskow, Uljanowsk, Ufa, Ekaterinburg, Samara, Astrachan, Krasnodar, Barnaul, Nowosibirsk und Irkutsk gekommen. Präses der Synode war Alexander Fitz aus Moskau. Als Ständiges Organ der Kirche wurde ein General-Konsistorium, anknüpfend an die Struktur der Kirche vor der Revolution 1917, gebildet. Zum Kanzler des General-Konsistoriums wurde der von Baronas ordinierte Pastor Alexander Gerlach bestellt.

24 Endgültig war die Kirche nie so registriert.

25 Schreiben von Baronas an Kalnins vom 23. März 1991. In dem Schreiben beklagt Baronas u. a. auch, dass er weder einen Vertrag noch eine Anstellung mit einem festen Gehalt bei der „Deutschen Evangelisch-Lutherischen Kirche in der Sowjetunion" (DELKSU; diese Bezeichnung wurde 1988–1994 verwendet) gehabt hätte und diese

den Entschluss gefasst, als Alternative zur DELKRO seine eigene „Eine Evangelisch-Lutherische Kirche“ zu gründen, die – zwar mit russischem Akzent und Schwerpunkt – die deutschen, lettischen, estnischen, schwedischen und ingermanländischen Gemeinden und Gruppen aufnehmen sollte. Dies schien zunächst auch zu glücken, weil die Kirchenleitung der DELKRO in Riga saß und die Ingermanländer eine der EELK zugeordnete Propstei bildeten. Die geistliche Autorität von Josef Baronas war durch die Aberkennung der pastoralen Rechte durch Bischof Kalnins ins Zwielicht gekommen, doch durch die Unterstützung des emeritierten Erzbischofs der Evangelisch-Lutherischen Kirche in Lettland, Erik Meesters, wurde sie wieder stabilisiert. Am 31. März 1991 ordinierte Erzbischof Meesters Josef Baronas in der St.-Katharinen-Kirche und führte ihn in das Amt eines geistlichen Administrators ein.[26] Meesters war vorher für den letzten Sonntag im Januar 1991 nach Leningrad eingeladen worden, um für die lettische Gruppe in der St.-Katharinen-Kirche einen Gottesdienst zu halten. Bei dieser Gelegenheit hatte ihm Baronas die bereits zehn Tage nach Inkrafttreten des neuen Religionsgesetzes am 5. November 1990 erfolgte und durch Registrierung am 26. Dezember 1990 staatlich sanktionierte Gründung der „Vertretung Evangelisch-Lutherischer Gemeinden“ als die Vorstufe einer Kirchwerdung vorgestellt. Baronas erweckte bei Meesters den Eindruck, dass die DELKRO lediglich deutsche Gemeinden in Kasachstan und Mittelasien hätte. Er, Baronas, würde jetzt in Russland Lutheraner aller Ethnien in einer Kirche sammeln. Insofern hatte wohl Meesters hinsichtlich der Einsegnung von Baronas zu Ostern 1991 keine Bedenken.[27] Darüber hinaus war Meesters das Bischofsamt in dieser

Frage nun zu seiner Zufriedenheit gelöst sei. Hier zeigt sich auch der Mangel, dass die DELKSU eben als juristische Person erst im November 1991 staatlich registriert wurde.

26 Meesters war kurz zuvor von seiner Synode wegen zu großer Nähe zu den sowjetischen Behörden zum Rücktritt aufgefordert worden.

27 Bis zu seinem Tod 2009 hat Meesters aber die Motivation für seine damalige Entscheidung im Unklaren gelassen. Hatte er doch damit eindeutig einen „Gegenbischof“ zu dem von ihm nur 2 ½ Jahre zuvor zum Bischof geweihten Kalnins geschaffen. Merkwürdig scheint auch, dass Meesters sich zuvor nicht mit Kalnins beraten hatte. Retrospektiv beschreibt Meesters sein Verhältnis zu Kalnins als sehr gut (vgl. M. Mesters: Latvijas Evangeliski Luteriskas Baznicas vestuve 1944–1990, Riga 2005, 142–147). Als wir Meesters auf der Feier des 80. Geburtstages von Harald Kalnins im Juli 1991 auf diesen Vorgang hin ansprachen, wollte er sich an die Einsegnung in Leningrad „einfach nicht erinnern“. Ein derartig eklatanter Fall von Gedächtnislücke war mir bis dahin noch nie untergekommen. Einen Monat vor der Einsegnung in Leningrad holte sich Meesters jedoch die Zustimmung seines Nachfolgers Erzbischof Karlis Gailitis, der am 18. Februar 1991 bestätigte, dass

Kirche angetragen worden, was ihm – nach seinem nicht ganz freiwilligen Rücktritt in Riga – zunächst wohl als eine verlockende Perspektive erscheinen musste.[28]

Bereits im April 1991 sandte Baronas an die Stadtverwaltung von Leningrad eine vom Staatsarchiv zusammengestellte und von dessen Direktor bestätigte Liste der früheren Immobilien der lutherischen Gemeinden in St. Petersburg und forderte deren Rückgabe an seine „Vertretung der Evangelisch-lutherischen Gemeinden", die als Traditions- und Rechtsnachfolgerin der Evangelisch-Lutherischen Kirche im Russischen Reich ausgegeben wurde. Ein erster handfester Konflikt entstand mit den Ingermanländern um die Rückgabe der finnischen St.-Marien-Kirche im Zentrum von Leningrad. Gleichzeitig begann Baronas, internationale Kontakte zu knüpfen. Ihm gelang zunächst, die Einfuhr von Hilfsgütern aus Deutschland zu organisieren, was in Leningrad sein Ansehen bei den Gemeinden und auch bei den Behörden hob. In der russischen wie auch in der ausländischen Presse erschienen günstige Berichte. Sendungen im Leningrader Regionalfernsehen brachten der St.-Katharinen-Kirche enormen Zulauf.[29]

Wirtschaftlich konnte die „Eine Evangelisch-Lutherische Kirche" bzw. ihr Vorläufer, die „Vertretung Evangelisch-Lutherischer Gemeinden", zwischen 1990 und 1992 auf die Unterstützung des Tonstudios „Melodia", des Verlages „Logos", der Schneidereikooperative „Lenok" und des deutsch-sowjetischen Joint-Venture-Restaurants „Schwabskij Domik" zählen. Persönliches Talent, sprachliche Begabung, ein ihn stets umgebender Kreis von Mitarbeitern sowie ein Mercedes mit Kraftfahrer und nicht zuletzt die Einführung durch Meesters verliehen Baronas bei den Gemeinden, in der Öffentlichkeit und bei den Behörden Autorität. In dieser Zeit wurde auch eine Reihe von Pas-

das Konsistorium der Evangelisch-Lutherischen Kirche in Lettland keine Einwände gegen seine Tätigkeit für die „Vertretung der Evangelisch-Lutherischen Gemeinden" in Leningrad hätte. In einem weiteren Schreiben vom 1. März 1991 bestätigt Gailitis Meesters für ein Jahr als „Seelsorger der Gemeinden der Vertretung der Evangelisch-Lutherischen Gemeinden". Nachdem die Einsegnung von Baronas auch auf internationaler Ebene erhebliche Kritik erfuhr, zog Gailitis seine Meesters gegebene Zustimmung zurück, und Meesters erklärte, dass er mit Wirkung vom 21. Mai 1991 von der Mitarbeit in Leningrad Abstand nehmen würde.

28 Schreiben des Präsidiums der „Vertretung der Evangelisch-Lutherischen Gemeinden" an Bischof Kalnins vom 25. März 1991. Zitat: „Die geistliche Oberleitung über unsere Gemeinden zu übernehmen, hat auf unsere Bitte hin liebenswürdigerweise Erzbischof em. Erik Meesters zugestimmt, welchen wir in Zukunft mit Gottes Segen als Leiter unserer Kirche sehen wollen."

29 1991 und 1992 wurden in mehreren Gruppen über 1000 Personen konfirmiert.

toren durch Baronas ordiniert. Und er entsandte Hilfsprediger in einzelne Gemeinden.

Dieser Entwicklung konnten natürlich weder Bischof Kalnins noch die Ingermanländer tatenlos zusehen.

Zunächst war erforderlich, über die tatsächliche Lage der Dinge aufzuklären. Dies gelang auf internationaler Ebene in einer Beratung mit Verantwortungsträgern aus unseren Partnerkirchen, die am Rande des 80. Geburtstages von Harald Kalnins am 22. Juli 1991 in Riga zusammenkamen. Sie verabschiedeten eine Erklärung, in der die „Eine Evangelisch-Lutherische Kirche" als Neugründung ohne Anspruch auf die kirchliche Tradition der Evangelisch-Lutherischen Kirche in Russland herausgestellt wurde; diese Traditions- und Rechtsnachfolge sahen die Unterzeichner nur für die drei evangelisch-lutherischen Kirchen im Baltikum, die DELKSU und die damalige Propstei des Ingermanlandes als gegeben an.[30] Zu dem gleichen Ergebnis kam das Gutachten vom Leiter des Kirchenrechtlichen Institutes der „Evangelischen Kirche in Deutschland" (EKD), Prof. Dr. Axel v. Campenhausen, vom 11. März 1992. Danach fanden Gespräche mit den Behörden und unseren Partnern aus der Russischen Orthodoxen Kirche (ROK) statt, sowohl in Moskau als auch in St. Petersburg, dem gerade umbenannten Leningrad, die ich weithin im Auftrage von Bischof Kalnins zu führen hatte.

Da mit dem Austritt von Pastor Baronas die Versorgung der DELKRO-Gemeinde, die sich zu diesem Zeitpunkt noch in Puschkin zum Gottesdienst traf, in Frage stand, beauftragte Bischof Kalnins den deutschen Austauschstudenten an der Geistlichen Akademie der ROK, Pastor Frank Lotichius, mit der Betreuung dieser Gemeinde. Dies war Baronas natürlich ein Dorn im Auge. Mit Hilfe der Staatsmacht versuchte er, den Beauftragten der DELKRO beiseite zu schaffen.[31] Dies konnte aber gottlob mit Unterstützung des deutschen Generalkonsulates verhindert werden.

---

30 Die Unterzeichner waren: Dr. Lorenz Grönvik und Prof. Eino Murtorinne von der Evangelisch-Lutherischen Kirche in Finnland, die Bischöfe Dr. Christoph Demke (Magdeburg), Dr. Gerhard Müller (Braunschweig) und Dr. Ulrich Wilckens (Lübeck) und die Oberkirchenräte Rudolf Hinz (Kiel) und Helmut Tschoerner (Berlin) als Vertreter der EKD und der „Vereinigten Evangelisch-Lutherischen Kirche Deutschlands" (VELKD) sowie der Bischof der Evangelischen Kirche A. B. in Rumänien, Dr. Christoph Klein. Eine gleich lautende Erklärung gab auch der LWB ab.

31 Mit Schreiben vom 22. April 1991 beschwerte sich das Präsidium der „Vertretung der Evangelisch-Lutherischen Gemeinden" bei der Vertretung des Außenministeriums über die Tätigkeit von Lotichius. Die beabsichtige Untersagung seiner Gemeindearbeit oder gar die Ausweisung konnte durch eine Verbalnote des Generalkonsulates der Bundesrepublik Deutschland vom 13. Mai 1991 abgewehrt werden.

Nun war uns klar, dass wir unsere Präsenz in St. Petersburg und Moskau verstärken mussten. So fasste Bischof Kalnins den Entschluss, den 34-jährigen Frank Lotichius offiziell als Pastor unserer Gemeinde einzuführen. Am 1. Adventssonntag, dem 1. Dezember 1991, ist Pastor Frank Lotichius aus Hamburg von Bischof Harald Kalnins als neuer Pfarrer der Gemeinde in St. Petersburg in sein Amt eingeführt worden. Der Übertritt von Pastor Lotichius in den Dienst der DELKSU wurde in einem Vertrag zwischen seiner nordelbischen Heimatkirche, der EKD, der DELKSU und ihm selbst geregelt; zur Amtseinführung waren deshalb OKR Michael Mildenberger von der EKD und Propst Herwig Schmidtpott aus Hamburg sowie Pastor Lembke von der Nordelbischen Kirche nach St. Petersburg gekommen. Der Gottesdienst fand in der finnischen Kirche in Puschkin statt, weil der Gemeinde noch immer keine ihrer alten Kirchen in der Innenstadt zurückgegeben worden war. Das gab andererseits die Möglichkeit, die besondere Verbundenheit der finnischen und deutschen lutherischen Gemeinden in St. Petersburg und Umgebung zum Ausdruck zu bringen. Es wurde im Gottesdienst die deutsche, russische und finnische Sprache gebraucht. Grußworte aus Deutschland, des finnischen Erzbischofs von Turku und vom LWB unterstrichen die Bedeutung dieses Tages. Bei dieser Gelegenheit wurde als neue übergemeindliche Struktur die „Lutherische Vereinigung" vorgestellt, von der schon die Rede war. Es ging bei ihr nicht um die Gründung einer neuen Kirche, sondern um ein wirksames Instrumentarium für die gemeinsame Vertretung der Interessen der lutherischen Gemeinden gegenüber den Behörden und in der Öffentlichkeit. Die einzelnen Gemeinden sollten dazu im Verband ihrer Kirchen und unter deren Jurisdiktion verbleiben, aber auch als Gründer Mitglieder der „Lutherischen Vereinigung" werden, die durch Registrierung eine eigene Rechtspersönlichkeit erlangen sollte. Die Anregung dazu ging von den Finnen im Ingermanland aus. So waren wir zunächst froh darüber, dass einerseits unsere Gemeinde von dort Hilfe erfahren würde, aber auch, dass ein erster gemeinsamer Berührungspunkt – über die gemeinsame Nutzung der Kirche in Puschkin hinaus – mit den Ingermanländern zustande kam. Am 2. Dezember 1991, dem Tag nach der Einführung von Pastor Lotichius, tagte in St. Petersburg das sich konstituierende Konsistorium der DELKSU; am Abend gab das deutsche Generalkonsulat einen Empfang für den Bischof und das Konsistorium, Pastor Lotichius und die Gäste aus Deutschland. Am 8. März 1992 konnte Pastor Frank Lotichius den ersten Gottesdienst in der St.-Annen-Kirche mit einer großen Gemeinde feiern; es waren etwa 500 Menschen gekommen.

Die St.-Annen-Kirche in St. Petersburg war eine der lutherischen Zentralkirchen des alten St. Petersburg gewesen. Zu ihr gehörte die Annenschule;

hier hatte Bischof Arthur Malmgren das 1924 beschlossene Theologische Seminar gegründet und geleitet. In atheistischer Zeit war die Kirche als Lichtspieltheater zweckentfremdet worden, mit entsprechender Klappbestuhlung. Das Kirchenschiff war auch jetzt noch immer Kino, das Erdgeschoss des Turms, der alte Eingang, war inzwischen zu einem Juwelierladen umgebaut. Aber die Rückgabe schien prinzipiell beschlossen und die Stadt hatte die gemeinsame Benutzung des Kirchenschiffs durch das Filmtheater „Spartak“ und die Deutsche Evangelisch-Lutherische Gemeinde genehmigt.[32] Unter den vielen Grußworten war besonders bewegend das Telegramm des 88-jährigen Pastors Eugen Bachmann, der 1930 bis 1934 Pfarrer der St.-Annen-Kirche gewesen war und auf dessen Initiative 1955 in Kasachstan, im damaligen Akmolinsk, der erste Antrag zur Registrierung einer deutschen evangelisch-lutherischen Gemeinde nach dem Krieg gestellt worden war. Am Weißen Sonntag, dem 26. April 1992, hat dann Bischof Harald Kalnins in der St.-Annen-Kirche in St. Petersburg Pastor Frank Lotichius als Propst für Stadt und Bezirk St. Petersburg eingeführt. Die Aufgaben in der Newa-Stadt und ihrer Umgebung waren in kurzer Zeit stark angewachsen und sollten, wie vorherzusehen war, weiter zunehmen. Am 1. Juli 1992 hatte der dafür zuständige Ausschuss der Stadt St. Petersburg die Rückgabe der Petrikirche an die Deutsche Evangelisch-Lutherische Gemeinde beschlossen. Die abschließende juristische Bestätigung dieser Empfehlung zog sich aber hinaus. Formell ging es um die Übergabe des Gebäudes an die Denkmalpflege, die es der Gemeinde mit der Auflage der Wiederherstellung des ursprünglichen Zustandes innerhalb einer festgelegten Frist zum Gebrauch überlassen sollte. Zwar hatte die Denkmalpflege dann am 28. Dezember 1992 die Hausherrenrechte an Propst Lotichius als den Vertreter der Kirche übergeben, aber die Konflikte innerhalb der Gemeinde machten einen neuen Beschluss der Stadt erforderlich. Diese Entscheidung ist am 3. März 1993 gefallen, nun in der Form, dass das Kirchengebäude nicht an eine Gemeinde, sondern an die Gesamtkirche zurückgegeben wird. Es wurde in Aussicht gestellt, dass die erforderlichen juristischen Dokumente schnell ausgefertigt werden würden. Damit wäre dann auch der Schwebezustand beseitigt, dass die Kirche faktisch längst übernommen war und auch bereits für Gottesdienste aus besonderem Anlass gebraucht wurde, aber die eigentliche Rechtsgrundlage dafür

32 Im Jahr 2013 hat die „Evangelisch-Lutherische Kirche Ingriens auf dem Territorium Russlands“ (ELKIR) die St.-Annen-Kirche übernommen und will von dort aus missionarisch in die Stadt St. Petersburg hinein wirken (vgl. Rainer Stahl: Die Evangelisch-Lutherische Kirche Ingriens auf dem Territorium Russlands, in: Lutherische Kirche in der Welt, Folge 63, 2016, 216f).

noch ausstand. Die Verträge wurden aber erst ein ganzes Jahr später, 1994 ausgefertigt. Am 4. und 5. August 1992 kamen auf Einladung von Propst Frank Lotichius in St. Petersburg Vertreter der Moskauer lutherischen Gemeinden, Pastor Dr. Gunnar von Schlippe, Wladimir Pudow und Pastor Oleg Sebastianow, mit der sogenannten „Lutherischen Vereinigung" in St. Petersburg zusammen; auch ich nahm damals teil. Zuerst besuchten wir den stellvertretenden Präsidenten des Stadtparlamentes, um die Modalitäten der Übergabe der St.-Petri-Kirche zu besprechen. Anschließend wurden die Probleme der Moskauer Gemeinden besprochen und Informationen über die Lage der lutherischen Gemeinden Zentralrusslands ausgetauscht, unabhängig davon, ob sie bereits der DELKRO angehören oder zunächst in die „Lutherische Vereinigung" einbezogen werden sollten. Am darauf folgenden Tag, dem 5. August, kam es in der finnischen St.-Marien-Kirche zur ersten Begegnung zwischen Vertretern der DELKRO, der „Lutherischen Vereinigung" in St. Petersburg und der „Evangelisch-Lutherischen Kirche des Ingermanlandes auf dem Territorium Russlands" (ELKIR). Das Ergebnis dieser zwei Tage intensiver Diskussionen waren wichtige Vorklärungen für den weiteren Weg der lutherischen Kirche in St. Petersburg, weit über den Rahmen der DELKRO hinaus.

Am Reformationstag des gleichen Jahres, also schon am 31. Oktober 1992, konnten wir erstmals nach ihrer Entweihung als Schwimmbad einen feierlichen, wenn auch in mancherlei Hinsicht provisorischen Gottesdienst in unserer St.-Petri-Kirche feiern. Der Badebetrieb war bereits zum 1. September 1992 eingestellt worden; die Rückgabe der Kirche war aber zunächst erst für den 1. Januar 1993 vorgesehen. Die Predigt am 31. Oktober 1992 hielt Bischof Kalnins, selbst ein gebürtiger St. Petersburger. Eine große Gemeinde saß auf den Besucherrängen rings um das nun geleerte Bassin; der Altar war unter dem Sprungturm errichtet. Unter den vielen Grußworten war besonders bewegend die Ansprache des weit über 70-jährigen Erzbischofs Michael (Mudjugin) von Wologda, der, gleichfalls ein alter St. Petersburger, als Augenzeuge vom Ende der lutherischen Kirche in Leningrad in den 1930er Jahren berichtete.

Nach der neuen Verfassung sollte die St.-Petri-Kirche die künftige Bischofskirche sein. Es war vorgesehen, im rechten Seitenflügel die Bischofskanzlei wie auch die Kanzlei des Propstes von St. Petersburg einzurichten. Es war geplant, 1993 damit zu beginnen, die Kirche wieder regelmäßig für Gottesdienste, für die Verwaltung, möglicherweise auch für eine Seminar- und Gemeindebibliothek in Gebrauch zu nehmen. Für den 23. Februar 1993 hatte – auf Anregung von Staatssekretär Dr. Horst Waffenschmidt, der in diesen Tagen mit großer Begleitung St. Petersburg besuchte – Propst Lotichius im Namen des Bischofs und des neu gewählten Kirchenrates der Deutschen Evangelisch-Lutherischen Gemeinde zu einem ökumenischen Gebetsgottesdienst am Vorabend des Aschermittwochs eingeladen, in dem Geistliche der Russischen Orthodoxen Kirche, der Römisch-Katholischen Kirche, der ELKIR und auch ich mitwirkten. Neben dem Chor der St.-Annen-Gemeinde sang auch der Chor der katholischen St.-Katharinen-Kirche. Mit Dr. Waffenschmidt, dem für Aussiedlerfragen zuständigen Parlamentarischen Staatssekretärs im Bundesinnenministerium, wurde vereinbart, in der St.-Petri-Kirche nach deren rechtskräftiger Rückgabe im Anbau hinter der Apsis ein deutsch-russisches Kultur- und Begegnungszentrum einzurichten, dessen Finanzierung die Bundesrepublik Deutschland übernehmen würde. Die genauen Pläne für die schrittweise Ingebrauchnahme der Räume in der St.-Petri-Kirche mussten sobald wie möglich mit Hilfe von Architekten aus beiden Ländern in Absprache mit der Petersburger Denkmalpflege erstellt werden. Die Evangelisch-lutherische Landeskirche Hannovers hatte hierfür einen namhaften Betrag zur Verfügung gestellt. In den früheren Räumen der Verwaltung des Schwimmbades nahm die Bischofskanzlei ihre Arbeit auf, zunächst gemeinsam mit der Kanzlei des Propstes und der St.-Annen-Gemeinde, die noch keine eigenen Räume hatte. Es war vorgesehen, dass sofort nach Abschluss der Rückgabe der Kirche die Bischofskanzlei als eigenständige juristische Person registriert werden sollte.

Auf gemeinsame Einladung des orthodoxen Metropoliten Joan und unserer Kirche war Bischöfin Maria Jepsen mit einer Delegation der Nordelbischen Kirche und des Diakonischen Werkes Hamburg vom 3. bis 7. Juni 1993 nach St. Petersburg gekommen. Der Aufenthalt sollte einer Vertiefung der Städtepartnerschaft zwischen Hamburg und St. Petersburg auf kirchlicher Ebene dienen. Vertreter beider Kirchen empfingen die Delegation am Flughafen und begleiteten sie in den Besuchstagen, zunächst zu einem überaus freundlichen Gespräch mit Metropolit Joan in seiner neuen Residenz, dann zum Bürgermeisteramt im Smolny und zum Vizepräsidenten des Stadtparlamentes im Marienpalast und schließlich in die Geistliche Akademie der Russischen Orthodoxen Kirche. Tags darauf war die Gruppe aus Deutschland Gast unserer Kirche und ihrer Petersburger Gemeinde zu Gesprächen mit dem Kirchenrat. Auf dem anschließenden Empfang in der Petrikirche wurden durch das Amt für Denkmalpflege die Dokumente feierlich übergeben, mit denen die Rückgabe dieser Kirche am Newskij-Prospekt zur Nutzung an die Evangelisch-Lutherische Kirche für die Zukunft besiegelt ist. Die Übergabeurkunde konnte ich als Vertreter des Bischofs entgegennehmen. Nach einem musikalisch untermalten Abendgottesdienst in der Petrikirche traf man sich zu einer Rundfahrt zu allen lutherischen Kirchen der Stadt an der Newa. Für den nächsten Tag hatte der Generalkonsul der Bundesrepublik Deutschland die Delegation eingeladen; den Abschluss bildete ein festliches Essen mit vielen Gästen. Ein Teil der Hamburger Delegation besuchte auch Tichkowitza, den damals als künftigen Standort unseres Seminars ausgewählten Ort.

Am 6. Juni, dem orthodoxen Pfingstfest und gemeinsamen Trinitatisfest, war Bischöfin Jepsen Gast des Metropoliten beim Festgottesdienst in der Dreieinigkeits-Alexander-Nevskij-Kathedrale. Die Nordelbisch-Hamburger Delegation war überall überaus freundlich aufgenommen worden. Dieser Besuch hat aber auch maßgeblich die Wiedereinbindung unserer Kirche und ihrer Gemeinde in die Geschehnisse der Newa-Stadt gefördert.

Am 29. Juni 1993 konnte unsere Kirche mit vielen Gästen, auch aus Deutschland, zum ersten Mal wieder ihrer Kirchweihe am Tag der Apostel Petrus und Paulus in einem Abendgottesdienst in der St.-Petri-Kirche gedenken. 1994 haben dann endlich die ersten Arbeiten zur Restaurierung der St.-Petri-Kirche unter der Leitung von Igor Scharapan begonnen. Als sichtbares Zeichen dafür, dass die Profanierung des Gotteshauses beendet ist, erhielt der Engel hoch über dem Hauptportal sein Kreuz zurück.[33]

2.4.2 Moskau

Bischof Harald Kalnins hatte am 27. Oktober 1991 bereits den dritten Gottesdienst in der alten Moskauer Kathedrale der Evangelisch-Lutherischen Kirche in Russland, der Peter-und-Paul-Kirche halten können. Da die Kirche noch nicht zurückgegeben war, konnte sich die Gemeinde damals nur in einem kleinen Raum sammeln, der sonst als Filmvorführstudio diente. Sobald die Rückgabe erfolgen würde, sollte mit dem Aufbau einer Kanzlei der DELKSU bei der Peter-und-Paul-Kirche begonnen werden, der Funktionen über Moskau hinaus zuwachsen sollten. Im Ergebnis wurde eine Repräsentanz der Gesamtkirche in der Hauptstadt installiert.

Am 12. Juli 1992, dem 5. Sonntag nach Trinitatis, war in Moskau der 67-jährige Pastor Dr. Gunnar von Schlippe in der Kirche St.-Peter-und-Paul durch mich als Vertreter des Bischofs in sein Amt eingeführt worden. Nach 56 Jahren hatte die Gemeinde dieser Kirche damit wieder einen Pastor. Von Schlippe war in Riga geboren. Zu uns aber kam er aus Hamburg, wo er bis zu seiner Emeritierung an der Hauptkirche St. Petri gewirkt und ein großes

33 Zum Reformationstag 2016 wurden Engel und Kreuz, nun grundlegend restauriert, auf der Kirche eingeweiht (vgl. „Wir haben den Engel bewahrt – der Engel bewahrt uns“, LD 53, 2017, Heft 1, 20–21).

Seelsorgezentrum geleitet hatte. Sein letzter Vorgänger an der Peter- und Paulskirche in Moskau, Pastor Alexander Streck, war 1936 verhaftet worden und ist als Märtyrer gestorben.

Am 18. Februar 1992 war in Moskau bereits der neue evangelische Pfarrer an der Deutschen Botschaft, Pastor Michael Kraatz, durch Bischof Dr. Joachim Held in sein Amt eingeführt worden. Der Präsident des Kirchlichen Außenamtes der EKD hatte den Bischof der DELKRO, Harald Kalnins, gebeten, an der Einführung mitzuwirken. Umgekehrt nahmen die Vertreter der EKD am Nachmittag am Gottesdienst der Moskauer Gemeinde der DELKRO in der Kirche St.-Peter-und-Paul teil. Es beteiligten sich auch Vertreter der Gemeinde St. Petersburg und – aus der „Lutherischen Vereinigung" – Pastor Arvo Soitto von der ELKIR. Bischof Held und die anderen Repräsentanten der EKD unterstützten am nächsten Tag ebenso wie die Vertreter der „Lutherischen Vereinigung" den Bischof der DELKRO und die Vertreter unserer Moskauer Gemeinde bei der Stadtverwaltung und der für die Rückgabeentscheidungen federführenden Kommission. Die gleiche Gruppe stattete gemeinsam am Abend einem Vertreter der Regierung der Russischen Föderation einen Besuch ab, bei dem es auch um die Arbeitsmöglichkeiten der DELKRO in der Russischen Föderation ging.

Am 5. November 1992 ist der Deutschen Evangelisch-Lutherischen Gemeinde in Moskau dann offiziell die Peter-und-Paul-Kirche zurückgegeben worden. Damals zeichnete sich bereits ab, dass die tatsächliche Übernahme ein langwieriger Prozess werden würde, denn die Firma „Diafilm" konnte erst an einen Auszug denken, nachdem sie Ersatzräume für ihr Filmarchiv gefunden hatte. Die Restaurierung der zum Kirchenkomplex gehörenden Kapelle auf dem Kirchhof war aber bereits in vollem Gange. Die Kapelle und die angrenzenden Räume, die auch einen nutzbaren Keller haben, waren der Gemeinde schon im Frühjahr 1992 zurückgegeben worden. Daneben hatte Pastor von Schlippe bereits einen zur Kanzlei umgebauten Raum in Gebrauch nehmen können.

Das Areal um St.-Peter-und-Paul, nördlich von Kitaj Gorod, der Altstadt von Moskau, nicht weit vom Roten Platz, ist seit Peter dem Großen Zentrum des Luthertums in der alten Hauptstadt Russlands. Die heutige Kirche, ein Bau aus dem Anfang des 20. Jahrhunderts, ist die fünfte an diesem Ort; sie war am 18. Dezember 1905 eingeweiht worden.

Als nächsten Schritt war die Renovierung des ehemaligen Pförtnerhäuschens im Areal für das Administrative Zentrum des Sprengels Europäisches Russland und eines an die Gemeindekanzlei anschließenden Gebäudeteils vorgesehen. Sie sollten bis zur konstituierenden Sitzung des Sprengels zu seiner Synode vom 30. Juli bis zum 1. August 1993 zur Verfügung stehen.

Am 6. Juni 1993, am Sonntag Trinitatis, ist die Kapelle im Rahmen eines Konfirmationsgottesdienstes wieder in Gebrauch genommen worden, wenngleich ihre Renovierung noch nicht endgültig fertiggestellt war. Es war die erste festliche Konfirmation in Moskau seit der Schließung der Kirche 1936. Deshalb war ich in meiner Eigenschaft als Vertreter des Bischofs zu diesem von Pastor von Schlippe gehaltenen Gottesdienst angereist. Konfirmiert wurden in diesem Gottesdienst auch der gesamte Gemeindekirchenrat und die Gemeindesekretärin.

Am Sonntag, dem 24. Oktober 1993, ist dann die Kapelle durch Pastor von Schlippe im Beisein des Bischöflichen Visitators für das Europäische Russland, Pastor Siegfried Springer, und mir als Vertreter des Bischofs eingeweiht worden. Als Gast war auch Superintendent Nikolaus Schneider aus Omsk gekommen.

Der gesamte Gebäudetrakt um die Kapelle war mit Mitteln des Gustav-Adolf-Werkes der EKD und mit Spenden, vor allem aus Hamburg und Ludwigsburg, restauriert worden. Zur gottesdienstlichen Ingebrauchnahme war sie mit über hundert Besuchern überfüllt. Auch in Zukunft sollten am Sonntag normalerweise zwei Gottesdienste nacheinander stattfinden.

Die Arbeit an den anderen bereits zurückgegebenen Gebäuden im Kirchhof war plangemäß weitergegangen. Das frühere Pförtnerhaus war schon restauriert und diente wie geplant vorübergehend zunächst der Eparchie und der Moskauer Außenstelle der Bischofskanzlei als Kanzlei. Von den für eine schnelle Rückgabe vorgesehenen Gebäudeteilen des früheren Konsistorialgebäudes war das Erdgeschoss mit Keller von der Firma „Diafilm" bereits zurückgegeben worden, das Obergeschoss musste mit aus Deutschland zur Verfügung gestellten kirchlichen Mitteln zurückgekauft werden. Die Tage vor und nach der Einweihung der Kapelle gaben Gelegenheit zu intensiven Gesprächen über den Fortgang der Restaurierungsarbeiten und ihre Finanzierung sowie über den Aufbau des Administrativen Zentrums für den Sprengel Europäisches Russland. Inzwischen liefen die Verhandlungen mit der Stadt um die Rückgabe des gesamten Areals zwischen Kolpatschnij und Starosadskij Pereulok. Auch wenn die Grundsatzentscheidung gefallen war, würde es noch sehr lange dauern, bis die einzelnen Gebäude tatsächlich übernommen werden konnten, weil für die Firmen oder Familien, die sie bisher genutzt hatten, neue Unterbringungsmöglichkeiten gefunden werden mussten. Weiter war die Renovierung von zwei Wohnungen im ehemaligen Konsistorialgebäude, bestimmt für den Bischöflichen Visitator und den Gemeindepastor, nötig. Auch diese Vorhaben waren nur mit Hilfe der EKD, des Deutschen Nationalkomitees des LWB, des Martin-Luther-Bundes (MLB) und des Gustav-Adolf-Werkes (GAW) zu verwirklichen. Für die Renovierung der missbrauchten Kirchen stellte auch der russische Staat einige Beiträge zur Verfügung, die – in Moskau wie in St. Petersburg – für die Grundsanierung verwendet wurden.[34]

2.4.3 Kaliningrad

Nach der Phase unter Pastor Hans-Werner Erhardt[35] hat dann zunächst Pastor Kurt Beyer aus Dresden in diesem Raum gewirkt. Anfang Dezember 1991 trat er seinen Dienst als Pastor der Deutschen Evangelisch-Lutherischen Gemeinde in Kaliningrad (früher: Königsberg) an. Er war von Bischof Harald Kalnins mit der Versorgung der Gemeinde, aber auch der Gruppen im Bezirk Kaliningrad anlässlich seines Antrittsbesuches in Riga vom 24. November bis 7. Dezember 1991 beauftragt worden. Damit setzte die DELKSU nach einer Zeit der Wirren um den Dienst des bisherigen Predigers, Hans-Werner Erhardt, einen neuen Anfang für diese Gemeinde und das gesamte Kaliningrader Gebiet. Der damals 59-jährige Kurt Beyer war von der Evangelisch-

34 Die Endgültige Einweihung der Kirche nach grundlegender Restauration – nun wieder mit dem gesamten Kirchenraum – konnte am 1. Advent 2008 gefeiert werden (vgl. LD 45, 2009, Heft 1, 20–21). Das nächste wichtige Ereignis fand am 25. Oktober 2017 bei Anwesenheit des Bundespräsidenten der Bundesrepublik Deutschland, Frank-Walter Steinmeier, und des Ratsvorsitzenden der EKD, Landesbischof Dr. Heinrich Bedford-Strohm, statt: die Übergabe der Kathedrale in das Eigentum der Kirche! (Siehe dazu Steinmeiers Rede unter: http://www.bundespraesident.de/SharedDocs/Reden/DE/Frank-Walter-Steinmeier/Reden/2017/10/171025-Moskau-Kathedrale-Rueckgabe.html, Zugriff am 11. 11. 2019). Vgl. auch: Marina Chudenko: „Историческая справедливость восстанавливаетса"/„Historische Gerechtigkeit wieder hergestellt", in: Лютеранские Вести, No 11 (207), Ноябрь 2017, 1 und 2: „‚Heute ist ein besonderer Tag in der Geschichte der Evangelisch-Lutherischen Kirche Russlands: Wir erhalten die Kathedralkirche ins kirchliche Eigentum zurück', – betonte Erzbischof Dietrich Brauer bei seinem Aufbruch zur Eröffnung der feierlichen Zeremonie am 25. Oktober in der Kathedralkirche der hl. Petrus und Paulus [...]: ‚Die Gläubigen kehren in ihre Kirche zurück. Und heute wird die Kathedralkirche erneut in vollständigem Maß zum eigenen Haus für die Gemeindeglieder und zugleich ein wichtiges Zentrum des geistlichen Lebens aller Lutheraner Russlands'" (Übersetzung: Rainer Stahl).

35 Erhardt war gebürtiger Ostpreuße. 1945 gelangte er zu Verwandten auf der Kurischen Nehrung. 1946 meldete er sich im litauischen Klaipėda/Memel als Erntehelfer nach Kasachstan. Dort wurde er ansässig und fand Anschluss an eine unserer Gemeinden. 1989 kehrte er nach Kaliningrad/Königsberg zurück. Sein Alter, seine Krankheit sowie die autoritäre Amtsführung waren keine guten Voraussetzungen für die Sammlung der Gemeinde, so dass Bischof Kalnins schnell nach einem erfahrenen Pastor Ausschau halten musste.

Lutherischen Landeskirche Sachsens für diesen Dienst freigestellt worden. Dies war das zweite Mal, dass ein Pfarrer aus einer der Gliedkirchen der EKD aufgrund einer Vereinbarung zwischen EKD und DELKSU die Verantwortung für eine Gemeinde der DELKSU übernahm. Am Pfingstsonntag, dem 7. Juni 1992, hat Bischof Harald Kalnins, assistiert von Präsident Werner Radatz, dem Leiter der Kirchenkanzlei der „Evangelischen Kirche der Union" (EKU), und von OKR Michael Mildenberger vom Kirchenamt der EKD Pastor Kurt Beyer als Propst der Stadt und des Bezirks Kaliningrad eingeführt. Damit wurde die Konsolidierung der kirchlichen Arbeit der DELKRO in diesem Gebiet weitergeführt, die im Dezember 1991 mit der Übernahme der Gemeinde Kaliningrad durch Beyer begonnen hatte. In dem seit Kriegsende zu Russland gehörenden Teil des ehemaligen Ostpreußen ließen sich zu dieser Zeit immer mehr Deutschstämmige aus den mittelasiatischen Republiken der früheren Sowjetunion nieder, darunter auch viele lutherische Christen. Der seelsorgerliche Dienst an ihnen musste schleunigst aufgebaut werden, zumal Missionare sektiererischer Gemeinschaften in diesem Gebiet sehr aktiv waren. Dafür war eine klare kirchliche Struktur notwendig. Sie war mit dieser Amtseinführung durch den Bischof der DELKRO in Absprache mit dem Bischöflichen Visitator für das Europäische Russland, Siegfried Springer gegeben und von der EKD und der EKU unterstützt worden. Mit über 500 Teilnehmern waren so viele Menschen aus der Stadt und dem Umland sowie Gäste aus Deutschland gekommen, dass der Gottesdienst in den Hof vor der ehemaligen Kreuzkirche verlegt werden musste. Bisher hatten die Gottesdienste im Gemeindehaus stattgefunden. Die teilweise beschädigte Kirche war einer russischen orthodoxen Gemeinde übertragen worden, die aber unserer Gemeinde einen Raum zur Mitbenutzung unentgeltlich zur Verfügung gestellt hatte.

Am 6. Juni wurden Bischof Harald Kalnins und ich, wie auch Propst Beyer, Präsident Radatz und OKR Mildenberger vom Leiter der Gebietsregierung, Prof. Dr. Jurij Matotschkin, und der Kulturreferentin, Irina Kusnetzowa, empfangen. Der Bischof sprach die Situation der sehr starken Gemeinde in Kaliningrad an, die noch immer über keine eigene Gottesdienststätte verfügte und keine Räume für das Pastorat und die Kanzlei hatte. Es waren zwar noch einige alte evangelische Kirchen und Gemeindehäuser im weiteren Stadtgebiet erhalten geblieben; sie wurden allerdings anderweitig genutzt. Deshalb schien die Rückgabe einer ehemaligen kirchlichen Immobilie sehr schwierig – jedenfalls aus der Sicht der Regierung, die dabei wieder mehr Engagement aus Deutschland für Neuansiedler deutscher Nationalität vor allem aus den mittelasiatischen Republiken der ehemaligen Sowjetunion anmahnte. Aber im Grundsatz wurden die Bedürfnisse der Gemeinde anerkannt. Es wurde auch darauf hingewiesen, dass im Bezirk die Übertragung der Ruine der Kirche in Gwardeiskoje (früher: Mühlhausen) an die deutsche Kulturgesellschaft „Eintracht" kurz bevorstehe. Diese könne sie ja nach einer Renovierung an die DELKSU weitergeben, was aber dann nicht geschehen ist.

2.4.4 Kiew

Bereits während der Gründungssynode der „Deutschen Evangelisch-Lutherischen Kirche der Ukraine" (DELKU) vom 31. Januar bis zum 2. Februar 1992 hatten sich die Gemeinde in Kiew und der 36-jährige Pfarrer Dr. Achim Reis aus der Evangelischen Kirche von Hessen und Nassau darauf verständigt, dass Reis zum Ende des Jahres als Pastor nach Kiew kommen sollte. Später hat die Gemeinde offiziell um seine Freistellung für die Hauptstadt der Ukraine gebeten. Kiew ist seit Jahren Partnerstadt von München. Ein Dekanats-Arbeitskreis in der bayerischen Landeshauptstadt, der sich für diakonische Hilfe in Kiew insgesamt engagiert, hat dann insbesondere die bereits 1988 gegründete Deutsche Evangelisch-Lutherische Gemeinde in dieser Stadt kräftig unterstützt. Auf Initiative dieses Arbeitskreises hin war in Absprache mit der Evangelisch-Lutherischen Kirche in Bayern Pfarrer em. Hans-Martin Nägelsbach aus Augsburg für ein halbes Jahr von Juni bis zum Anfang Dezember 1992 nach Kiew gekommen, um die Vakanz bis zum Beginn der Tätigkeit von Pastor Reis zu überbrücken. Damit gab es nach Jahrzehnten wieder ein geordnetes kirchliches Leben für die lutherische Gemeinde in der Dnjeprstadt. Reis hatte auch in der Zwischenzeit den Kontakt mit Kiew gehalten und kam rechtzeitig, um die Weihnachtsgottesdienste zu feiern. Sein Kommen ist von beiden, unter sich zerstrittenen Gruppen der Gemeinde erwartet und begrüßt worden. Beide waren bei seiner Einführung durch mich und Superintendenten Viktor Gräfenstein am 17. Januar 1993 vertreten, ebenso beim Empfang am Nachmittag. Zum Gottesdienst und zum Empfang waren Gäste aus anderen Kirchen der Stadt gekommen, insbesondere Bischofsvikar Jonafan als Vertreter des Metropoliten von Kiew und der ganzen Ukraine, Vater Wladimir (Sabodan) als Vertreter des Patriarchates in Moskau in der Ukraine sowie auch ein Vertreter der Stadtverwaltung von Kiew. Zu den besonderen Aufgaben des neuen Pastors sollte es gehören, den Konflikt in der Gemeinde zu überwinden.

2.4.5 Wladiwostok

In Wladiwostok hatte sich eine Gruppe gesammelt, die sich der lutherischen Kirche zugehörig sah. Das lutherische Kirchengebäude der Hafenstadt im

Fernen Osten diente seit Jahrzehnten der Pazifikflotte als Museum und ist äußerlich vollkommen erhalten geblieben; der Museumsdirektor hatte die Rückgabe angeboten. Voraussetzung sei aber eine befriedigende Lösung der Frage nach dem künftigen Standort des Museums. Der Hamburger Pastor Manfred Brockmann war auf der Synode in Omsk am 14. Mai 1992 nach Wladiwostok ausgesandt worden und konnte dort die Gruppe zu einer Gemeinde formieren, die auch nach seiner Abreise im Oktober Gottesdienste mit Lesepredigten hielt; die Verbindung mit ihm ließen sie nicht abreißen. Nach diesem Erlebnis fasste Brockmann den Entschluss, für länger nach Wladiwostok zu gehen. Die Voraussetzungen hierfür mussten allerdings erst geklärt werden. Das ist im Zusammenwirken zwischen der „Nordelbischen Evangelisch-Lutherischen Kirche" (NEK) und der EKD gelungen. Die NEK hatte ihn für zunächst drei Jahre zum Dienst in Wladiwostok freigestellt. Eine Wohnung, die auch Pastorat ist, konnte mit Hilfe des amerikanischen Spenderkreises um Prof. Dr. Gerhard Krodel und eines Hamburger Förderkreises erworben werden. Manfred Brockmann ist dann am 7. November 1993 durch mich zusammen mit Nikolaus Schneider, dem Superintendenten des Sprengels Sibirien, im Gemeindegottesdienst in einem gemieteten Saal in sein Amt als Pastor der St.-Paulus-Kirche und zugleich als Propst für den Fernen Osten der Russischen Föderation eingeführt worden. Damit konnte unsere Kirche wieder an eine alte Tradition anknüpfen, die Verbindung der Hafenstädte Wladiwostok und Hamburg, aber auch die Arbeit an einem in der Vergangenheit für die ganze Kirche besonders wichtigen Ort. Der letzte Pastor, Woldemar Reichwald, war 1923 aus Krasnojarsk nach Wladiwostok gekommen, am 27. Dezember 1935 wurde er verhaftet und ist im Straflager umgekommen. In der St.-Paulus-Kirche sollte später eine Gedenktafel für diesen Märtyrer angebracht werden. Für die junge, aktive und wachsende Gemeinde aus allen Bevölkerungsgruppen und Bildungsschichten wurde die Einführung des Pastors und Propstes Manfred Brockmann ein Fest in Dankbarkeit und Freude.[36]

36 Vgl.: Manfred Brockmann: Wiederauferstehung in Wladiwostok, LD 49, 2013, Heft 1, 12–14. Im Rahmen der Mitwirkung bei den „Deutsch-Russischen Kulturtagen" in Wladiwostok vom 2.–6. Oktober 2015, die in der evangelisch-lutherischen Pauluskirche stattfanden, wurde der gesegnete Dienst von Propst Manfred Brockmann und die wunderbare Restauration der Kirche ganz neu bewusst (Hinweis von Rainer Stahl, 23. September 2017).

2.5 Konflikte

Die Neusammlung der Gemeinden ist nicht immer konfliktfrei geschehen. Es gab auch genügend Potential dafür. Vor der Oktoberrevolution hatte die staatskirchliche Einbindung einen Rahmen geschaffen, durch den dauernde Spaltungen vermieden wurden. Das, was der Neusammlung Struktur gegeben hat, nämlich die enger werdende Verbindung mit der Evangelischen Kirche in Deutschland, musste auf der anderen Seite auch Probleme schaffen. Das betraf natürlich nicht Harald Kalnins, aber ein Mann wie ich war eben zunächst ein Fremdling. Die einen waren beglückt über die Verbindung nach dem Westen, die anderen sahen hier Gefahren für die eigene Identität. Relativ schnell bildete sich die naive Vorstellung heraus, dass alles, was aus Deutschland kam, „liberal", mit anderen Worten „ungläubig" sei; die Treue zum Evangelium wäre nur von den Brüdergemeinden bewahrt worden. Für diese Vorstellungen sind dann natürlich vor allem Einflüsse aus Deutschland selbst maßgebend geworden. Ausgewanderte Brüder berichteten den Zurückgebliebenen über die religiöse Situation in Deutschland, die – mit ihren Augen gesehen – weitgehend ungläubig geworden war. Es fiel diesen Ausgewanderten ja auch oft schwer, sich in die kirchlichen Verhältnisse in Deutschland einzuordnen.

2.5.1 Vertrauensbruch unseres engsten Mitarbeiters

Der erste wirklich große Konflikt, den wir durchzustehen hatten, lässt sich allerdings nicht auf dieses Schema zurückführen. Ein wenig darüber habe ich schon weiter oben angedeutet. Harald Kalnins hatte seinen anfangs wichtigsten Mitarbeiter Pastor Josef Baronas von Riga nach Leningrad entsandt, um die dortige Gemeinde weiter zu sammeln und zu strukturieren. Josef Baronas hatte damals bereits einen von Spannungen gezeichneten Lebenslauf hinter sich. Er kam aus Litauen, war hochbegabt und konnte sich in vielen Sprachen ausdrücken. Und gute Beziehungen zur Obrigkeit unterhielt er auch. Er hatte ursprünglich eine Karriere in der Römisch-Katholischen Kirche vor sich, konvertierte dann aber zu uns.[37] Er war 1987 und 1988 Student an der theo-

---

37 Wie wir 1998 aus Unterlagen der Hauptabteilung XX des Ministeriums für Staatssicherheit der DDR aus dem Jahre 1984 erfuhren, muss Baronas während seiner Tätigkeit als Dolmetscher bei der Römisch-Katholischen Kirche zumindest Informationen an den KGB weitergegeben haben. Diese Tatsache rief damals die Vermutung hervor, dass der von der lettischen Synode wegen „Staatsnähe" abgewählte Erzbischof Meesters und Josef Baronas bei der Gründung der sogenannten „Einen

logischen Fakultät der lettischen Universität; dieses Studium brach er aber ab. Ich lernte ihn in Riga in der Kanzlei von Bischof Kalnins kennen. In Leningrad, das jetzt wieder St. Petersburg wurde, kamen ihm wohl Zweifel, ob der Wiederaufbau der lutherischen Kirche unter Harald Kalnins glücken würde. So beschloss er, von sich aus eine eigene Kirche zu gründen, die als Sammelbecken für die entstehenden lutherischen Kirchen in der Sowjetunion dienen sollte. Wie er dabei vorging, war vorstehend schon berichtet worden, daher hier nur noch einige grundsätzliche Bemerkungen zu diesem tiefgreifenden Vertrauensbruch.

Es gelang Baronas zunächst, in St. Petersburg die Gemeinde der St.-Katharinen-Kirche auf seine Seite zu ziehen. Auf ähnliche Weise entstanden Stützpunkte der sogenannten „Einen Evangelisch-Lutherischen Kirche“ an verschiedenen Stellen, zunächst des europäischen Russlands. Tüchtige junge Männer schlossen sich ihm als Mitarbeiter an. Die guten Beziehungen zur Obrigkeit schienen eine rasche Konsolidierung dieser Kirche zu fördern. Er gewann auch Firmen als Sponsoren. Wie schon gesagt, hatte ihn an Ostern 1991 der emeritierte lettische Erzbischof Erik Meesters, den seine Kirche ebenfalls nach Leningrad entsandt hatte, um lettische Lutheraner zu sammeln, in der St.-Katharinen-Kirche zum Oberhaupt seiner Neugründung eingesegnet. Man sprach dabei von einer Einsetzung ins Amt eines Superintendenten; Josef Baronas selbst hat seine Einsegnung aber immer als Bischofsweihe verstanden. Auch zur ersten Synode der Ukraine in Kiew war er angereist und hatte sich einen besonderen Platz im Gottesdienstraum verschafft. Zeitweise war es gar nicht selbstverständlich, dass am Ende seine Neugründung scheiterte. Einen sicher nicht unbeachtlichen Anteil daran hatte die mit der Perestroika einhergehende Wirtschaftskrise in Russland: Seine Sponsoren sahen sich nicht mehr in der Lage, ihn finanziell zu unterstützen.

Aber letztendlich ausschlaggebend war ja doch wohl, dass Bischof Harald Kalnins für die Gemeinden und eben auch für die neu gewonnenen Mitarbeiter überzeugender war. Zur ersten, großen Versammlung der „Wiedergeburt“ in Moskau, d. h. der jetzt erlaubten Vertretung der Deutschstämmigen in Russland, wurde nicht nur Harald Kalnins, sondern auch Josef Baronas eingeladen. Und er sprach vor der Versammlung.

Im Gegensatz dazu haben die EKD und der LWB nie einen Zweifel daran gelassen, dass sie nur die Arbeit von Harald Kalnins anerkennen und un-

Evangelisch-Lutherischen Kirche“ in Konkurrenz zur DELKRO mit Wissen oder im Auftrage des Geheimdienstes handelten. Dies ist bis heute weder belegt noch bestritten worden.

terstützen. In relativ kurzer Zeit haben fast alle Gemeinden das Lager von Josef Baronas verlassen und sich der werdenden „Evangelisch-Lutherischen Kirche in Russland und anderen Staaten" (ELKRAS)[38] angeschlossen. Baronas selbst blieb in St. Petersburg aktiv.

Im Jahre 1995 entschloss er sich dann, offenbar mit Hilfe eines Stipendiums, an der Päpstlichen Hochschule Gregoriana in Rom zu promovieren. Er übertrug mir vorher die Verantwortung für die noch bei ihm verbliebenen Gemeinden. Er konnte aber nicht wissen, dass auch ich indirekte Verbindungen zur Gregoriana hatte und über seine Tätigkeit dort regelmäßig informiert wurde. Während der nächsten Jahre habe ich getreulich versucht, meine Zusage an Joseph Baron – wie er sich jetzt nannte – einzuhalten. Aber fast alle Mitglieder seiner restlichen Gemeinden sind dann doch während seiner Abwesenheit zu uns übergegangen.[39] Nach seiner Rückkehr mit römischem Doktordiplom hat er dies verständlicherweise als Vertrauensbruch gewertet. Er sprach die Erwartung aus, dass ich ihn in unseren Gemeinden als meinen Nachfolger vorstellen sollte – ich war damals bereits Erzbischof unserer Kirche. Und einen kleinen Kreis von Anhängern hat er wohl noch immer.

2.5.2 Weiterer Abfall eines wichtigen Mitarbeiters

Der nächste Konflikt entzündete sich in der Ukraine. Dort war bei Superintendent Viktor Gräfenstein das Misstrauen gegen Theologen aus Deutschland gewachsen. Vor allem lag er im Streit mit Pastor Dr. Achim Reis, den ich in die Ukraine gebracht hatte und der mit Einverständnis seiner hessennassauischen Heimatkirche Dienst in der Kiewer St.-Katharinen-Gemeinde versah. Natürlich ordnete Viktor Gräfenstein auch mich liberaler Theologie zu. Das am 1. Februar 1992 gewählte Präsidium der Synode der Deutschen Evangelisch-Lutherischen Kirche der Ukraine (DELKU) hat schon früh Tendenzen gezeigt, die Eigenständigkeit gegenüber der Gesamtkirche zu betonen. Im Frühjahr des darauf folgenden Jahres, 1993, hat es dann die –

38 „Evangelisch-Lutherische Kirche [soweit registriert] in Russland, der Ukraine, Kasachstan und Mittelasien (und dem südlichen Kaukasus) oder eben „Evangelisch-Lutherische Kirche in Russland und anderen Staaten" – die Auflösung der Abkürzung war so nie in Gebrauch, seit 1994 und 1999, seit 2010 „Bund der ELKRAS".

39 Für den Kontakt zur St.-Katharinen-Kirche war eine gemeinsame Aussprache zwischen dem „Rumpf-General-Konsistorium der Einen Evangelisch-Lutherischen Kirche" und Vertretern von ELKRAS, ELKIR und dem LWB im Jahre 1995 ausschlaggebend.

rechtlich gar nicht erforderliche – Zustimmung zur revidierten Verfassung der ELKRAS zu diesem Zeitpunkt verweigert und nach der Registrierung dieser Verfassung am 22. April 1993 durch das russische Justizministerium beschlossen, der Synode auf einer Sondersitzung im Herbst einen eigenen Verfassungsentwurf vorzulegen, der die Zugehörigkeit zur Gesamtkirche nicht mehr nennt. Auch wurde erwogen, die Beziehungen zur EKD einfrieren zu lassen und der Mitgliedschaft im LWB zu entsagen. Die dadurch entstandene Lage ist auf einer Sitzung des Präsidiums der Synode der DELKU vom 9. bis 11. Juni 1993 in Odessa mit Vertretern der Evangelisch-Lutherischen Kirche in Bayern, OKR Claus-Jürgen Roepke und Kirchenrat Nägelsbach, erörtert worden. An diesen Gesprächen nahm ich damals auch teil.

Bei der Diskussion über die Verfassung der DELKU wurden verschiedene Begründungen für eine angestrebte Loslösung von der ELKRAS vorgetragen. Gemeinsames Argument des Präsidiums war, dass Kirchen in der Ukraine, die einer Gemeinschaft angehören, deren Oberhaupt seinen Sitz im Ausland habe, mit Beeinträchtigungen in ihrem Rechtsstatus und ihrer Wirkungsmöglichkeit zu rechnen hätten. Daneben wurden von einzelnen Mitgliedern des Präsidiums weitere Begründungen vorgebracht, wie zum Beispiel, dass sich die Gesamtkirche einerseits in Belange der Ukraine eingemischt habe, andererseits die Ukraine im Stich gelassen hätte. Ferner bestünde die Gefahr, dass über die ELKRAS – besonders über das Theologische Seminar – westliche liberale Theologie in die Ukraine eindringen könnte; deshalb sei auch die Verbindung mit der EKD oder dem LWB untragbar. Es wurde auch heftige Kritik an der Synode im kasachischen Alma-Ata geübt. Eine wirkliche Klärung dieser Vorwürfe war naheliegender Weise nicht möglich gewesen; auch die Mehrheitsverhältnisse im Präsidium waren nicht eindeutig.

Ich stellte in der Diskussion heraus, dass Überlegungen, welche Konsequenzen aus dem Zerfall der früheren Sowjetunion für kirchliche Organisationsstrukturen zu ziehen seien, keine Glaubensfragen berühren würden. Anders sei das bei einer auf diese Weise begründeten Absage an den LWB und die EKD. Die konkret geäußerten Vorwürfe gegen die Kirchenleitung wies ich entschieden zurück. Es stellte sich heraus, dass beim Präsidium der Synode keine rechte Klarheit darüber bestand, was die EKD und der LWB überhaupt seien und dass die Evangelisch-Lutherische Kirche in Bayern eine Mitgliedskirche der EKD und des LWB war. Auch war weithin unklar, welche Rolle die Kirchenleitung der Gesamtkirche beim Aufbau der Partnerschaft zwischen der Bayerischen Landeskirche und der Sprengelkirche der Ukraine gespielt hatte. So wurde zunächst eine weitere Prüfung der aufgeworfenen Fragen mit Hilfe der bayerischen Partnerkirche beschlossen.

Der Konflikt führte schließlich aber dazu, dass sich Viktor Gräfenstein faktisch von uns trennte und eigene Gemeinden sammelte. Auch dieser Streit ist nie behoben worden, auch nicht durch die Auswanderung Gräfensteins nach Deutschland. Aber er hat den weiteren Aufbau der DELKU gottlob kaum behindert.[40]

Es ist hier einzufügen, dass es nie gelungen ist, die eigentlich wichtige Kirche samt Gemeinde in Jalta unter ihrem Prediger Emmerich mit einzubeziehen. Ich habe gehört, dass jetzt Aussicht besteht, dass auch diese Kirche uns zurückgegeben wird. Man wird dabei wohl auch berücksichtigen müssen, dass das Gebiet der Ukraine in seiner heutigen Form das Ergebnis des Zweiten Weltkrieges gewesen ist.[41] Zu den ungarisch-refor-

---

40 Als Nachfolger von Bischof Uland Spahlinger (Nachfolger von Bischof Dr. Edmund Ratz), der seit Oktober 2009 in der Ukraine Dienst getan hat, wurde Pfarrer Sergej Maschewskij/Serge Maschewski aus Dnipropetrowsk gewählt. Seine Amtseinführung erfolgte am 15. Februar 2014 in Odessa. Seither ist es aber zu tiefgreifenden Konflikten innerhalb der Kirche gekommen, bei denen es auch zu unstatthaften Übergriffen und sogar „Exkommunikationen" seitens des Bischofs gekommen ist. Deshalb gehören viele Gemeinden nicht mehr zur DELKU. Beispielhaft sei auf das Interview mit Pfarrer Alexander Gross im Freundesbrief 17 des Martin-Luther-Vereins Bayern vom September 2017 hingewiesen: „Zwei Drittel der Pfarrer und Diakone sind nicht mehr im Dienst, weil ihnen der Dienst von Bischof Maschewski verwehrt wurde. Selbst wenn dieser Albtraum irgendwann vorüber ist, wird es lange Zeit dauern, bis die Wunden heilen." In den leidvollen Jahren bildeten die Ausgeschlossenen eine Arbeitsgemeinschaft und gründeten einen Missionsbund. Mit anwaltlicher Hilfe entdeckten sie, dass sie als Gemeinden immer noch beim staatlichen Register der Kirche geführt wurden. Damit hatten sie einen satzungsgemäßen und gesetzlichen Anspruch auf Zulassung zur und Teilnahme an der Synode. Sie erschienen alle bei der Synode am 9. Oktober 2018, ergriffen mit ihrer weit mehr als das Quorum umfassenden Zahl die Initiative und hielten die Synode ab. Pavlo Shvarts, Pfarrer in Charkiw, wurde zum Bischöflichen Visitator gewählt und am 1. Dezember 2018 in Kiew in sein Amt eingeführt. Ein Jahr später wurde Pavlo Shvarts dann zum Bischof gewählt und eingeführt, doch Maschewski will nicht nachgeben und hält v. a. das kirchliche Eigentum in Odessa besetzt. Vgl. LD 55, 2019, Heft 1, 3–8, und Heft 3, 21 f.

41 Nach der Annexion der Republik Krim und ihrem Beitritt in die Russischen Föderation im Jahr 2014 mussten sich die kleinen Gemeinden dort beim Russischen Staat neu registrieren lassen und gehören zu Gemeinschaft der Evangelisch-Lutherischen Kirche Europäisches Russland. Belastbare Informationen über die Situation der Gruppe und Kirche in Jalta gibt es nicht. Bei einem Besuch im Mai 2011 wurde die alte Situation vorgefunden, nach der die Kirche von Herrn Emmerich geleitet wird und keine Beziehung zu den anderen Gemeinden hat. Der Martin-Luther-Verein Bayern unterstützt diese Gemeinden besonders, vor allem auch den Dienst des von Erzbischof Dietrich Brauer im Jahr 2016 ordinierten Pfarrers Sergej Matjukh, der für alle Gemeinden auf der Krim zuständig ist.

mierten Gemeinden in der ehemaligen Karpato-Ukraine habe ich nie feste Beziehungen aufbauen können, und es ist mir auch nicht gelungen, die polnischen Lutheraner, die im ehemaligen Galizien zurückgeblieben waren, mit unseren Gemeinden in Kontakt zu bringen.

2.5.3 Häufige innergemeindliche Konflikte

In Umbruchszeiten ist es eben nicht ungewöhnlich, dass es zu Auseinandersetzungen über den rechten Weg in die Zukunft oder gar zu Spaltungen kommt. Das ist die Erfahrung auch der Russischen Orthodoxen Kirche in Russland und in der Ukraine. Leider sind auch wir davon nicht verschont geblieben.

In vielen Gemeinden ergaben sich Konflikte dadurch, dass unsere Kirche immer als „deutsch“ gegolten hatte, jetzt aber in den Zeiten des Umbruchs auch Menschen anderer nationaler Herkunft, vor allem Russen, den Anschluss an die Gemeinden suchten. Damit entstand mancherorts ein Problem mit der eigenen Identität. Übrigens gab es solche Probleme der Identifizierung und Benennung auch bei vielen Gemeinden, die sich ursprünglich als „deutsch“ bezeichnet hatten und die dann ohne diesen Bezug auf die nationale Herkunft auskamen.

Die große Aufgabe, die tapferen Gemeinden brüderschaftlicher Tradition und die jungen Gemeinden vor allem in den Städten zusammen zu halten, ist aber geblieben. Nüchtern betrachtet, haben gerade die großen Entfernungen zwischen Kaliningrad und Wladiwostok diese Aufgabe auch erleichtert.

Konflikte anderer Art brachen in den wieder begründeten, jungen Großstadtgemeinden wie St. Petersburg, Kiew und im Bezirk Kaliningrad auf. Das schnelle Wachstum der Gemeinden, wohl auch beschleunigt durch den Dienst von Pastoren aus Deutschland, hat immer wieder Spannungen zwischen den Trägern des Neuanfanges der ersten Stunde und den vielen hinzugekommenen Gemeindegliedern aufkommen lassen. Verdächtigungen über den Missbrauch von Macht oder humanitärer Hilfe oder Verstrickungen in fatale Strukturen der Vergangenheit, wie z. B. den Geheimdienst KGB oder der Gegenwart, d. h. die Mafia, spielten ebenfalls eine Rolle.

Es war auch zunächst schwer klarzumachen, dass ein Synodalpräsident nicht Kirchenpräsident ist. Ebenfalls war schwer verständlich zu machen, dass der Dienst in Gemeindekirchenrat oder Synode ehrenamtlich ist und nicht zum hauptamtlichen Beruf werden konnte oder dass mit der Tätigkeit irgendeine Vergütung zusammenhing. Auf der Ebene der Gemeinde stellte erst die 1992 novellierte Verfassung klar, dass auch der Pastor Vorsitzender des Gemeindekirchenrates sein kann. Entscheidend war es, deutlich zu machen, dass um kirchliche Verantwortung kein Machtkampf ausgetragen werden darf. In den genannten Gebieten sind diese Krisen im Laufe der Jahre 1993 und 1994 wohl weitgehend überwunden worden oder jedenfalls zurückgetreten. Dennoch haben diese Konflikte dem Gemeindeaufbau kolossal geschadet.

Schwieriger und tief greifender waren die Spannungen, die um das Verhältnis der Tradition der Brüdergemeinden zu den neuen Strukturen des kirchlichen Wiederaufbaus und den Lebensformen der jungen Gemeinden, vor allem in den Städten, aufbrachen. Der Neuanfang und die Neustrukturierung unserer Kirche vollzogen sich als Sammlung von Gemeinden. Es gab aber von Anfang an Gemeinden, die skeptisch gegenüber den Synoden in den Regionen unserer Kirche, überhaupt gegenüber diesem Neuaufbau kirchlicher Strukturen waren. Sie haben dann eben Synoden zunächst nicht beschickt; das gab es in Sibirien, Kasachstan und Kirgisien. Die Zukunft suchten die Gemeinden in der Mehrzahl dann doch durch den Kontakt zu unserer Kirche – vor allem vor dem Hintergrund der starken Auswanderungsbewegung.

Die Gründe für solche Zurückhaltung in manchen Brüdergemeinden waren in der Regel mehrschichtig. Man wird davon ausgehen können, dass die Sorge vor einer Überfremdung und die Entwertung der eigenen Tradition verbreitet war. Sie wurde oft durch Berichte über schlimme kirchliche Zustände in Deutschland gesteigert. Pastoren aus Deutschland sowie das Theologische Seminar unserer Kirche galten dann als Einbruchsstellen für eine fremde und letztlich ungläubige „liberale" Theologie. Ökumene erschien als Stichwort für Religionsmischerei, wenn nicht sogar für noch Schlimmeres. Die Ordination von Frauen galt als „Feminismus". Der strenge Sittenkodex der Brüdergemeinden – nicht rauchen, nicht trinken, nicht tanzen, keine Teilnahme an kulturellen Veranstaltungen wie Konzerten oder Theater –, der besondere Frömmigkeitsstil, der den Gläubigen in der Zeit der Verfolgung erkennbar machte, das alles war Pastoren aus Deutschland und in der Regel auch den jungen Stadtgemeinden fremd. Und eben dies machte sie für manche Brüder und Schwestern zu verkappten Ungläubigen. Die Abwehrhaltung gegen westliche Überfremdung, die in der russischen Gesellschaft gleich nach der Öffnung wieder anwuchs, fand hier ein kirchliches Gegenstück. Diese Konflikte waren besonders stark in der Ukraine, es wurde zu einer entscheidenden Aufgabe für die Zukunft unserer Kirche zu bewirken, dass sich die Tradition der Brüdergemeinden und die Frömmigkeit in den jungen Stadtgemeinden wechselseitig respektierten.

Im Wolgagebiet und in anderen Regionen hat es – wie schon gesagt – in den einzelnen Gemeinden in der Zeit um die Oktoberrevolution herum häufig eine doppelte Tradition gegeben, die man als die kirchliche und die brüderschaftliche bezeichnet hat. Ähnliches trifft man ja auch in anderen Ländern an, besonders in vom Pietismus geprägten Gebieten. Das ist nicht gemeint, wenn hier von verschiedenen Traditionen gesprochen wird. Denn es ist ja gerade die Erfahrung unserer Kirche, dass die Tradition der Brüdergemeinden zur tragenden Gestalt der Kirche geworden war, in den Jahren, als es die „institutionalisierte" kirchliche Tradition nicht mehr gab. Umgekehrt mussten jetzt an vielen Orten, in vielen Gemeinden Menschen erst in ihr Christsein hineinwachsen. Sie hatten sich etwa auf ihr lutherisches Erbe nur als Element der früheren deutschen Kultur in Russland besonnen. Es gab viele getaufte Christen, die gar nicht erkannten, dass „Christ sein" eine das Leben prägende Entscheidung ist.

Von unterschiedlichen kirchlichen Traditionen zu sprechen, setzt voraus, dass Bekehrung als Entscheidung für den Glauben und für das Leben aus dem Glauben verschiedene Frömmigkeitsformen und unterschiedliche Lebenspraktiken vom Evangelium her nach sich ziehen kann. Die Einheit unserer Kirche fußt in Glauben und Lehre auf der Heiligen Schrift, wie es auch in der Präambel aller unserer Verfassungen genannt wird. Solcher Glaube geschieht nicht nur im Kopfe und mit Worten, sondern durchdringt und prägt das ganze Leben. Aber es wirkt nicht eine für alle Gläubigen rund um die Erde gemeinsame Lebensordnung. Dass daraus Konflikte entstehen können, schreibt schon der Apostel Paulus (Röm 14,1–13; 1 Kor 10,23–33). Wechselseitiges Respektieren setzt gegenseitige Rücksichtnahme voraus. Das galt nicht nur einst für die Römer oder die Korinther, sondern es gilt genauso auch für unsere Kirche. Sie brauchte die missionarische Weltoffenheit der wieder gegründeten, jungen Gemeinden, aber sie brauchte auch die bewahrte Treue und Entschiedenheit der Brüdergemeinden.

2.5.4 Der Konflikt in unserer St. Petersburger Gemeinde Anfang 1993

In der Deutschen Evangelisch-Lutherischen Gemeinde in St. Petersburg war es schon Ende des Jahres 1992 zu einem Konflikt zwischen dem Gemeindekirchenrat, weitgehend den „Gründern" der Gemeinde um den bereits erwähnten Andreas Büttner,[42] und dem Pastor, Propst Frank Lotichius, gekommen. Die Gründe für diesen Konflikt waren sicher vielschichtig, hingen aber letztlich doch damit zusammen, dass es zu keinem gemeinsamen Konzept nach dem schnellen Wachstum der Gemeinde im Jahre 1992 gekommen ist.

42 Dazu gehörten auch Viktor Winter und Wladislaw Reichert sowie Larissa Bartsch.

Der Verdacht auf unsachgemäße Verwendung von humanitärer Hilfe und Geldern aus Deutschland kam hinzu. Dem Pastor wurde vorgeworfen, dass sich durch seine Arbeit die ursprüngliche Gestalt und Zielsetzung der Gemeinde, wie sie den Gründern vorgeschwebt hatte, verändert habe: Man meinte, alle Verantwortung liege beim Gemeindekirchenrat und dessen Vorsitzenden Büttner; dem habe sich der Pastor zu fügen, sonst könne er gehen. Demgegenüber forderten die Getauften und Konfirmierten Mitspracherechte und verweigerten auf einer an sich von Gemeindekirchenrat und Pastor gemeinsam ordnungsgemäß für den 10. Januar 1993 einberufenen und deshalb legitimen Gemeindeversammlung dem Bericht des Gemeindekirchenrates die Zustimmung und der Finanz-Revisionskommission die Entlastung. Einer neu gewählten Revisionskommission, in der Vertreter beider Seiten vertreten waren, verweigerte dann der alte Gemeindekirchenrat den Zugang zu den Unterlagen einschließlich des Gemeindeverzeichnisses und die Herausgabe des Siegels. Auf dieser Versammlung wurde klar, dass aus dem Konflikt längst ein Streit zwischen dem Gemeindekirchenrat und der Gemeinde geworden war. Der Gemeindekirchenrat forderte von Bischof Kalnins die Entlassung des Pastors. Als der Bischof dies verweigerte, holte der Gemeindekirchenrat am Sonntag, 31. Januar 1993, Alexander Gerlach aus der St.-Katharinen-Kirche, damals Prediger bei der Baronas-Gruppe, und hängte in der Kirche ein Plakat aus, auf dem mitgeteilt wurde, dass der „Vertrag" mit Pastor Lotichius wegen Wegfall des Vertrauens von Seiten des Gemeindekirchenrates aufgehoben sei. Es wurden zwei Gottesdienste, um 10 Uhr in russischer und um 11 Uhr in deutscher Sprache, angekündigt. Parallel verzichtete der Gemeindekirchenrat schriftlich gegenüber den Behörden auf die Rückgabe der St.-Petri-Kirche, anscheinend um Josef Baronas noch einmal Gelegenheit zu geben, die alten Ansprüche auf dieses Gebäude durchzusetzen. Bemerkenswert ist in diesem Zusammenhang, dass die Initiativgruppe um Andreas Büttner, dem eigentlichen Gründer der ersten deutschen Gemeinde in Puschkin-Leningrad 1988, keine großen Sympathien für Josef Baronas gehegt hatte. Die Initiativgruppen hatten sich 1990/1991 demonstrativ der Autorität von Bischof Kalnins anvertraut und durch ihren Gemeindekirchenrat Frank Lotichius zu ihrem Pastor gewählt. Dass der Kirchenrat jetzt so schnell „die Fronten wechseln" konnte, zeigt, wie verletzbar die Menschen damals in Russland waren und wie wenig Erfahrungen gesammelt werden konnten, mit Enttäuschungen umzugehen und Konflikte mit kirchlich angemessenen Mitteln zu bestehen. Da sich bereits im Vorfeld abgezeichnet hatte, dass die Situation eskalieren würde, sandte mich Bischof Kalnins nach St. Petersburg, um zu schlichten. Als ich am 31. Januar mit Pastor Lotichius im Ornat die St.-Annen-Kirche betrat, fanden wir eine Gruppe von 20 Leuten im Kirchenschiff, für die Alexander Gerlach Liturgie und Predigt hielt. Viele Gemeindeglieder warteten verstört im Vestibül. Ich erklärte diese Veranstaltung für illegal und übergab Andreas Büttner ein Schreiben, das nochmals die Legitimität von Frank Lotichius attestierte. In diesem Moment sollten wir von zwei Polizisten, die bereits in Bereitschaft standen, wegen Störung des Gottesdienstes verhaftet werden. Es kam zu einer Verhandlung mit den Polizisten, in der wir unsere Legitimität anhand der Satzung der Gemeinde und der Registrierungsurkunde unserer Kirche nachweisen konnten. Der Polizeimajor machte in dem Bestreben, für Ordnung und Frieden zu sorgen, den Vorschlag, der Büttner-Gruppe zu gestatten, ihren Gottesdienst zu Ende zu führen; dann könne der eigentliche Gemeindegottesdienst beginnen. Der anschließende Gottesdienst verlief unter Beteiligung der Gemeinde mit etwa 300 Anwesenden. Es gelang Pastor Lotichius durch seine Predigt und mir durch ein anschließendes Wort, die Gemeinde zu beruhigen und zu trösten. Die Gemeinde hat dann am 14. Februar 1993 in der ehemaligen Annenschule, neben der Kirche, einen neuen Gemeindekirchenrat gewählt. Die Justizbehörde der Stadt hat die Rechtmäßigkeit dieses Vorgehens am 4. und 5. März anerkannt und dem neuen Gemeindekirchenrat den Gebrauch eines neuen Siegels bestätigt.[43] Seit dem 14. März konnten die Gottesdienste auch wieder in der St.-Annen-Kirche stattfinden. Der alte Gemeindekirchenrat hat gegen diese Entscheidungen erfolglos Klage erhoben. Die Gruppe, die zu Büttner hielt, war dann mit eigenen Gottesdiensten zunächst in der St.-Katharinen-Kirche und dann in der St.-Michaelis-Kirche zu Gast.[44] Eine letzte Verhandlung über die

43 Das alte Gemeindesiegel verblieb zunächst bei Andreas Büttner und befindet sich jetzt im Besitz von Wladislaw Reichert, der 2001/2002 erneut Anspruch auf die Rückgabe der St.-Annen-Kirche erhoben hat.

44 Diese Gruppe näherte sich nach dem Austritt aus unserer Gemeinde zunächst der Gruppe um Baronas und dann den Ingermanländern. Juristisch trat sie später als „Deutsche Gemeinde" der ELKIR bei und wurde von Viktor Winter im Synodalrat (Konsistorium) der ELKIR vertreten. Gottesdienst wurde unregelmäßig in der Michaeliskirche oder in einer großen Wohnung auf der 1. Linie der Wassilij-Insel gehalten. Nachdem die Suche nach einem eigenen Gebäude in Lachta, Pawlowsk und der ehemaligen anglikanischen Kirche in St. Petersburg erfolglos verlief und der Prediger W. Schmidt, der die Fernkurse in Novosaratovka besucht hatte und bei Propst Dr. Christoph Ehricht in der Petrikirche ein Praktikum gemacht hatte, ausgereist war, ging die Gruppe von ca. 30 Personen in der Petrigemeinde auf. Zuletzt hatte sie – ebenfalls erfolglos – versucht, noch 2001/2002 vor dem Brand der St.-Annen-Kirche am 6. Dezember 2002 dieses Gebäude für sich zu gewinnen. Noch lange hat Viktor Winter Kontakt zu ähnlich Uneinsichtigen, wie zum Beispiel dem Prediger Emmerich in Jalta auf der Krim, gehalten (vgl. oben, 2.4.1, Anm. 32, zur St.-Annen-Kirche und 2.5.2, Anm. 41, zur Situation in Jalta).

Zukunft dieser Gruppe führte ich gemeinsam mit Propst Dr. Christoph Ehricht im Frühjahr 2001. Andreas Büttner bestand damals mit seiner nicht mehr als 20 bis 30 Glieder zählenden Gruppe darauf, einen eigenen Gottesdienst in der Petrikirche durchzuführen. Propst und Gemeinderat lehnten dies ab und forderten die Gruppe auf, in die Gemeinde zurückzukehren. Dies ist dann, vor allem nach dem Tode von Andreas Büttner 2005, weitgehend erfolgt.

2.5.5 Ähnliche Konflikte in Kiew und in Kaliningrad

Eine ganz ähnliche Konstellation ergab sich bereits Ende November bzw. Anfang Dezember 1992 in Kiew. Hier wählte am 3. Dezember 1992 die Gemeindeversammlung, zu der nach den Statuten der Gemeinde nicht ordnungsgemäß eingeladen worden war, einen neuen Gemeinderat. Dagegen erhob Pastor Nägelsbach, der die Gemeinde leitete, Einspruch.

Auch in Kaliningrad hatte sich der frühere Vorsitzende der Gemeinde, der sich als ihr Gründer versteht, gegen den Pastor gewandt und diesen Konflikt auf das gesamte Kaliningrader Gebiet auszudehnen versucht; auch er weigerte sich, das Siegel herauszugeben.

Überall ging es im Grunde vor allem um den Versuch, den Zugang zu vermuteten Geldquellen im Ausland einschließlich der Verteilung humanitärer Hilfe zu kontrollieren. Und es ging darum, dass bestimmte Gruppen die Macht in der Gemeinde übernehmen oder festhalten wollten und dass der Inhaber des geistlichen Amtes für die Interessen der einen oder anderen Gruppe instrumentalisiert werden sollte. An allen drei genannten Orten (einschließlich St. Petersburg) war die Rückgabe von früheren lutherischen Kirchen im Gange, bzw. in Kaliningrad wurde nach einem Grundstück für ein Gemeindezentrum gesucht. Es stand zu befürchten, dass der jeweilige Konflikt die Seriosität unserer Gemeinden untergraben würde und die laufenden Verhandlungen stören könnte. Die Gebäude waren dann jeweils auch tatsächlich erst sehr viel später nutzbar, zu einer Zeit, als man diese Konflikte bereits vergessen hatte.[45]

45 Die St.-Petri-Kirche in St. Petersburg war ab 1997, die neu gebaute Christi-Auferstehungs-Kirche in Kaliningrad ab 1998 und die St.-Katharinen-Kirche zu Kiew ab 2000 nutzbar (s. in einem der nächsten Bände 4.3.2 mit Anm. 14).

2.6 Die ersten Kirchenneubauten unserer Kirche

Immer wieder wird erwähnt, dass der Bau des Christuskirchenzentrums in Omsk der erste lutherische Sakralneubau seit dem Untergang der Evangelisch-Lutherischen Kirche in Russland 1937 gewesen sei. Diese Aussage muss korrigiert werden.

2.6.1 Litkowka

Der allererste Kirchenneubau wurde von der Gemeinde Litkowka im äußersten Norden des Omsker Gebietes in Sibirien mit eigenen Kräften errichtet. Bis heute ist der Ort schwer erreichbar, es gibt keine festen Wege. Im Frühjahr und im Herbst hat man kaum eine Chance, dorthin zu gelangen. Öffentliche Verkehrsmittel gibt es nicht. Es ist eben bereits tiefes Sibirien. Im Sommer kann man – sofern man ein geeignetes Fahrzeug hat – eine Furt im Irtysch überqueren, im Winter muss man über das Eis fahren. Hierher, in diese Abgeschiedenheit waren Russlanddeutsche gelangt, die die besten Arbeiter auf der Kolchose wurden. So war es keine Frage, dass der Kolchosdirektor seinen Leuten half, als 1992 der Plan aufkam, eine Kirche für die lutherische Gemeinde zu bauen. Natürlich wusste niemand, wie eine lutherische Kirche aussieht, deshalb hielt man sich an das Vorbild der zahlreichen kleinen russischen orthodoxen Dorfkirchen im Gebiet um den alten orthodoxen Bischofssitz Tara. So bekam dieses Kirchlein in schmucker Ziegelbauweise neben einem Kirchturm auch noch als Dachreiter über dem Kirchenschiff einen „Zwiebeltambour" nach orthodoxem Vorbild.[46] Am 27. Juni 1993 wurde die Kirche von Superintendent Nikolaus Schneider eingeweiht. Später folgte die neue Kirche in Tscheljabinsk – dort wurde der Kirchenneubau der Gemeinde von einem russlanddeutschen Sponsor geschenkt[47] – in der Reihe von Kirchenneubauten, die mit Eigenmitteln unserer Gemeinden errichtet wurden. Leider war dies bisher aber nur an wenigen Orten möglich.

---

46 Erwähnt sei, dass bei einigen der zahlreichen von orthodoxen Gemeinden übernommenen ehemaligen lutherischen Kirchen Aufbauten aufgebaut wurden, so z. B. in der Kolonie Alt-Schwedendorf am Dnjepr. Kommentiert sei, dass das Wort „Zwiebel" natürlich volkstümlich ist. Die Haubenform des Aufsatzes symbolisiert die Flammen des Heiligen Geistes.

47 S. dazu in den nächsten Bänden 3.1.1 und 4.3.3.1.

2.6.2 Omsk

Der bekannteste Kirchenneubau der Jahre des Wiederaufbaus ist zweifellos das Christuskirchenzentrum in Omsk. Hier hatte auf Initiative ihres Landesbischofs Dr. Horst Hirschler die Evangelisch-lutherische Landeskirche Hannovers – gemeinsam mit dem Hauptausschuss des Deutschen Nationalkomitees des LWB – eine beispiellose Hilfe gegeben. Das geschah zu einer Zeit, als sich die meisten Partner noch abwartend verhielten, vor allem beunruhigt durch die Auswanderungsstatistiken, die damals bereits bis zu 200 000 ausreisende Deutsche im Jahr erfassten.

Das alte lutherische Kirchengebäude der Stadt aus dem 18. Jahrhundert, die St.-Katharinen-Kirche, ist bis heute Teil eines Museums des Innenministeriums, aus dem es vermutlich auch in absehbarer Zeit nicht herausgelöst werden kann. Die Gemeinde hatte vor damals etwa 20 Jahren unter Leitung von Nikolaus Schneider, dem späteren Superintendenten von Sibirien, am Rande der Stadt ein einstöckiges Haus erworben und zur Betsaal-Kirche umgebaut. Dieses ganze Siedlungsgebiet sollte Anfang der 1990er Jahre im Zuge der Stadterweiterung Hochhäusern weichen. Die Stadt Omsk hatte deshalb der Gemeinde zum Ausgleich einen verkehrsmäßig günstig gelegenen Bauplatz im Irtysch-Bogen zur Verfügung gestellt. Die Pläne für das Kirchenzentrum sind in enger Zusammenarbeit zwischen dem Bauamt in Omsk und deutschen Architekten erstellt worden; federführend für Finanzierung und Planung auf deutscher Seite war die Evangelisch-lutherische Landeskirche Hannovers, die ihrerseits auch staatliche Gelder eingeworben hatte. Es war vorgesehen, eine Kirche und ein sich anschließendes Gebäude mit Verwaltungs-, Konferenz- und Übernachtungsräumen sowie Küche und Mensa als lutherisches Zentrum für Sibirien zu bauen. Noch vor dem endgültigen Abschluss der Bauarbeiten am 31. Oktober 1993, dem Reformationsfest, konnte Landesbischof Dr. Horst Hirschler, von mir und Nikolaus Schneider assistiert, den bereits fertig gestellten Teil einweihen. Als Gäste waren auch Vertreter der ELKIR und der LC-MS (Lutheran Church – Missouri Synod) gekommen. Dabei erklangen zum ersten Mal die drei Glocken; der Glockenstuhl stand noch auf dem Boden. Es war das erste Geläut lutherischer Glocken in Russland seit der Schließung aller lutherischen Kirchen. Die abschließende Einweihung fand am 2. Oktober 1994 statt.[48]

48 Christian Großmann, Sachgebietsleiter im Referat 23 des Landeskirchenamtes Hannover, hat am 5. Februar 2018 folgende Hinweise zur Partnerschaftsituation zwischen der „Evangelisch-Lutherischen Kirche Ural, Sibirien und Ferner Osten" (ELKUSFO) und der Evangelisch-lutherischen Landeskirche Hannovers gegeben: „Die

2.7 Verbindungen und Partnerschaften

2.7.1 Im Inland

Bischof Harald Kalnins hatte immer gute Beziehungen zu den staatlichen Instanzen der Sowjetunion gepflegt, insbesondere zum Rat für religiöse Angelegenheiten. Anders wäre es ihm ja auch nicht möglich gewesen, Visitationsreisen bis nach Mittelasien durchzuführen. Dass er den entscheidenden politischen Instanzen bekannt war, hat eine ganz wichtige Rolle dafür gespielt, dass sich Josef Baronas nicht durchsetzen konnte. Aber schon zuvor war ja die Wiederanerkennung der Evangelisch-Lutherischen Kirche in der Sowjetunion eigentlich nur mit tiefem Vertrauen in den nun verantwortlichen Leiter möglich gewesen. Nach dem Zerfall der Sowjetunion konzentrierten sich Kalnins Verbindungen naturgemäß auf das wiedererstehende Lettland.

Ich hatte 1993 den Sitz der Bischofskanzlei von Riga nach St. Petersburg verlegt, und auch mir kam es nun zugute, dass die politischen Instanzen mich von früheren Aufenthalten im kirchlichen Dienst in der Sowjetunion her kannten. Selbstverständlich gab es in manchen Gebieten und manchen Gemeinden unseres Kirchengebiets immer auch Konflikte mit den jewei-

---

Landeskirche Hannovers (LKH) pflegt bereits seit den politischen Veränderungen der 90er Jahre des vergangenen Jahrhunderts intensive Beziehungen zur Evangelisch-Lutherischen Kirche in Russland. Mit der ELKUSFO wurde im Jahr 2003 eine mittlerweile unbefristete partnerschaftliche Vereinbarung geschlossen, in deren Rahmen die LKH vorwiegend die antragsgebundene Unterstützung von verschiedenen Projekten aus Kollektenmitteln leistet. Darüber hinaus besteht seit dem 15. Februar 1996 eine für einen Zeitraum von 25 Jahren vereinbarte vertragliche Verbindung der LKH mit der evangelisch-lutherischen Kirchengemeinde in Omsk über den Betrieb und die Nutzung des am 31. Oktober 1994 eingeweihten Christus-Kirchenzentrums (CKZ) in Omsk. Dieses Kirchenzentrum wurde neben dem Beitrag der LKH aus Mitteln der Bundesrepublik Deutschland finanziert und sollte neben seiner kirchlichen Funktion auch als Begegnungsstätte und Bildungszentrum der deutschen Kultur in Russland dienen. Zu Erfüllung dieser Aufgaben leistet die LKH aus Haushaltsmitteln einen jährlichen Beitrag zum Betrieb des CKZ. Mittlerweile liegt der Schwerpunkt der Arbeit des CKZ auf seiner wichtigen Funktion als zentrales Veranstaltungs- und Fortbildungszentrum der örtlichen Kirchengemeinde, der Propstei Omsk und der Gesamtkirche ELKUSFO, weil dort alle Voraussetzungen für den Tagungsbetrieb erfüllt sind. Zum Ablauf dieses Vertrages im Februar 2021 werden in absehbarer Zeit Gespräche zwischen der LKH und der ELKUSFO aufgenommen, um die weiteren Möglichkeiten der partnerschaftlichen Verbindung in Bezug auf das Christus-Kirchenzentrum in Omsk zu prüfen und sie an aktuelle Entwicklungen und zukünftige Herausforderungen anzupassen."

ligen staatlichen Behörden. Aber ich hatte diese Schwierigkeiten nicht. In St. Petersburg kamen uns auch die städtischen Behörden in der Regel durchaus entgegen, und natürlich habe ich die Verbindung mit dem deutschen Generalkonsul dieser Stadt gepflegt. Wir haben mancherlei Unterstützung erhalten, auch dadurch, dass diese Diplomaten dem Auswärtigen Amt positive Berichte geliefert haben.

Sehr wichtig war es in dieser Aufbauphase, dass die entscheidenden Hierarchen der ROK mich seit langem kannten. Eine Rolle spielte auch die Tatsache, dass eine Reihe von russischen orthodoxen Geistlichen eine Zeitlang in Deutschland, in Berlin gearbeitet hatte. Gerade durch die Tätigkeit wichtiger Männer der ROK für längere Zeit in Deutschland, nicht allein in der DDR, traten die bösen Erfahrungen des Zweiten Weltkrieges in den Hintergrund.

Ich denke, man kann von einem wechselseitigen Vertrauensverhältnis sprechen, das verhindert hat, dass unsere Kirche in ein Spannungsfeld geriet, wie es der Römisch-Katholischen Kirche in ihrer Neusammlungsphase widerfahren ist. Das gute Verhältnis ging 1989 so weit, dass das schon erwähnte neue Gesangbuch, das Harald Kalnins für unsere Kirche zusammengestellt hatte, in der Druckerei des Patriarchates gedruckt werden konnte. Allerdings hatten manche pietistisch geprägten Brüdergemeinden dafür kein Verständnis.

Zur Römisch-Katholischen Kirche in Russland und den neuen Staaten Mittelasiens haben wir immer gute, ja brüderliche Beziehungen gepflegt. Ihr Problem war, dass sie ihren Rückhalt, gerade was Personen anging, vor allem in Polen hatte. Dabei schlug das jahrhundertealte Misstrauen seit der Zeit der „Smuta“, der Zeit der „Wirren“ vor dem Herrschaftsantritt der Romanows 1613, immer wieder durch.

Das Wort Ökumene hat bis heute in Russland und den anderen Staaten, in denen unsere Kirche lebt, in der Regel einen negativen Klang. Daran zeigt sich die weitgehende Isolierung von den Erfahrungen der Christenheit in allen Kontinenten seit der Oktoberrevolution 1917. Aber es ist auch eine verständliche Reaktion auf den politischen Missbrauch, der mit der Begegnung von Kirchen und Religionen in der damaligen Sowjetunion getrieben worden war. In vielen Gruppen versteht man unter der ökumenischen Bewegung ein Programm zur Religionsmischerei und zur Auslieferung der lutherischen Kirche an den Papst. Das Wort „Ökumene“ ist deshalb in unserer Verfassung nicht enthalten.

Die Sache, um die es der recht verstandenen ökumenischen Bewegung in Wahrheit geht, dass der Herr Jesus Christus die Einheit aller seiner Jünger will und dass die Grenzen der Konfessionen nicht in den Himmel reichen – diese Gewissheit lebt auch in der Evangelisch-Lutherischen Kirche in

Russland, der Ukraine, Kasachstan und Mittelasien. Das Verhältnis zur ROK war in den vergangenen Jahrhunderten aber meist nicht gut gewesen. Man hatte auch in den Gemeinden wenig voneinander gewusst. Das ist heute vielerorts anders geworden. Dazu hat sicher die Erfahrung der Verfolgung aller Christen beigetragen. Vor allem aber haben in den Städten nach dem Ende des lutherischen Gottesdienstes manche unserer Familien Unterschlupf in der orthodoxen Kirche gefunden. Solche Christen kennen diese Kirche von innen. Wenn sie heute wieder Glieder einer lutherischen Gemeinde sein können, bleibt doch die dankbare Verbundenheit mit den russischen orthodoxen Gemeinden. Die ROK hatte uns in der frühen Aufbauphase auch wichtige Hilfestellung geboten; im Rückblick können wir dafür nur danken.

Dass missionarische Sekten aus dem Westen ihre Aktivitäten gerade unter Menschen entfalten konnten, die eigentlich zur Russischen Orthodoxen Kirche oder zu unserer Lutherischen Kirche gehörten, die wir aber selbst noch nicht gefunden und besucht haben, war eine gemeinsame Erfahrung.

Mit der Römisch-Katholischen Kirche hatte es auch früher kaum Konflikte gegeben. Da sich die Gemeinden nach dem Zweiten Weltkrieg in der Regel nach Sprache und Kultur sammelten, haben Christen römisch-katholischer Herkunft an manchen Orten die deutschen Gottesdienste unserer Kirche besucht, bis wieder eine eigene Hierarchie und mit ihr eigene katholische Gemeinden unter den Russlanddeutschen aufgebaut werden konnten. Umgekehrt haben katholische Priester auch Lutheraner mitbetreut, wenn es keine entsprechende Seelsorge gab.

Die Beziehung zu den Baptisten wird in manchen brüderschaftlichen Gemeinden gepflegt. Die Baptisten waren immer eine russischsprachige Gemeinschaft. Je mehr wir selbst in dieser Sprache Gottesdienst halten, können wir uns auch die Erfahrung und das Schrifttum der russischen Baptisten zunutze machen. Baptistische Gesangbücher wurden mitunter gebraucht, weil wir eben noch kein eigenes Gesangbuch in russischer Sprache hatten.

2.7.2 Zum Ausland

Der Lutherische Weltbund (LWB) hatte von Anfang an die neuen Entwicklungen in der Sowjetunion mit großem Interesse verfolgt. Der damalige Europasekretär Paul Hansen hatte 1976 sogar selbst lutherische Gemeinden bis nach Kasachstan besucht und dazu beigetragen, dass die so lang vermisste kirchliche Literatur in dieses weite Land kam. Vom LWB kam ja – eigentlich durch seine Satzung gar nicht gedeckt – die Initiative zur Einsetzung von Harald Kalnins zum Superintendenten mit bischöflichen Rechten für die deutschen evangelisch-lutherischen Gemeinden in der Sowjetunion 1980 in

Tallinn. Es lag mir viel daran, unseren Gemeinden zu vermitteln, dass wir eine weltweite Gemeinschaft sind. Aber gerade den Brüdergemeinden lag es fast im Blut, nur nach Deutschland zu schauen, wenn sie denn überhaupt über die Grenzen des eigenen Landes hinausblickten.

Aber wir haben auch aus Deutschland, vor allem durch die EKD, von Anfang an starke und wirksame Hilfe erhalten. Am 23. und 24. Mai 1991 war dann Bischof Harald Kalnins in meiner Begleitung Gast des Rates der EKD in Hannover. Wir schilderten unsere Situation und baten um personelle und finanzielle Unterstützung. Es war gut, dass die EKD damals längst ausgezeichnete Beziehungen zur Russischen Orthodoxen Kirche hatte, so stellten dort unsere Kontakte nach Deutschland kein Problem dar. Die Hilfe aus der EKD wuchs im Laufe der kommenden Jahre immer stärker an. In wichtigen neu konstituierten Gemeinden, wie in St. Petersburg und in Kiew, wurden von der EKD unterhaltene Pfarrstellen eingerichtet. Später unterhielt die EKD zusätzlich drei Stellen am Theologischen Seminar in Novosaratovka, wobei wir zunehmend Wert darauf legten, dass die Entsandten zu Pastoren unserer Kirche wurden. Eine Auslandspfarrstelle im eigentlichen Sinn unterhielt die EKD in Moskau. Das Verhältnis dieser Botschaftspfarrstelle zu unserer Moskauer Gemeinde war nicht immer völlig unproblematisch. Zu dem damaligen zuständigen Referenten im Kirchenamt der EKD, OKR Michael Mildenberger, entwickelte sich eine fast freundschaftliche Beziehung. Auch zu den jeweiligen Leitern des Kirchlichen Außenamtes, den Bischöfen Dr. Joachim Held und Dr. Rolf Koppe, bestand ein vertrauensvolles Verhältnis, für das ich im Rückblick nur dankbar sein kann.

Es gelang im Laufe der Zeit auch, für fast alle unserer regionalen Kirchen deutsche Landeskirchen als Partner zu gewinnen. Für die Ukraine war das die Evangelisch-Lutherische Kirche in Bayern,[49] für Ural, Sibirien und Ferner Osten (ELKUSFO) die Evangelisch-lutherische Landeskirche Hannovers, für Kasachstan die Evangelisch-Lutherische Landeskirche Mecklenburgs, die ihrerseits für dieses Engagement Unterstützung aus der Evangelischen Kirche von Westfalen erhielt, für Kirgisien konnte die Evangelische Kirche von Kurhessen-Waldeck gewonnen werden; hier wurde der Partnerschaftsvertrag in sehr feierlicher Form in Bischkek von Bischof Dr. Christian Zippert und mir unterschrieben. Die Partnerschaft zwischen der Kirche von Hessen-Nassau und Usbekistan entwickelte sich schwierig, hier sprang schließlich das

49 Nach schweren Vorwürfen von Bischof Maschewski unterbrach die bayerische Landeskirche diese Partnerschaft 2015, hat sie aber mit der Wahl von Pavlo Shvarts 2018 wieder aufgenommen; s. o. Anm. 40.

Gustav-Adolf-Werk von Hessen-Nassau für die Landeskirche ein. Später wurde die Evangelische Kirche in Württemberg Partner für unsere Kirche in Georgien und noch später engagierte sich die Evangelische Kirche der Kirchenprovinz Sachsen in Weißrussland. Leider ist es mir nie gelungen, eine deutsche Partnerkirche für unsere immer wichtiger werdende Regionale Kirche des Europäischen Russlands zu gewinnen. Allerdings war die Evangelische Kirche des Rheinlandes so großzügig, für längere Zeit Moskau einen erklecklichen Betrag für die Kanzlei und die Durchführung von Synoden zu gewähren. Diese regionalen Partnerschaften waren ein notwendiges Element zur Regionalisierung unserer Kirche.

Daneben gab es regionale Partnerschaften, die oft aus länger zurückreichenden Städtepartnerschaften erwachsen sind, z. B. zwischen Hamburg und St. Petersburg, Kassel und Jaroslawl, Erlangen und Wladimir oder Karlsruhe und Krasnodar. Diese Partnerschaften waren oft aus fast zufälligen persönlichen Kontakten erwachsen und haben für unsere Gemeinden eine ganz große Bedeutung bekommen. Im Gebiet der mittleren und unteren Wolga engagierte sich die Evangelische Kirche von Berlin-Brandenburg, und für den Raum südlich des Ural, also die Baschkirenrepublik und das Gebiet Orenburg, die Evangelisch-Lutherische Landeskirche Sachsens.[50] Sinn solcher regionaler Partnerschaften konnte es nicht sein, für alle Wünsche der einzelnen Gemeinden in diesen Regionen Mitverantwortung zu übernehmen. Derartige Gemeindepartnerschaften konnten und sollten wachsen, ganz unabhängig von einer Zuordnung der Region, zu denen sie gehören.

Gerade diese vielfältige Verflechtung machte die Beziehung zwischen unserer Kirche, der werdenden ELKRAS, und der EKD nicht leicht durchschaubar. Deshalb war relativ frühzeitig als Arbeitsinstrument beim Kirchenamt der EKD die „ELKRAS-Koordinierungsgruppe“ gebildet worden,

50 Zum Thema der Partnerschaft der Evangelisch-Lutherischen Landeskirche Sachsens (EVLKS) mit der „Evangelisch-Lutherischen Kirche Europäisches Russland“ (ELKER) hat OKR Friedemann Oehme, Dresden, folgende Informationen zur Verfügung gestellt: „Die Partnerschaft begann 1991 mit der Entsendung von Pfarrer Kurt Beyer nach Königsberg, der dann Propst der neu gegründeten Propstei Kaliningrad wurde. Seit 1998 besteht die Partnerschaft des Kirchenbezirks Kamenz, jetzt Bautzen-Kamenz mit der Propstei Orenburg. Seit 2013 besteht die Partnerschaft des Kirchenbezirks Dresden Mitte mit der Zentralen Propstei Moskau. Das GAWiS [Gustav-Adolf-Werk in Sachsen] hat schon seit vielen Jahren Kontakte zur Propstei Nordkaukasus. Am 9. Februar 2014 wurde die offizielle Partnerschaftsvereinbarung zwischen der ELKER und der EVLKS von Erzbischof Brauer (damals Bischof) und Landesbischof Bohl in Moskau unterschrieben“ (E-Mail vom 8. 11. 2017) (vgl. dazu auch in einem der nächsten Bände 4.4).

zu deren Sitzungen sich in der Regel drei Mal im Jahr Vertreter der EKD, der deutschen Partnerkirchen und Werke sowie Vertreter aus unserer Kirche trafen. Wie bereits erwähnt, wurden die einzelnen Partnerschaften meist vertraglich geregelt. Zwischen der ELKRAS und der EKD wurde erst 1999 ein zunächst auf fünf Jahre befristeter Partnerschaftsvertrag geschlossen.

Bei diesen Partnerschaften waren wir natürlich die Nehmenden im Blick auf finanzielle Unterstützung, gelegentlich auch Beratung. Aber ich denke, dass auch die deutschen Partnerkirchen oder Gemeinden geistlichen Gewinn aus den Beziehungen bis weit nach Mittelasien hinein gehabt haben.

Träger der Verbindung mit Deutschland und der Unterstützung, die wir von dort bekamen, waren im Besonderen auch der Martin-Luther-Bund[51] und das Gustav-Adolf-Werk. Die Kontakte mit Russland reichten beim GAW bis ins 19. Jahrhundert zurück. Besonders wichtig war die Unterstützung der Evangelisch-Lutherischen Kirche in Russland nach dem Ersten Weltkrieg und der Oktoberrevolution geworden. Der damalige Präsident des Gustav-Adolf-Vereins, Prof. Franz Rendtorff in Leipzig, hatte wesentlich dazu beigetragen, dass Bischof Arthur Malmgren eine theologische Ausbildungsstätte in Petrograd-Leningrad einrichten konnte. Es hatte einmal eine Zeit gegeben, in der in Deutschland zwischen GAW und MLB Konkurrenz zu bestehen schien. Das war längst überwunden, als wir diese beiden Werke um Unterstützung baten und sie auch erhielten.

Derartige Partnerschaften beschränkten sich nicht nur auf den deutschen Raum. Für das Theologische Seminar waren die Verbindungen zum „Lutheran Board for Mission Support" in Gettysburg in der „Evangelisch-Lutherischen Kirche in Amerika" (ELCA) und mit dem Theologischen Institut der Evangelischen Kirche A. B. in Rumänien in Sibiu-Hermannstadt ganz wichtig geworden. Hier wären auch die Koordinierungstagungen für die Ostseekirchen unter Leitung des Europasekretärs des Lutherischen Weltbundes zu nennen.

Diese Partnerschaften waren eben nicht nur Hilfe, weil unsere eigenen Kräfte nicht ausreichten. Sie waren auch ein Zeichen dafür, dass die Isolierung der Gemeinden, die unserer Kirche in den vergangenen Generationen aufgezwungen worden war, zu Ende gekommen war: Unsere Gemeinden haben begonnen, ein Teil der weltweiten evangelischen Christenheit zu werden. Die Evangelisch-Lutherische Kirche in Russland hatte bereits 1924 in ihrer Verfassung festgelegt, dass unsere Kirche „sich als Glied der evangelisch-

51 Ebenso sind hier zu nennen die Vereinigte Evangelisch-Lutherische Kirche Deutschlands (VELKD) und das Deutsche Nationalkomitee des LWB.

lutherischen Gesamtkirche erkennt", wohl als erste lutherische Kirche überhaupt.[52] Dieser Satz ist auch in unserer jetzt gültigen Verfassung stehen geblieben. Die Partnerschaften sollten auch als Teil der in dieser Formulierung beschriebenen Wirklichkeit verstanden werden.

2.7.3 Beziehungen zur Evangelisch-Lutherischen Kirche des Ingermanlandes

Nicht immer unproblematisch war unser Verhältnis zu den Gemeinden finnischer Tradition in Russland. Bis zum Zusammenbruch aller kirchlichen Ordnungen 1937 waren wir in einer gemeinsamen Kirche vereinigt. Die Neusammlung begann bei den finnischen Ingermanländern in ähnlicher Weise unter nationalem Vorzeichen wie bei den deutschen Gemeinden. Hinzu kam – nüchtern betrachtet – dass die deutsche Vorherrschaft in der Kirche vor der Oktoberrevolution 1917 natürlich auch in kritischer Erinnerung geblieben war. So hatte sich die finnisch geprägte Kirche des Ingermanlandes mit Unterstützung der Estnischen Evangelisch-Lutherischen Kirche (EELK) seit Ende der 1960er Jahre in Karelien und später auch im Ingermanland und am Stadtrand von Leningrad sammeln[53] und sich 1990 als eigene Propstei im Bestand der EELK strukturieren können. Anfang 1992 haben sie sich als eigene Kirche konstituiert, im Frühjahr 1993 ihren ersten Bischof gewählt. Leino Hassinen ist am Sonntag Exaudi, den 23. Mai 1993, vom Erzbischof der EELK, Kuno Pajula, unter Assistenz eines finnischen und eines schwedischen Bischofs und mir als Vertreter des Bischofs der ELKRAS konsekriert und damit in sein Amt eingeführt worden. Am 8. Juni 1993 trafen in der St.-Marien-Kirche in St. Petersburg Vertreter beider lutherischer Kirchen und ihrer Gemeinden zusammen, zum ersten Mal auf beiden Seiten rechtlich voll konstituiert. Als Gast war der Generalsekretär des Außenamtes der Evangelisch-Lutherischen Kirche Finnlands, Risto Kantonen, aus Helsinki gekommen. Aus der langen Liste gemeinsamer Themen wurde insbesondere die Zusammenarbeit bei der Ausbildung von Pastoren und Diakonen besprochen. Es wurde fest vereinbart, sich in Zukunft regelmäßig zu treffen. Mit der

52 Dies geschah unter dem Eindruck der Teilnahme von Bischof Theophil Meyer am Lutherischen Weltkongress 1923 in Eisenach.

53 Die Zentren lagen im estnischen Narwa und in der karelischen Hauptstadt Petrosawodsk. Letztere Gemeinde wurde von Pastor Elmar Kull besucht. 1976 wurde die ehemalige deutsche Kirche in Puschkin zurückgegeben, die 1977 wieder eingeweiht werden konnte. Hier errichtete die EELK eine Pfarrstelle, die von Tiit Salumäe als Reisepastor versehen wurde.

Vorbereitung dieser Zusammenkünfte wurden der Generalsekretär der Ingermanländischen Kirche und Propst Frank Lotichius betraut. Das Gespräch fand in überaus aufgeschlossener, brüderlicher Atmosphäre statt, in der auch offen Probleme benannt worden sind. Schon damals waren wir uns klar darüber, dass die Zusammenarbeit unserer Kirchen für die Zukunft der Lutherischen Kirche in diesem Teil Russlands von grundlegender Bedeutung sein würde. Eine Fortsetzung fand das Gespräch am 22. Oktober 1993. Es trafen sich auf gemeinsame Einladung von Bischof Leino Hassinen und mir ein weiteres Mal Vertreter aller lutherischen Gemeinden in St. Petersburg, um die künftige Zusammenarbeit zu besprechen; es nahmen auch offizielle Gäste der lutherischen Kirchen Schwedens und Finnlands teil. Bereits zu diesem Zeitpunkt fanden in St. Petersburg in sechs historischen lutherischen Kirchen mehr oder weniger regelmäßig Gottesdienste statt: Die St.-Petri-Kirche am Newskij-Prospekt war der ELKRAS zurückgegeben worden; an regelmäßige Gottesdienste war aber erst zu denken, wenn das Schwimmbecken zumindest abgedeckt sein würde. Die St.-Marien-Kirche in unmittelbarer Nähe sollte am 1. Dezember 1993 de jure zurückgegeben werden und dann der ELKIR als Bischofskirche dienen. Die schwedische Katharinenkirche liegt im gleichen Areal; über ihre Rückgabe und künftige Verwendung wurde damals noch verhandelt; es fanden aber seit längerer Zeit in größeren Abständen dort wieder Gottesdienste statt. Die St.-Annen-Kirche war – wie berichtet – noch immer Kinotheater, konnte aber von der Gemeinde der ELKRAS für ihre Sonntagsgottesdienste gemietet werden. Auf der Wassilij-Insel liegen die St.-Michaelis- und die St.-Katharinen-Kirche. Die St.-Michaelis-Kirche war der sogenannten „Lutherischen Vereinigung“ zur Nutzung überlassen worden. Es war beabsichtigt, sie zu restaurieren. In dem obersten Geschoss – das nach dem Einziehen von Zwischendecken entstanden war, die nicht mehr zu entfernen sind, sollte das Gebäude nicht einstürzen – hatte die russisch sprechende Gemeinde der ELKIR ihren Gottesdienstraum sowie einen Vortragssaal; in den anderen Stockwerken richtete die LC-MS ihr Lutherhaus ein, und die ELKRAS baute dort ein Pressezentrum auf; auch der geplante gemeinsame Verlag von ELKRAS und ELKIR sollte hier Platz finden.

Die St.-Katharinen-Kirche ist im Juli 1993 von der Stadt der Gemeinde, die zu der „Einen Evangelisch-Lutherischen Kirche in Russland“ unter Josef Baronas zugehörig war, übergeben worden. In welcher Form diese Gemeinde schließlich in die erstrebte Zusammenarbeit einbezogen werden konnte, war noch offen. Die Gespräche begannen am Vormittag in der St. Petrikirche und wurden am Nachmittag in der St. Marienkirche fortgesetzt. Vorwiegend wurden Informationen ausgetauscht, und es wurde über die Absprachen berichtet, die bereits zwischen ELKRAS und ELKIR bestanden. Auch wenn noch keine konkreten Beschlüsse gefasst wurden, ist die Begegnung als zukunftsweisend und hilfreich gewertet worden.

Für die Verbindung der ingermanländischen Kirche nach Estland und Finnland hat natürlich die räumliche Nähe eine ganz entscheidende Rolle gespielt. Auch sprachlich stehen sich das Estnische und Finnische nahe. So wurde eine viel intensivere Begleitung des kirchlichen Aufbaus möglich, als zwischen Deutschland und uns, der werdenden ELKRAS.

Es ist von mancher Seite auch kritisch gesehen worden, dass es nun in Russland zwei lutherische Kirchen nebeneinander gab. Ich selbst bin kurze Zeit nach meiner Einladung nach Riga nach Helsinki gereist, um mit den Finnen deren Beurteilung der Situation zu besprechen. Die Ingermanländer waren uns voraus mit einem Antrag auf Mitgliedschaft im Ökumenischen Rat der Kirchen. Dort forderte man erst eine Einigung mit uns. Als wir dann auch unsererseits einen entsprechenden Antrag stellten, hatte die Ingermanländische Kirche ihr Interesse verloren, weil sie durch konservative Kräfte in Finnland einerseits und neue Kontakte mit der amerikanischen LC-MS andererseits eine etwas andere Richtung eingeschlagen hatte als wir. Aufs Ganze gesehen ist das Verhältnis unserer beiden im Aufbau befindlichen Kirchen aber doch immer brüderlich gewesen.[54]

2.7.4 Einzelne Bemühungen um Partnerschaften

Vor allem in der Zeit zwischen 1991 und 1993 bemühten Bischof Kalnins und ich uns um den Ausbau der bestehenden Kontakte der DELKSU, die vielfach erst später in konkrete Partnerschaften mündeten. Nachfolgend seien noch einige Beispiele genannt:

Die Evangelische Kirche A. B. in Rumänien hatte Bischof Harald Kalnins, mich in meiner damaligen Eigenschaft als Rektor des Theologischen Se-

54 Bemerkenswert erscheint, dass ELKRAS und ELKIR bis heute eigentlich nur über die gemeinsame Mitgliedschaft im LWB verbunden sind. Die beiden lutherischen Kirchen, deren Kanzleien nur wenige hundert Schritt voneinander entfernt liegen, haben bisher kein gemeinsames Dokument über die Inhalte der gelebten Partnerschaft unterzeichnet. (Anm. des Herausgebers: 2008 wurde ein russisches Nationalkomitee des LWB gegründet; Mitglieder sind die beiden russischen Mitgliedskirchen der ELKRAS und die Ingermanländische Kirche, s. in einem der nächsten Bände 4.4.) Hier kann noch einmal auf die ausführliche Darstellung der Geschichte der ELKIR hingewiesen werden: Rainer Stahl: Die Evangelisch-Lutherische Kirche Ingriens auf dem Territorium Russlands, in: Die evangelische Diaspora, Jahrbuch des GAW, 84. Jg., 2015, 57–70, und in: Lutherische Kirche in der Welt, Jahrbuch des MLB, Folge 63, 2016, 193–219 (ungekürzte Fassung) (vgl. oben, 2.4.1, Anm. 32).

minars unserer Kirche und Pfarrvikar Stefan Reder von der Kirchenkanzlei der DELKRO für die Zeit vom 26. Juni bis 3. Juli 1992 zu einem Besuch nach Sibiu-Hermannstadt eingeladen, um Fragen der künftigen Zusammenarbeit der Kirchen und vor allem der beiden theologischen Institute zu besprechen. Es sollte ein gemeinsames Arbeitspapier erstellt werden, das der Europakonferenz des LWB im November 1992 in Riga und zuvor schon dem Kontaktausschuss zwischen EKD und der Evangelischen Kirche A. B. in Rumänien vorgelegt werden sollte. Im gleichen Jahr haben sich dann aufgrund einer Absprache zwischen Superintendenten Viktor Gräfenstein in Odessa und Vertretern der Gemeinde Omsk in Sibirien sowie dem Theologischen Institut der Evangelischen Kirche A. B. in Rumänien Studenten des Abschlussjahrganges in Sibiu-Hermannstadt bereit erklärt, ein Praktikum im Juli 1992 in der DELKRO, und zwar in der Ukraine und im Sprengel Sibirien zu absolvieren. Die Anreise nach Odessa war durch den Bürgerkrieg am Dnjestr kompliziert; für die Gemeinden in der Ukraine und für die Studenten brachte die Begegnung neue, oft auch unerwartete Erfahrungen. Beide Seiten sahen Möglichkeiten und neue Aufgaben von Partnerschaft in Freiheit. Auch die ersten Informationen aus Sibirien zeigten uns, dass solche Begegnungen Chancen bieten und Aufgaben für die Zukunft stellen.

Im gleichen Jahr nahmen wir auch erstmalig an der Koordinierungssitzung über die Projekte der lutherischen Kirchen in den baltischen Staaten und der früheren Sowjetunion teil, zu der damals in jedem Jahr der Europasekretär des LWB eingeladen hatte. Sie fand diesmal vom 10. bis 12. Februar 1992 im schwedischen Uppsala statt. An diesem „Informationsnetz" sind als Geberkirchen vor allem die skandinavischen und deutschen Kirchen, aber auch Vertreter aus den USA und vom Ökumenischen Rat der Kirchen mit den Empfängern im Baltikum verbunden. Es wurde beschlossen, in Zukunft auch die Evangelisch-Lutherische Kirche des Ingermanlandes mit einzubeziehen. In Uppsala wurden darüber hinaus wechselseitige Information vereinbart und die Zusammenarbeit bei der Erstellung eines Gesangbuches in russischer Sprache und anderer russischer Literatur für den Gottesdienst, die theologische Ausbildung und zur Erbauung besprochen. Die nächste Tagung fand vom 20. bis 25. Februar 1993 in Vilnius statt. Es nahmen Vertreter der Empfänger-Kirchen und der Geber-Kirchen aus Skandinavien, Deutschland und Amerika teil, darunter auch Vertreter der LC-MS. Am Sonntag, den 21. Februar, führte der Bischof der gastgebenden Evangelisch-Lutherischen Kirche in Litauen, Jonas Kalvanas sen., die Teilnehmer durch die Gemeinden zwischen Tauragė (früher: Tauroggen) und Vilnius, deren Kirchen wiederaufgebaut worden sind. Gottesdienst feierten wir in Tauragė und Kaunas.

Unsere Kirche hatte für 1993 Projekte in der Ukraine und in Moskau angemeldet, außerdem hatten wir Mittel für das Theologische Seminar erbeten. Für 1994 hatte das Konsistorium unserer Kirche beschlossen, einen Antrag auf Mittel für das Theologische Seminar und die Bischofskanzlei in St. Petersburg zu stellen. Das wurde am 22. Februar 1993 von mir erläutert. Leider war die ELKIR nicht vertreten, so kam es nicht zu einer Aussprache über die gemeinsamen Pläne für St. Petersburg. Es wurde aber abgesprochen, dass unsere Kirchen zur übernächsten Koordinierungstagung 1995 nach St. Petersburg gemeinsam einladen.

Im September 1992 hat die Evangelische Kirche in Berlin-Brandenburg beschlossen, partnerschaftliche Beziehungen zu den Gemeinden der DELKRO sowie zu anderen christlichen Kirchen an der mittleren und unteren Wolga in den Gebieten Saratow und Wolgograd aufzunehmen. Schon früher hatten feste Kontakte Berliner Kirchenkreise zu diesem Raum bestanden. Insbesondere hatte sich der Kirchenkreis Neukölln im Rahmen eines russisch-deutschen Projektes engagiert, in der ehemaligen Siedlung der Herrenhuter Brüdergemeinde Sarepta – jetzt ein Stadtteil von Wolgograd – Kirchsaal und Vorsteherhaus nach denkmalpflegerischen Gesichtspunkten für unsere Gemeinde als Kirche und Pastorat wieder herzustellen. Diese große Aufgabe hat dann die ganze Berlin-Brandenburgische Kirche übernommen. Die genaue geographische Abgrenzung des Raumes für dieses Engagement war damals noch nicht geklärt, aber man hatte auch das ehemalige deutsche Siedlungsgebiet an der Wolga im Blick. Hier gab es noch etliche lutherische Kirchengebäude, z. B. in Marx, dem früheren Katharinenstadt. Die politische Diskussion um eine Neubelebung der Autonomie für Deutsche in diesem Raum war damals in vollem Gange. Eine Rücksiedlung größeren Ausmaßes der Deutschen vor allem aus Kasachstan war nicht auszuschließen, und so hätte diese Partnerschaft eine zusätzliche Bedeutung bekommen. Im eigentlichen ehemaligen Siedlungsgebiet hatten wir noch keine Gemeinden.[55] Kamyschin, der Wirkungsort von Propst Konstantin Bauer und Sarepta lagen viel weiter südlich.

55 Erst viel später erfuhren wir von brüderschaftlich geprägten Gemeinden und Hauskreisen; Bethäuser gab es nur ganz wenige, wie in der Nähe von Verchnij Eruslan (Gnadentau). Hier waren uns die römischen Katholiken voraus. Der Bischof von Nowosibirsk, Joseph Werth, hatte einen jungen energischen Pastor, Clemens Pickel, später Bischof an der Wolga, aus Deutschland finden können, der in Marx, Saratow, Astrachan und andernorts neue Kirchen baute und historische zurückgewann.

2.7.5 Amerikanisches Engagement

In Russland, der Ukraine und Kasachstan waren inzwischen auch lutherische Kirchen aus Amerika tätig. Das Engagement dieser Kirchen war einerseits bewundernswert, andererseits wegen mangelnder Absprachen auch verwirrend und störend. Die LC-MS hatte verbindlich erklärt, dass sie ihre Arbeit als Unterstützung der bodenständigen Kirchen verstünde und betreiben würde. Wir haben für manche Hilfe zu danken, besonders in St. Petersburg. Pastor Roland Meyle von der LC-MS übernahm im kasachischen Almaty die Leitung der Gemeinde nach der Ausreise der leitenden Brüder und gründete mit der „Klinik auf Rädern" ein beispielhaftes erstes diakonisches Projekt in dieser Region. Durch die missionarische Arbeit an Universitäten in St. Petersburg und in Sibirien übernahmen Vertreter dieser Kirche Aufgaben, zu denen wir selbst noch nicht imstande waren. Wir haben dies nur mit Dankbarkeit und Respekt anzuerkennen.

Aber natürlich wurde die Aufgabe, die lutherischen Gemeinden zu sammeln, komplizierter, als es in einer Stadt wie Nowosibirsk nun eine kleiner gewordene deutschsprachige Gemeinde in brüderschaftlicher Tradition gab, dazu eine finnischsprachige Gemeinde und eine russisch-amerikanische Studentengemeinde, die von Vsevolod Lytkin[56] gesammelt wurde. Inzwischen hatte auch die Wisconsin-Synode eigene Missionsarbeit in Nowosibirsk begonnen. Hieraus stellten sich uns neue Aufgaben. Mit der Wisconsin-Synode und der Evangelical Lutheran Synod, die in der Ukraine arbeitete, gab es keinerlei Absprachen, aber auch – Gott sei gedankt – bis dahin keine Konflikte.

2.8 Finanzen

In den Gemeinden in den Vertreibungsgebieten waren und sind die Prediger ehrenamtlich tätig, die Bethäuser sind mit eigenen Mitteln gebaut worden. Von ausländischer Hilfe waren sie mehr oder weniger unabhängig, es sei denn im Blick auf Bibeln, Gesangbücher, Agenden, Predigtbücher, eben die erforderliche und erwünschte „Literatur". Da diese Bücher – in Absprache mit den Stiftern – mit der Bitte um eine Spende weitergegeben wurden, hatte die Bischofskanzlei in Riga am Anfang auch eigene Einnahmen, die sogar

56 Er wurde am 6. Mai 2007 vom Erzbischof der EELK, Andres Põder, in Tallinn zum Bischof der in Konkurrenz zu unserer Regionalkirche gebildeten Sibirischen Evangelisch-Lutherischen Kirche eingesegnet (s. im letztjährigen Band dieses Jahrbuchs 1.1.4, Anm. 40, und in einem der nächsten Bände 4.2.2, Anm. 7).

einen guten Teil der Ausgaben deckten. Der politische Zerfall der Sowjetunion, die Wirtschaftskrise in den Nachfolgestaaten und vor allem die neuen Aufgaben und Anforderungen haben diese Situation grundlegend verändert.

Nüchtern formuliert, hat jeder Schritt des kirchlichen Neuaufbaus die finanzielle Abhängigkeit von Schwesterkirchen, insbesondere der EKD und ihrer Gliedkirchen, gesteigert. Denn Synoden kosten Geld, der Aufbau der administrativen Zentren in den Sprengeln erforderte Räume, angestellte Mitarbeiter und technische Geräte. Visitationen und das Zusammentreten von Gremien ließen Reisekosten entstehen. Schon nach der Oktoberrevolution, als die Mittel, von denen die Kirche bisher gelebt hatte, fortgefallen waren, war es eigentlich nötig geworden, eine neue Finanzverwaltung aufzubauen.[57] Die Verarmung der Gemeinden und die staatlichen Reglements und Repressionen – es durfte nicht einmal eine regelmäßige Abgabe von den Gemeindegliedern eingefordert werden – hat diesen Versuch damals scheitern lassen. Die Weiterarbeit der Oberkirchenräte und des Bischofsrates sowie des Predigerseminars wurden nur durch – damals an sich illegale – Hilfe von Seiten des „Lutherischen Weltkonvents" – des Vorgängers des LWB – und aus Deutschland, vor allem durch den Gustav-Adolf-Verein, möglich. Auch heute wird es noch lange dauern, bis unsere Kirche ihre Aufgaben aus eigenen Mitteln finanzieren kann. Fast alle Regionalen Kirchen hatten beschlossen, Kollekten für die Bedürfnisse der übergemeindlichen Arbeit zu erbitten. Gedacht war dabei daran, dass der Anteil der eigenen Beträge für die Bedürfnisse der Region allmählich steigen sollte. Zur Deckung der Gesamtkosten wurde dann die Hilfe der jeweiligen Partnerkirche erbeten.

57 Die Mittel der Evangelisch-Lutherischen Kirche im Russischen Reich setzten sich aus einer Mischfinanzierung zusammen: Die Tätigkeit des Generalkonsistoriums und der acht bzw. ab 1890 sechs Konsistorien, kurz gesagt der Kirchenleitung, finanzierte der Staat, wie auch die Gehälter der zahlreichen Militärprediger, die vor allem die zerstreute Diaspora im Inneren Russlands versorgten. In den Kolonien galten weitgehend eigene Regelungen. Dann gab es die unglaublich wohlhabenden Stadtgemeinden, die durch Gebäudeeigentum stabile Einnahmen hatten, die neben dem Gemeindebedarf zur Unterhaltung von Schulen und für die Diakonie verwendet wurden. Einmalige namhafte Zuschüsse für Kirchenneubauten oder die Neugründung kirchlicher Einrichtungen seitens des Monarchen waren die Regel. Außerdem gab es mit Gründung der Unterstützungskasse 1859 sowie weiterer lokaler Fonds einen lebhaften solidarischen Finanzausgleich zwischen den wenigen reichen und vielen armen Gemeinden. Im Baltikum waren auf dem Lande das adlige Kirchenpatronat und in den Städten die Verbindung mit den Magistraten vorherrschend. All dies war mit Lenins Dekreten von 1917 und 1918 über den Boden (Enteignung) und über die Trennung von Kirche und Staat (Wegfall öffentlicher Aufgaben und damit staatlicher Zuwendungen) zumindest auf dem Boden der werdenden Sowjetunion zu Ende.

In der Realität war der Eigenanteil in den ersten Jahren sehr gering. Die wichtigsten Ausgaben der Gesamtkirche waren damals die Kosten für die Bischofskanzlei, für das Zusammentreten gesamtkirchlicher Gremien wie Generalsynode, Pröpsteversammlung, Bischofsrat sowie für das Theologische Seminar und für den „Boten". Die zunächst in der Bischofskanzlei in Riga erforderlichen Beträge hatte anfänglich der Martin-Luther-Bund zur Verfügung gestellt, ab 1993 dann die EKD. Für die Kanzlei der Deutschen Evangelisch-Lutherischen Kirche in Lettland, die sich 1994 unter der Leitung von Bischof Kalnins aus den deutschen Gemeinden und Gruppen in Lettland konstituiert hatte, machte damals die Nordelbische Evangelisch-Lutherische Kirche eine Zusage. Mit dem Aufbau der Bischofskanzlei in St. Petersburg fiel ein kräftiger Anstieg der erforderlichen Mittel zusammen. Die Zahl der Mitarbeiter war gestiegen. Damit steigerten sich die Kosten für Reisen und Unterbringung geradezu sprunghaft. Die Mittel wurden seit Sommer 1994 von verschiedenen Kirchen und Hilfswerken aufgebracht. Die Koordinierung hatte die EKD übernommen. Auch hierfür können wir nur danken, zumal ja auch die Kosten für die Entsendung von Pastoren und anderen Mitarbeitern aus Deutschland in den Dienst unserer Kirche zu bestreiten waren.

Die Finanzierung der Wiederherstellung zurückgewonnener historischer Kirchengebäude oder der Bau von neuen Kirchen und Gemeindehäusern war ein eigenes Kapitel. Der Neubau des Kirchenzentrums mit der Christuskirche in Omsk und die Restaurierungsarbeiten an der St.-Petri-Kirche in St. Petersburg wurden durch das Bundesministerium des Inneren der Bundesrepublik Deutschland dadurch gefördert, dass in Verbindung mit diesen Kirchen Begegnungszentren für Russlanddeutsche und Russen mit Deutschen eingerichtet wurden. Dieses Modell fand dann auch an anderen Orten Anwendung, wie in Sarepta, Orenburg und Kiew; es wurde auch für die Wiederherstellung der 1976 völlig ausgebrannten St.-Paulus-Kirche in Odessa und die Kirche in Jaroslawl vorgesehen. Wir können allen Helfern nur von Herzen danken, den staatlichen Behörden in Russland, dem deutschen Bundesinnenministerium und allen Partnerkirchen und -gemeinden sowie den Förderkreisen, die sich an diesem großen Wiederaufbauwerk beteiligten.[58]

58 Nach einer 2006 vom Zentralen Kirchenamt der ELKRAS erstellten Erhebung sind zwischen 1992 und 2005 insgesamt 12,5 Millionen EUR für den Wiederaufbau von knapp 40 historischen Kirchengebäuden in Russland, der Ukraine, Weißrussland, Usbekistan und Abchasien aufgewendet worden. Nicht gezählt wurde dabei der Neubau von zehn Kirchengebäuden in diesen Jahren in Omsk, Kaliningrad, Tbilissi, Orenburg, Tscheljabinsk, Krasnoturjinsk, Petrodolinskoje (früher: Peterstal) bei Odessa, Litkowka bei Omsk, Lomonossowka bei Kaliningrad sowie in Rustawi in Georgien.

Die Entscheidung, ob ein bestimmtes Kirchengebäude zurückgenommen und dann restauriert werden sollte, schloss in der Regel eine Zukunftsprognose ein. Nur wenn eine Gemeinde eine klare Perspektive hatte, wenn sie wachsen konnte und bereit war, Mitverantwortung in der Gesellschaft wahrzunehmen, war die Rücknahme eines Gebäudes sinnvoll.[59] Unsere alten Kirchen waren leider in der Regel für die gegenwärtigen Bedürfnisse der Gemeinden zu groß. Andererseits wäre ein genereller Verzicht auf unsere alten Kirchengebäude das Eingeständnis gewesen, dass wir das Wunder der Neusammlung unserer Kirche in unserem Land, genauer in diesen Ländern, eben nicht als eine Zukunft eröffnende Aufgabe für unsere Kirche anerkennen. Vor der Aufgabe, die kirchliche Arbeit zu finanzieren, stand in den Ländern, in denen wir leben und arbeiten, nicht nur unsere Kirche. Überall suchte man eigene Einnahmequellen, auch durch kommerzielle Betätigung. Ob und wo dies ein Weg auch für uns sein konnte, wurde in den Gemeinden und auf den Synoden diskutiert. Uns war jedenfalls damals klar, dass eine Eigenfinanzierung durch Kollekten oder andere Abgaben der Gemeinden in der absehbaren Zukunft nicht zu erreichen sein würde.

Nach den negativen Erfahrungen mit der „Lutherischen Vereinigung" in St. Petersburg, die bereits solche Eigenfinanzierungsprojekte vorgeschlagen hatte, und zahlreichen fehlgeschlagenen Projekten für Bäckereien und Landwirtschaftsbetriebe im Kaliningrader Gebiet, wie auch unter Willi Scheuermann in Omsk, war ich in dieser Beziehung sehr vorsichtig geworden.[60] Erfolgreiche Unternehmungen dieser Art haben sich dann erst viel später ergeben; hiervon wird noch an anderer Stelle zu berichten sein.

2.9 Stellvertreter des Bischofs, Verlegung der Kanzlei nach St. Petersburg

2.9.1 Stellvertreter

Schon kurze Zeit nach meinem Arbeitsbeginn in Riga hatte sich zwischen Bischof Harald Kalnins und mir ein vertrauensvolles, freundschaftliches Ver-

59 An vielen Orten, an denen eine alte lutherische Kirche vorhanden war, wie in Smolensk oder Jeisk, konnten wir sie gar nicht übernehmen; an manchen Orten musste auch ein bereits zurückgewonnenes Gebäude wieder abgegeben werden – so in Karras und in Tschernjachowsk (früher: Insterburg), weil die Gemeinden mit dieser Aufgabe überfordert waren und keine Partner gefunden werden konnten. Wo es möglich war, eine gemeinsame Nutzung mit einer Partnerinstitution zu erreichen, haben wir dies angestrebt, wie in Archangelsk, Wladikawkas, Nowotscherkassk, Shitomir.

60 Diese Misserfolge, die im Grunde Einzelpersonen in den jeweiligen Regionen zu verantworten hatten, wurden am Ende meist der Kirchenleitung angelastet.

hältnis entwickelt. Bereits 1991 musste der Bischof einsehen, dass sein bisheriger Aufgabenkreis um ein Mehrfaches angewachsen war. In diesem Jahr beging er schon seinen 80. Geburtstag. Mitunter fiel er unvorhersehbar krankheitsbedingt aus, Anfang des Jahres 1992 musste er sich einer Operation in Deutschland unterziehen. So hatte er mich als seinen Stellvertreter bestellt; der werdende Bischofsrat – für den es noch keine verfassungsmäßige Grundlage gab – hatte am 14. Mai 1992 in Omsk zugestimmt. Dort wurde ich auch in mein Amt eingeführt, das ich nun neben meiner Aufgabe als Rektor unseres Theologischen Seminars zu versehen hatte.

2.9.2 Die Kanzlei geht nach St. Petersburg

Nachdem uns Josef Baronas hintergangen hatte, spürten wir, dass wir im europäischen Teil Russlands und vor allem in den Zentren Moskau und Leningrad keine verlässlichen Ansprechpartner und Strukturen hatten. Dann kam die Unabhängigkeitserklärung Lettlands nach einer Volksbefragung am 3. März 1991, wenig später zerfiel die Sowjetunion, und Lettland wurde von Russland aus gesehen zum Ausland. So war es dringend notwendig, in diesen beiden bedeutenden Städten kirchliche Zentren zu schaffen. Wie bereits berichtet, gelang es Bischof Kalnins, in Moskau Wladimir Pudow zu gewinnen. Ihm verdanken wir die Gründung der DELKSU-Gemeinde in Moskau, die staatliche Registrierung unserer Kirche am 28. November 1991 und die Rückgabe des Kirchenkomplexes im Herzen der Stadt. Lange Zeit war er dann hauptamtlich unser Vertreter bei den Behörden in Moskau, deren Sprache er sprach und verstand.

In St. Petersburg installierte Bischof Kalnins Frank Lotichius, der eher zufällig durch sein Austauschstudium an der Geistlichen Akademie zu unserer Gemeinde gestoßen war. 1993 entschieden wir uns dann für die Übersiedlung der Bischofskanzlei von Riga nach St. Petersburg. Für die Standortwahl war ausschlaggebend, dass hier – im Gegensatz zu Moskau – mit der vollständigen Übergabe der St.-Petri-Kirche, unserer alten Hauptkirche, bereits Arbeitsmöglichkeiten vorhanden waren. Hinzu kam, dass wir damals intensiv mit den Ingermanländern in der „Lutherischen Vereinigung" zusammenarbeiteten und auch eine Lösung für den endgültigen Standort des Seminars als gemeinsame Einrichtung unserer Kirche und der ELKIR in Aussicht stand. Ich bin dann selbst im Mai 1993 an die Newa gezogen.

Im Blick auf meine eigene Biografie war dies eine nie geplante, unvorhersehbare Wendung. Mein Vater und mein Großvater waren Pastoren an der Gnadenkirche in Landeshut (heute: Kamienna Góra) gewesen. Diese Gnadenkirchen hatte der Schwedenkönig Karl XII. dem habsburgischen Kaiser abgerungen, denn Schlesien war damals längst ein Teil Böhmens und deshalb Wien zugeordnet. Peter der Große war der große Gegenspieler Karls XII. Dass ich einmal in seiner Stadt, in St. Petersburg, leben würde, wäre für mich als kleiner Junge kaum vorstellbar gewesen.

So kurz nach dem Zerfall der Sowjetunion waren die neuen Grenzen noch nicht perfekt aufgerichtet, die Straße von Narwa nach St. Petersburg war auch keineswegs besonders sicher. Immer wieder zeigten sich dunkle Gestalten in eigentümlichen Uniformen, bei denen man nicht genau wusste, ob sie reguläre Grenzpolizisten waren oder Gauner, die daran interessiert waren, was sich in den Autos fand. Aber ich bin damals unbehelligt in der nördlichen Hauptstadt Russlands angelangt. Es hat eine Weile gedauert, bis ich eine bleibende Wohnung erwerben konnte. Für den Erwerb hat mir der Martin-Luther-Bund in Deutschland geholfen. Sie ist auch von meinen Nachfolgern bezogen worden. Sie liegt erstaunlicherweise zwischen der St.-Michaelis-Kirche, die jetzt den Ingermanländern gehört, und unserer St.-Katharinen-Kirche auf der Wassilij-Insel.

In St. Petersburg stand mir als einzige Mitarbeiterin zunächst Verena Dilger zur Seite, abgesehen von dem technischen Personal, das sich um die St.-Petri-Kirche zu kümmern hatte. Am Anfang waren wir Kanzlei der Gesamtkirche, der Petrigemeinde und der Propstei gleichermaßen. Mir wurde schnell klar, dass so nicht weitergearbeitet werden konnte. An mich trat dann ein junger Mann namens Klaus Tschentscher heran, der ebenfalls wie Frank Lotichius ein Austauschstudium 1991/1992 in Leningrad absolviert hatte. Tschentscher war damals auf unsere Gemeinde in Puschkin gestoßen, die nach dem Weggang von Josef Baronas ohne Pastor war; dort hatte er auf Bitte des Gemeinderates mehr als drei Monate lang die Liturgie gehalten. Er stand kurz vor seinem Examen zum Diplom-Volkswirt in Tübingen und erklärte sich bereit, ab 1. Januar 1994 nach St. Petersburg zu kommen, um mir beim Aufbau der Kanzlei zu helfen. Es gelang auch mit Hilfe der EKD, eine Finanzierung zu finden, und er hat dann drei Jahre lang unserer Bischofskanzlei als Verwaltungsleiter vorgestanden. In dieser Zeit wurden unser Seminar in Novosaratovka und die St.-Petri-Kirche gebaut, dazu kamen die Vorbereitung und Durchführung der Generalsynode.

Im Zusammenhang mit der Nutzbarmachung der St.-Petri-Kirche wurde mir der St. Petersburger Bauingenieur und Dozent an der hiesigen Bauakademie, Igor Scharapan, vorgestellt. Dieser baute die erste selbständige Abteilung der Kanzlei auf – unser Baudezernat –, die dann auch zunächst die beiden Baustellen betreute.

2.10 Innerkirchliche Aufgaben

2.10.1 Die Kirchenpresse

Vor dem Hintergrund der kolossalen Größe unseres Kirchengebietes wie auch der jahrzehntelangen Isolation der Gemeinden war es zunächst ganz wichtig, das Bewusstsein der Zusammengehörigkeit zu fördern. Selbst nach der Einführung von Harald Kalnins zum Bischof blieben viele Gemeinden abseits.[61] Deshalb mussten die Gemeinden mehr übereinander erfahren als es früher möglich gewesen war, und sie sollten Impulse von der Gesamtkirche erhalten. Dazu hatte Bischof Kalnins 1991 das Gemeindeblatt „Der Bote" gegründet, dessen Probenummer im Januar 1992 in Riga gedruckt wurde. Beauftragt hatte der Bischof damit einen Studenten aus Deutschland, der damals mit seiner Frau in Lettland lebte, um seine Diplomarbeit zu schreiben. Ralf Gnewuch wurde ein hervorragender Chefredakteur, der ein engagiertes, famoses Team von Fachleuten und Anfängern in der Journalistik um sich sammeln konnte. Die finanzielle Basis ermöglichte der Martin-Luther-Bund, der auch dann seine Hilfe nicht versagte, als die Kosten stiegen. Das Gemeindeblatt war von Anfang an zweisprachig und ist im Allgemeinen in allen Regionen gut aufgenommen worden. Die Qualität der graphischen Gestaltung und des Druckes hat sich stetig gesteigert. Das ist auch im Ausland, gerade in der Kommunikationsabteilung des LWB, anerkannt worden. Im Jahr sind jeweils vier Nummern erschienen. Ralf Gnewuch blieb Chefredakteur, auch als er wieder nach Deutschland zurückgekehrt war. Unsere Kirche ist ihm und den anderen Redaktionsmitgliedern zu hohem Dank verpflichtet. Mit der Übersiedlung der Bischofskanzlei nach St. Petersburg wurde es auch notwendig, den Redaktionssitz zu verlegen; damit musste sich auch die Zusammensetzung der Redaktion ändern. Die Übersiedlung geschah 1994/1995, schon ab Sommer 1994, also ganz von Beginn an wurde der „Bote" in St. Petersburg gedruckt. Das alles brachte auch eine Kostensteigerung mit sich.

Der „Bote" sollte alle Gemeinden erreichen und verbinden. Aber natürlich waren die Interessenlage und die Ansprüche nicht überall gleich.

---

61 In manchen Regionen blieb diese Trennung bis heute bestehen. Pastor Dr. Johannes Launhardt besuchte im November 2005 eine Reihe von Gemeinden und Gruppen im Altai. Auf die Frage, wie es mit der Zugehörigkeit zu einer Kirche stünde, wurde ihm von dem vergleichsweise jungen Prediger (1972 geboren) gesagt: „Die in Omsk und St. Petersburg kennen uns – und wir kennen sie – na und?" (Vgl. J. Launhardt: Interner Visitationsbericht Altai, Dezember 2005).

An verschiedenen Orten ist bereits in der Anfangszeit mit der Herausgabe weiterer Zeitschriften begonnen worden. Sie sind und waren nie eine Konkurrenz zum „Boten“, der eben eine gesamtkirchliche Ausrichtung hat, sondern wir haben sie immer als eine notwendige regionale Ergänzung empfunden. Das erste Regionalblatt entstand in Moskau auf Initiative von Herrn Kowalenko; es erschien ganz in russischer Sprache und hieß „Starosadskij Westnik“ (Der Starosadskij-Bote). Diese Blätter hatten eine ganz andere Aufmachung als der „Bote“, sind aber gut aufgenommen worden. Es schien damals, dass sich unsere Gesamtkirche nicht mehrere Gemeindeblätter würde leisten können. Aber es war angedacht, dass die einzelnen Regionen oder auch Gemeinden einen eigenen Ergänzungsteil für den „Boten“ entwickeln könnten.[62]

Ein weiteres Presseorgan, an dem sich eine unserer Gemeinden beteiligte, war der „Deutsche Kanal – Monatszeitschrift der Ukrainedeutschen“ in Kiew, seit 1992 registriert. Initiator war unser Pastor Dr. Achim Reis in Kiew. Dies war kein Gemeindeblatt. Aber es war der Anfang unserer Kirche, Kontakte zur Presse auf allen Ebenen zu pflegen. Dies war bisher zu wenig geschehen; es lag nicht am mangelnden Interesse der Zeitungen, sondern daran, dass wir noch kein eigenes Kommunikationszentrum aufbauen konnten. Die Verbindungen zwischen den Gemeinden und die Stärkung einer gemeinsamen Identität wurden auch durch Kalender-Poster unserer Kirche gefördert, die ein St. Petersburger theologischer Verlag fertigte. Es nannte neben dem Kalendarium die wichtigsten Feiertage und Gedenktage unserer Kirche. Das Bild für 1994 zeigte die Petrikirche in St. Petersburg. Auf dem Kalender des Jahres 1995 war das neue Kirchenzentrum in Omsk abgebildet.

Informationen mussten auch ins Ausland zu unseren Partnern gelangen. Das war die Aufgabe der „Nachrichten aus der ELKRAS“ – früher DELKSU, DELKRO –, von denen von November 1991 bis Oktober 1993 insgesamt zehn Ausgaben erschienen sind. Ich habe alle Texte selbst formuliert und getippt. Sie sind dann in unserer Kanzlei kopiert und nach einem bestimmten Verteiler verschickt worden. Dieses Nachrichtenblatt half unseren Partnern vor allem in der Anfangszeit, die Vorgänge bei uns zu verstehen. Nachdem

62 Erst später stellte sich heraus, dass der Zeitraum zwischen dem jeweiligen Ereignis und dem Bericht im „Boten“ mit bis zu drei bis vier Monaten viel zu groß war und dem neuen Zeitalter der schnellen Medien überhaupt nicht gerecht wurde. So gelang es, mit den „Lutherischen Nachrichten“ ein gemeinsames Bulletin für Informationen und Berichte aus der ELKRAS und aus der ELKIR monatlich in russischer Sprache herauszugeben. Ein Teil der Nachrichten wurde dem Boten dann als der deutschsprachige „Bote Spezial“ in Form eines Einlegeblattes beigegeben.

ich mehr und mehr Aufgaben übernommen hatte, war ich einfach nicht mehr in der Lage, das Blatt in dieser Form fortzusetzen. Wir hatten dann vorgesehen, nach der Generalsynode 1994 diesen Informationsdienst wieder aufleben zu lassen. Im Zuge des Aufbaus der Bischofskanzlei in St. Petersburg sollte auch eine Presse- und Kommunikationsabteilung entstehen. Weiter war vorgesehen, dass unsere Kirche zusammen mit der Evangelisch-Lutherischen Kirche des Ingermanlandes einen Verlag ins Leben ruft, dessen Sitz in der St.-Michaelis-Kirche sein sollte. Dort hatten wir bereits zur Jahresmitte 1994 die künftigen Redaktionsräume des „Boten" hergerichtet. Tatsächlich kam aber dann die Redaktion nach ihrer Fertigstellung in die St.-Petri-Kirche. Nachdem die beiden „Säulen" des „Boten", Natalie Kofler und Ilona Menschinoka, 1997 in das Theologische Seminar nach Novosaratovka als Dolmetscherinnen überwechselten, waren wir eine Zeitlang auf Mitarbeiter angewiesen, die unsere Kirche nicht kannten, so dass sich auch diese Pläne erst viel später realisieren ließen. Jedenfalls haben die „Nachrichten aus der ELKRAS" im „Boten Spezial", der seit 2002 erscheint, so etwas wie ihre Fortsetzung gefunden.

2.10.2 Die Agende

Eine weitere wichtige Aufgabe war es, den Gemeinden die Bücher zu geben, die sie für den Gottesdienst brauchten und die auch Hilfe für das geistliche Leben der Gläubigen sein sollten – und zwar in den erforderlichen Sprachen. Hierzu gab es 1993/1994 gute Vorarbeiten. Eine vollständige Agende in deutsch und russisch, auf der Grundlage der alten Petersburger Ordnung, wie sie von Pastor Eugen Bachmann in dem „grünen Büchlein" gekürzt und zusammengefasst worden war, lag nun – noch einmal gekürzt – zweisprachig in einer Loseblatt-Ausgabe vor. Beides verdankten wir dem Martin-Luther-Bund. Wir versuchten, auf dieser Grundlage weiterzuarbeiten. Ziel war, auch wieder eine gemeinsame Gottesdienstordnung zu haben, die in den neuen Gemeinden eingeübt werden konnte. Es war geplant, sie dann reicher auszufüllen. Damals fehlten hierfür noch die Voraussetzungen. Oft konnten Gemeinden noch nicht singen, und Pastoren kamen manchmal aus einer anderen evangelischen Tradition, so dass sie einen Anhalt brauchten, wie sie Gottesdienst bei uns halten sollten.[63]

63 S. in der nächsten Folge dieses Jahrbuches 3.4.2.

2.10.3 Das Gesangbuch

Bischof Kalnins arbeitete in diesen Jahren an einem russischen Gesangbuch – es sollte auch einen Gebetsanhang haben wie das alte Wolga-Gesangbuch. Der damalige Generalsekretär des MLB, Peter Schellenberg, hatte uns als Übergangslösung eine zweisprachige Ausgabe des russischen Gesangbuches der St. Petersburger St.-Marien-Gemeinde auf der Petrograder Seite von 1915 mit Noten zugesagt. 1996 konnten unsere Gemeinden diese Ausgabe in den Händen halten. Für das neue Gesangbuch war geplant, auch das im 20. Jahrhundert entstandene evangelische Liedgut zu berücksichtigen. Ein wichtiger Schritt auf dem Wege zu einem gemeinsamen Gesangbuch war es daher, dass Harald Kalnins zunächst ein deutschsprachiges Gesangbuch für unsere Kirche erarbeitet hatte, das bereits 1989 erschienen war. Damals war uns klar, dass es noch ein langer Weg sein würde, bis wir alle Wünsche und Bedürfnisse würden abdecken können.

Bei aller großen Dankbarkeit für die Hilfe, die wir damals für diese Arbeit aus Deutschland bekommen hatten, war es doch notwendig, in Zukunft die Verantwortung hierfür in unsere eigenen Hände zu nehmen.[64]

2.10.4 Die Sprachen

Die Umbrüche und Veränderungen waren von einem für die Zukunft unserer Kirche einschneidenden Wandel begleitet, den man kurz den Anfang eines Sprachenwechsels nennen könnte. Bei der Sammlung der Gemeinden in den Vertreibungsgebieten hatte nach dem Kriege die deutsche Sprache eine große Rolle als Identitätsmerkmal gespielt. Aber die Umgangssprache wurde an vielen Orten eben doch Russisch. Vor allem die Jugend versteht kein Deutsch mehr. Da vor dem politischen Umbruch jede kirchliche Jugendarbeit verboten war, ist dies wohl zunächst nicht so aufgefallen. Nun erkannten immer mehr Gemeinden, dass Unterricht zumindest auch in russischer Sprache gegeben werden muss. Dann ist aber auch der Gottesdienst, vor allem die Predigt, nicht mehr nur auf Deutsch möglich. In den neuen Gemeinden, vor allem im Westen, war ohnehin davon auszugehen, dass nur noch wenige Menschen Deutsch gebrauchen und verstehen. Die kirchliche Arbeit musste daher zumindest zweisprachig sein.

Wo die Sprachgrenze aber einmal gefallen war, dort standen die Gemeinden für Menschen jeder Nationalität offen. In vielen Gemeinden arbeiten

64 S. in der nächsten Folge dieses Jahrbuches 3.4.1.

heute Gläubige nicht-deutscher Herkunft verantwortlich mit. In Moskau war schon der Anstoß zur Bildung der Gemeinde vor allem von Russen gekommen. In das Präsidium der Synode des Sprengels Kasachstan war damals ein junger Bruder tatarischer Abstammung gewählt worden.

Der Wind der Veränderungen wehte weiter und mit hoher Geschwindigkeit. Die Aufgabe der Gesamtkirche war es, gerade in dieser Umbruchssituation den Gemeinden zu innerer Stabilität zu verhelfen, auf dem Boden, der unserer Kirche vorgegeben ist, der Heiligen Schrift und der Lehre der Apostel, wie sie ihren Niederschlag im Lutherischen Bekenntnis gefunden hat.

2.10.5 Die Diakonie

Nach der Zeit der Isolation und der Verdrängung aus der Gesellschaft wurde es unabdingbar, den missionarischen und diakonischen Dienst, der untrennbar zur Aufgabe der Kirche gehört, für unsere Kirche neu zu erschließen. Dies war im Grunde nur mit Impulsen von außen möglich. Am Anfang unserer Diakonie standen zunächst der Empfang und die Verteilung von sogenannter „humanitärer Hilfe", die aus dem Ausland, vor allem aus Deutschland, kam. Hiermit waren viele Probleme verbunden, die ich bereits angedeutet habe. Grundsätzlich kann man aber wohl sagen, dass die damals vielerorts in den Gemeinden gegründeten Diakoniegruppen oder Diakonieausschüsse das Fundament für die Entwicklung unserer Gemeindediakonie in der zweiten Hälfte der 1990er Jahre waren.

2.11 Die Generalsynode des Jahres 1994 – Bilanz der Sammlungsphase

Die Sammlung der Gemeinden war dann soweit vorangeschritten, dass wir einen rechtlichen Rahmen für unsere Kirche brauchten. Dafür wurde eine erste Generalsynode nach der Neusammlung für 1994 ins Auge gefasst.

Voraussetzung dafür war, dass sich in allen Regionen unserer Kirche regionale Synoden konstituiert hatten. Das war überwiegend 1992 und 1993 erfolgt. Einzig in Kirgisien hatte es länger gedauert, bis sich die Gemeinden brüderlicher Tradition auf der Synode vom 21.–24. April 1994 gesammelt hatten.[65] Die sechste unserer regionalen Kirchen war damit entstanden.

---

65 Eine Anzahl von Gemeinden blieb der Synode fern. Hierzu gehörte auch noch zunächst unser späterer Bischof Emmanuel Schanz, für den die institutionalisierte Kirche im Grunde bis zuletzt eine Anfechtung blieb. Er trat 2004 krankheitshalber zurück und wanderte wegen besserer Heilungsmöglichkeiten nach Deutschland aus.

In Georgien gab es zunächst nur eine einzige Gemeinde, in der Hauptstadt Tbilissi. Sie wurde von Harry Asikow geleitet, der über Moskau zu uns Kontakt bekam. Seine Arbeit, die dann maßgeblich von Prof. Dr. Gert Hummel unterstützt wurde, führte dazu, dass wir auf der II. Generalsynode 1999 Georgien als siebente Regionale Kirche in den Verband der ELKRAS aufnehmen konnten; Weißrussland folgte in Form eines eigenständigen Kirchenkreises auf der 2. Sitzung der II. Generalsynode im Jahre 2005. Hiervon wird später noch zu berichten sein. Die Gemeinde in Duschanbe, der Hauptstadt des damals vom Bürgerkrieg zerrütteten Tadschikistan, und die Gemeinde im aserbaidschanischen Baku waren durch ihre Leiterinnen Emilia Dering und Tamara Gumbatowa vertreten und wurden als autonome Gemeinden Teil unserer Kirche; später kam noch die Gemeinde im turkmenischen Serachs hinzu.

Vom 26. bis 29. September 1994 kam dann – genau 70 Jahre nach der überhaupt ersten Generalsynode der Evangelisch-Lutherischen Kirche in Russland – unsere Generalsynode in St. Petersburg zusammen. Es waren etwas über 50 Synodale und 20 Gäste.

Die Synode fand in der St.-Annen-Kirche statt. Die Gottesdienste und meine Einführung in das Bischofsamt hatten wir bewusst in die St.-Petri-Kirche gelegt, um an die Tradition der alten Hauptkirche der Evangelisch-Lutherischen Kirche in Russland anzuknüpfen. Das offene Schwimmbecken verkörperte die Aufbruchsituation in unserer Kirche. Kurz zuvor war es gelungen, die beiden Sprungtürme aus Stahlbeton zu entfernen.

Auf der Generalsynode ist dann der damals bereits 83-jährige Bischof Harald Kalnins von seinem Amt aus Altersgründen zurückgetreten.[66] Die Synode hat mich dann zu seinem Nachfolger gewählt. Der Bischofsrat hatte zwei Namen vorgeschlagen, den Superintendenten Nikolaus Schneider aus Omsk und mich. Aber der damals 74-jährige Nikolaus Schneider trat unmittelbar vor der Wahlhandlung als Kandidat zurück. Ich bin dann in der St.-Petri-Kirche im Abschlussgottesdienst der Generalsynode von Bischof Harald Kalnins in das Bischofsamt eingesegnet, gesendet und beauftragt worden; ihm assistierten der geistliche Leiter unserer ingermanländischen Schwesterkirche, Bischof Leino Hassinen, Superintendent Nikolaus Schnei-

---

Sein Sohn Alexander wurde später als Synodalpräsident in Kirgisien eine Säule unserer Kirche. 2007 war er auch ins Konsistorium der ELKRAS nachgerückt.

66 Kalnins trat aber keineswegs in den Ruhestand. Bereits am 19. November 1994 berief er die Gründungssynode der Deutschen Evangelisch-Lutherischen Kirche in Lettland ein, die er bis zu seinem Tode 1997 leitete. Vgl. Martin Grahl: Bischof Harald Kalnins 20. 7. 1911–27. 10. 1997, LD 47, 2011, Heft 4, 21.

der aus Omsk, Landesbischof Dr. Horst Hirschler und Bischof Paavo Kortegangas aus Tampere, Finnland.

Das andere große Thema der Generalsynode war die Annahme der veränderten und insofern neuen Verfassung. Vor allem war die Synode aber eine Einübung synodaler Praxis. Einige der damaligen Synodalen haben dann verantwortliche Positionen in unserer Kirche übernommen, die sie zum Teil noch lange oder gar bis heute bekleiden.[67]

Wir hatten die große Freude, dass viele Gäste – nicht nur aus Deutschland – aus diesem Anlass nach St. Petersburg gekommen waren, wie der Bischof der Evangelisch-Augsburgischen Kirche in Polen, Jan Szarek, und der designierte Generalsekretär des LWB, Ishmael Noko.

Auf der Synode begannen wir bereits in Ausschüssen zu den Themen Finanzen und Haushalt, Liturgie und Zukunftsaufgaben unserer Kirche zu arbeiten. Den Rahmen für die Themen hatte mein Einführungsvortrag gegeben, der allen Synodalen in beiden Sprachen vorlag. Hier waren im Grunde die wichtigsten Fragen angesprochen. Ich hatte den Versuch gemacht, Wirklichkeiten unserer Kirche angemessen zu beschreiben, wenngleich es darüber unter uns noch kein theologisches Gespräch gegeben hatte.

Hierzu gehörte auch die geistliche Erfahrung der zurückliegenden Jahre, dass Gott den Dienst der Evangeliumsverkündigung und der Verwaltung der Sakramente durch Prediger und Frauen als Predigerinnen aufrechterhalten und gesegnet hat. Das ist Dienst des geistlichen Amtes der Kirche. Daher dürfen wir Prediger und Predigerinnen nicht nur als mitarbeitende Laien verstehen, die die Arbeit der Pastoren unterstützten. Sie haben Teil am geistlichen Amt, und deshalb war ihre Zurüstung nicht weniger wichtig als die Ausbildung der Pastoren. Auf der Synode in Sibirien in Omsk hatten wir schon 1992 klargestellt, dass solche Frauen für den Dienst in den Gemeinden, die sie berufen hatten, den Segen Gottes nicht weniger brauchen als Männer im Predigtamt. Auch hier ist die geistliche Erfahrung unserer Kirche der theologischen Diskussion vorangegangen. Die Generalsynode war nicht der Ort, dieses Gespräch ausführlich zu führen, weil die Zeit dafür nicht ausrei-

67 Dies sind u. a. Inessa Thierbach, Pröpstin in Orenburg; Kornelius Wiebe, Bischof in Taschkent (inzwischen verstorben, s. in einem der nächsten Bände 4.3.3.4); Harry Asikow, Reisepastor in Moskau; Manfred Brockmann, Propst in Wladiwostok; Siegfried Springer, Bischof in Moskau. Andere der damaligen Synodalen haben sich von unserer Kirche abgewandt, tragen aber noch in Parallelstrukturen zu unserer Kirche Verantwortung, wie Wladimir Pudow, Präsident der „Generalsynode der Evangelisch-Lutherischen Kirche Augsburgischen Bekenntnisses in Russland“ oder Tamara Gumbatowa, Vorsitzende einer abgespaltenen lutherischen Gemeinde in Baku.

chen konnte. Aber im Grunde wurde die in Sibirien getroffene Entscheidung bestätigt.

Eines war uns allen deutlich geworden: Mit der Generalsynode von 1994 hatte die Sammlung von etwa 500 evangelisch-lutherischen Gemeinden in einer Gesamtkirche ihren Abschluss gefunden. Aber es wurde auch klar, dass wir es mit ganz unterschiedlichen Regionen, Menschen und Traditionen zu tun hatten.

Gliederung des Martin-Luther-Bundes

I. Organe des Bundes

1. Vorstand

1.
Präsident:
Landesbischof a. D.
Dr. Carsten **Rentzing**
Am Hohen Stein 19
01189 Dresden

2.
Stellvertretender Präsident:
Prof. D. Dr. Rudolf **Keller**
Seckendorffstr. 14
91522 Ansbach
Tel.: (0981) 97 778 650
E-Mail: DrRudolfKeller@web.de

3.
Schatzmeister:
Peter **Siemens**
Heyden-Linden-Str. 1
30163 Hannover
Tel.: (0511) 826 587
E-Mail: peter.siemens@posteo.de

4.
Generalsekretär:
Pfr. Michael **Hübner**
Fahrstr. 15
91054 Erlangen
Tel.: (09131) 7870-0
Fax: (09131) 7870-35
E-Mail:
gensek@martin-luther-bund.de

5.
Vertreter des DNK/LWB:
OKR Norbert **Denecke**
Podbielskistr. 164
30177 Hannover
Tel.: (0511) 696 872-06
Fax: (0511) 696 872-22
E-Mail: denecke@dnk-lwb.de

6.
Vertreter der VELKD:
OKR Johannes **Dieckow**
Amtsbereich der VELKD
im Kirchenamt der EKD
Herrenhäuser Str. 12
30419 Hannover
E-Mail: Dieckow@velkd.de

7.
OLKR i. R. Dr. Axel **Elgeti**
Löwenstr. 20
30175 Hannover
Tel.: (0511) 283 060
E-Mail: Axel.elgeti@googlemail.com

8.
Pfr. i. R. Wolfgang **Hagemann**
Am Regelsberg 6
91301 Forchheim
Tel.: (09191) 33 881
E-Mail: w_hagemann@freenet.de

9.
Pastor Mathias **Krüger**
Hamburger Str. 30
24558 Henstedt-Ulzburg
Tel.: (04193) 997 511
E-Mail: krueger@mlb-hamburg.de

10.
Bischof Dr. Pál **Lackner**
Felkeszi utca 6
2092 Budakeszi
UNGARN
Mobil: (+36) (20) 8 244 616
E-Mail: pal.lackner@gmail.com
pal.lackner@lutheran.hu

2. Zentralstelle des Martin-Luther-Bundes

www.martin-luther-bund.de

Generalsekretär:
Pfr. Michael **Hübner**
Fahrstr. 15
91054 Erlangen
Tel.: (09131) 7870-0
Fax: (09131) 7870-35
E-Mail:
gensek@martin-luther-bund.de

Büro:
Fahrstr. 15
91054 Erlangen
Tel.: (09131) 7870-0
Fax: (09131) 7870-35
E-Mail: info@martin-luther-bund.de

An diese Anschrift werden alle Schreiben an den Martin-Luther-Bund erbeten.

IBAN: DE60 7635 0000 0000 0123 04
BIC/SWIFT: BYLA DE M1ERH

II. Bundeswerke und Arbeitszweige

Wohnheim beim Martin-Luther-Bund

Anschrift:
Fahrstr. 15
91054 Erlangen

Ephorus:
Prof. Dr. Walter **Sparn**
Finkenweg 2
91080 Uttenreuth
Tel.: (09131) 57 618
E-Mail: walter.sparn@t-online.de

Vermietung und Verwaltung:
Evang. Siedlungswerk in Bayern
Katja **Hopfengärtner**
Postadresse:
Hans-Sachs-Platz 10
90403 Nürnberg
Tel.: (0911) 2008-172
E-Mail: katja.hopfengaertner@esw.de

Das Wohnheim beim Martin-Luther-Bund ist seit 2019 im Besitz der Evangelisch-Lutherischen Kirche in Bayern. Es wird durch das Evangelische Siedlungswerk verwaltet. In Erwartung einer grundlegenden Renovierung mit Neubau wird das Haus derzeit nicht neu belegt.
Der MLB ist Nutzer der Büros und Kooperationspartner bei der Betreuung der Bewohner und Bewohnerinnen.
Entstanden ist das Wohnheim als Auslands- und Diasporatheologenheim im Jahr 1935. Es wurde vom ersten Bundesleiter, Prof. D. Dr. Friedrich Ulmer, begründet. In den Jahren seines Bestehens (mit einer durch die Kriegsereignisse hervorgerufenen Unterbrechung) haben Hunderte von Theologiestudenten im Hause gewohnt, darunter erfreulicherweise viele junge Theologinnen und Theologen aus europäischen Minderheitskirchen und auch aus Übersee.
Das St.-Thomas-Heim wurde in den 60er Jahren des 20. Jahrhunderts an das alte Haus angebaut.
Eine theologische Lektüre unter Leitung des Ephorus befasst sich vor allem mit wesentlichen Aussagen und Quellen des lutherischen Bekenntnisses. Sie wird derzeit im Rahmen des Lehrangebots des Fachbereichs Theologie der Friedrich-Alexander Universität Erlangen-Nürnberg fortgeführt.

Brasilienwerk

Leiter:
Pfr. i. R. Wolfgang **Hagemann**
Am Regelsberg 6
91301 Forchheim
Tel.: (09191) 33 881
E-Mail: w_hagemann@freenet.de

Geschäftsstelle:
Haager Str. 10
91564 Neuendettelsau
Tel.: (09874) 6 899 353
Fax: (09874) 1315

IBAN: DE46 7656 0060 0000 5160 07
SWIFT/BIC: GENO DE F1ANS

IBAN: DE84 7655 0000 0760 7009 14
SWIFT/BIC: BYLA DE M1ANS

IBAN: DE63 5206 0410 0003 1181 00
SWIFT/BIC: GENO DE F1EK1

alle unter: Martin-Luther-Verein Neuendettelsau, mit Vermerk „für Brasilienarbeit".

Dieser Arbeitszweig des Martin-Luther-Bundes wurde 1896 gegründet und wird seit dieser Zeit im Auftrag des Bundes vom Martin-Luther-Verein in Bayern verwaltet, dessen Vorsitzender zugleich Leiter des Brasilienwerkes ist. Von jeher ist von diesem Werk insbesondere die Aussendung von lutherischen Pfarrern nach Brasilien gefördert worden. Darüber hinaus wird in zunehmendem Maß die verantwortliche Teilnahme an kirchlichen Aufbauprojekten (z. B. in Zusammenhang mit der Wanderung evangelischer Familien nach Amazonien oder in die Millionenstädte) zur Hauptaufgabe des Brasilienwerkes. Dies geschieht grundsätzlich in Abstimmung mit der zuständigen Kirchenleitung in Brasilien. Eine im Jahr 1965 von allen Gliedvereinen des MLB begonnene Schulstipendienaktion hat bisher einigen hundert Stipendiaten die Ausbildung ermöglicht. An der Aufbringung der jeweils von der Evangelischen Kirche Lutherischen Bekenntnisses in Brasilien (EKLBB) verwalteten Mittel beteiligt sich seit 1970 das Gustav-Adolf-Werk. Die Förderung kommt Schülern und Studenten zugute, die den Lehrberuf ergreifen wollen.

Sendschriften-Hilfswerk
(Literaturarbeit)

Frank **Thiel**
Fahrstr. 15
91054 Erlangen
Tel.: (09131) 7870-13
Fax: (09131) 7870-35
E-Mail: shw@martin-luther-bund.de

IBAN: DE60 7635 0000 0000 0123 04
BIC/SWIFT: BYLA DE M1ERH

Das Sendschriften-Hilfswerk wurde im Jahr 1936 eingerichtet. Seit 1980 befindet es sich in Erlangen im Verbund mit der Zentralstelle des Martin-Luther-Bundes. Seine Aufgabe ist es, durch den Versand theologischer Literatur dem oft großen Mangel an gutem Schrifttum in Diasporagemeinden abzuhelfen. Besonders berücksichtigt werden dabei Theologiestudenten und kirchliche Büchereien. So besteht z. B. eine enge Verbindung mit vielen Studierenden an südamerikanischen Hochschulen und mit den Bibliotheken theologischer Ausbildungsstätten in Osteuropa.

Aus der früher – von 1937 bis 1971 – selbständig als Bundeswerk geführten Arbeit der Bibelmission ist durch Zusammenlegung der Tätigkeiten eine

Württembergische Abteilung des Sendschriften-Hilfswerkes (Bibelmission)

gebildet worden. Diese Arbeit steht unter der besonderen Obhut des württembergischen Gliedvereins des Martin-Luther-Bundes. In jüngerer Zeit hat man sich besonders der Beschaffung von hebräischen und griechischen Bibeln für Studenten in Partnerkirchen gewidmet.

Leiter:
Direktor i.R.
Dr. Karl Dieterich **Pfisterer**
Engelhornweg 15
70186 Stuttgart
Tel.: (0711) 4 800 523
E-Mail: dpfisterer@t-online.de

Martin-Luther-Verlag

Anschrift:
Fahrstr. 15
91054 Erlangen
Tel.: (09131) 7870-0
Fax: (09131) 7870-35
E-Mail:
verlag@martin-luther-bund.de

Auslieferung für den Buchhandel:
ChrisMedia GmbH
Robert-Bosch-Str. 10
35460 Staufenberg
Tel.: (06406) 8346-0
Fax: (06406) 8346-125
E-Mail: info@chrismedia24.de

Im Martin-Luther-Verlag wird das Jahrbuch des Martin-Luther-Bundes, „Lutherische Kirche in der Welt", veröffentlicht sowie Titel, die über die Diasporakirchen informieren.

III. Gliedvereine in der Bundesrepublik Deutschland

1.
Martin-Luther-Verein in Baden (gegr. 1919)

1. Vorsitzender:
Pfarrer Rainer **Trieschmann**
Lutherstr. 2
75228 Ispringen
Tel.: (07231) 89 156
E-Mail: ispringen@elkib.de

2. Vorsitzende:
Johanna **Hochmuth**
Turnstr. 4
75228 Ispringen
Tel./Fax: (07231) 81 820
E-Mail: johannahochmuth@web.de

Kassenführer: Hartmut **Scheel**

IBAN: DE14 6625 0030 0050 1203 93
SWIFT/BIC: SOLA DE S1BAD

2.
Martin-Luther-Verein in Bayern e. V., Evang.-Luth. Diasporadienst (gegr. 1860)

martin-luther-verein-bayern.de

Vorsitzender:
Pfr. i. R. Wolfgang **Hagemann**

Stellvertretende Vorsitzende:
Pfarrer Prof. Dr. Christian **Eyselein**
Pfarrer Jörg **Mahler**

Schriftführerin: Andrea **Kühn**

Kassenführer: Wolfgang **Köbler**

IBAN: DE84 7655 0000 0760 7009 14
SWIFT/BIC: BYLA DE M1ANS

Geschäftsstelle:
„Arbeitsgemeinschaft der Diasporadienste e. V."
Haager Str. 10
91564 Neuendettelsau
Tel.: (09874) 6 899 353
Fax: (09874) 1315
E-Mail: argediaspora@t-online.de

Leiterin:
Dipl.-Relpäd. Heike **Gröschel-Pickel**

3.
Martin-Luther-Verein in Braunschweig (gegr. 1898)

Vorsitzender/Geschäftsstelle:
Pfr. Christian **Tegtmeier**
Alte Dorfstr. 4
38723 Seesen-Kirchberg
Tel.: (05381) 8602
E-Mail: christian.tegtmeier@lk-bs.de

Stellvertretender Vorsitzender:
Pfr. Frank **Ahlgrim**
Westendorf 1
38115 Werlaburgdorf
Tel.: (05335) 343
E-Mail: frank.ahlgrim@lk-bs.de

Schriftführer:
Pfarrer Stefan **Werrer**
Geiteldestr. 39
38122 Braunschweig-Geitelde
Tel.: (05300) 372
E-Mail: stefan.werrer@lk-bs.de

Kassenführerin:
Thea **Große**
Zum Papenbusch 3
38723 Seesen

IBAN: DE70 2501 0030 0020 5153 07
SWIFT/BIC: PBNK DE FF

4.
Martin-Luther-Bund in Hamburg (gegr. 1887)

www.mlb-hamburg.de

1. Vorsitzender:
Pastor Mathias **Krüger**
Hamburger Str. 30
24558 Henstedt-Ulzburg
Tel.: (04193) 997 511
E-Mail:
pastorkrueger@mlb-hamburg.de

2. Vorsitzender:
Pastor Johannes **Kühn**
Horner Weg 20
20535 Hamburg
Tel.: (040) 21 901 214
E-Mail: j.kuehn@mlb-hamburg.de

1. Kassenführer:
Carsten **Schmidt**
Am Fleth 44
25541 Brunsbüttel
E-Mail: schmidt@mlb-hamburg.de

2. Kassenführerin:
Pastorin Maike **Bendig**
Referentin der Pröpstin
im Herzogtum Lauenburg
Am Markt 7
23909 Ratzeburg
E-Mail: mbendig@kirche-ll.de

1. Schriftführerin:
Pastorin Birgit **Mahn**
Kleiberweg 115 a
22547 Hamburg
E-Mail: mahn@mlb-hamburg.de

IBAN: DE45 5206 0410 0006 4226 32
SWIFT/BIC: GENO DE F1EK1

5. Martin-Luther-Bund Hannover (gegr. 1853)

Vorsitzender:
Pastor Christian **Schefe**
Robert-Blum-Str. 11
27574 Bremerhaven
Tel.: (0471) 9 292 405
E-Mail: ChristianSchefe@web.de

Stellvertr. Vorsitzender:
Pfr. i. R. Norbert **Hintz**
Auf dem Hollacker 4
27412 Wilstedt
Tel.: (04283) 894 872
E-Mail: Norbert.Hintz@arcor.de

Geschäftsführer:
N. N.
kommissarisch:
Pfr. Andreas **Siemens**

Stellvertr. Geschäftsführer:
Pastor i. R. Horst Friedrich **Härke**
Worthstr. 27
37632 Eschershausen
Tel.: (0170) 3 151 750
E-Mail: horst.haerke@gmx.de

Kassenführer:
Kirchenamtsrat Stefan **Schlotz**
Sudetenstr. 44 a
31224 Peine
Tel.: (0511) 1 241 249 (dienstl.)
E-Mail: Stefan.Schlotz@evlka.de

Stellvertr. Kassenführer:
Kirchenamtsrat i. R. Friedrich **Korden**
Schillerstr. 7
31812 Bad Pyrmont
Tel.: (05281) 6 211 900

Beratendes Vorstandsmitglied:
OLKR i. R. Dr. Axel **Elgeti**
Löwenstr. 20
30175 Hannover
Tel.: (0511) 283 060
E-Mail: Axel.elgeti@googlemail.com

IBAN: DE22 5206 0410 0000 6160 44
SWIFT/BIC: GENO DE F1EK1

6. Martin-Luther-Bund in Lippe (gegr. 1900)

Vorsitzender:
Pfr. Richard **Krause**
von-Cölln-Str. 21
32791 Lage
Tel.: (05232) 4010
Fax: (05232) 63 110
E-Mail: krause@lutherisch-lage.de

Geschäftsführung:
Sup. Dr. Andreas **Lange**
Papenstr. 16
32657 Lemgo
Tel.: (05261) 189 802
E-Mail: sup@lippe-lutherisch.de

IBAN: DE56 4825 0110 0000 0241 90
SWIFT/BIC: WELA DE D1LEM

7. Martin-Luther-Bund Lübeck-Lauenburg

Vorsitzende:
Pastorin Maike **Bendig**
Referentin der Pröpstin
im Herzogtum Lauenburg
Am Markt 7
23909 Ratzeburg
Tel.: (04541) 8893-26
Fax: (04541) 8893-79
E-Mail: mbendig@kirche-ll.de

Stellvertr. Vorsitzender/Schriftführer:
Pastor Frank **Lotichius**
E-Mail:
f.lotichius@kirche-breitenfelde.de

IBAN: DE77 2305 2750 0002 0037 08
SWIFT/BIC: NOLA DE 21RZB

8. Martin-Luther-Bund in Oldenburg (gegr. 1895)

1. Vorsitzender:
Pfr. Dr. Tim **Unger**
Kirchstr. 8
26215 Wiefelstede
Tel.: (04402) 8 639 955
E-Mail: tim.unger@ewetel.net

2. Vorsitzender:
Pfr. Dr. Thomas **Ehlert**
Am Kirchhof 4
27804 Berne
Tel.: (04406) 238
Fax: (04406) 970 378
E-Mail: ehlnet@web.de

Kassenwartin:
Christine **Schmidt**
Richard-Wagner-Str. 11
26215 Wiefelstede
Tel.: (04402) 8 636 372
E-Mail: tina.ros@t-online.de

Schriftführer:
Pfr. Florian **Bortfeldt**
Idafehn-Nord 4
26842 Ostrhauderfehn
Tel.: (04952) 5268
Fax: (04952) 5422
E-Mail: floal.bortfeldt@t-online.de

Beisitzerin:
Pfrin. Friedgard **Möllmann**
Wemkendorfer Weg 14
26215 Wiefelstede
Tel.: (04402) 60 019
E-Mail: moellmann-fuj@ewe.net

IBAN: DE30 2805 0100 0071 4056 74
SWIFT/BIC: SLZO DE 22 XXX

9.
Martin-Luther-Bund in Schaumburg-Lippe (gegr. 1987)

Vorsitzender:
Pastor Reinhard **Zoske**
Bergkirchener Str. 30
31556 Wölpinghausen
Tel.: (05037) 2387
Fax: (05037) 5039
E-Mail:
Kirche_Bergkirchen@t-online.de

Schatzmeisterin:
Angelika **Prange**
Landeskirchenamt
Herderstr. 27
31675 Bückeburg
Tel.: (05722) 96 015
E-Mail: a.prange@lksl.de

Beisitzer/innen:

Susanne **Buhr**
Akazienweg 22
31691 Seggebruch

Wolfgang **Höhn**
Waldersee 15
30177 Hannover

Jörg **Nickel**
Bergkirchener Str. 41 b
31556 Wölpinghausen

IBAN: DE54 2559 1413 0050 4777 00
SWIFT/BIC: GENO DE F1BCK

IBAN: DE70 2555 1480 0320 2048 60
SWIFT/BIC: NOLA DE 21SHG

10.
Martin-Luther-Bund in Württemberg e. V. (gegr. 1879)

Vorsitzende:
Pfarrerin Andrea **Aippersbach**
Ev. Kirchengemeinde Fasanenhof
Bonhoefferweg 14
70565 Stuttgart
E-Mail:
andrea.aippersbach@elkw.de

Stellvertr. Vorsitzende:
Gudrun **Kaper**
Stuttgart
E-Mail: gud3erutz9p@outlook.com

Kassenführer:
Eberhard **Vollmer**
Heerstr. 17
72141 Walddorfhäslach
Tel.: (07127) 18 703
E-Mail: ae.vollmer@gmx.de

IBAN: DE71 5206 0410 0000 4161 18
SWIFT/BIC: GENO DE F1EK1

IV. Ausländische Gliedvereine

BRASILIEN

1.
Comunhão Martim Lutero

Präsident:
Pfr. i. R. Friedrich **Gierus**
Rua Zelinde Cardos 189
Caixa Postal, 6390
89.068-080 Blumenau – SC
BRASILIEN
Tel.: (+55) (47) 3337-1434
Mobil: (+55) (47) 991 286 398
E-Mail: f.gierus@terra.com.br

Stellvertretender Präsident:
Pastor Norival **Müller**
Rua Professor Hermann Lange, 960
89060-300 Blumenau – SC
BRASILIEN
Tel.: (+55) (47) 33 395 953
E-Mail: norival_m@yahoo.com.br

Schriftführerin:
Karin **Goldacker**
Rua Dr. Pedro Zimmermann, 10695
89075-000 Blumenau – SC
BRASILIEN
E-Mail:
karingoldacker@yahoo.com.br

Schatzmeister:
Pastor i. R. Dr. Osmar **Zizemer**
Rua Frieda Mueller, 117
Itoupava Central
Caixa Postal, 6390
89.068-970 – Blumenau – SC
BRASILIEN
Tel.: (+55) (47) 3337-1110
E-Mail: ozizemer@terra.com.br

Exekutivsekretär:
Pastor Roni Roberto **Balz**
Rua Erich Belz 130
Itoupava Central
89.068-060 – Blumenau – SC
BRASILIEN
Tel.: (+55) (47) 33 371 110
E-Mail: ronibalz@yahoo.com.br

Konto: Überweisung über die Commerzbank Ag/Frankfurt (SWIFT: COB ADE FF) an die Caixa Econômica Federal: 400871228300 EUR – SWIFT: CEF XBR SP
Empfänger: Comunhão Martim Lutero
IBAN: BR38 0036 0305 0237 4000 0000 447C 1
Identifikationsnummer CML: CNPJ 81.144.065/0001-02
Postadresse der Bank:
Caixa Econômica Federal
Rua Dr. Pedro Zimmermann, 7480
Bairro Itoupava Central
89068-001 – Blumenau – SC
BRASILIEN

CHILE

2.
Fundación Luterana de Chile

Präsident:
Marko **Jürgensen**
Lota 2330
Providencia
Casilla 16067
Santiago 9
CHILE
Tel.: (+56) 222 313 913
E-Mail: redentor@live.cl

Direktorin für Sozialarbeit und Entwicklungsprojekte:
Helga **Koch de Escobar**
Los Tulipanes 2979
Providencia
Santiago
CHILE
Tel. (+56) 227 618 635
E-mail: helgakochcl@yahoo.com

IBAN: DE71 5206 0410 0000 0057 11
SWIFT/BIC: GENO DE F1EK1

FRANKREICH

3.
Société Evangélique Luthérienne de Mission Intérieure et Extérieure en Alsace et en Lorraine

www.societe-lutherienne.fr

Präsident:
M. le Pasteur
Jean-Luc **Hauss**
12, rue des Cigognes
67330 Neuwiller-lès-Saverne
FRANKREICH
Tel.: (+33) 388 700 019
E-Mail:
contact@societe-lutherienne.fr

IBAN:
FR76 1027 8016 7000 0151 3654 583
SWIFT/BIC: CMCI FR 2A

4.
Association Générale de la Mission Intérieure de Paris

Präsidentin:
Marie **de Fontenioux**
22, rue des Archives
75004 Paris
FRANKREICH
Tel.: (+33) (687) 513 332
(+33) (1) 48 94 36 90
(Frank Thomas)
E-Mail:
missioninterieure@gmail.com

IBAN:
FR76 3000 3030 7000 0508 9693 570
SWIFT/BIC: SOGE FR PP

LITAUEN

5.
Martin-Luther-Bund Litauen

Präsident:
Bischof Mindaugas **Sabutis**
Vokieciu Str. 20
01130 Vilnius
LITAUEN
Tel.: (+370) 52 626 745
Mobil: (+370) 68 795 417
Fax: (+370) 2 123 792
E-Mail: bishop.office@times.lt

Sekretär:
Pfarrer Jonas **Liorančas**
Sody 34-7
00105 Palanga
LITAUEN
Tel.: (+370) 61 683 833
E-Mail: jliorancas@yahoo.com

NAMIBIA

6.
Evang.-Luth. Kirche in Namibia (DELK) – ELKIN (DELK)

www.elcin-gelc.org

Bischof Burgert **Brand**
P. O. Box 233
Windhoek
NAMIBIA
Tel.: (+264) (61) 224 294
Fax: (+264) (61) 221 470
E-Mail: bishop-office@elcin-gelc.org

NIEDERLANDE

7.
Luther Stichting

Vorsitzende:
Drs. Perla K. A. **Akerboom-Roelofs**
Groesbeekseweg 64
6524 DG Nijmegen
NIEDERLANDE
Tel.: (+31) (24) 3 238 024
Mobil: (+31) 623 258 114
E-Mail:
perlaakerboom@hotmail.com

Geschäftsleiter:
Dr. Andreas H. **Wöhle**
Uiterwaardenstraat 306
1079 DB Amsterdam
NIEDERLANDE
Tel.: (+31) 620 195 027
E-Mail:
a.woehle@luthersamsterdam.nl

Kassenführer:
Drs. J. B. **Val**
Kerkstraat 74
4285 BC Woudrichem
NIEDERLANDE
Tel.: (+31) (183) 304 586
E-Mail: jb@val.nl

IBAN: NL25 INGB 0002 6509 68
SWIFT/BIC: INGB NL 2A

ÖSTERREICH

8.
Martin-Luther-Bund in Österreich (gegr. 1960)

www.martin-luther-bund.at

1. Bundesleitung:

Bundesobmann:
Pfr. Mag. Jörg **Lusche**
Albert-Schweitzer-Gasse 7
3160 Traisen
ÖSTERREICH
Tel.: (+43) (2762) 62 120
Mobil: (+43) (699) 18 877 314
E-Mail: mlboebo@gmx.at
st.aegyd@evang.at

Bundesgeschäftsführer:
Mag. Martin **Hrabe**
August Gliederer-Str. 6
2345 Brunn a.Geb.
ÖSTERREICH
Tel.: (+43) (699) 11 031 157
E-Mail: hrabe@gmx.at

Stellvertr. Bundesgeschäftsführer:
Pfr. Mag. Bernhard **Groß**
Technikerstr. 50
6020 Innsbruck
ÖSTERREICH
Tel./Fax: (+43) (512) 2874-32
Mobil: (+43) (699) 18 877 751
E-Mail: b.gross@utanet.at
gross@innsbruck-christuskirche.at

Bundesschatzmeisterin:
Rosalia **Kaltenbacher**
Meidlinger Hauptstr. 19–21/1/1
1120 Wien
ÖSTERREICH
Tel./Fax: (+43) (1) 3 471 628
Mobil: (+43) (676) 7 419 759
E-Mail: r.kaltenbacher@gmx.at

2. Bundesvorstand:

Die Mitglieder der Bundesleitung und die Diözesanobleute:

Burgenland:
Pfr. Mag. Carsten **Marx**
Blumentalstraße 28
7503 Großpetersdorf
ÖSTERREICH
Tel.: (+43) (3362) 2269
Mobil: (+43) (699) 18 877 198
E-Mail: carstenmarx@evang.at

Kärnten: N. N.

Niederösterreich:
Pfr. Mag. András **Pál**
Dr. Stockhammer-Gasse 15–17
2620 Neunkirchen
ÖSTERREICH
Tel.: (+43) (2635) 62 467
Mobil: (+43) (699) 18 877 311
E-Mail: pfarrer@
evang-neunkirchen.at

Oberösterreich:
Pfr. Mag. Ortwin **Galter**
Niedermayrweg 5 a
4040 Linz
ÖSTERREICH
Tel.: (+43) (732) 750 630-14
Fax: (+43) (732) 750 630-16
Mobil: (+43) (650) 7 508 891
E-Mail: mlbooe@gmx.net

Salzburg und Tirol:
Pfr. Mag. Bernhard **Groß** (s. o.)

Steiermark:
Pfrin. Mag^a. Julia **Moffat**
Martin-Luther-Kai 2
8700 Leoben
ÖSTERREICH
Tel.: (+43) (3842) 42 001
Mobil: (+43) (699) 18 877 688
E-Mail: pfarrerin@aon.at

Wien:
Pfarrerin
MMag^a. Dr. Ingrid **Vogel**, MAS
Biedermanngasse 11–13
1120 Wien
ÖSTERREICH
Tel.: (+43) (1) 8 041 585
Mobil: (+43) (699) 18 877 766
E-Mail: hetzendorf@evang.at

Von Amts wegen:

Bischof Mag. Michael **Chalupka**
Severin-Schreiber-Gasse 3
1180 Wien
ÖSTERREICH
Tel.: (+43) (1) 4 791 523-100
Fax: (+43) (1) 4 791 423-110
E-Mail: bischof@evang.at

Als ständiger Gast:

Generalsekretär Pfr. Michael **Hübner**
Fahrstr. 15
91054 Erlangen
Tel.: (09131) 7870-0
Fax: (09131) 7870-35
E-Mail:
gensek@martin-luther-bund.de

IBAN: AT74 6000 0000 0782 4100
SWIFT/BIC: BAWAATWW

SCHWEIZ

9.
Martin-Luther-Bund in der Schweiz und im Fürstentum Liechtenstein

www.martin-luther-bund.ch

Präsident:
Daniel **Reicke**
Sommergasse 10
4056 Basel
SCHWEIZ
E-Mail: dreicke@hispeed.ch

Vizepräsident:
Christoph **Dipner**
Rütihardstr. 14
43132 Muttenz
SCHWEIZ
E-Mail: christoph.dipner@gmail.com

Rechnungsführer:
Dieter **Gluch**
E-Mail: postkiste@bluewin.ch

Geschäftsstelle:
c/o Ev.-Luth. Kirche Basel und Nordwestschweiz
Friedengasse 57
4056 Basel
SCHWEIZ
E-Mail: mail@martin-luther-bund.ch

IBAN: CH61 0900 0000 8000 5805 5
SWIFT/BIC: POFI CH BEXXX

SLOWAKEI

10.
Spolok Martina Luthera

Vorsitzender:
Mgr. Ondrej **Pet'kovský,** Pfr. i. R.
Vel'ké Stankovce 728
913 11 Trenčianske Stankovce
SLOWAKEI
Tel.: (+421) (32) 6 497 101
(+421) (903) 218 143
E-Mail: o.petkovsky@gmail.com

Stellvertr. Vorsitzender:
Mgr. Ľubomír **Batka**, PhD
Bartókova 8
811 02 Bratislava
SLOWAKEI
E-Mail: batka@fevth.uniba.sk

IBAN:
SK25 8330 0000 0020 0141 3738
SWIFT/BIC: FIOZ SK BAXXX

SÜDAFRIKA

11.
Northeastern Evangelical Lutheran Church in South Africa (NELCSA)

www.nelcsa.net

Leiter:
Bischof Horst **Müller**
P. O. Box 7095
1622 Bonaero Park
SÜDAFRIKA
Tel.: (+27) (11) 979-7137/9
E-Mail: hmuller@nelcsa.net

Verwaltung:
Liselotte **Knöcklein**
(Persönliche Assistentin):
E-Mail: l.knocklein@nelcsa.net

Yolanda **Kilian** (Buchführung):
E-Mail: y.kilian@nelcsa.net

Schatzmeister:
Vernon **Filter**
P. O. Box 7095
1622 Bonaero Park
SÜDAFRIKA
E-Mail: vernon.filter@fdcentre.co.za

TSCHECHIEN

12.
Lutherova společnost (Luthergesellschaft)

www.luther.cz

V Jirchářích 152/14
110 00 Praha 1 – Nové Město
TSCHECHISCHE REPUBLIK
E-Mail: martin@luther.cz

IBAN:
CZ02 2010 0000 0029 0003 1848
SWIFT/BIC: FIOB CZ PPXXX

13.
Martin-Luther-Vereinigung in der Tschechischen Republik (Teschen)

Na nivách 7
73701 Český Těšín
TSCHECHISCHE REPUBLIK

Vorsitzender:
Mgr. Emil **Macura**
Masarykovo nám. 4/3
733 01 Karviná
TSCHECHISCHE REPUBLIK
Tel.: (+420) 739 176 324
E-Mail: macuraemil@gmail.com

UNGARN

14.
Luther-Bund in Ungarn

Präsident:
Prof. Dr. Tibor **Fabiny**
Reviczky utca 58/B
2092 Budakeszi
UNGARN
Tel.: (+36) (23) 450 773

Vizepräsident:
Bischof Dr. Pál **Lackner**
Felkeszi utca 6
2092 Budakeszi
UNGARN
Mobil: (+36) (20) 8 244 616
E-Mail: pal.lackner@gmail.com
pal.lackner@lutheran.hu

Ehrenpräsidenten:

Prof. em. Dr. András **Reuss**
Gyógyszergyár utca 65, III.7
1037 Budapest
UNGARN
Tel.: (+36) (1) 6 300 368
E-Mail: andras.reuss@lutheran.hu

Schuldirektor i. R.
Mátyás **Schulek**
József körút 71–73
1085 Budapest
UNGARN
Tel.: (+36) (1) 3 378 371
(+36) (20) 82 450 000
E-Mail: matyas.schulek@lutheran.hu

IBAN: HU05 5860 0324 1112 7240
0000 0000
SWIFT/BIC: TAKB HU HB

V. Angeschlossene kirchliche Werke

1.
Gesellschaft für Innere und Äußere Mission im Sinne der lutherischen Kirche e. V., Neuendettelsau (gegr. 1849 von Wilhelm Löhe)

www.gesellschaft-fuer-mission.de

Geschäftsstelle:
Christian-Keyßer-Haus
Missionsstr. 3
91564 Neuendettelsau
Tel.: (09874) 68 934-0
Fax: (09874) 68 934-99
E-Mail:
info@gesellschaft-fuer-mission.de

1. Vorsitzender:
Pfr. Detlev Graf von der **Pahlen**
Winterleitenweg 39 A
97082 Würzburg
Tel.: (0931) 35 814 725
Fax: (09874) 68 934-99

2. Vorsitzender:
Pfr. Prof. Dr. Thomas **Kothmann**
Missionsstr. 3
91564 Neuendettelsau

Finanzvorstand:
Hartmut-Werner **Niehoegen**
Hans-Sachs-Str. 13
91056 Erlangen
Tel.: (09131) 43 685
Fax: (09874) 68 934-99

IBAN: DE59 7655 0000 0760 7040 80
SWIFT/BIC: BYLA DE M1ANS

2.
Luther-Akademie Sondershausen-Ratzeburg e. V.

www.luther-akademie.de

Domhof 18 (Dormitorium)
23904 Ratzeburg

Geschäftsstelle:
Mendelssohnstr. 4
06844 Dessau
Tel.: (0173) 6 262 488
E-Mail: info@luther-akademie.de

Präsident:
Dr. h. c. Frank Otfried **July**
Landesbischof der Evangelischen Landeskirche in Württemberg
Gänsheidestr. 4
70184 Stuttgart
Tel.: (0711) 2 149 324

Vizepräsident:
Prof. Ph. D. Bo Kristian **Holm**
Lisbjerg Vaenge 2
8200 Århus N
DÄNEMARK
E-Mail: bh@teo.au.dk

Vorsitzender des Kuratoriums:
Prof. em. Dr. Oswald **Bayer**
Kurhausstr. 138
53773 Hennef
Tel.: (02242) 918 951
E-Mail: Bayer@unitybox.de

Schatzmeister und Sekretär:
OKR Dr. Rainer **Rausch**
Mendelssohnstr. 4
06844 Dessau
Tel.: (0173) 6 262 488
E-Mail: Dr.Rainer.Rausch@luther-akademie.de

Assistent:
Tim **Reiter**
Tel.: (0173) 4 034 004
E-Mail: Tim.Reiter@luther-akademie.de

IBAN: DE56 5206 0410 0000 3403 40
SWIFT/BIC: GENO DE F1EK1

3.
Kirchliche Gemeinschaft der Evang.-Luth. Deutschen aus Rußland e. V.

www.kg-bsa.de

Geschäftsführer:
Waldemar **Lies**

Geschäftsstelle:
Büro: Andrea **Lange**
Am Haintor 13
Postfach 210
37242 Bad Sooden-Allendorf
Tel.: (05652) 4135
Fax: (05652) 6223
E-Mail: kg-bsa@web.de

Gemeinschaftsprediger:
Viktor **Büchler**

1. Vorsitzender:
Eduard **Penner**

Stellvertr. Vorsitzender:
Alexander **Schachtmaier**

Beisitzer:
Rudolf **Benzel**
Otto **Eichholz**
Jakob **Gebel**
Erich **Hardt**
Viktor **Schulz**

IBAN: DE55 5206 0410 0000 0021 19
SWIFT/BIC: GENO DE F1EK1

VI. Werke in Arbeitsverbindung mit dem Martin-Luther-Bund

1.
Diasporawerk in der Selbständigen Ev.-Luth. Kirche – Gotteskasten – e. V.

Vorsitzender:
Prof. Dr. Werner **Klän**
Julius-Brecht-Str. 13–15
23560 Lübeck
E-Mail: vorsitzender@diasporawerk-selk.com

Stellvertr. Vorsitzender:
Pfarrer Sergius **Schönfeld**
Rostocker Str. 89
38444 Wolfsburg-Westhagen
Tel.: (05361) 2 733 578
E-Mail: vorsitzender-stellvertr@diasporawerk-selk.com

Geschäftsführer:
Markus **Mickein**
Duesbergstr. 2
58636 Iserlohn
Tel.: (02371) 8 327 190
E-Mail: geschaeftsfuehrer@diasporawerk-selk.com

Kassenführerin:
Britta **Lederbogen**
Griesenbruchstr. 5
44793 Bochum
E-Mail: kasse@diasporawerk-selk.com

Beisitzer:

Öffentlichkeitsarbeit:
Mediengestalterin Ingeborg **Böhm**
Flughafenstr. 4
44309 Dortmund
Tel.: (0231) 698 361
E-Mail: oeffentlichkeit@diasporawerk-selk.com

Pfarrer Tino **Bahl**
Flurstr. 17
32791 Lage
Tel.: (05232) 3514
E-Mail: beisitz-tb@diasporawerk-selk.com

Annette **Biallas**
Schlotmannstr. 20
33100 Paderborn
Tel.: (05293) 931 877
E-Mail: beisitz-ab@diasporawerk-selk.com

Superintendent i. R.
Volker **Fuhrmann**
Ahlkenweg 154 a
26131 Oldenburg
E-Mail: beisitz-vf@diasporawerk-selk.com

Dietmar **Rumpel**
Berliner Allee 34
59425 Unna-Königsborn
E-Mail: beisitz-dr@diasporawerk-selk.com

IBAN: DE07 4401 0046 0109 2504 67
SWIFT/BIC: PBNK DE FF

2.
Evangelisch-Lutherische Kirche in Irland

The Lutheran Church in Ireland

An Eaglais Liútarach in Éirinn

www.lutheran-ireland.org

Pastor Stephan **Arras**
Lutherhaus
24 Adelaide Road
Dublin 2
IRLAND
Tel.: (+353) (1) 6 766 548
E-Mail: info@lutheran-ireland.org

IBAN: IE08 BOFI 9009 7319 9449 68
SWIFT/BIC: BOFI IE 2DXXX

IBAN: DE86 5206 0410 0000 0022 40
SWIFT/BIC: GENO DE F1EK1

Anschriften der Autoren

Professor
Dr. André **Birmelé**
87, rue Strohl
Wangen
67520 Marlenheim
FRANKREICH
andre.birmele@
orange.fr

OKR Norbert **Denecke**
DNK/LWB
Podbielskistr. 164
30177 Hannover
denecke@dnk-lwb.de

Professorin
Dr. Irene **Dingel**
Leibniz-Institut für
Europ. Geschichte
Alte Universitätsstr. 19
55116 Mainz
dingel@ieg-mainz.de

Professor
Dr. Sven **Grosse**
STH Basel
Holdernhof 1
79415 Bad Bellingen
sven.grosse@
sthbasel.ch

Professor
Dr. D. Rudolf **Keller**
Seckendorffstr. 14
91522 Ansbach
DrRudolfKeller@
web.de

Carsten **Linden**
Schwatte Damm 111
49448 Lemförde
calinden@web.de

Pfarrer Tibor **Missura**
Bartók Béla út 23
1114 Budapest
UNGARN
tibor.missura@
lutheran.hu

Landesbischof em.
Professor
Dr. Gerhard **Müller**,
D. D.
Sperlingstr.59
91056 Erlangen
gmuellerdd@arcor.de

Landesbischof a. D.
Dr. Carsten **Rentzing**
Am Hohen Stein 19
01189 Dresden

Bischof
Alexander
Scheiermann
Husumer Str. 97
33729 Bielefeld
rus-scheiermann@
yandex.ru

Professor
Dr. Dr. Dr. h. c.
Johannes **Schilling**
Esmarchstr. 64
24105 Kiel
jschilling@
kg.uni-kiel.de

Dr. Rainer **Stahl**
Habichtstr. 14 A
Appartement 252
91056 Erlangen
rainer.stahl.1@gmx.de

Rektor
Dr. Anton **Tikhomirow**
Theologisches Seminar
Novosaratovka, 140
193149 St. Petersburg
RUSSLAND
tikhomirov@live.com

Bischof Tomáš **Tyrlík**
Na Nivách 259/7
737 01 Český Těšín
TSCHECHIEN
sekretariat@sceav.cz